Advanced Financial
Management
Theory and
Cases

高级财务管理
理论与案例

王诗才／著

华中科技大学出版社
http://www.hustp.com
中国·武汉

图书在版编目（CIP）数据

高级财务管理：理论与案例/王诗才著．—武汉：华中科技大学出版社，2021.6(2022.1重印)
ISBN 978-7-5680-7462-9

Ⅰ.①高… Ⅱ.①王… Ⅲ.①财务管理 Ⅳ.①F275

中国版本图书馆CIP数据核字（2021）第165998号

高级财务管理：理论与案例

王诗才 著

Gaoji Caiwu Guanli：Lilun yu Anli

策划编辑：周晓方 张馨芳	
责任编辑：余晓亮	
封面设计：孙雅丽	
责任校对：张汇娟	
责任监印：周治超	
出版发行：华中科技大学出版社（中国·武汉）	电话：（027）81321913
武汉市东湖新技术开发区华工科技园	邮编：430223
录　　排：华中科技大学出版社美编室	
印　　刷：武汉科源印刷设计有限公司	
开　　本：787mm×1092mm　1/16	
印　　张：21.5　插页：2	
字　　数：436千字	
版　　次：2022年1月第1版第2次印刷	
定　　价：68.00元	

本书若有印装质量问题，请向出版社营销中心调换
全国免费服务热线：400-6679-118　竭诚为您服务
版权所有　侵权必究

内容提要

高级财务管理是以企业资金管理为中心的一项管理活动，是各级商学院和管理学院经济、管理类本科高年级和研究生阶段的核心课程，是财务管理专业学生提升专业素质的必选课程。笔者在多年的大学教学实践中，反复思考这样的问题：如何通过课程理论的教学，使学生全面、系统地把握高级财务管理知识体系，了解企业财务管理发展的最新动态和前沿问题？如何在我国经济转型背景与资本市场、上市公司具体特征基础上，培养具有较强综合分析和解决问题能力、综合素质较高的复合型现代化管理人才？鉴于当前经济、管理类理论教材多为"洋为中用"的做法，笔者通过多年的教学和管理实践，撰写并编著了这本具有中国特色的高级财务管理理论与实务的实用教材，为丰富、完善我国经济管理类高级人才的培养提供重要的理论教学基础和实践案例蓝本。

本书内容突破传统撰写体例，采用案例导入的形式展开每章内容，突出实践教学环节及特点。内容由浅入深、循序渐进，体例上更具特色。理论分析、讲解与拓展案例相结合，给读者以感性认识，围绕现代财务实践，研究各种不同企业管理中的财务问题，并引导读者提高从事经济管理工作的综合能力。本书的实务及案例紧扣当前企业财务管理实践中遇到的实际问题，使财务管理理论服务于中国的财务实践。本书可作为财经类院校、各商学院、管理学院的本科生、研究生（包括 MBA、EMBA）学习管理理论的通识教材；也可供大中型国有企业、上市公司、民营企业的管理人员结合企业管理实践，深入掌握和学习现代管理理论，丰富管理理论和实践。

前 言

随着我国市场经济的快速发展、金融市场的不断完善，企业管理作为一种现代化管理理论和方法在新市场环境下显得越来越重要。新世纪以后，我国各类高等院校都设立了财务管理专业，以培养国家和社会急需的专业管理人才。在财务管理学科体系中，高级财务管理理论是在学习了财务管理基本理论和方法后，进一步掌握涉及专门领域、难度较高的专项财务管理理论和方法。高级财务管理是以企业资金管理为中心的一项管理活动，从企业发展最终目标是实现企业价值和资本增值最大化角度来看，高级财务管理处于现代企业管理的中心地位。

作为管理类著作与财金类教材，本书力求突出以下特点。

第一，符合教学规律的要求。"高级财务管理"课程虽然包括一些深刻的理论知识，但作为一门实务性很强的学科专业领域，其人才培养目标的确定必须体现出财务管理专业人才在复杂的财务环境中从事财务管理活动应具备的专业知识要求。因此，本书的教学要旨就是要做到"理论性与应用性并重"，具有理论联系实际的真切感和可操作性。本书不仅每一章都有明确的理论和学习目标，而且在章节安排上考虑内容间的逻辑关系和内在联系，既注重体系的完整性，又注重课程之间的相互联系，尽量避免不必要的重复。

第二，面对财务管理环境日趋复杂多变的现实状况，高级财务管理课程的培养目标不仅仅在于介绍专业理论知识，还需要从整体上提升管理类专业学员的综合素质和能力。本书充分吸收财务管理理论研究的最新成果，具有时代感和前瞻性，让学生知其然，也知其所以然。

第三，高级财务管理的经典理论均是基于西方制度背景的，而我国特有的转型经济制度背景使得西方经典理论在中国的应用出现了诸多问题，因此本课程的教学需要做到紧密结合中国制度背景和中国资本市场实际。本书的实务部分包括了现代企业的重要财经业务，而且都来自企业实务的典型案例。通过理论学习与案例能力训练,力求培养学员和读者运用理论知识分析问题和解决问题的能力,同时给读者提供独立思考的空间。

本书的主要特色是编撰和汇集了作者近年来的精品管理案例。不仅有中国首届百篇优秀管理获奖案例《佛山照明股利政策分析》,而且有入选世界著名TOP案例库(哈佛大学全球案例库)并获著名McFarlan(麦克法兰)大奖的精品案例——《鄂武商的并购和控股权之争》。本书所分类撰写的十二项管理案例,从2010年中国管理案例共享中心首次在中国颁发百优管理案例大奖开始,直至现在,全部入选中国专业学位教学案例中心案例库,为我国经济、管理类的精品案例。本书各项管理案例获得四届全国百篇优秀管理案例奖,四届教育部全国会计教育指导委员会优秀案例奖,连续四届华中科技大学研究生高水平教学成果奖。作者是我国管理案例界获奖次数最多的高校教师和专家之一,有着丰富、完善、深入的管理案例教学经验和理论素养。具体获奖案例为:

《鄂武商的并购和控股权之争》——获2013年F. Warren McFarlan大奖、第四届全国百篇优秀管理案例奖(教育部全国工商管理教育指导委员会);

《银泰百货收购鄂武商的企业价值评估》——获教育部全国会计教育指导委员会MPAcc优秀案例奖(2013);华中科技大学研究生高水平教学成果奖。

《佛山照明公司股利政策分析》——获全国首届百篇优秀管理案例奖(2010年)(教育部全国工商管理教育指导委员会);华中科技大学研究生高水平教学成果奖。

《黑芝麻并购电商平台与商业模式转型》——获教育部全国会计教育指导委员会MPAcc优秀案例奖(2017);华中科技大学研究生高水平教学成果奖。

《美的集团整体上市的方案运作与分析》——获全国第五届百篇优秀管理案例奖(2014年)(教育部全国工商管理教育指导委员会),华中科技大学研究生高水平教学成果奖。

《探索美的集团整体上市之路》——获教育部全国会计教育指导委员会MPAcc优秀案例奖(2014);华中科技大学研究生高水平教学成果奖;

《南方食品实物股利的方案运作与分析》——获全国第六届百篇优秀管理案例奖(2015年)(教育部全国工商管理教育指导委员会),华中科技大学研究生高水平教学成果奖。

《黑芝麻与实物股利》——获教育部全国会计教育指导委员会MPAcc优秀案例奖(2015);华中科技大学研究生高水平教学成果奖。

针对公司治理、公司股利、公司并购与重组、公司估值、公司融资、公司战略、商业模式和企业社会责任理论与实务等八项专题内容,笔者系统地阐述了高级财务管理的理论知识体系,完善了我国管理案例的教学内容,填补了我国高级财务管理这一重要学科领域没有实务与案例集的空白。本书的理论与实务具有全面性、系统性、真实性、及时性和适用性的编撰特点,是管理理论与案例教学相结合的优秀教材。

目 录

第一章　公司治理理论与案例　　/1
　　基础理论　公司治理与股权结构　　/1
　　案例一　万科控股权之争与公司治理　　/12

第二章　公司股利理论与案例　　/41
　　基础理论　公司股利理论与股利政策　　/41
　　案例二　佛山照明公司股利政策分析　　/49
　　案例三　黑芝麻与实物股利　　/73

第三章　公司并购理论与案例　　/98
　　基础理论　公司并购与企业重组　　/98
　　案例四　鄂武商的并购与控股权之争　　/106
　　案例五　美的集团整体上市方案与运作分析　　/128
　　案例六　奇虎360回归A股之路　　/157

第四章　公司估值理论与案例　　/174
　　基础理论　公司价值评估理论　　/174
　　案例七　高科技成长性公司智飞生物价值评估　　/182

第五章　公司融资理论与案例　　/202
　　基础理论　公司与企业融资理论　　/202
　　案例八　汉口银行赢利模式的新探索　　/210

第六章　公司战略理论与案例　/227
   基础理论　公司战略与战略管理理论　/227
   案例九　农夫山泉竞争战略与发展之路　/238

第七章　商业模式理论与案例　/251
   基础理论　商业模式管理理论　/251
   案例十　新能源汽车提供中国动力：宁德时代的崛起之路　/259
   案例十一　黑芝麻并购电商平台与商业模式转型　/283

第八章　企业社会责任理论与案例　/311
   基础理论　企业社会责任管理理论　/311
   案例十二　富安娜的社会责任发展之路　/319

参考文献　/336

第一章　公司治理理论与案例

基础理论
公司治理与股权结构

一、公司治理概念

公司治理，简单地说，就是关于企业的组织方式、控制关系、利益分配等方面的制度安排和制衡机制。它界定的不仅是企业与所有者间的关系，还包括企业与所有相关利益集团间的关系。公司治理是许多国家共同关注的关于公司战略导向的问题。许多经济发达国家把建立良好的公司治理结构当作增强经济活力、提高经济效益的基本手段。由于经济、社会和文化等方面的差异以及历史演进轨迹的不同，不同国家和地区的公司治理结构存在较大差异。大体说来，英国和美国的资本市场比较发达，企业资本结构中股权的地位举足轻重，采取的是"股东至上"的公司治理模式。

在长期的公司治理实践中，公司治理制度不断完善，形成了一套相互联系的公司治理机制体系。根据公司治理机制的功能划分，主要有四种治理机制：一是激励机制，即如何激励董事与经理努力为企业创造价值，减少道德风险的一种机制；二是监督与制衡机制，即如何对经理及董事的经营管理行为进行监督和评价，并建立有效的相互制衡的内部权力机构的一种机制；三是外部接管机制，即当管理者经营不善，造成公司股价下跌，而被其他公司（或利益相关方）收购，导致公司控制权易手的一种治理机制；四是代理权竞争机制，是指不同的公司股东组成不同的利益集团，通过争夺股东的委托表决权以获得董事会的控制权，进而达到替换公司经营者的一种机制。下面将对以上四种机制做具体的阐述。在现代的公司中实际上存在着股东与董事会、董事会与经理层的双重委托-代理关系。代理权争夺发生在第一重委托-代理关系之间，股东大会将决定是谁取得第一重代理资格，即代理权。获得了代理权就意味着控制了董事会，从而就掌握了对公司经营者的聘用权。由于小股东的实力有限，代理权争夺一般在持有一定数量的股份，具有一定影响力的大股东之间进行。在代理权争夺过程中，参与争夺的各方为了征集到足够的委托投票权，他们都必须提出有利于中小股东利益的政策，这样，广大中小股东的监督约束权可以通过代理权竞争机制深入上市公司内部，能够在一定程度上迫使管理者采取有利于股东利益最大化的经营政策和投资计划。

二、公司治理模式

公司治理模式主要有三种：英美模式、德日模式和家族模式。

1. 英美模式

英美公司内部治理结构的基本特征：公司内部的权力分配是通过公司的基本章程来限定公司不同机构的权利并规范它们之间的关系的。各国现代企业的治理结构虽然都基本遵循决策、执行、监督三权分立的框架，但在具体设置和权利分配上却存在着差别。

1) 股东大会

从理论上讲，股东大会是公司的最高权力机构。但是英美公司的股东非常分散，而且相当一部分股东只持有少量股份，其实施治理权的成本很高。因此，不可能将股东大会作为公司的常设机构，或经常就公司发展的重大事宜召开股东代表大会，以便作出有关决策。在这种情况下，股东大会就将其决策权委托给一部分大股东或有权威的人来行使，这些人组成了董事会。股东大会与董事会之间的关系实际上是一种委托-代理的关系。股东们将公司日常决策的权利委托给了由董事组成的董事会，而董事会则向股东承诺使公司健康经营并获得满意的利润。

2) 董事会

董事会是股东大会的常设机构，其职权是由股东大会授予的。关于董事会人数、职权和作用，各国公司法均有较为明确的规定，英美也不例外。除公司法的有关规定以外，各个公司也都在公司章程中对有关董事会的事宜进行说明。公司性质的不同，董事会的构成也不同。董事会重要的治理是人员构成和内部管理。英美公司董事会在内部管理上有两个鲜明的特点。第一，在董事会内部设立不同的委员会，以便协助董事会更好地进行决策，包括执行委员会、任免委员会、报酬委员会、审计委员会等一些专业委员会。这些委员会一般由董事长直接领导，实际上行使了董事会的大部分决策职能。可能因为决策者既是董事长同时也是最大股东，对公司事务有着巨大的影响力，一般不愿让太多的人分享决策权。在这种情况下，董事会是股东大会的常设机构，而执行委员会又成为董事会的常设机构。董事长的执行委员会，由董事长随时召集讨论特殊问题并向董事会提交会议记录和建议，始终对整个董事会负责，并不只是按董事长的意图行事。美国有些公司成立了公司治理委员会，用以解决专门的公司治理问题。第二，将公司的董事分成内部董事和外部董事。内部董事是指公司现在的职员，以及曾经是公司的职员；外部董事在公司董事会中占多数，但一般不在公司中任职。内部董事一般都在公司中担任重要职务，是公司经营管理的核心成员，美国大多数公司的内部董事人数为三人，很少有超过五人的。外部董事有的是私人投资者，通过购买公司股票而成为公司大股东，有的作为其他公司的代表进入公司董事会。近年来，英美公司中的外部董事比例呈上升趋势，有利于加强董事会对经营者的监督与控制。

3）首席执行官

从理论上讲，董事会有权将部分经营管理权力转交给代理人执行。这个代理人就是公司政策执行机构的最高负责人，一般被称为首席执行官（Chief Executive Officer，CEO）。在多数情况下，首席执行官是由董事长兼任的。即使不是由董事长兼任，担任此职的人也几乎必然是公司的执行董事并且是公司董事长的继承人。但是，由于公司的经营管理日益复杂化，经理职能也日益专业化，大多数公司又在首席执行官之下为其设一助手，负责公司的日常业务，这就是首席营业官（Chief Operation Officer，COO）。在大多数公司，这一职务由公司总裁（President）兼任，而总裁是仅次于首席执行官的公司第二号行政负责人。也有的公司，由董事长兼任公司的首席执行官和总裁。此外，公司还设有其他一些行政职务，如首席财务官等。在英美公司的行政序列中，以首席执行官的地位最高，其次为公司总裁，再次为首席营业官，接下来是首席财务官。在总裁以下，各公司还常常设有多名负责具体业务的副总裁，包括执行副总裁和资深副总裁。这些副总裁一般都负责公司的一个重要分部，或者是作为董事长和首席执行官的代表担任重要子公司的董事长兼首席执行官。首席执行官的设立，体现了公司经营权进一步集中。

4）外部审计制度的导入

需要注意的是，英美公司中没有监事会，而是由公司聘请专门的审计事务所负责有关公司财务状况的年度审计报告。公司董事会内部虽然也设立审计委员会，但它只是起协助董事会或总公司监督子公司财务状况和投资状况等的作用。英美等国的股票交易在很大程度上依赖于公司财务状况的真实披露，而公司自设的审计机构难免在信息发布的及时性和真实性方面有所偏差，所以，英美等国很早便出现了由独立会计师承办的审计事务所，由企业聘请他们对公司经营状况进行独立审计并发布审计报告，以示公正。英美等国公司每年的财务报告书都附有审计事务所主管审计师签发的审计报告。政府的审计机构也在每年定期或不定期地对公司经营状况进行审计并对审计事务所的任职资格进行审查。这种独立审计制度既杜绝了公司的偷税漏税行为，又在很大程度上保证了公司财务状况信息的真实披露，有助于公司的守法经营。

2. 德日模式

德日治理模式被称为银行控制主导型，其本质特征表现在以下方面。

1）商业银行是公司的主要股东

德日两国的银行处于公司治理的核心地位。在经济发展过程中，银行深深涉足其关联公司的经营事务中，形成了颇具特色的主银行体系。所谓主银行是指企业接受贷款中居第一位的银行，而由主银行提供的贷款叫作系列贷款，包括长期贷款和短期贷款。

商业银行虽然是德日公司的最大股东，呈现公司股权相对集中的特征，但是二者仍然存在一些区别。在日本的企业集团中，银行作为集团的核心，通常拥有集团内企业较大的股份，并且控制了这些企业外部融资的主要渠道。德国公司则更依赖于大股东的直接控制，由于大公司的股权十分集中，大股东有足够的动力去监控经理阶层。此外，由于德国公司更多地依赖于内部资金融通，德国银行不像日本银行那样能够通过控制外部资金来源对企业施加有效的影响。

2）法人持股或相互持股

法人持股，特别是法人相互持股是德日公司股权结构的基本特征，这一特征尤其在日本公司中更为突出。第二次世界大战后，股权所有主体多元化和股东数量迅速增长是日本企业股权结构分散化的重要表现。但在多元化的股权结构中，股权并没有向个人集中而是向法人集中，由此形成了日本企业股权法人化现象，构成了法人持股的一大特征。

德日在法律上对法人相互持股没有限制，因此德日公司法人相互持股非常普遍。法人相互持股有两种形态，一种是垂直持股，如丰田、住友公司，它们通过建立母子公司的关系，达到密切生产、技术、流通和服务等方面相互协作的目的；另一种是环状持股，如三菱公司、第一软银集团等，其目的是相互之间建立起稳定的资产和经营关系。公司相互持股加强了关联企业之间的联系，使企业之间相互依存、相互渗透、相互制约，在一定程度上结成了"命运共同体"。

3）严密的股东监控机制

德日公司的股东监控机制是一种"主动性"或"积极性"的模式,即公司股东主要通过一个能信赖的中介组织或股东当中有行使股东权力的人或组织,通常是一家银行来代替他们控制与监督公司经理的行为,从而达到参与公司控制与监督的目的,如果股东们对公司经理不满意,不像英美两国公司那样只是"用脚投票",而是直接"用手发言"。

4）德国公司监控机制的特征

德国公司监控机制的特征表现在两个方面:一是德国公司的业务执行职能和监督职能相分离,成立了与之相对应的两种管理机构,即执行董事会和监督董事会,亦称双层董事会。依照法律,在股份公司中必须设立双层董事会。监督董事会是公司股东、职工利益的代表机构和监督机构。监事会的成员一般要求有比较突出的专业特长和丰富的管理经验,监事会主席由监事会成员选举,须经 2/3 以上成员投赞成票而确定,监事会主席在表决时有更多决定权。监事会拥有对公司经理和其他高级管理人员的聘任权与解雇权。这样无论从组织机构形式上,还是从授予的权利上,都保证了股东确实能发挥其应有的控制与监督职能。监事会成员的选举、监事会职能的确定都为股东行使控制与监督权提供了可能性,而银行直接持有公司股票,则使股东有效行使权利成为现实。

5）日本公司监控机制的特征

日本银行的双重身份,决定了其在固定行使监控权中发挥领导的作用。日本银行及其法人股东通过积极获取经营信息对公司主管实行严密的监督。一方面,银行作为公司的主要股东,在盈利情况良好的条件下,银行只是作为"平静的商业伙伴"而存在。另一方面,如果公司盈利开始下降,主银行由于所处的特殊地位,能够很早就通过营业往来账户、短期信贷、与公司最高管理层商业伙伴的长期个人交往等途径获取信息,及时发现问题。如果情况继续恶化,主银行就可以通过召开股东大会或董事会来更换公司的最高领导层。日本的董事会与美国的很相似,基本上是实行业务执行机构与决策机构合二为一。

3. 家族模式

国情和企业所处的成长与发展环境的差异,使得韩国和东南亚国家的家族治理模式,既有相同之处也有不同之处。在韩国和东南亚国家家族治理模式的特征中,有些特征无论是在形式上还是在内容上都是相同的,但也有些特征只是在形式上是相同的,在内容上却是不同的。

1) 企业所有权或股权主要由家族成员控制

在韩国和东南亚国家的家族企业中,家族成员控制企业的所有权或股权表现为五种情况。一是企业的初始所有权由单一创业者拥有,当创业者退休后,企业的所有权传递给子女,由其子女共同拥有;二是企业的初始所有权由参与创业的兄弟姐妹共同拥有,待企业由创业者的第二代经营时,企业的所有权则由创业者的兄弟姐妹子女或亲属共同拥有;三是企业的所有权由合资创业的具有血缘、姻缘和亲缘的家族成员共同控制,然后顺延传递给创业者第二代或第三代的家族成员,并由他们共同控制;四是家族创业者与家族外其他创业者或企业共同合资创办企业时,由家族创业者或家族企业控股,待企业股权传递给家族第二代或第三代后,形成由家族成员共同控股的局面;五是一些原来处于封闭状态的家族企业,迫于企业公开化或社会化的压力,把企业的部分股权转让给家族外的其他人或企业,或把企业进行改造公开上市,从而形成家族企业产权多元化的格局,但这些股权已经多元化的家族企业所有权仍然主要由家族成员控制。上述五种情况包括了韩国和东南亚国家家族企业所有权由家族成员控制的基本情况。

2) 企业主要经营管理权掌握在家族成员手中

在韩国和东南亚国家的家族企业,家族成员控制企业经营管理权主要分两种情况:一种情况是企业经营管理权,主要由有血缘关系的家族成员控制;另一种情况是企业经营管理权,主要由有亲缘、姻缘关系的家族成员共同控制。

3) 企业决策家长化

由于受儒家伦理道德准则的影响,在韩国和东南亚国家家族企业中,企业的决策被纳入了家族内部序列,企业的重大决策如创办新企业、开拓新业务、人事任免、决定企业的接班人等都由家族中的企业创办人一人做出,家族中其他成员做出的决策也须得到家长的首肯,即使这些家长已经退出企业经营的第一线,由家族第二代成员做出的重大决策,也必须征询家长的意见或征得家长的同意。当家族企业的领导权传递给第二代或第三代后,上一代家长的决策权威也同时赋予第二代或第三代接班人。但与上一辈的家族家长相比,第二代或第三代家族家长的绝对决策权威已有所降低,这也是家族企业在第二代或第三代出现矛盾或冲突的根源所在。

4) 经营者激励约束双重化

在韩国和东南亚国家的家族企业中,经营者受到了来自家族利益和亲情的双重激励和约束。对于家族第一代创业者而言,他们的经营行为往往是为了光宗耀祖或使自己的家族更好地生活，以及为自己的子孙后代留下一份产业。对于家族企业第二代经营者来说，发扬光大父辈留下的事业、保值增值作为企业股东的家族成员资产的责任、维持家族成员亲情的需要，是对他们的经营行为进行激励和约束的主要机制。因此，与非家族企业经营者相比，家族企业经营者的道德风险、利己的个人主义倾向发生的可能性较小，用规范的制度对经营者进行监督和约束已经成为不必要。但这种建立在家族利益和亲情基础上的激励约束机制，使家族企业经营者所承受的压力更大，并为家族企业的解体留下了隐患。

5）企业员工管理家庭化

韩国和东南亚国家的家族企业不仅把儒家关于"和谐"和"泛爱众"的思想用于家族成员的团结上，而且还推广应用于对员工的管理上，在企业中创造和培育一种家庭式的氛围，使员工产生一种归属感和成就感。例如，马来西亚的金狮集团，在经济不景气时不辞退员工，如果员工表现不佳，公司不会马上开除，而是采取与员工谈心等形式来分析问题和解决问题，这种家庭式的管理氛围在公司中产生了巨大的力量。印度尼西亚林绍良主持的中亚财团，对工龄在25年以上的超龄员工实行全薪退休制，使员工增加了对公司的忠诚感。再如，韩国的家族企业都为员工提供各种福利设施如宿舍、食堂、通勤班车、职工医院、浴池、托儿所等，以及员工进修条件等。韩国和东南亚国家的家族企业对员工的家庭式管理，不仅增强了员工对企业的忠诚感，提高了企业经营管理者和员工之间的亲和力和凝聚力，而且削减了员工和企业间的矛盾，保证了企业的顺利发展。

6）来自银行的外部监督弱

在东南亚国家，许多家族企业都涉足银行业。其中，一些家族企业的最初创业就始于银行经营，然后把企业的事业领域再拓展到其他产业；也有一些家族企业虽然初始创业起步于非银行领域的其他产业，但当企业发展到一定程度后再逐步把企业的事业领域拓展到银行业。作为家族系列企业之一的银行与家族其他系列企业一样，都是实现家族利益的工具，银行必须服从于家族的整体利益，为家族的其他系列企业服务。因此，属于家族的银行对同属于家族的系列企业基本上是软约束。许多没有涉足银行业的家族企业一般都采取由下属的系列企业之间相互担保的形式向银行融资，这种情况也使银行对家族企业的监督力度受到了削减。在韩国，银行作为政府干预经济活动的一个重要手段，是由政府控制的。一个企业的生产经营活动只有符合政府的宏观经济政策和产业政策要求，才会获得银行的大量优惠贷款，否则就很难得到银行的贷款。所以，韩国的家族企业为了生存和发展，都纷纷围绕政府的宏观经济政策和产业政策创办企业和从事经营活动。这种情况使得韩国的家族企业得到了没有来自银行约束的源源不断的贷款。除筹资功能外,银行在韩国只是一个发放贷款的工具,而对贷款流向哪些企业,获得贷款企业的金融体质是否健康则很少关心,使得韩国家族企业受到来自银行的监督和约束力度较小。

7) 政府对企业的发展有较大的制约

韩国和东南亚国家的家族企业在发展过程中都受到了政府的制约。在东南亚国家,家族企业一般存在于华人中间,而华人又是当地的少数民族(新加坡除外),且掌握着国家的经济命脉;华人经济与当地土著人经济之间存在着较大的差距。因此,华人家族企业经常受到政府设置的种种障碍的限制。为了企业的发展,华人家族企业被迫采取与政府及政府的公营企业合作,与政府公营企业合资以及在企业中安置政府退休官员和政府官员亲属任职等形式,来搞好与政府的关系。而在韩国,政府对家族企业的制约主要表现在政府对企业发展的引导和支持上。凡家族企业的经营活动符合国家宏观经济政策和产业政策要求的,政府会在金融、财政、税收等方面给予各种优惠政策进行引导和扶持;反之,政府会在金融、财政、税收等方面给予限制。因此,在韩国和东南亚国家,家族企业的发展都受到了政府的制约。在东南亚国家,政府对家族企业采取的主要措施是限制;而在韩国,政府对家族企业采取的主要措施则是引导和扶持。

三、治理原则

公司治理原则包含的要素有:诚实、信任、正直、开放、表现导向、责任感及可靠性、互相尊重及对组织有承诺。最重要的是董事与管理阶层如何建立治理的典范,为其他公司参与者制订行为的依据,并且能够有效地定期评估它的有效程度。特别是,高级行政人员要诚实、有道德,尤其是在面对利益冲突及处理财务报表的时候。

1. 基本原则

(1) 公司治理框架应保护股东权利。

(2) 应平等对待所有股东,包括中小股东和国外股东,如果股东的权利受到损害,他们应有机会得到有效补偿。

(3) 应确认公司利益相关者的合法权利,鼓励公司与他们开展积极的合作。

(4) 应确保及时、准确地披露所有与公司有关的实质性事项的信息,包括财务状况、经营状况、所有权结构以及公司治理的状况。

(5) 董事会应确保对公司的战略指导、对经营层的有效控制,董事会对公司和股东负责。

2. 守则指南

公司治理方法、原则和守则在不同的国家被创建以后,由证券交易所、公司、金融机构投资者或所在国政府和国际组织发布。概括来说,虽然与证券交易所上市规定有联系的守则也许有一个强制作用,但是法律并不强制要求执行或遵照这些被推荐的治理方法。

3. 常见的公司治理原则

(1) 股东权利的公平对待:公司应该尊重股东的权利及通过有效沟通来帮助股东行使权利,让股东更明白内容,鼓励他们参与日常会议。

(2) 其他利益相关者的利益:公司应该意识到他们对所有合法的利益相关者有法定义务和其他义务。

(3) 董事会的角色和责任:董事会需要一系列的技术,才能应付各式各样的商业上的问题,有能力去检视及挑战管理层的表现,对工作有合适程度的承担。然而,主席及首席执行官不能由同一人来担任,有避免利益冲突的机制。另外,"执行董事"与"独立非执行董事"的人数要有适当的比例,起到独立的监察作用。

(4) 正直及道德行为:公司需要为董事及行政人员建立道德操守,来鼓励在做出决定时要有道德及有责任感。

(5) 透露及透明:公司应该澄清并让公众了解董事会的角色和责任。

四、股权结构的意义

股权结构有两层含义。第一层含义是股权集中度,即五大股东持股比例,从这个意义上股权结构有三种类型。一是股权高度集中,沪股股东一般拥有公司股份的50%以上,对公司拥有绝对控制权;二是股权高度分散,公司没有大股东,所有权和经营权基本完全分离,单个股东所持股份的比例在10%以下;三是公司拥有较大的相对股份同时还拥有其他大股东所持股比例,为10%~50%。第二层含义则是股权构成,即各个不同背景的股东集团分别持有股份的多少。在我国,就是指国家股东、法人股东及社会公众股东的持股比例。从理论上讲,股权结构可以按企业剩余控制权和剩余收益索取权的分布状况与匹配方式来分类。从这个角度上看,股权结构可以被区分为控制权不可竞争和控制权可竞争的股权结构。在控制权可竞争的情况下,剩余控制权和剩余索取权是相互匹配的,股东能够并且愿意对董事会和经理层实施有效控制;在控制权不可竞争的股权结构中,企业控股股东的控制地位是锁定的,对董事会和经理层的监督作用将被削弱。股权结构与公司治理的关系是公司治理机制的基础，它决定了股东结构、股权集中程度、大股东身份以及导致股东行使权力的方式和效果有较大的区别，进而对公司治理模式的形成、运作及绩效有较大影响，换句话说股权结构与公司治理中的内部监督机制直接发生作用。

公司的上市融资与控制权的保持一直以来就是公司在发展过程中的一个难题。公司创始人为了公司的发展需要向外部筹集资金，而融资的过程必然带来股权的稀释。为了保证创始人对公司的控制权，就有了双层股权结构的做法。

双层股权结构区别于同股同权的制度，在双重股权结构中，股份通常被划分为高、低两种投票权，高投票权的股票拥有更多的决策权。采用双层股权架构的公司普遍有一个特点，就是创始人对公司的个人影响力非常大，这种投票结构可以使他们拥有大于持股比例的投票权。一般来说，成长性公司急需资金发展，投资者又看好这个行业，因此创始人在公司融资的时候稀释自己的股权是常用的手段。公司融资会使得公司创始人的股权被反复稀释，以至于公司股权与投票权相分离就是一个普遍的选择。

1. 双层股权结构的特征

（1）区分了现金流量权和投票权。双层股权结构可以把股东之间的现金流量权和投票权区分开来。公司的双层结构使内部人员掌握大部分的投票权和最小的现金流资本。

（2）保持了对公司的控制权。双层股权结构让公司创始股东和高层管理人员维持着对公司的控制权。

（3）财务杠杆比率大于单一结构公司。财务杠杆是指企业利用负债来调节权益资本收益的手段。财务杠杆比率是反映公司通过债务筹资的比率，其中主要有产权比率、资产负债率、长期负债对长期资本比率等。数据显示，双层股权公司的财务杠杆率平均高出35％。

（4）双层股权结构的优缺点。优点：保证管理层/创始人的绝对控制权；保证管理层决策不会受到股东的干扰；防范恶意收购。缺点：过于依赖某个人或某个家族。

2. 双层股权结构的实现方式

1）股息优待法

"股息优待法"是公司普遍使用的资产重组方法之一。通过此法，公司可以在原有的一层股权基础上，另建一个新的低投票权的股权结构。公司给现有股东转换股票的机会，股东可以选择公司新发行的次等投票权股票，但可以分得更高的股息。对于小股东来说，他们没有足够的股权来影响公司的决策，而"股息优待法"可以保护他们的利益，通过转换新发行的受限投票权股票可以获得最优的股息分配。对于大股东来说，保全了大股东持有更高级的投票权股票，保持了对公司的管理控制权。

2）分时间段投票计划

使用"分时间段投票计划"是基于股东持有股票的不同时间段来区分股东和分离股东投票权。1985年，盛美佳公司通过一项提案：给予股东每股10票投票权，条件是该股东必须至少连续持有股票4年以上。当时公司是试图通过使用这个方法来规避纽交所对于双层股权结构的限制，因为公司并没有创建双层股票，但是存在双层股票的持有人。后来由于美国证交会19C-4号规则和证券业自律组织规则发生改变，多数公司直接在IPO时选择实行双层股权结构。并在招股书上明确说明设立双层股权结构，实施A、B股两种不同投票权的股票，让投资者自己决定是否投资该公司。选择双层股权结构公司的管理层渴望在进入资本市场积累提高净现值项目的同时，又掌握着对公司的控制权。

3）派发股利实现双层股权结构

公司也可以通过派发股利来推进双层股权结构。如今，接受"双层或多层股权"的国家除了美国以外，加拿大、新加坡、以色列、日本、丹麦、芬兰、德国、意大利、挪威、瑞典和瑞士等国家也接受。在我国，双层股权结构在法律层面暂时难以逾越。内地A股市场与香港资本市场都不允许上市公司采用"双层股权结构"。据我国"公司法"（2013年修正）第103、126条，公司发行的新股是同股同权，即"一股一权"。且我国股份种类采用法定主义，虽然第131条为公司发行的股份种类预留了立法空间，但国务院至今未行使这一立法权。在进行股权结构设计时，可以效仿双重股权结构，将股权和投票权分离。虽然我国"公司法"不允许直接实施双重或三层股权结构，但允许有限责任公司章程内对投票权进行特别约定，允许股份有限公司股东将自己的投票权授予其他股东代为行使。已在美国上市的京东公司采取的是美股中相对普遍的A/B股双层结构。Facebook和Google是采用这种架构的典型。在美国上市的中国公司中，除京东外，聚美优品、陌陌等公司都采取这样的模式。

万科控股权之争与公司治理

摘要： 宝能系收购万科，即"万宝之争"是近年来我国资本市场上的一次重大并购和重组事件，是强大的金融资本欲控股、管理业绩优良实业资本的首例，为社会各界所关注。并购过程的攻防战和博弈手段，体现了我国资本市场上诸多的资本运作新方式，也反映出万科集团的公司治理理念和管理模式。对其深入探讨和分析，揭示其特性，将提升我国并购市场的整体运作质量和企业管理水平。

场景一

激烈的股权之争引发全国关注

2015年7月24日晚7点，深圳后海中心万科集团总部大厦会议室内，灯火通明。万科董事局主席王石、万科总裁郁亮与控股股东华润集团代表等公司决策层正召集董事局紧急会议。会议室内气氛紧张，空气里弥漫着一种压抑、不安的氛围。会议的议题仅为一项：如何应对宝能系突然发起的举牌收购。就在24日当天，宝能系之一前海人寿与一致行动人钜盛华接连两次举牌，耗资约160亿元取得万科10%股份，一举跃升为万科第二大股东。有消息显示，前海人寿还将联合生命人寿和前海开源基金等各继续增持万科5%股份，如此，几个一致行动人总持股比例将达到万科20%股份，取得万科控制权地位。这场我国最大房地产企业被控股收购的消息，引发了万科中小股东和全国投资者的广泛关注。

面对宝能系来势汹汹的举牌收购，参加会议的万科决策层们议论纷纷，并形成了不同的意见和观点。执行董事张立强认为，宝能系一直都是资本运作的高手，这次举牌收购，看似突然，实则是蓄谋已久。宝能系如果拿下万科这家国内最大的地产商、A股的蓝筹，通过盘活资源等方式，业务将获得可观的提升。另一方面，宝能系如此大手笔的举牌收购，也许与当前的市场环境有关，房地产行业的回报率就目前来看仍然很高，而宝能系作为险资企业，手握重金，面对如此丰厚的回报，焉能袖手旁观、不为所动？对于宝能系这次的举牌收购，双方如强力对抗，很可能会落得两败俱伤的后果，我们不妨先静观其变，必要时可寻求市场手段予以反击，并尽快组成一致行动人同盟，参与狙击。

万科董事局主席王石听过意见后认为，宝能系靠买卖蔬菜发家，发展壮大后进行过多次大手笔的资本运作，旗下公司盘根错节，所融得的投资资金，风险非常大，是一种不留退路的赌博方式。就其目前的实力来说，本不足以控股万科。但宝能系一旦发力，全面举牌收购并入主万科，势必会影响万科信用评级，提高融资成本。如果这样，则相当于开门引"狼"，万科不仅是一家房地产公司，更是广大中小股东心中的一个口碑、一个品牌。大股东华润作为老大哥，我们之间的合作一直都相当愉快，为了公司长期稳定的发展，守护好万科的品牌和信用，我们更应该同仇敌忾，有效防范。尽管宝能系才刚出手，但就其收购的速度来看，可谓是野心勃勃。这个时候，我们不能掉以轻心，应该主动出击，宝能系既然用市场化的手段来收购，我们也必须用市场化的手段来反收购。

思考题：

1. 如果你是万科的一名普通股股东，将如何看待宝能系的举牌收购？
2. 在万科是否应对宝能系的举牌收购方面，你是同意执行董事张立强的意见还是董事局主席王石的意见？请分析并说明理由。
3. 万科可以采取哪些策略实行反收购？

一、引言

1984年，万科成立。王石作为创始者，精心打造31年，使其成为中国最大的房地产企业，拥有良好的品牌声誉和稳定盈利能力，价值高达2700亿元。上市以后股价稳定，是A股市场最具代表性的蓝筹股之一，多次被评为中国最受投资者尊敬的上市公司前50名。2015年下半年，深圳宝能集团动用巨额资金增持地产龙头万科的股权，欲控股公司，万科管理层即刻做出强烈反应，用市场手段反击宝能，万宝之战全面爆发。

股权之战的高潮发生在2015年7—12月，延宕2015下半年整个的中国资本市场，引发社会的极大关注。宝能系前后动用超过400亿元的资金，浮动盈亏超过百亿元，取得万科24.26%的股份，超过原有第一大股东华润集团，成为万科15年来新的掌门人。王石等万科高管对强势入主的资本表示反感，高调回击"不欢迎宝能系成为第一大股东，因为宝能系'信用不够'"。这次并购被市场普遍认为是一场敌意收购。之后万科集团采取百亿回购计划、寻找一致行动人、停牌拖延战术等一系列策略，来抵抗宝能系，维持自己的话语权。

对民企宝能系举牌收购万科的事件，证券市场与金融界业内人士都表示了极大的兴趣和广泛讨论。

"从某种角度来讲，这场'宝能系'对'万科'的股权之争，可以看作金融资本与实业资本间的一场战争。"有关人士对《证券日报》记者表示。

"目前资本市场不缺乏资金，但万科这家地产龙头，因其超大规模、稳定的收入和现金流，对资本而言是相对安全的投资，具有极大的吸引力。"——广发证券分析师。

"宝能系自己的地产企业也做得风生水起，如果宝能系能够成功当选万科第一大股东，两家地产企业相当于强强联合，优势互补，获取行业优质资源，为万科业绩增长注入动力。"——长江证券某业内分析师。

"选择了资本市场，就应该让资本说话，只要合法守纪即可。一致行动人的数量是有限的，而以资本运作著称的宝能系则更为灵活。"——融通基金投行部。

在这场引起金融界与证券界人士广泛关注的万科股权争夺战中，留下的几个重要的并购问题与悬念，值得资本市场及金融理论界分析、研究和探讨。

（1）目前我国资本市场充斥着大量资金，在真正资本到来的时代，如何在金融资本与实业资本的博弈之中，实现双方财富与价值"双赢"？

（2）不同的股权结构对公司有什么影响？公司应该怎样选择股权结构？

（3）面临敌意收购时，如何引入"一致行动人"与"白马骑士"等方式实施资本市场的反并购？

（4）企业应该以大股东利益为中心还是中小股东利益为中心？

（5）在我国同股同权的市场中，股权分散的企业如何能够较好地保持管理层的控制权地位？

二、上市公司万科与收购方宝能

1. 万科的发展历史

1983年夏季的午后，太阳炙烤着大地，聒噪的蝉鸣声扰乱着广州某机关大楼里一位年轻人的思绪，心有鸿鹄之志却天天周旋于一张方桌和一堆索然无味的资料文件之中，他不甘也不服，他终于下定决心，做出了一件令不少人摇头的事情，辞去了公职，暂别了家庭，孤身一人来到了深圳，开始了他的创业之梦，这个年轻人就是王石。王石于1984年在深圳成立深圳现代企业有限公司，主要进行进出口贸易，这也是万科的前身。1988年正式改名为万科企业股份有限公司（简称万科），并于当年进入房地产行业；1991年在深圳证券交易所挂牌上市（股票代码：000002，股票名称：万科A），是证券市场中具有代表性的地产蓝筹股，公司主营业务为房地产开发和物业服务。

经过三十余年的发展，万科成为中国最大的专业住宅开发企业，其业务覆盖珠三角、长三角、环渤海三大城市经济圈以及中西部地区，共计 66 个城市。2015 年公司实现销售面积 2067.1 万平方米，销售金额 2614.7 亿元，销售数量位居世界前茅，跻身全球十大住宅企业行列。万科物业伴随着万科房地产开发业务共同成长，物业服务覆盖中国内地 64 个大中城市，服务项目近千个，合同管理面积 2.1 亿平方米。

多年以来，王石带领万科集团坚守价值底线、拒绝利益诱惑，坚持以自身在建筑领域的专业能力从市场获取公平回报，先后入选多家世界级排名的榜单，多次获得最佳公司治理等奖项，成为最受客户、最受投资者、最受员工、最受合作伙伴欢迎，最受社会尊重的企业家之一。经过多年的努力，万科通过旗下"四季花城""城市花园"等品牌树立了"设计精心、配套完善、物业管理出色"的良好形象，确立了在住宅行业的竞争优势，在全国的市场占有率上升至 3.00%，成为房地产行业毋庸置疑的龙头企业。万科发展历史见表 1-1。

表 1-1 万科发展历史

时间	事件
1984 年	万科前身——深圳现代企业有限公司成立，以进出口贸易业务为主
1988 年	更名为万科企业股份有限公司，并于当年进军房地产行业
1991 年	万科 A 股在深圳证券交易所挂牌交易
1993 年	将城市中高端居民住宅确立为核心业务。5 月 B 股在深圳证券交易所上市
2000 年	年底华润集团及其关联公司成为第一大股东
2001 年	转让零售业务，全面完成业务调整，成为单一业务的房地产集团
2004 年	确定"3+X"的区域发展战略，开始进行大规模的土地并购活动
2005 年	与南都并购，完成了其在长江三角洲的战略布局，业务扩展到 21 个大中城市
2007 年	成为国内首家突破 500 亿元的住宅开发企业，成为全球最大住宅公司
2008 年	首次综合实力排名位居中国房地产企业第一
2010 年	成为中国首个突破千亿的房地产企业，市场份额第一
2011 年	实现销售面积 1075 万平方米，销售金额 1215 亿元，销售规模持续居全球同行业首位
2013 年	开始尝试海外投资，开展国际化战略
2015 年	截至 2015 年底，公司已进入全国 66 个城市、5 个海外市场

2. 万科集团控股关系和控制链条

宝能系从 2015 年 7 月开始陆续在 A 股市场举牌万科股票，想成为第一大股东进而控制万科的野心开始逐渐展露在公众之下，万宝大战一触即发。在宝能系开始进行一系列动作准备入侵万科之前，截至 2015 年 6 月份万科的股本结构，流通股比例情况（控股关系），公司控制链条以及公司高管持股情况，具体如图 1-1 和图 1-2 所示。

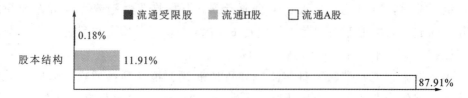

图 1-1 2015 年 6 月 30 日万科股本结构图

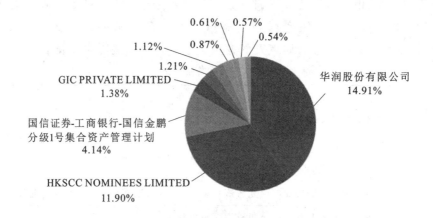

图 1-2 万科前十大股东比例分布图（控股关系）

自 1991 年上市以来，万科都是一家股权高度分散的公众公司，在宝能系开启并购万科的大幕之前，万科前十大流通股股东持股比例仅占 37.23%。万科在公开市场曾一再表示，由于股权分散，公司不存在实际控制人。在宝能系之前，华润以 14.91% 的持股比例身居大股东多年，主要扮演财务投资者角色，不干涉经营管理，实际决策者是以董事会主席王石及总裁郁亮为首的管理层。依赖于国资华润集团良好的合作关系，双方一直处于和平相处、各取所需的状态之中，因而使万科疏忽了控股对管理的重要性，为宝能系提供了可乘之机。华润与万科的控制链条关系如图 1-3 所示。

此外，前十位股东中，除了华润股份和自然人刘元生外，清一色的都是各类保险、证券投资基金。虽然公司的实际经营控制权都集中在公司管理层中，但高管持股比例不足 1%，具体持股比例见表 1-2。进入 2014 年，以郁亮为代表的管理层嗅到了野蛮人敲门的危机。万科也拿出了事业合伙人制度作为防御方案。但用 1320 名合伙人的年度 EP（经济利润）奖金＋杠杆来增持自家股票，资金有限且速度又慢，截至目前万科盈安合伙仅持有 4.14% 股份，在宝能系这样不计成本的奇袭之下，事业合伙人持股所搭建的护城河几无还手之力。

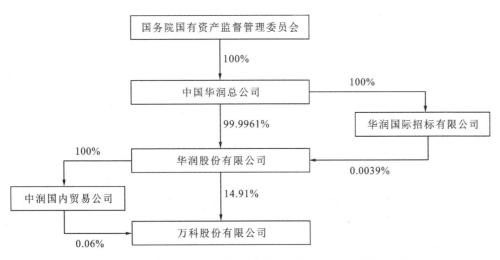

图 1-3　2015 年 6 月 30 日第一大流通股东华润与万科的控制链条

表 1-2　公司董事、监事、高级管理人员持有公司权益情况表

姓名	职务	年初持股数	年末持股数	期末持股占总股份数的比例
王石	董事会主席	7617201	7617201	0.069%
郁亮	董事、总裁	7306245	7306245	0.066%
孙建一	董事	519177	519177	0.005%
王文金	董事、执行副总裁	1923591	2314291	0.021%
解冻	监事会主席	1490745	1490745	0.013%
周清平	监事	20000	20000	0.0002%
张旭	执行副总裁	679039	904039	0.008%
谭华杰	董事会秘书	480000	960000	0.009%

【王石】　作为万科的创办者，王石（见图 1-4）是中国商界的标杆式人物，三十年来，带领万科从一个以贸易起家的小企业，一步步成长为中国最大的住宅公司，从最初的"物业管理牌"到"规划牌""环境牌"，再到如今的"环保概念""高科技智能化概念"，在理念和实践上，万科是行业的"领跑者"。在外界眼里，王石和万科已经深深地叠印在了一起，王石的个人意志和个人魅力，显然已成为万科的一道不可或缺的风景与精神存在。

图 1-4　王石照片（来源：百度）

王石一直宣称自己是创业家，不是企业

家——他似乎颇以此自豪。但是同时他也反复地讲，中国的企业要做大、做强，就必须按规律办事，按牌理出牌，对企业进行规范的管理。王石一直以职业经理人为理想。万科上市前，王石拥有公司40%的股权。1988年万科进行股改的时候王石就放弃了万科的原始股份，从而放弃了成为万科老板的机会，成为一个职业经理人。通过放弃股权，王石表明了自己对财富的态度——"不能为了利益而不管不顾"，也表明自己要和团队一起作为职业经理人，将万科打造成为现代优秀企业的自信。王石曾在公开场合表示"谁想要成为万科的大股东，就不是管理层所能左右的。管理层能做的就是为全体股东创造财富，为消费者提供满意产品，为社会承担责任"。王石在坚持他的想法的同时，也为万科之后的股权分散埋下了隐患。

3. 解析宝能系——"门口的野蛮人"

2015年，在长袖善舞的各类资本运作中，宝能系之一的前海人寿通过三度举牌万科、70亿定增华侨城、举牌天健集团、举仓深振业等一系列举动，让业内对这个兵临知名房企城下的"野蛮人"刮目相看。

深业物流大厦高20层，姚振华以及宝能系部分核心高管的办公室位于大厦的19楼。原本，这里风平浪静，但自2015年下半年，宝能系发起了对万科股权的争夺战，事态演变出人意料，王石高调回击"不欢迎宝能系成第一大股东，因为宝能系'信用不够'"。街头巷尾议论纷纷，而处于风暴中心的宝能系领头人姚振华却始终未曾露面。

"本集团恪守法律，尊重规则，相信市场力量。"宝能集团随即发表声明疑似对此作出回应。

有人认为"'宝能系'作为家族企业，与万科的现代企业规范化运作完全不同样，很可能会掏空万科，为此次投资计划带来满意的回报率。"也有人认为"'宝能系'想从万科这里分一杯羹"。其真实的目的到底是什么？是单纯的资本运作还是寻求自身企业新的发展？

王石在一次谈话中曾引用了宝能入股深业物流的过程，认为其发家史就是"一进、一拆、一分"，而且他们资金的来源是"层层借钱，循环杠杆，没有退路，在玩赌的游戏"。这也是王石认为宝能系"信用不够"，不欢迎宝能系加入的原因。

梳理宝能系的发家史，不难发现其确实是资本运作的高手。姚氏兄弟旗下掌控着其他数十家公司，这些公司运营低调，甚至不乏空壳公司，多数沦为资本运作的棋子，而壳公司的设立及繁杂的股权构架，是资本大鳄运作的常规动作。

1) 频繁的资本运作

回溯历史，宝能系 2012 年首度亮相资本市场时，便通过多个账户运作。其间，宝能系通过旗下关联公司钜盛华、华利通、傲诗伟杰，以一致行动人身份三度举牌深振业，与深圳国资委争夺控股权。而从 2014 年第四季度至 2015 年末，宝能系整体投资版图已进行大换仓，其基本清仓深振业 A、宝诚股份、天健集团，取而代之的是万科 A、中炬高新、南玻 A 等。

2) 资金风险高

2015 年，钜盛华和前海人寿动用了高达 550 亿元资金对其他公司举牌、参与定增等。其庞大的资金流从何而来？从宝能系在前海的布局来看，宝能系通过宝能地产、宝能国际、前海人寿等公司形成了一条"实业＋投资＋保险"的链条，而这条链条看似完美却暗藏风险。首先，保险业务必须要严格控制风险，以保证投资和实业的资金成本，而实业投资则必须要保证现金流，以巩固保险业务的流动性后盾，这个链条任何一个环节发生问题，必将全盘崩溃。

3) 集团盘根错节

宝能系包含深粤控股、粤商物流、凯诚恒信等 3 家影子公司，还有早已露面的钜盛华、华利通、傲诗伟杰、华南投资等共 10 家关联公司，旗下控制的裙带公司更是有着千丝万缕的关系，如中林实业、钜华投资、宝能控股中国有限公司（简称"宝能控股"）、宝能国际（香港）有限公司等，整体持股架构盘根错节。

【宝能系】 宝能系是以深圳市宝能投资集团有限公司（简称"宝能集团"）为核心的资本集团。宝能集团创始于 1992 年，总部位于深圳特区。历经二十余年稳健发展，现已成为一家以国际物流业务、综合开发业务、文化旅游业务、金融保险业务为其四大主要产业，健康医疗产业、民生产业为辅助性产业的大型现代化集团公司。下辖宝能地产、前海人寿、钜盛华、广东云信资信评估、粤商小额贷款、深业物流、创邦集团、深圳建业、深圳宝时惠电子商务、深圳民鲜农产品多家子公司。宝能集团旗下参控股公司有 40 多家，加上宝能控股旗下的 31 家核心企业，宝能系家谱中至少有 70 多家公司，其中宝能集团董事长姚振华控制的下属核心企业多达 49 家，因此形成了以姚振华为核心的"宝能系"。

此次宝能系收购万科股份主要是依靠钜盛华和前海人寿两家子公司进行收购，它们是宝能系进行资本运作的核心，如果说前海人寿是宝能系的重要融资平台，那么钜盛华是其资本市场操作时的"常用马甲"。图 1-5 所示为宝能集团及其一致行动人控制链条，而整个链条都由宝能系的掌门人姚振华牢牢握在手中。

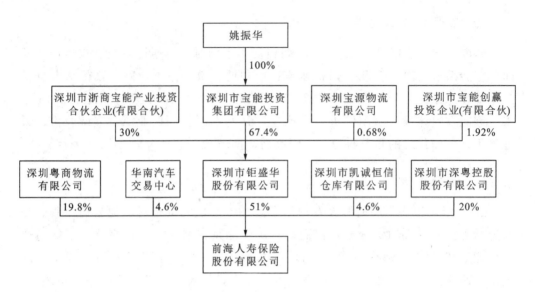

图 1-5 宝能集团及其一致行动人控制链条

图 1-6 姚振华照片（来源：百度）

【姚振华】 1970 年出生于广东潮汕，深圳市宝能投资集团董事长。曾任广东潮联会名誉会长、广东省政协常委，并与王石一起成为《特区拓荒牛卅载竞风流》上榜人物。1988 年至 1992 年就读于华南理工大学工业管理工程和食品工程双专业。早年靠卖蔬菜起家，几十年间，就将其掌舵的"宝能系"发展成集地产、保险、物流、小额贷款、教育、医疗、农业等众多产业的庞大而神秘的商业帝国。姚振华（见图 1-6）为人低调而神秘，在百度百科中搜索姚振华，也只有短短百余字的简介。外界对他的印象仅停留在几年前他们举牌深振业、掌控宝诚股份时的"资本新贵"概念上。然后，在 2015 年，以钜盛华和前海人寿作为资本运作平台，姚振华控制下的"宝能系"频频上演"资本大戏"。

三、宝能系三次"逼宫"举牌收购万科的原委与始末

2015 年 7 月伊始，一场民营与房产巨鳄的股权争夺大战在深圳上演并渐入高潮。股权争夺过程的具体情况如表 1-3、表 1-4 所示。

表 1-3 宝能持有万科股权比例变化情况

万科股东	7月10日	7月24日	8月26日	9月1日	12月4日	12月7日	12月10日	12月11日	12月15日	12月18日
宝能系旗下：前海人寿	5%	5.93%	6.66%	6.66%	6.66%	6.66%	6.66%	6.66%	6.66%	6.66%
宝能系旗下：钜盛华	0.00%	4.07%	8.38%	8.38%	13.35%	13.35%	15.08%	15.79%	16.86%	16.86%
宝能系（前海人寿＋钜盛华）	5.00%	10.00%	15.04%	15.04%	20.01%	20.01%	21.74%	22.45%	23.52%	23.52%
华润	14.89%	14.89%	14.89%	15.29%	15.29%	15.29%	15.29%	15.29%	15.29%	15.29%
安邦	0.00%	0.00%	0.00%	0.00%	0.00%	5.00%	5.00%	5.00%	5.00%	7.01%

表 1-4 宝能系（一致行动人）持股情况

项目	时间	增持主体（法人）	内容	增持后持股比例
1	2015-7-10	前海人寿	买入 5.53 亿股，持股比例 5%；买入价格为 13.28～15.47 元，以区间平均价 14.38 元计算，耗资约 79.52 亿元	宝能系持股 5%
2	2015-7-24	前海人寿＋钜盛华	买入价格 13.28～15.99 元，以价格区间的中值 14.64 元计算，增持比例 5%，耗资约 80.87 亿元	宝能系持股 10%
3	2015-8-26	前海人寿＋钜盛华	买入价格约 14 元，增持比例 5.04%，耗资 77.93 亿元	宝能系持股 15.04%
4	2015-12-4	钜盛华	增持 5.49 亿股，比例 4.969%，耗资 96.52 亿元	宝能系持股 20.01%
5	2015-12-11	相关一致行动人	增持 2.52%	宝能系持股 24.26%

1. 第一次强势举牌收购——铩羽而归

2015 年 7 月 10 日，潮汕姚氏兄弟旗下的前海人寿耗资逾 80 亿元，通过二级市场购入万科 A 股 5.52 亿股股份，之后又和一致行动人通过连续举牌，将持有万科的份额猛增至 15.04%，超过了 20 年来始终位居万科第一大股东的华润，此时宝能系与华润之间的持股比例差距仅为 0.15%，但作为万科曾经的第一大股东华润却沉默下来，迟迟不见动静。随后，在王石的走动下，华润终于出手，在 8 月 31 日和 9 月 1 日两次增持万科，耗资约 4.97 亿元，新增万科约 0.4% 的股份，使其持股达到了 15.29%，又超越了宝能系的 15.04%，重新夺回第一大股东之位。业内有人推测，华润的行动缓慢可能是在等待反击的时机，选择一个股价不是那么高的时候，完成增持，从而理性控制"维持第一大股东地位"的成本。

华润集团可能认为民营企业不可能愿意和著名的央企进行争夺与对抗，无非是想通过股市的升值，以实现投资价值最大化，不是真正地为控制企业而提高股比。而在这次保卫战中，华润只付出了近 5 亿元人民币，就再次恢复了第一股东的地位，宝能也并未连续反击。第一次股权之争似乎就这样落下帷幕，但宝能系和华润持有的万科股份比例非常接近，究竟鹿死谁手尚难定论，也为第二次、第三次举牌收购埋下伏笔。

2. 两次逼宫——卷土重来

仅过几个月，从 12 月 4 日开始，隶属宝能系的钜盛华及其一致行动人前海人寿持续增持万科，又投入了近 100 亿元，累计抢得万科 A 约 20% 的股份，成为万科第一大股东。无独有偶，三日之后，安邦保险杀出，耗资百亿举牌万科，抢占万科总股本的 5%。一时股市上众说纷纭，安邦保险是想在股权之战中分一杯羹，抑或是与宝能强强联合？

12 月 10 日和 11 日宝能系共耗资约 52.5 亿元再度增持万科股份，股票增持至 22.45%。而宝能系与万科管理层的对峙也进入高潮阶段，万科 A 股股票在 12 月 17 日、18 日上午相继涨停。数据显示，宝能系累计持万科 A 股 24.26%，再次成功拿下万科第一大股东的地位。

12 月 17 日在北京万科的内部会议上，王石就明确表示不欢迎新晋股东宝能系。他说："谁是万科的第一大股东，万科是应该去引导的，不应该不闻不问。"在这次内部讲话中，王石对"宝能系"提出诸多质疑，并明确表态"不欢迎"，最重要的理由在于，"宝能系信用不够，会毁掉万科"。而宝能系则立刻回以"本集团恪守法律，尊重规则，相信市场力量"。双方可谓是唇枪舌剑，互不相让。

也在当天，安邦保险增持万科 A 股股份 1.5 亿股，每股增持平均价为 21.808 元。18 日增持万科 A 股股份 2287 万股，每股增持平均价为 23.551 元。两次增持过后，安邦占有万科 A 股股份升至 7.01%，安邦再次成为双方相互争夺的香饽饽。

12月18日，在开市不到一小时的时间内，万科A股股价再度涨停。当日中午，万科以有重大资产重组及收购资产为由临时停牌，宣布将推进重组和增发，万科H股同时停牌。

12月23日凌晨，万科在官方发布声明，欢迎安邦成为万科重要股东。安邦也于同一时间做出了回应，表示合作意图。这意味着，在目前激烈的"万宝之争"中，万科的管理层获得了安邦的重要支援，他们将一起对抗"野蛮人"宝能系的恶意收购。

3. 三方鼎立——凶险万分

停牌重组将万科股权之争由明转暗，而万科董事长王石又将如何长袖善舞，改变危机？

2016年3月13日，万科突然公告宣布引入新的战略投资伙伴——深圳市地铁集团有限公司。万科将以发行新股的方式，购买深圳地铁集团下属公司的全部或部分股权，而深圳地铁集团将注入部分优质地铁上盖物业项目的资产到该收购标的中。如果万科按照停牌前股价的90%向深圳地铁进行增发，那么深圳地铁用590亿元的总价就可超越宝能，成为万科新的第一大股东。若深圳地铁与万科管理层、华润等结盟为一致行动人，持有万科股份将超过40%。

对宝能系来说，深圳地铁显然是来者不善。不过，理论上宝能还可以放手一搏。因为无论引入的新股东是谁，万科都必须经过特别股东大会到场股东三分之二的同意。宝能系已经持有万科股权的24.26%，如果宝能系出席特别股东大会，最多仅需寻求9.07%股票投票权，就可否决引入新股东的议案。

而另一边，第二大股东华润却突然发难。华润集团出席大会的代表在接受媒体采访时，对万科引入深圳地铁的资产重组程序提出了异议，表示"没有经过董事会的讨论及决议"。并且华润派驻万科的董事已经向有关监管部门反映了相关意见，要求万科依法合规经营。

对于万科而言，这无异于当头一棒。有业内人士对此评论称，万科与深圳地铁的战略合作，因目前签署的合作备忘录还不具备法律约束力，确实还不需要万科董事会审议表决。但就此事华润突然提出异议，并向深港两地交易所投诉，表达不满态度，足以证明万科管理层与华润集团在此事的沟通上出现了问题。外患未平，内忧又起，在这样的变故之下，万科的资产重组能否继续推进？

前有第一大股东宝能系虎视眈眈，后有华润"临时倒戈"，万科管理层能否解决好"安抚"华润股东、推进资产重组这两大难题？宝能、华润、万科三方鼎立，战局又该如何发展？一场万科的股权争夺之战，双方你来我往，几经拉锯，"硝烟四起的战争"似乎才刚刚开始，导致万科走向如今局面的问题又该如何解决？

思考题：

4. 企业为应对外界的股权收购可能会采取哪些措施？分析其可能性。
5. 你认为谁会是万科股东争夺战的赢家？
6. 通过这起案例分析，如果你是上市公司的管理层，你将如何预防和应对来自资本市场的"恶意收购"？

四、万科再陷股权之争的原因

宝能系与万科的股权争夺战可谓高潮迭起、扣人心弦，虽然暂时以停牌告一段落，但仍然充满悬念。其实这已不是万科第一次遭遇"野蛮人"。从创始人王石引入华润，自己变为专业的职业经理人开始，万科就是一家没有实际控制人的公司。1994年，万科就曾遭到以君安证券为首的几个股东联合"逼宫"，君安联盟企图夺取公司控制权，当时以王石为中心的万科高管及时采取措施，投票前夜成功策反了海南证券，导致君安联盟瓦解，才有惊无险地渡过了危机。然而，21年后事件重演，作为世界最大的房地产企业，万科再次陷入股权争夺战之中。究竟是什么成就了今天的万科？而又因为什么让万科在此成为资本市场虎视眈眈的目标？其中的原因值得去思考和探索。

1. 股权分散，管理层地位岌岌可危

一直以来万科管理层都非常重视与投资者的关系，维护中小股东的利益，因此万科是一家A股市场上比较少见的大众持股上市公司。万科99%的股票都是流通股，散户股东和机构持股高达60%，前十大流通股东仅持有公司37%的股份，其中第一大股东华润集团也仅持有14.89%，所以万科不存在"一股独大"的问题。以王石为首的万科管理层所持有的万科股份非常少，万科的整个管理层所持股份比例仅有4.14%，王石个人持股仅7617201股，占总股份数（11014968919）的0.069%，万科的整个管理团队都是以职业经理人的角色，来管理和控制着公司。与行业内最具竞争力的保利地产相比，可以发现二者在股本结构方面有极大的差别。保利集团持有公司40%以上的股票，所有权控制权相对集中，如果想要对其实施并购可谓极其困难（见图1-7）。反观万科，对资本市场来说业绩如此优良、股价低估、股权分散的企业，无疑是一个最佳狙击的标的物，一块摆在眼前诱人的"红烧肉"。

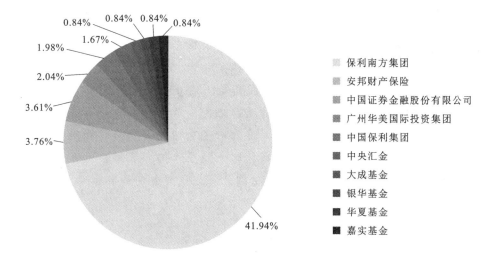

图 1-7　2015 年 6 月 30 日保利十大股东

场景二

王石的情怀导致今日的困局

2015 年 12 月 23 日，北京一处高档酒店里，《凤凰财经》的记者小胡正在紧张地等待着她的专访嘉宾——王石的到来。7 月，由于宝能系的入侵，万科成为全民焦点，12 月 18 日"王石首度表态，万科不欢迎宝能系"的消息一出，万科股权保卫战随之打响，小胡能在这个时候采访到王石实在难得，正在坐立不安之时，门被缓缓推开，王石走过来，他精神焕发，还是以往的洒脱状态，但却多了一丝说不出的愁云。一番寒暄之后采访正式开始。

小胡："宝能系"大举借债购入万科股份，万科面临股权危机，胜负难料，很多人不由想起了您当年在上市之前，放弃个人拥有的股份把自己作为一个职业经理人的决定，您当时为什么要这样做？现在，您后悔当时的选择吗？

王石听后笑了，说道：万科，我是创建者，但不是拥有者。当年创业，野心、能力和自信心使我相信，我不需要控制权就可以经营好公司。并且我认为企业家应该拥有情怀，不能一味地"向钱看"，作为投资者信赖的选择，不要沉溺于股权争夺的漩涡里，应该努力为投资者服务去创造价值。我是一个有野心的人，不想让股权利益束缚了自己的手脚。至于会不会后悔，我只能说职业经理人一直是我的理想。作为一家上市公司，谁想成为或实际成为万科的大股东，不是职业经理管理层能左右的。职业经理人能做的就是为全体股东创造财富，为消费者提供满意的产品，承担社会责任，并捍卫万科的价值观和企业文化。

> 小胡：万科事件一出，包括任志强、胡葆森在内一众地产大佬，都纷纷发声力挺您。绿城老板宋卫城表示：您是一位在中国商业世界里对抗野蛮资本入侵、捍卫商业伦理的悲情英雄。对此您有什么想法？
>
> 王石：我非常感谢他们，因为我们都是一点一滴做出来的企业家。万科是一家真正的公众公司，没有控股老板，之所以成为行业第一，是靠现代管理体制打造的长期品牌和领导地位，其核心竞争力不是钱多，不是地多，而是万科的体制，是万科的机制，是万科职业经理人的归属感，是万科这么多年沉淀的独特文化，任何恶意的、恶劣的介入最后都会自食其果！

思考题：

7. 你认为王石不欢迎宝能系成为万科的控股股东的原因有哪些？

8. 王石当年的选择给万科的发展带来了怎样的积极作用，又埋下了什么隐患？假设你是案例中的主要决策人王石，时间倒回可以重新做出选择，你是否还会放弃自己的股权？请给出理由。

从历史来看，在股权结构上，万科的管理层的确过于自信。20多年前，万科董事长王石放弃了万科企业股权的分配，选择作为职业经理人的角色，持股不到1%；2011年，他更是将这笔账面价值在9.68亿元人民币左右的资产捐出成立公益基金，再次放弃了掌控万科的机会。然而"职业经理人之梦"和情怀无法解决脆弱的产权根基，并没有为万科铸造坚固的护城河，在波涛汹涌的资本市场的浪潮下，为这场股权争夺战埋下了祸根。万科高管讲价值观、讲情怀无可厚非，因为这些价值观和企业文化实际上就是万科，但"野蛮人"叩门本身也是一种价值观的入侵与碰撞，当企业家遇到资本家，资本无情，强者说话，万科亦不能仅靠情怀和价值观说事。

1）合作华润，乐不思蜀

2000年为了使万科有更好的发展前途，王石经过深思熟虑，换掉了原有老东家深特发，引进了有实力的大股东——拥有国资背景的华润集团，并希望通过这个有实力的大股东，打通市场融资的渠道。在万科迎入华润后至今的十余年里，某种程度上，华润系似乎与王石团队达成了一种近乎完美的默契。基于这种默契，华润系从未持股超过20%，在宝能系入侵万科之前，华润一直以14.89%的持股比例稳坐万科的第一大股东之位。华润为一个理念先进的大股东，主动把自己放到和其他股东完全平等的角色上，从未以管理者身份过多干涉万科，而王石团队也未要求华润系过多承担作为第一大股东的义务。华润系更像是万科的财务投资者，不以控股为目的，只要求可以得到合适的回报，换句话说，万科负责挣钱，华润负责收钱。王石在内部总结会议讲话中，对华润第一大股东的角色做出了极高的评价，认为他们是极其出色的投资者。

多年来，华润给予了万科管理层极大的自由控制权和决策权，使得管理层全心地投入公司利益的价值创造中，未有过多考虑"野蛮人"入侵的问题，继而忽视了对可能影响公司控制权的风险的防范，等到宝能系兵临城下时才突觉手足无措。

另外，当前国家正在进行国企改革，强调"国进民退"，华润之后的行为可能体现国企改革的思路，不刻意谋求控股股东地位，而是完善资本管理，这也使万科高管陷入了尴尬的境地，"空有救国之心而无救国之力"。

思考题：

9. 在当前同股同权的资本市场中，企业的控股股东拥有什么权利？可能对企业产生什么影响？管理层是否有持股的必要？

2）事业合伙人制度及百亿回购计划

在中国房地产经历了最为波澜壮阔的一波发展浪潮之后，万科已经成为中国最大的房地产企业。20年前万科曾经历"君万大战"，"一朝被蛇咬，十年怕井绳"，对"野蛮人敲门"的担忧一直存在万科管理层的心中。管理层已经意识到了股权分担的危险，为了应对可能遭到的入侵，2014年万科开始实施事业合伙人制度，希望通过用1320名合伙人的"年度EP（经济利润）奖金＋杠杆"转化为公司股票，成为公司合伙人，通过高管持股构筑"防御工事"。"盈安合伙人"方案出发点是好的，但是其资金有限，速度又慢，且万科盈安合伙仅持有4.14％股份，在宝能系这样不计成本的奇袭之下，事业合伙人持股所搭建的"护城河"几无还手之力。

此外，2014年7月股灾之后，万科又出台了抵御外部入侵的另一举措，宣布百亿元的回购预案，准备拿出100亿资金回购约7％的股份，增加持股比例。但直到回收期截止，万科回购的A股数量约为1248万股，仅占总股本的约0.113％，耗资仅1.6亿元。行动的不利，使股权结构毫无改变，如果万科早前已经完成这个计划，那么狙击"野蛮人"就不会显得那么被动。

思考题：

10. 事业合伙人制度的本质是什么？其对万科抵御外界入侵的作用如何？

11. 万科提出百亿回购计划，如果被提前实施完成那么对于现在面临的控制权之争会有什么影响？你认为是什么原因导致万科没能很好地实施这一计划呢？

2. 万科蛋糕诱人

2015年万科已经进入中国66个城市，初涉5个海外市场，综合实力位居行业第一，是中国发展最为成熟的开发商，也是世界上最大的房地产企业，2015年沪深上市房地产公司综合实力第一、房地产公司财富创造能力第二、房地产公司投资价值第一、公司治理第一，企业实力和影响力可见一斑。

近十年来，中国经济几起几落，特别是政府对房地产多次调控，但万科始终保持了营收的持续稳定的增长。2015年公司实现销售面积2067.1万平方米，销售金额2614.7亿元（见图1-8），市场占有率达到3%，拥有独到的资源、较低的信贷能力和较强的运作能力和充沛的现金流，良好的品牌价值对众多并购方有极大的吸引力。

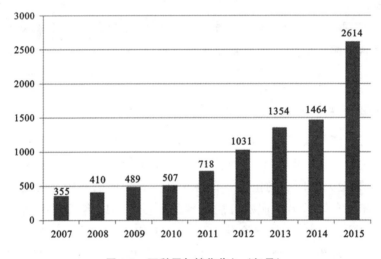

图1-8 万科历年销售收入（亿元）

一般而言，制约房地产发展的因素很多，关键是土地和资金。拥有城市核心的居住地段，那么房产项目就成功了一半。但是城市好的地段数量有限，资源稀缺，即使一掷千金也不一定能买到。而作为世界最大的房地产开发商，2014年末，万科拥有417个开发项目，在建和规划中的权益建筑面积分别为2776万平方米和3801万平方米，合计6577万平方米。2015年，万科又拿下26个新项目，新增规划建筑面积507.5万平方米。其拥有的大量土地资源，是众多收购方迫切需要的资源。

除此之外，作为一个实力与潜力并存的企业，万科所持的一直是股票市场的蓝筹股，但是2015年以来，万科股价长期在12~16元区间做箱形整理，即使2015年上半年的杠杆疯牛也没有激发太多投资者对该股的热情。但是相比大多数股票，其在股指大跌过程中也表现出很好的抗跌性。其股价的低估，使众多资本家看到了投机的机会和获得超额收益的可能。2015年7—12月万科股价波动情况见图1-9。

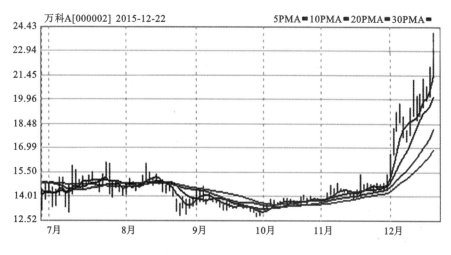

图 1-9 万科股价波动图

思考题:

12. 你认为万科的股价是否被长期低估?你是如何通过财务报表来评价公司价值,以判断公司股价是否被低估的?

3. 宝能系的并购版图:争夺万科股权的如意"算盘"

总体而言,宝能系收购万科,是基于以下的如意"算盘"。

1) 降低融资成本

宝能系也有房地产融资项目,但是很多项目融资成本远超 10%。而万科作为行业内的旗舰公司的信用评级是 AAA,其低廉的融资成本带来的是不到 4% 的发债票面收益率,宝能系早已垂涎三尺。如果宝能系向万科注入自身的地产项目的话,在资产负债率不变的情况下,融资成本也会大幅下降,这对宝能系大有裨益。

2) 打通险资"融资与投资"的任督二脉

作为宝能系的一只现金奶牛,前海人寿 2015 年实现营业收入 315.12 亿元,净利润为 30.98 亿元。而在 2014 年前海人寿营业收入为 87.35 亿元,净利润仅为 1.32 亿元。2015 年营业收入、净利润呈现爆发式增长,其总资产也从 560 亿元暴增至 1553.56 亿元,前海人寿手中握有大量资金,但是收入的 90% 都依赖"高现金价值保值产品",即万能险。从前海人寿公布的报告来看,万能险年利率一般在 5%~7%,最高达 7.4%,如此高的收益率对前海人寿公司的偿付能力提出更高要求，要求险企有高收益的投资载体。姚振华也是看到万能险盈利的不可持续性，所以急切地要寻找稳定的长期投资回报率的项目。宝能系举牌收购万科，一方面，可以通过并购的手段，将被低估的万科股价推高，然后转手获利；另一方面，如果宝能系可以举牌成功并购万科，就可以强化自己的商业版图，为企业提供一个多元化的经营平台，利用万科稳定的市场，较高的利润增长，缓解保费偿付的压力，实现公司的资本运作。

3）拓展业务、开创商业帝国

宝能系商业版图涉及地产、保险、物流等宝能系核心业务，以及饮食、文化、旅游等一批深圳公司机构，数量几近半百之多。从前海人寿以及宝能系业务方来看，大量的资金被密集投入地产项目中。做成全国地产头牌一直是宝能系实际控制人姚振华的梦想。宝能系近年一直谋划从深圳走向全国，但是在二、三线城市接连碰壁，道路不顺，2015年9月中旬，宝能集团安徽公司在芜湖退地，损失约1.3亿元履约定金，被认为是典型的三线城市投资失利。而万科作为最具实力的房地产商，通过多年的积累，拥有得天独厚的行业资源、大量的土地和专业的运作能力，这些也正是宝能所缺少的。如果拿下万科这家国内最大的地产商、A股的大蓝筹，不管是整合万科二、三线城市的资源，还是借助万科的品牌背书，对宝能未来的发展都可以说是如虎添翼。

思考题：

13. 在以上原因中，你认为导致"万宝之争"的最重要的原因是什么？请给出理由并予以说明。

五、万宝之争的根源——股权分散

这场万科公司控股权的争夺，成为2015年我国资本市场最精彩的并购攻防战。在业内人士看来，必将载入中国资本市场史册。无论最终结局如何，都给参与者和市场各方带来深刻的影响。

在许多证券投资者眼中，万宝之争对我国金融市场的影响已经完全超越了双方的控制权之争。中央财经大学刘姝威认为："万宝之争充分暴露了中国金融市场存在致命的系统性风险。在监管不足的金融市场里，一些获得金融牌照的企业不是为实业服务，而是利用金融牌照获得低成本概念和高杠杆配资掠夺并干扰实业。"

万宝之争折射出当前金融资本与实业资本博弈的镜像。宝能的举牌，代表了资本的意志，也宣告了我国资本市场真正资本时代的到来，这场股权之争也正是一种资本的游戏。大量的资本没有真正为供应侧的实体经济服务，没有因此而降低企业的融资成本，也没有给实体经济带来好处，反而造成了与管理层的对抗与波动，不利于实体经济的发展。

万科当前被宝能这种金融资本收购的困境，主要的原因在于万科公司股权结构上的巨大漏洞和管理层对这种有缺陷的公司治理结构疏于防范。

万科股权的比例变化见图 1-10。

从图 1-10 可以看出，万科公司从上市以来，股权就一直非常分散，这在中国资本市场也是一个特例。1988 年万科实现股改之后，王石便主动放弃了自己 40％的股份，到了 20 世纪 90 年代后期，第一大股东深发集团一直持有不到 10％的股份比例，2000 年王石引入战略投资者中国华润集团后，第一大股东持股比例才缓慢地从 12.37％增长到股权争夺战之前的 14.89％，除第一大股东外，其他股东的持股比例也相对分散，比例较小。这与我国大部分上市公司大股东持股比例高且股权集中是完全不同的。股权高度分散则意味着难以形成控股股东，即使是长期居第一大股东之位的华润集团也不是控股股东（按万科公司章程规定，控股股东要求有 30％的表决股份）。公司没有控股股东，广大中小股东普遍存在"搭便车"心理，又因人微言轻而产生"理智的冷漠"，同时中小股东普遍缺乏专业决策知识和信息，这一系列因素促使公司的管理层在企业的经营决策中掌握了更大的话语权，管理层（由总裁郁亮组成的盈安合伙人团队）的态度往往决定了公司的发展方向。现今万科董事会有十一名董事成员，三名是实际执行董事，隶属于盈安合伙人团队一方，四名独立董事，只有其余四名非执行董事才由其他股东指派，这也是万科董事局主席王石多次陈述的，他希望万科是一个有别于其他企业的现代优秀企业，有引以为傲的职业经理人制度。但从客观现状分析，在本次股权之争之前，万科管理层（盈安合伙人团队）仅掌握 4.14％的股份，在公司股权结构上处于弱势地位；从宏观现象分析，在本次收购之前，万科管理层事实上从公司股权结构分散的现实中获得了公司控制权。

1989 年，万科在深交所上市前，王石拥有 40％的股权。在深交所上市时，王石放弃了成为万科老板的机会，成为一名职业经理人。这种情况在当时，甚至现在都不能算是错误，而是华丽的转身，这也开启了职业经理人这一行业的风气之先，他成为领路人。万科上市以后，一直呈现出高度分散的公众公司形象。万科股份分散的程度在中国证券资本市场中是少见的。1993 年到 1997 年间，万科最大股东的持股比例没有超过 9％，1998 年，前十大股东持股比例共为 23.95％，是一个典型的大众持股公司。2000 年引入华润集团成为大股东后，依然没能改变股权分散状态，到 2015 年 6 月，前十大股东合计持股 37％，这在董事会主席王石的话语中是一个体现以中小股东为中心的优点。实际上，从王石到公司的其他高管，心里都很清楚，这是一个危机，终有一天会引爆。

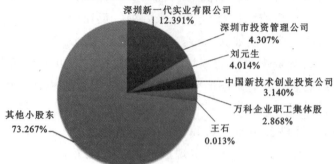

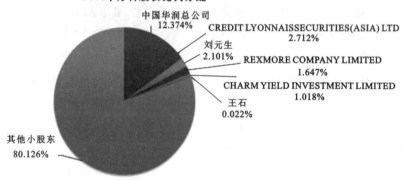

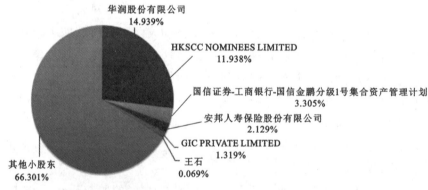

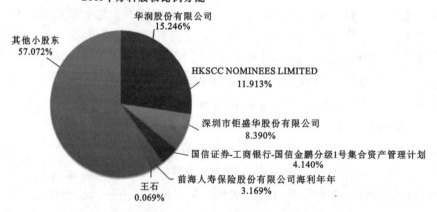

图 1-10　万科股权的比例变化

从控制权之争时焦虑地不断寻找同盟者的万科王石身上，我们看到典型的中国式失误。这种失误表现在：第一，万科上市以来的 20 多年过于顺风顺水，未遇到太大的波澜；第二，股权过于分散，原大股东华润集团虽无实质控制权，但像无形的保护伞支持着管理层，导致公司管理层对资本市场的险恶逐渐放松警惕；第三，万科的股价与其业绩并不对应，没有通过媒体广告等市场手段去运作，抬高股价到合适相应水平，也即万科股价多数情况下被市场低估；第四，股价低位时没有大比例的增持，回购力度也过小；第五，没有在"公司章程"中设置显著的反收购条款或"拒鲨"保护制度；第六，门口"野蛮人"处心积虑的进攻。万科总裁郁亮曾在一次高峰会上说，收购万科只需 200 亿元，而实际上宝能系的收购活动和进程，动用近 400 亿元险资，足见新晋大股东的野心和势在必得。面对股权结构异常分散这一隐患和潜在问题，王石等万科管理层们并未无所作为或完全不予管理，他们数次进行公司治理层面的建设和重新架构，以期弥补和消除这一缺陷和隐患。

六、公司治理的分析之一——阿里合伙人 VS 万科合伙人

股权分散带来的易受"野蛮人"叩门的隐患，应通过在公司治理结构上进行建设和完善来消除，这是万科管理层近年来已达成的共识。万科在制度建设上的重大举措就是设立事业合伙人制度。

万科合伙人制度在我国地产业内首屈一指，引领制度建设风气之先。但有意思的是，人们说起万科的合伙人制度，必然谈到 21 世纪以来资本市场中设立合伙人制度的先驱和领导者：马云和阿里巴巴，并将他们一同分析比较。确实，这两家引领我国资本市场合伙人制度建设创新的著名上市公司，在合伙人制度的缘起、制度建设和运作方面颇有相似之处，但实施效果却大相径庭。

1. 合伙人制度的缘起：阿里 VS 万科

1）马云的阿里

马云坚持在阿里巴巴中设立"合伙人制度"，并一再声称这是"制度上的创新"，说到底还是马云不想失去对阿里的控制权，这缘于马云两次创立公司失败的经历。

马云 1995 年创建中国黄页，艰苦创业刚打开局面没多久，竞争对手犹如雨后春笋一般涌现出来，尤其是杭州电信旗下的同类业务。该公司有钱、有资源，做的又是同样的事情。在同行业竞争激烈的情况下，马云熬不下去，最后决定同杭州电信合作，杭州电信占股 70%，马云及其团队占股 30%。但合作不久很快出现问题，结果马云离开中国黄页，把自己的股份也送给了一起创业的员工。

1997年，外经贸部的一家子公司——中国国际电子商务中心，由马云组建团队并且进行管理。外经贸部占70%股份，马云团队占30%股份。跟政府机构合作，对马云来说，有些束手束脚，因而这次创业也以失败而告终。之后，马云带领团队在杭州创建阿里巴巴。

如果说这两次失败有什么共同之处的话，就是马云因为不是公司最大的股东而失去了对公司的控制权。精明的马云，居然被同一块"石头"绊倒两次，正是这两次失败，才让马云心中萌发了建立合伙人制度以控制公司的构想。

2）王石的万科

1994年3月30日，君安证券委托4家公司（共持有万科总股份的10.73%，超过原第一大股东）发起"告万科公司全体股东书"活动，提出对万科的业务结构和管理层进行重组，这就是当年著名的"君万事件"。第二天，万科申请公司股票停牌到4月2日。连续4天的停牌，打乱了君安证券收购的步伐。随后，万科联系到两位一致行动人增持股份，并向证监会举报君安有"老鼠仓"交易行动等，万科反击手段多管齐下，终于阻止了外部"野蛮人"第一次凶狠的进攻。2015年，刚好是"君万之争"21年后，万科股价处在历史最低点之时，"野蛮人"敲门声再次响起，鉴于21年前"君万之争"险胜的教训，万科总裁郁亮果断提出合伙人计划，意图阻止局外"野蛮人"的收购企图。

两家公司在设立合伙人制度的缘由上，有异曲同工之处，即或者因不能控股而被驱逐，或者是因股权结构太分散而易遭到攻击，为解决这类问题，两家公司掌门人才坚定地设立事业合伙人制度。

2. 合伙人制度的设立与架构：阿里 VS 万科

1）马云的阿里

阿里巴巴合伙人制度主要有五条，内容如下。

（1）合伙人共28名成员，包括22名阿里集团的管理层和6名关联公司的管理层，其中马云和蔡崇信为永久合伙人，其余为临时合伙人，与任职有关。

（2）每年选一次新合伙人。新合伙人需获得四分之三以上现任合伙人同意才能当选，合伙人实行一人一票制。

（3）新合伙人需要满足在阿里巴巴或关联公司工作五年以上，对公司发展有积极的贡献；高度认同公司文化，愿意为公司使命、愿景和价值竭尽全力。

（4）担任合伙人期间，每位合伙人都必须持有一定比例的公司股份。

（5）合伙人的权利包括董事提名权和奖金分配权。公司合伙人有权提名过半董事，提名董事须经股东会投票过半数的支持方可有效，同时，可指派"过渡董事"，任期一年。

从阿里巴巴合伙人制度的五项重要架构来看，第五条是其主要核心内容，有此一条，基本上可以认为合伙人"凌驾"于董事会之上，即双层控制权结构。

2）王石的万科

2014年4月23日，万科事业合伙人初始大会召开，除了少数离职的，超过99%的员工共1320人，包括郁亮在内的全部8名董事、监事、高管等签名，将经济利润奖金等委托给"盈安合伙"做投资，自此，万科事业合伙人制度成立，"盈安合伙"就是一家为万科事业合伙人制度而专门成立的公司。

万科合伙人制度主要有以下三条。

一是跟投制度。对于今后所有新项目，除旧城改造及部分特殊项目外，原则上要求项目所在一线公司管理层和该项目管理人员，必须跟随公司一起投资。员工初始跟投份额不超过项目峰值的5%。

二是股票机制。将建立一个合伙人持股计划，也就是200多人的EP（经济利润）奖金获得者将成为万科集团的合伙人，共同持有万科的股票，未来的EP奖金将转化为股票。

三是事件合伙。根据事件，临时组织事件合伙人参与工作任务，项目中拆解原有部门职务划分，旨在解决部门中权责过度划分对企业整体长期利益的损害，跨部门"协同"联合找最优方案。

万科总裁郁亮谈到万科事业合伙人制度的三个创新——上面持股计划、中间项目跟随和底下事业合伙——构成了万科事业合伙人制的三项基石。

比较阿里和万科两家公司的事业合伙人制度设计，可以清楚地看到阿里是面向公司层面或公司治理层面，而万科的合伙人制度则面向项目层面或市场层面，而在公司治理层面维持原有架构不变。

3. 合伙人制度的实施效果与市场反应：阿里VS万科

1）马云的阿里

阿里的合伙人并不享有公司大部分股权，但可以提名大多数董事，是否通过则由股东会表决。这意味着，持有阿里少数股权的管理层，可以以较少的实际持股比例，控制着阿里多数董事会席位。这一制度反映了马云对管理层控制权的担忧，而通过合伙人制度来掌握公司董事会的多数席位。此项设计要求那些购买阿里股票的股东和机构投资人需要对阿里管理层有绝对的信任。事实证明，由于这项制度设计，马云和他的合伙人们以少量的股份（马云仅占7.8%），牢牢掌控着阿里巴巴集团，要想侵入或者收购是非常困难的，除非改变公司章程。

2) 王石的万科

万科的合伙人制度,其设计的初衷也是担忧公司控制权旁落,为外敌或"野蛮人"所侵。他们也想借鉴阿里的经验,赋予合伙人更多的公司事务决策权和董事会席位,但万科公司作为一家上市的股份公司要变更为合伙制企业非常困难,除非公司退市。

万科合伙人制度仅在项目层面推进和实施,而非公司治理层面,所以面对宝能系这样的"野蛮人"叩门时,原有的合伙人制度即刻显示出了它的原形和本质,即不能在公司层面抵御"野蛮人"入侵。而由项目激励而催生的"盈安合伙"公司,增持公司股份太慢,不能起决定性作用。因此,万科合伙人制度在"外敌"入侵面前一击即溃,无法改善公司治理结构。虽然万科合伙人制度在公司层面无所作为,作用不彰,但也留了一个活动窗口,即公司章程中对实质控制人的界定。该界定确认,控股比例达30%的是实际控制人,可以选举公司过半董事。实际上,在我国公司治理制度条件下,同股同权是项基本原则和规定。万科要照搬阿里的合伙人制度是不现实的,但可以通过对公司一致行动人条件的放宽和变更,来改善公司治理结构和反并购模式。

思考题:

14. 阿里和万科同样设立合伙人制度,但实施效果大相径庭,其深层次原因是什么?万科是否可以照搬阿里的合伙人制度?

15. 如果你是万科公司高层,当前你有什么想法可以解决公司治理结构的问题?

七、公司治理分析之二——董事会中心治理与股东会中心治理

在这场广受大众关注的万科控制权之争中,社会各界关心的主要是宝能系与万科管理层争斗的结果。但我们要从价值判断和公司治理的更深层面上,探讨这次并购的指针意义和对我国资本市场的引领作用。特做如下分析。

1. 万科治理模式探讨

从这次事件中,我们可以辨析万科当前奉行的治理结构模式是董事会中心主义还是股东会中心主义模式。

公司控制权是公司治理设计的核心问题。本次控股权事件必将引发公司治理理念之争,即从公司控制权角度上看,到底是股权分散的董事会中心主义,还是一股独大、股权集中的股东会中心主义更利于中国公司的发展?

1）董事会中心主义模式

从历史与现状来看，英美国家公司制度发达。在公司制度发展过程中形成了素质较高的职业经理人群体，职业诚信度与经营管理专业性构成了该群体文化与制度的重要内容。逐渐地，所有权与经营管理权相分离观念与实践深入人心，成为主流的企业制度。反映在公司治理结构上，即以职业经理人为主体构成董事会，法律与股东会赋予董事会极大的自由度与治理权限，董事会往往以其经营管理的专业性与自由度左右公司的经营决策。这就是现在主流的董事会中心主义。这样做的好处是发挥职业经理人的专业性，避免股东对经营不专业的管理，从这个角度来看，该模式是有利于公司发展的。

2）股东会中心主义模式

我国由于进入市场经济比较晚，与部分亚洲或美洲国家一样，大多数实行的是股东会中心主义模式。在这些国家，由于历史与社会原因，公司制度不发达或发达程度远远不如英美。在公司制度发展过程中，客观上没有形成良好的职业经理人文化与制度。在大部分公司，股权集中、一股独大是常态。股东往往同时又是经营者。所有权与经营管理权往往高度重合而并不分离。反映在公司治理结构上，股东基本上都是董事会成员，股东会与董事会往往难以形成相互制约机制。两会职责界限实质难以区分。在模式运行上，股东会规则设计往往是核心，公司的控制权也围绕着股东控制进行和展开，这就是通常意义上的股东会中心主义。

董事会中心主义模式的公司控制权由经理人群体掌握，而股东会中心主义模式的公司控制权由控股股东掌握。长久以来，二者到底谁才真正代表现代企业公司治理的正确方向，成为公司治理和企业管理中的一个重要问题。

3）万科的模式选择

万科多年以来构建的实质上是一种以董事会为中心的治理模式，大股东较少干预上市公司运营的架构，而且事实证明该种模式运营良好。这类似于股权分散的美国上市公司，在不存在控股股东的情况下，公司一直保持了良好的治理结构和发展前景。董事会中心主义视角下，万科管理层发表的言论，无论是从开始的表态，到近来的"妥协"，万科董事会基本上都代表了公司利益，并未因为控制权争夺，做出伤害公司利益的行为。在上市公司利益多元、复杂的前提下，董事会是调和各种利益的最佳判断者。

按照西方主流管理学者的观点，公司被视为一系列契约的联结，而董事会则是这些长期契约、关系契约和不完全契约的联结点，居于中心地位。现实中，董事会中心主义在国内践行较少。而万科管理者所实践的正是标准的董事会中心主义,尽管公司管理层甚至都没有意识到如何运用这种模式。王石和郁亮曾分别在不同场合表示,万科董事会的立场是为上市公司负责、为中小股东负责。在董事会中心主义视角下,万科管理层多次强调,要兼顾中小股东利益,更准确的意思是,在公司控制权发生更替的时候,中小股东利益可能与公司利益一致性更高。

2. 万科公司治理的未来发展和考量

万科作为一家优秀的上市公司,公司治理方面的示范意义明显。就客观情况来看,宝能系成为万科大股东,除了资本以外的"溢价"非常小,既没有值得推崇的管理经验,也没有国际化的背景。资本"野蛮生长"的经验可能给本就稳健、低估值的万科在管理理念的冲突上带来不小的忧虑,而激进的金融资本与万科的文化也可能水火不容。就"万宝之争"的现状来看,因控制权斗争可能付出较大的成本,对公司必将产生一定的损害。如若由于公司控制权斗争过于激烈,损耗公司财产、增加管理成本,将不符合公司利益。公司收购和反收购不能以损害公司利益为代价,这也就是为什么"焦土"政策被立法摒弃,其中的深意即在于此。同样,"万宝之争"中,大股东存在更替的情况,可能对公司管理者产生消极影响。金融资本更重视回报,亦很可能改变万科的部分经营策略,更可能将股东会中心主义(甚至大股东中心主义)坚持到底。

万科控制权之争的大幕还未关上,鹿死谁手尚难定论。但我们可以通过这次典型的控股权之争的案例,推动和促进我国公司治理体系的建设和完善。

在国家立法层面,应该更多考虑现代公司股权自由度的选择方式,制定相应灵活、多样的法律规范和实施办法(如修订《公司法》等)。如改变立法原则上"同股同权"的刻板规定,类似马云的阿里巴巴那样的公司,可以实行双层或者多层股权结构,同股不同权,使优秀的管理层团队能够良好并稳定地掌控公司的未来发展,防止和避免现代金融资本对产业资本的恶意入侵。

在公司层面,万科当前在公司章程中未设置反收购条款,从这次事件的发生以及从公司长远发展来看,可能损害公司利益。虽然这是一种理想主义的选择,值得尊敬,但公司可能会因此付出重大的并购代价。因此,在公司治理结构和企业管理上,要进行公司章程的探讨、研究和重新修订,如金降落伞保护制度、AB股权制度、多层董事会制度、超级多数条款制度、一致行动人制度、定向增发制度、关联股东保护制度等,吸取这次控股权之争被动应战的教训,未雨绸缪、积极布局并主动应对,探讨和寻找公司未来更好的发展方向和经营模式,使公司运行在更稳定、更迅速的发展轨道上。

八、尾声

场景三

万科的未来在何方

2016年4月初的深圳,冬天的寒意渐渐褪去,一抹余晖映照在大梅沙万科总部办公大楼巨大的连体建筑上,留下春日中一片温暖的阳光。在办公楼一面临街的窗台边,万科创始人王石,正远眺繁华的中心城区,目光并没有聚焦,而是通向了不远的未来。2015年7月开始万科遭到了宝能系的强势入侵,在其势如破竹、不计成本的奇袭下,万科暂时通过一致行动人和停牌使争夺战告一段落。2016年3月,王石终于找到了他的"白衣骑士"深圳地铁,本满心欢喜地以为战争就要落下帷幕。可就在4月1日,华润董事长傅育宁却发问:万科引入深圳地铁合适吗?在"万宝大战"进入关键时机,给王石打了一个措手不及;与此同时,"宝能与华润高层私下见面,可能组成联盟"的消息不断传出,"安抚"华润股东和推进资产重组这两大难题摆在了王石的面前,让他再次绷紧了神经。目光回收,总部大厦的一草一木、一砖一瓦,都无比亲切,万科这个品牌在王石心里的位置与意义不言而喻,31年从不知名的企业到当今世界上最大的住宅企业,王石在万科的身上倾注了全部心血,如今面对"野蛮人"的入侵,万科的未来将走向何方?夜色渐浓,王石拉上百叶窗,转身。在那或近或远的不确定的未来,等待着王石的将会是多少个不眠的夜晚呢?

思考题:

16. 第一大股东如变更为宝能,对万科公司的治理结构和未来发展可能产生哪些影响?

这次万科控股权之争,反映出中国资本市场当下存在相当多的不确定性,股东异质化加剧的情况很难避免。而国有资本的特殊性,在稳定股价、构建健康资本市场中,有一定的优势,应发挥积极作用。万科是一个无实际控制人、以董事会决策为核心的优质上市公司。作为大股东,除了资本外,其带来的信用、经验可能对万科本身更重要。长期以来,万科公司治理稳定、不善争斗,某种程度上体现了无为而治,主要精力在于业务拓展和品质建设。公司内部以董事会决策为核心,而不是以个人意志为主导。然而市场上来势汹汹的金融资本会对产业资本和实体经济产生重大影响。金融资本和产业资本对公司长期和短期利益的判断并不相同，不同的股东拥有不同的"价值观"。金融资本更重回报、更重短期收益，这与公司股东长期利益相冲突。金融资本对产业资本的冲击，在于金融资产的回报周期是否与产业资本相匹配。作为大股东或者控股股东的金融资本对企业运营或带来较大的负面效应和影响。这种现象必会随着我国经济的发展而越来越多，也更趋频繁。万科控股权之争只是给我们提供了一个典型案例和窗口事件，如何面对未来更多的控股权之争，还需要社会各界不断探讨和思考。

第二章 公司股利理论与案例

公司股利理论与股利政策

一、股利理论

公司股利是现代企业管理的重要组成部分,是公司财务管理中三大重要核心内容体系,主要涉及股利理论和管理政策两部分。

股利理论一般是指 MM 理论。最初的 MM 理论,是美国学者 Modigliani 和 Miller(简称 MM)1958 年 6 月发表在《美国经济评论》的《资本结构、公司财务与资本》一文中所阐述的基本思想。该理论认为,在不考虑公司所得税,且企业经营风险相同而只有资本结构不同时,公司的市场价值与公司的资本结构无关。或者说,当公司的债务比率由 0 增加到 100% 时,企业的资本总成本及总价值不会发生任何变动,即企业价值与企业是否负债无关,不存在最佳资本结构问题。修正的 MM 理论(含税条件下的资本结构理论),是 MM 于 1963 年共同发表的另一篇与资本结构有关的论文中的基本思想。他们发现,在考虑公司所得税的情况下,由于负债的利息是免税支出,可以降低综合资本成本,增加企业的价值。因此,公司只要通过财务杠杆利益的不断增加,就能不断降低其资本成本,负债越多,杠杆作用越明显,公司价值越大。当债务资本在资本结构中趋近 100% 时,才是最佳的资本结构,此时企业价值达到最大,最初的 MM 理论和修正的 MM 理论是资本结构理论中关于债务配置的两个极端看法。

二、传统股利理论

二十世纪六七十年代,学者们研究股利政策理论主要关注的是股利政策是否会影响股票价格,其中最具代表性的是"一鸟在手"理论、MM 股利无关论和税差理论,这三种理论被称为传统股利理论。

1. "一鸟在手"理论

"一鸟在手"理论源于谚语"双鸟在林不如一鸟在手"。该理论最具有代表性的著作是 M. Gordon 1959 年在《经济与统计评论》上发表的《股利、盈利和股票的价格》,他认为企业的留存收益再投资时会有很大的不确定性,并且投资风险随着时间的推移将不断扩大,因此投资者倾向于获得当期的而非未来的收入,即当期的现金股利。因为投资者一般为风险厌恶型,更倾向于当期较少的股利收入,而不是具有较大风险的未来较多的股利。在这种情况下,当公司提高其股利支付率时,就会降低不确定性,投资者可以要求较低的必要报酬率,公司股票价格上升;如果公司降低股利支付率或者延期支付,就会使投资者风险增大,投资者必然要求较高报酬率以补偿其承受的风险,公司的股票价格也会下降。

2. MM 股利无关论

1961 年,股利政策的理论先驱米勒(Merton H. Miller)和弗兰克·莫迪格里安尼(F. Modigliani)在其论文《股利政策、增长和公司价值》中提出了著名的"MM 股利无关论",即认为在一个无税收的完美市场上,股利政策和公司股价是无关的,公司的投资决策与股利决策彼此独立,公司价值仅仅依赖于公司资产的经营效率,股利分配政策的改变仅意味着公司的盈余如何在现金股利与资本利得之间进行分配。理性的投资者不会因为分配的比例或者形式而改变其对公司的评价,因此公司的股价不会受到股利政策的影响。

3. 税差理论

Farrar 和 Selwyn 于 1967 年首次对股利政策影响企业价值的问题做出了回答。他们采用局部均衡分析法,并假设投资者都希望达到税后收益最大化。他们认为,只要股息收入的个人所得税高于资本利得的个人所得税,股东将情愿公司不支付股息。他们认为资金留在公司里或用于回购股票时股东的收益更高,或者说,这种情况下股价将比股息支付时高;如果股息未支付,而股东需要现金,可随时出售其部分股票。从税赋角度考虑,公司不需要分配股利。如果要向股东支付现金,也应通过股票回购来解决。

三、现代股利理论

20 世纪 70 年代以来,随着信息经济学的兴起,古典经济学产生了重大的突破。信息经济学改进了过去对于企业的非人格化的假设，而代之以经济人效用最大化的假设。这一突破对股利分配政策研究产生了深刻的影响。财务理论学者改变了研究方向，并形成了现代股利政策的两大主流理论——股利政策的信号传递理论和股利政策的代理成本理论。

1. 信号传递理论

信号传递理论从放松 MM 理论的投资者和管理者拥有相同的信息假定出发，认为管理当局与企业外部投资者之间存在信息不对称。管理者占有更多关于企业前景方面的内部信息，股利是管理者向外界传递其掌握的内部信息的一种手段。如果他们预计到公司的发展前景良好，未来业绩将大幅度增长时就会通过增加股利的方式将这一信息及时告诉股东和潜在的投资者；相反，如果预计到公司的发展前景不太好，未来盈利将持续性不理想时，那么他们往往会维持甚至降低现有股利水平，这等于向股东和潜在投资者发出了不利的信号。因此，股利能够传递公司未来盈利能力的信息，这样导致股利对股票价格有一定的影响。当公司支付的股利水平上升时，公司的股价会上升；当公司支付的股利水平下降时，公司的股价也会下降。

2. 代理成本理论

股利代理成本理论是由 Jensen 和 Meckling 于 1976 年提出的，是在放松了 MM 理论的某些假设条件的基础上发展出来的，是现代股利理论研究中的主流观点，能较好地解释股利存在和不同的股利支付模式。Jensen 和 Meckling 指出：管理者和所有者之间的代理关系是一种契约关系，代理人追求自己的效用最大化。如果代理人与委托人具有不同的效用函数，就有理由相信他不会以委托人利益最大化为标准行事。委托人为了限制代理人的这类行为，可以设立适当的激励机制或者对其进行监督，而这两方面都要付出成本。Jensen 和 Meckling 称之为代理成本（agency cost），并定义代理成本为激励成本、监督成本和剩余损失三者之和。

3. 行为理论

到了 20 世纪 90 年代，财务理论学者们发现美国上市公司中支付现金股利的公司比例呈现下降趋势，这一现象被称作"正在消失的股利"，随后在加拿大、英国、法国、德国、日本等国也相继出现了类似的现象，蔓延范围之广，堪称具有国际普遍性。在这种背景情况下，美国哈佛大学 Baker 和纽约大学 Wurgler 提出了股利迎合理论来解释这种现象。

Baker 和 Wurgler 指出，由于某些心理因素或制度因素，投资者往往对支付股利的公司股票有较强的需求，从而导致这类股票形成所谓的"股利溢价"，而这无法用传统的股利追随者效应来解释，主要是由于股利追随者效应假设只考虑股利的需求方面，而忽略供给方面。Baker 和 Wurgler 认为有些投资者偏好发放现金股利的公司，会对其股票给予溢价，而有些投资者正好相反，对于不发放现金股利的公司股票给予溢价。因此，管理者为了实现公司价值最大化，通常会迎合投资者的偏好来制定股利分配政策。

Baker 和 Wurgler 先后完成了两份实证研究检验来支撑他们所提出的理论，在 Baker 和 Wurgler（2004a）的检验里，他们通过 1962—2000 年 COMPUSTAT 数据库里的上市公司数据证明，当股利溢价为正时，上市公司管理者倾向于支付股利；反之，当股利溢价为负时，管理者往往忽视股利支付。在 Baker 和 Wurgler（2004b）的检验里，他们检验了上市公司股利支付意愿的波动与股利溢价之间的关系，检验样本期间从 1962 年至 1999 年，Baker 和 Wurgler 同样发现，当股利溢价为正时，上市公司股利支付的意愿提高；反之，当股利溢价为负时，上市公司股利支付的意愿降低，以上两项均支持了股利迎合理论。

四、股利政策

股利政策（dividend policy）是指公司股东大会或董事会对一切与股利有关的事项，所采取的较具原则性的做法，是关于公司是否发放股利、发放多少股利以及何时发放股利等方面的方针和策略，所涉及的主要是公司对其收益进行分配还是留存以用于再投资的策略问题。它有狭义和广义之分。从狭义方面来说的股利政策就是指探讨保留盈余和普通股股利支付的比例关系问题，即股利发放比例的确定。而广义的股利政策则包括股利宣布日的确定、股利发放比例的确定、股利发放时的资金筹集等问题。

五、股利政策方式

1. 剩余股利政策

剩余股利政策是以首先满足公司资金需求为出发点的股利政策。根据这一政策，公司按如下步骤确定其股利分配额。

① 确定公司的最佳资本结构；
② 确定公司下一年度的资金需求量；
③ 确定按照最佳资本结构，为满足资金需求所需增加的股东权益数额；
④ 将公司税后利润首先满足公司下一年度的增加需求，剩余部分用来发放当年的现金股利。

2. 稳定股利额政策

稳定股利额政策以确定的现金股利分配额作为利润分配的首要目标优先予以考虑，一般不随资金需求的波动而波动。这一股利政策有以下两点好处。

（1）稳定的股利额给股票市场和公司股东一个稳定的信息。

（2）许多作为长期投资者的股东（包括个人投资者和机构投资者）希望公司股利能够成为其稳定的收入来源，以便安排消费和其他各项支出。稳定股利额政策有利于公司吸引和稳定这部分投资者的投资。

采用稳定股利额政策，要求公司对未来的支付能力做出较正确的判断。一般来说，公司确定的稳定股利额不应太高，要留有余地，以免造成公司无力支付的困境。

3. 固定股利率政策

政策公司每年按固定的比例从税后利润中支付现金股利。从企业支付能力的角度来看，这是一种真正稳定的股利政策，但这一政策将导致公司股利分配额的频繁变化，给外界传递出公司不稳定的信息，所以很少有企业采用这一股利政策。

4. 正常股利加额外股利政策

企业除每年按一固定股利额向股东发放称为正常股利的现金股利外，还在企业盈利较高、资金较为充裕的年度向股东发放高于一般年度的正常股利额的现金股利，其高出部分即为额外股利。

六、股利政策选择

四种股利政策由于各方面的差异，又涉及公司经营状况，尤其是所处发展周期不同，要求企业根据实际情况来选用。

1. 剩余股利政策

剩余股利政策适用于那种有良好的投资机会，对资金需求比较大，能准确地测定出目标（最佳）资本结构，并且投资收益率高于股票市场必要报酬率的公司，同时也要求股东对股利的依赖性不十分强烈，在股利和资本利得方面没有偏好或者偏好于资本利得。从公司的发展周期来考虑，该政策比较适合于初创和成长中的公司。对于一些处于衰退期，又需要投资进入新的行业以求生存的公司来说，也是适用的。当然，从筹资需求的角度来讲，如果在高速成长阶段公司分配股利的压力比较小，也可以采用剩余股利政策以寻求资本成本最低。事实上，很少有公司长期运用或是机械地照搬剩余股利理论，许多公司运用这种理论来帮助建立一个长期的目标发放率。

2. 固定股利或稳定增长股利政策

固定股利或稳定增长股利政策适用于成熟的、生产能力扩张的需求减少、盈利充分并且获利能力比较稳定的公司，从公司发展的生命周期来考虑，稳定增长期的企业可用稳定增长股利政策，成熟期的企业可借鉴固定股利政策。而对于那些规模比较小，处于成长期，投资机会比较丰富，资金需求量相对较大的公司来说，这种股利分配政策并不适合。

3. 固定股利支付率政策

固定股利支付率政策虽然有明显的优点，但是所带来的负面影响也是比较大的，所以很少有公司会单独采用这种股利分配政策，而大都是充分考虑自身因素，和其他政策结合使用。

4. 低正常股利加额外股利政策

低正常股利加额外股利政策适合处于高速增长阶段的公司。因为公司在这一阶段迅速扩大规模，需要大量资金，而由于已经度过初创期，股东往往又有分配股利的要求，该政策就能够很好地平衡资金需求和股利分配这两方面的要求。另外，对于那些盈利水平各年间浮动较大的公司来说，无疑也是一种较为理想的支付政策。

现代企业可以借鉴公司发展生命周期理论来分析如何适时选择四种股利政策。但需要注意的是，并不是说公司在选择股利政策时要单纯从生命周期这个角度考虑，这只是选择股利政策的一个比较重要的方面。由于某个时期内可能投资机会比较多，对资金需求量要求比较大，这时也可以从筹资成本角度考虑而采用剩余股利政策。这几种股利政策也不一定单一存在，比如，只有很少的公司会单独去采用固定股利支付率政策，而大都是和其他的政策相综合，制定出适合公司本身的政策。

七、股利政策种类

股利政策主要有以下几种。
① 现金股利；
② 股票股利；

③ 实物股利；

④ 股票回购；

⑤ 股票分割（将大股分为小股，如用两股新股票换回一股旧股票，是在不增加股东权益的基础上增加股票数量。这样降低了股票交易价格，提高了流通性）。

八、股利发放

现代公司的股利分配方案通常由公司董事会决定并宣布，必要时要经股东大会或股东代表大会批准后才能实施（如我国相关规定）。

股利发放有以下几个非常重要的日期。

(1) 宣布日（declaration date）。

股份公司董事会根据定期发放股利的周期举行董事会会议，讨论并提出股利分配方案，由公司股东大会讨论通过后，正式宣布股利发放方案，宣布股利发放方案的那一天即为宣布日。在宣布日，股份公司应登记有关股利负债（应付股利）。

(2) 登记日（holder-of-record date）。

由于工作和实施方面的原因，自公司宣布发放股利至公司实际将股利发出会有一定的时间间隔。由于上市公司的股票在此时间间隔内处在不停地交易之中，公司股东会随股票交易而不断易人。为了明确股利的归属，公司确定有股权登记日，凡在股权登记日之前（含登记日当天）列于公司股东名单上的股东，都将获得此次发放的股利，而在这一天之后才列于公司股东名单上的股东，将得不到此次发放的股利，股利仍归原股东所有。

(3) 除息日（ex-dividend date）。

股票产易与过户之间需要一定的时间，因此，只有在登记日之前一段时间购买股票的投资者，才可能在登记日之前列于公司股东名单之上，并享有当期股利的分配权。一般规定登记日之前的第四个工作日为除息日（逢节假日顺延），在除息日之前（含除息日）购买的股票可以得到将要发放的股利，在除息日之后购买的股票则无权得到股利，又称为除息股。除息日对股票的价格有明显的影响。在除息日之前进行的股票交易，股票价格中含有将要发放的股利的价值，在除息日之后进行的股票交易，股票价格中不再包含股利收入，因此其价格应低于除息日之前的交易价格。

(4) 发放日（release date）。

在这一天，公司用各种方式按规定支付股利，并冲销股利负债。

九、股利政策影响因素

影响公司股利分配政策的主要因素有以下几种。

1. 各种约束

（1）契约约束。

公司在借入长期债务时，债务合同对公司发放现金股利通常都有一定的限制，公司的股利政策必须受这类契约的约束。

（2）法律约束。

为维护相关各方的利益，各国的法律对公司的利润分配顺序、资本充足性等方面都有所规范，公司的股利政策必须符合这些法律规范。

（3）现金约束。

公司发放现金股利必须有足够的现金。如果公司没有足够的现金，则其发放现金股利的数额必然受到限制。

2. 投资机会

如果公司的投资机会多，对资金的需求量大，则公司很可能会考虑少发现金股利，将较多的利润用于投资和发展；相反，如果公司的投资机会少，资金需求量小，则公司有可能多发些现金股利。因此，公司在确定其股利政策时，需要对其未来的发展趋势和投资机会做出较准确的分析与判断，以作为制定股利政策的依据之一。

（1）资本成本。

股份有限公司应保持一个相对合理的资本结构和资本成本。公司在确定股利政策时，应全面考虑各条筹资渠道资金来源的数量大小和成本高低，使股利政策与公司理想的资本结构和资本成本相一致。

（2）偿债能力。

偿债能力是股份公司确定股利政策时要考虑的一个基本因素。股利分配是现金的支出，而大量的现金支出必然影响公司的偿债能力。因此，公司在确定股利分配数量时，一定要考虑现金股利分配对公司偿债能力的影响，保证在现金股利分配后公司仍能保持较强的偿债能力，以维持公司的信誉和借贷能力。

3. 信息传递

股利分配是股份公司向外界传递的关于公司财务状况和未来前景的一条重要信息。公司在确定股利政策时，必须考虑外界对这一政策可能产生的反应。

4. 利益影响

如果公司股东和管理人员较为看重原股东对公司的控制权,则该公司可能不大愿意发行新股,而是更多地利用公司的内部积累。这种公司的现金股利分配就会较少。

案例二
佛山照明公司股利政策分析

摘要: 佛山照明是中国最大的电光源生产企业与上市公司。近年来,随着公司业绩的不断增长,企业重要的财务政策——股利分配,越来越受到资本市场投资者的关注。佛山照明与大多上市公司不分配或少分配的股利政策不同,公司上市几年以来年年进行分配而且是高额现金股利分配,已成为中国资本市场上唯一一家累计现金分红超过股票融资的上市公司。这一股利分配政策源于董事长钟信才在1993年公司上市之初对中小股东的承诺,将公司每年净利润的65%用于现金分红。公司长期高额现金分红的财务政策受到一些财经专业人士的质疑,而且在分红的时间窗口,公司在二级市场的表现也不尽人意。因此,公司的股利分配政策带来的问题是,高额现金股利是否符合大多数股东的利益?本案例追溯了公司自上市以来的股利分配情况与市场表现,对与股利分配相关的财务管理理论和问题,如公司融资理论、投资理论、自由现金流量理论等进行了探讨,对相关理论在公司财务管理中的实践予以分析。值得我们重点关注的是,在该公司已深入介入新能源尤其是锂电产业,且前景广阔的背景条件下,是否需要改变该公司多年来的股利分配政策,以通过增加留存收益来扩大产能,寻求公司更好、更快的项目投资回报?这需要我们透彻地分析佛山照明公司的管理现状,展望公司未来的发展前景后得以检验、预期及规划。

场景一

激烈的股权之争引发激烈的股利之争

"中国灯王"佛山照明(000541)是无可争议的行业龙头,是全国出口创汇最多的电光源企业。2003年,在公司上市十年后,发生了一件在国内证券界轰动一时的重大事件——公司国有股股权转让。

有关佛山照明国有股股权转让的传言最早发端于2002年下半年，当时就引起了市场的强烈关注，其原因在于佛山照明业绩优良、分红积极，是国内资本市场的典型蓝筹股。20年来，佛山照明保持每年近20%的复合增长率，从上市的1993年到2002年共向投资者派发现金股利13.01亿，被中国资本市场形象地称为"现金奶牛"。2003年下半年，市场中有关股权转让的话题再度升温，主要原因是传言得到确认，在"国退民进"的大背景下，经国家发改委同意，佛山市国资委已下决心将手中持有的佛山照明23.97%的国有股整体出让，相关方案正在加紧制订中，可受让方的面目却是扑朔迷离。

据知情人士透露，为争夺佛山照明的国有股权，各路人马纷纷出动，各显神通。国际上的飞利浦、西门子、GE、欧司朗、世通等公司，国内极具实力的德隆系集团、恒达集团、粤美的等著名公司都对佛山照明国有股权表示有极大兴趣，并积极准备参与竞标。此外，还有一些背景神秘的人物。但纵使你有千条计，我有我的主心骨！不管是何背景来的，一手把佛山照明"带大"的公司掌门人——董事长钟信才始终是不远不近地热情接待着，并耐心倾听着这些公司未来的控股股东们发表着对公司的规划蓝图和财务设想。2003年9月25日，佛山市国资委在市政府礼堂主持了佛山照明公司的国有股股权竞标。国内外著名大公司踊跃投标。为此，市国资委聘请了国际著名的财务、金融、法律专家组成评标小组进行评标。在随后的评标会议上，围绕一个核心问题——公司财务章程发生了激烈争执。焦点集中在最后颇具实力的两家企业身上——欧司朗控股公司和德隆系集团。欧司朗控股公司隶属德国西门子集团，是全球两大照明产品制造商之一。欧司朗的投标书称，在公司的财务政策上，将延续佛山照明一贯的股利政策——以现金分红方式支付股东股利，现金分红比例不低于近三年公司发放现金红利的平均水平，并承诺自获得流通权之日起，五年内不上市交易和转让，以表明他们对公司未来发展的信心。德隆系集团是以新疆德隆控股公司为首的，包含11家子公司组成的我国资本市场上一个庞大的金融控股集团，其所控制的上市公司（主要有"新疆屯河""合金股份""湘火炬"等）无一例外地都通过送股方式使二级市场股价巨幅上涨。

关联知识点：

现金股利（现金分红）　　股票股利

思考题：

1. 评标人之一：德勤会计师事务所的 Robert Harding 认为，欧司朗公司标的明确、资料翔实，佛山照明公司由其控股并合作，有利于吸收跨国公司先进技术、管理理念、拓宽产品出口渠道，行业龙头地位将更为牢固。尤其是公司的财务政策将延续佛山照明一贯的现金分红股利分配方式，使公司有一个连续的稳健财务政策，投资者的利益可以得到尊重与维护。

你同意 Harding 的看法吗？如果你是评标人，你会怎么做？

2. 评标人之二：融通基金公司 CEO 李文祥认为，德隆系集团是我国资本市场上著名的金融控股集团，其长袖善舞的资本运作方式在中国股票市场上是出类拔萃的。佛山照明公司十年来股价太沉闷了，这是因为它的现金分红而不送股方式与流通股股东的投资趣味相悖。应引入德隆系集团并由其控股，由他们通过送股这种奇妙的分配方式，让公司股价持续、不断上涨，像"湘火炬""合金股份"一样，从而改变目前股价呆滞的局面。送股推动股价的高涨，一来可以让二级市场投资者在短期内获得丰厚回报；二来可以让佛山照明公司在资本市场上及投资者心目中广为人知。

你同意李文祥的观点吗？如果你是评标人，将如何评标？

一、引言

近年来，上市公司股利政策已成为我国资本市场的焦点问题之一，受到证券投资者的极大关注。上市公司高溢价发行，而在上市后少分红甚至长期（诸如十几年）不分红的现象已成为资本市场的痼疾，影响并打击了 A 股投资者对市场的预期与机构投资者长期持有股票的信心。当前，分红与否被认为是上市公司是否尊重投资者的重要市场诚信标志。而在股利政策的分红方式中，相对于股票股利（送股），能够真金白银对投资者进行现金分红是检验上市公司勤勉尽职、真心回报股东的"试金石"。为了规范上市公司再融资与分红行为，2008 年 8 月，中国证监会在新的《上市公司证券发行管理办法》中明确规定：再融资公司最近三年以现金方式累计分配的利润不少于近三年实现的年均可分配利润的 30%。即著名的将公司再融资与现金分红强制挂钩的"分红新政"。

在普遍不分红、少分红的市场背景下，佛山照明公司长期坚持以真金白银的现金分红方式大比例分红，成为我国资本市场的一大亮点。据统计，从 1993 年上市到 2008 年，公司连续 16 年进行大比例现金分红，累计现金分红总额高达 21.1 亿元，远超其募集资金总额的 10.37 亿元，是沪深两市唯一一家现金分红超过股票融资的公司，成为我国资本市场具有价值投资和稳定盈利能力的典范。透过佛山照明高额现金分配这一典型案例，我们需要分析、探讨公司股利理论的几个重要问题：① 股利政策（现金股利）是否增加了公司投资价值？② 股利政策是否向市场传递了信号以及传递了什么信号？③ 现金股利是否可以降低企业代理成本？④ 我国上市公司股利政策、支付方式及分配动机探究。

二、佛山照明公司的背景

1. 公司设立与发展

佛山照明（000541）由佛山市电器照明公司、南海市务庄彩釉砖厂、佛山市鄱阳印刷实业公司共同发起，于1992年10月20日通过定向募资方式成立。1993年10月，公司以10.23元/股的发行价向社会公开发行A股1930万股，发行后总股本为7717万股，并于11月23日在深圳证券交易所上市。公司主要经营范围：研究、开发、生产电光源产品、电光源设备、电光源配套器件及有关的工程咨询服务。其灯泡总产量居全国第二。主要电光源产品外销比例占40%，内销市场辐射全国，外销市场集中在北美、欧洲、东南亚等地。近些年来中标并承担国家家电下乡及城市节能灯具的大批量生产。

公司上市十几年来，一直专注于主业电光源产品的研究与生产。最近6年主营业务突出且每年有稳定增长，年增长率在11%~29%之间。公司主营业务盈利能力强，近3年主业对利润的贡献超过100%，且净利润年增长率保持在5%以上；连续10年每股收益（EPS）在0.5元以上，有3年超过了0.9元，最高达到1.26元，是中国股市上少有的业绩稳定增长且主业突出的公司，在国内外市场上享有"中国灯王"美誉。现为广东省高新技术企业，近年来公司多次被评为中国资本市场最受投资者尊敬上市公司前二十名。佛山照明的基本财务数据见表2-1。

表2-1 佛山照明的基本财务数据

指标	2000年	2001年	2002年	2003年	2004年	2005年	2006年	2007年	2008年
每股收益（元/股）	0.45	0.48	0.57	0.63	0.65	0.61	0.66	0.91	0.32
行业平均值（元）	0.13	−0.02	0.06	0.19	0.17	0.12	0.24	0.41	0.29
净资产收益率（%）	8.59	9.09	10.44	10.34	10.26	9.53	10.03	14.19	8.62
行业平均值（%）	5.5	−0.62	2.81	7.96	7.04	5.2	9.9	16.06	11.66

续表

指标	2000年	2001年	2002年	2003年	2004年	2005年	2006年	2007年	2008年
每股净资产（元）	5.24	5.32	5.47	6.11	6.29	6.43	6.6	6.41	3.72
行业平均值（元）	2.46	2.3	2.42	2.53	2.57	2.56	2.61	3.02	2.91
息税前利润（%）	23.8	24.37	24.97	25.59	23.36	20.83	16.48	33.32	15.52
行业平均值（%）	5.53	2.71	4.21	5.82	5.08	4.11	5.1	7.24	5.38
总资产（亿元）	22	22.7	23.5	24.3	25.1	26	26.9	33.9	28.3

2. 佛山照明历年股利政策

截至2009年，佛山照明公司上市16年来，每年分红，创造了我国股票市场长期、持续分红的新的历史纪录。同时，累计现金分红高达21.1亿元，是沪深两市唯一一家现金分红超过股票融资的公司，有"现金奶牛"的美誉，其历年股利政策见表2-2。

表2-2 佛山照明历年股利政策（单位：每10股）

年份	送股（股）	转增（股）	派息（税前）（元）	红利支付率（%）
2009年		4	2.2	157.14%
2008年		5	5.85	182.24%
2007年		3	5	54.95%
2006年			4.9	74.24%
2005年			4.8	78.69%
2004年			4.6	70.77%
2003年			4.2	66.67%
2002年			4	70.18%
2001年			3.8	78.51%
2000年		1	3.5	77.78%
1999年			4.02	70.03%
1998年			4	74.63%
1997年			4.77	98.15%

续表

年份	送股（股）	转增（股）	派息（税前）（元）	红利支付率（%）
1996年		5	6.8	106.75%
1995年			8.1	87.95%
1994年	4	1	3	23.83%

佛山照明长期高额派现所形成的"佛山照明现象"引起金融界人士的极大关注。多数投资者认为，该公司年均红利支付率高达60%～80%，使一些稳健的投资者获利颇多，投资者通过现金分红可以长期稳定地获取远高于银行定期储蓄的收益率，这是中国资本市场价值投资的典型体现。不少投资者评选该公司为中国最诚信上市公司，为A股的典范。

但是，对于这样长期高派现的上市公司，二级市场的反应并不积极，股价一直稳定甚至可以说是呆滞。将近十年，除了2007年在大牛市行情中股价冲击29元外，大多数年份股价稳定维持在10～15元的水平，并且换手率较低（见图2-1）。这对于短线交易的流通股股东多为不利。他们表示不满与恼火，一位股民抱怨说："我在股市投资十年，从未见过这样死的股票。"股价的不活跃导致多数短线投资者对该公司都避而远之。这就提出了本案例的第一个待解之谜——这么优厚分红且业绩优良的上市公司，为什么二级市场反应消极、冷淡？

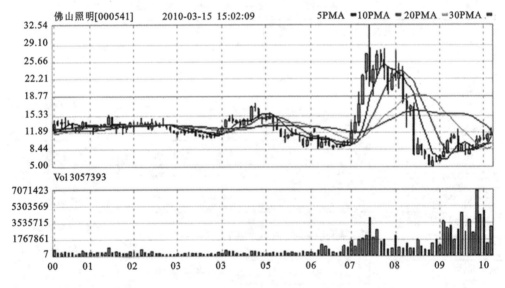

图2-1 佛山照明（000541）2000—2010年分月K线图

场景二

2007年6月7日，长江证券武汉市武珞路营业部，投资者小李气汹汹地找到营业部经理，气恼地说："王经理，这是你们推荐的什么好股、'金'股？简直是破股、死股！今天深市大盘都涨了1.22%，而000541（佛山照明）在分红日还下跌2%，真是郁闷死了！下回再也不听你们推荐的股票了！"营业部王经理和客户部丁经理都听之默然，无言以对。

关联知识点：

股利公告日　分红日　除权　除息　短期交易者　市场收益率　累计超额收益率

思考题：

3. 如果你是投资者小李，在分红日当天，大盘涨而持有股票跌，心情是否很郁闷？你会向荐股机构发火吗？

4. 你认为小李是短期交易者吗？为什么？静心思考下，自己是哪种类型的偏好投资者？

与二级市场反应相对应的是，证券界专业分析人士和学者对佛山照明长期高额派现这一股市现象褒贬不一。褒扬者称这是公司控股股东和管理层不以圈钱为目的、回报广大投资者的正确、合理表现。在短期投机交易获利偏好主导股票市场的环境下，佛山照明坚持基于增强主业竞争优势业务发展的策略和高派现政策，体现了股东价值最大化在我国资本市场上的具体实践，是价值投资理念的一个典型样本（朱武祥，杜丽虹，2004）。而另一部分学者则认为佛山照明"高额派现金股利并没有提高公司价值"，"现金股利可能是大股东转移资金的工具，并没有反映中小投资者的利益与愿望"。他们的证据是上市十多年来，股利公告日前后的市场超额收益率和累计超额收益率都略呈负值，股利政策市场反应平淡（陈信元，陈东华，2003）。同一家上市公司的股利政策行为，在金融界专业人士那里得到的却是两种完全不同的分析和解读。由此也提出了本案例第二个亟待破解之谜——高现金股利政策是否为股东创造了价值与财富？什么样的股利政策能为我国资本市场股东创造最大化价值与财富？

3. 公司治理结构与股东构成

佛山照明前五大股东情况见表2-3。

表 2-3 佛山照明前五大股东情况（2009 年 6 月底）

股东名称	持股数（万股）	占总股本比例（％）	股份性质
欧司朗控股有限公司	13181.57	13.47	境外法人股
佑昌灯光器材有限公司	10275.16	10.50	流通 A 股
DBS Vickers（Hong Kong）Ltd	1180.00	1.21	流通 B 股
海通证券（香港）有限公司	1138.88	1.16	流通 A 股
广州佑昌器材公司	1014.80	1.04	流通 A 股

从表 2-3 公司股东构成中可以看出，佛山照明股东构成比较分散，除第一、第二大股东持股比率超过 10％以外，第三大股东以下法人股与自然人股东持股比例均不超过 1.5％。流通 A 股占总股本的 76.98％，其中实际流通 A 股占 62.88％，限售流通股占 13.94％，主要为控股股东——境外法人德国欧司朗控股公司。流通 B 股占 23.02％，主要被新加坡一家公积基金、汇丰银行、百富勒等重仓持有。

值得注意的是，佛山照明原是一家国有控股企业，从上市的 1993 年至 2004 年，一直为佛山市国资委控股持有，占比达 23.97％。2003 年 10 月，佛山市国资委决定转让佛山照明国有股权，受到飞利浦、西门子、GE 等国际众多企业与投资者的极大关注。经过一年多的谨慎考察、评估与认真筛选，2004 年 9 月，佛山市国资委正式签署合同，将所持有的全部国有股权转让给两家外资公司，其中 13.47％股权转让给德国西门子全资子公司——欧司朗控股公司，另外 10.50％的股权转让给香港佑昌公司。至此，佛山照明由国有控股公司变为外资控股公司。

佛山照明股权的复杂、分散以及控股大股东的变更带来了股东价值的不同与分红要求的多样化。对股利支付方式、标准、期限等，B 股与 A 股股东，以及 A 股股东之间都差异甚大。因此，本案例提出第三个亟待破解之谜——佛山照明公司为哪类投资者（股东）创造了价值？

场景三

2009 年 6 月 30 日，招商证券武汉市珞瑜路营业部。股民刘洪波问股民老郭："我手里持有很多今年现金分红优厚的公司股票，有广州友谊、中国神华、芜湖港、佛山照明等，就是不知道怎么计算这些股票的分红收益率，很想弄清楚，我不算二级市场的股票差价，就公司分红这一块，我到底是赚了还是亏了？"老郭说："呵呵，我也跟你差不多，这些年来，炒股是有赚有亏，有的股票持有时间也不短了，就是不知道静下心来算一下如果持有股票，到底公司的分红和收益是多少。"

思考题：

5. 很多中小股东（股民）只关注二级市场的投资差价，不关心或者看不懂怎么算股票持有期间的投资收益率，这是股市中一个很普遍的现象。如果你作为股票投资者，你会计算股票的红利支付率或持有期收益率吗？尝试找一家近年来分红优厚的上市公司，计算其股票持有期收益率。

三、佛山照明股利收益（股票投资收益）分析

为使本案例的使用者（学员）清晰了解佛山照明公司股利的分配与投资效益，我们计算和分析了该公司投资者的股利收益。佛山照明投资者的股利收益反映在投资者持有股票期间各期的分红收益上，由公司分红方案和投资者持有各期收益构成。分红方案见表 2-2。对投资者的各期收益，我们分为短期（2.5 年）、中期（5 年和 8 年）与长期（自公司 1993 年上市以来的 14.5 年）等四期，分别进行股票持有期间收益计算、分析。股东持有期收益包括两个部分：一是现金股利，二是持股期间送股、转增股和配股之后的资本收益。表 2-4 计算了四种持有期限下佛山照明的持有期收益率：① 在佛山照明上市当年（即 1993 年 12 月 31 日）买入其股票，持有 14.5 年直至 2008 年中期出售，假设流通股东参与了期间 1994 年 12 月的配股，即按 10：2 全额认购可配股份；投资成本包括最初购买股票的价款及认购股票时按 8 元/股的配股价支付的价款；② 2000 年中期买入其股票，持有 8 年至 2008 年中期出售；③ 2003 年中期买入其股票，持有 5 年至 2008 年中期出售；④ 2005 年底买入其股票，持有 2.5 年至 2008 年中期出售。其中买入价均按照购买当日收盘价计，分别计算了持有期收益率、红利贡献率和资本收益率。

通过分析表 2-4 发现：14.5 年期持有期收益率为 8.98%，高于持有期间 5 年期银行存款利率均值（6.06%），2008 年熊市背景下佛山照明股价急剧下跌，导致持有期收益率略偏低；8 年期持有期收益率为 4.41%，略高于持有期间 5 年期银行存款利率均值（4.34%），由于受到期间送股、转增股比例小和股价下跌的双重影响，持有期收益率偏低；5 年期持有期收益率为 11.06%，远高于持有期间 5 年期银行存款利率均值（4.52%），此持有期间的收益率由于股价差异缩小，因此较 8 年期有所上升；2.5 年期持有期收益率为 23.79%，远高于持有期间 2.5 年期银行存款利率均值（3.99%），这主要得益于 2007 年和 2008 年的大比例转增股和股价差异较小。其中，14.5 年期红利贡献率为 54.09%，8 年期更是高达 81.23%，5 年期也达到了 44.04%，即使受大比例转增股大幅影响的 2.5 年期也达到了 28.94%，充分反映了高派现股利政策在佛山照明长期持有收益中的重要作用。

表 2-4 佛山照明 A 股的投资及收益状况（每 10 股，单位：元）

时间	持有 14.5 年期	持有 8 年期	持有 5 年期	持有 2.5 年期
1993-12-31 买入	−24.5×10＝−245.00			
1994-5 分红	3.00			
1994-12 配股	−8×2×1.5＝−24.00			
1995-7 分红	8.1×1.5×1.2＝14.58			
1996-6 分红	6.8×1.5×1.2＝12.24			
1997-7 分红	4.77×1.5×1.5×1.2 ＝12.88			
1998-7 分红	4×1.5×1.5×1.2 ＝10.80			
1999-6 分红	4.02×1.5×1.5×1.2 ＝10.85			
2000-6 分红	3.5×1.5×1.5×1.2 ＝9.45			
2000-6-30 买入		−13.57×10 ＝−135.7		
2001-7 分红	3.8×1.5×1.5×1.2× 1.1＝11.29	3.8		
2002-6 分红	4×1.5×1.5×1.2× 1.1＝11.88	4		
2003-6 分红	4.2×1.5×1.5×1.2× 1.1＝12.47	4.2		
2003-6-30 买入			−11.05×10 ＝−110.5	
2004-6 分红	4.6×1.5×1.5×1.2× 1.1＝13.66	4.6		
2005-6 分红	4.8×1.5×1.5×1.2× 1.1＝14.26	4.8	4.8	
2005-12-30 买入				−10.17×10 ＝−101.7
2006-6 分红	4.9×1.5×1.5×1.2× 1.1＝14.55	4.9	4.9	4.9

续表

时间	持有 14.5 年期	持有 8 年期	持有 5 年期	持有 2.5 年期
2007-6 分红	5×1.5×1.5×1.2×1.1＝14.85	5	5	5
2008-6 分红	5.85×1.5×1.5×1.2×1.1×1.3＝22.59	5.85×1.3＝7.61	7.61	7.61
2008-6-30 卖出	7.42×10×1.5×1.5×1.2×1.1×1.3×1.5＝429.73	7.42×10×1.3×1.5＝144.69	144.69	144.69
持有期收益率	8.98%	4.41%	11.06%	23.79%
红利贡献	54.09%	81.23%	44.04%	28.94%
资本收益率	45.91%	18.77%	55.96%	71.06%

总体说来，持有期收益率短期波动较大，但是长期持有（8年及8年以上）投资者所获得股利收益（股票投资效益）均远高于同期银行存款利率，表明公司的股利政策使长期持有股东获得较大收益。

场景四

2008年6月30日，国泰君安上海淮海路营业部，一位精神矍铄的老者张先生找到营业部经理，说："丁经理，多亏你推荐的这只好股票，佛山照明在全年大跌行情中不但不跌，还让我赚了不少钱呢！我在你们的推荐下，2003年6月30日买了这只股票，到今天正好5周年。我算了下，持有5年，每年的投资回报率是11.06%，这可是复利啊，比银行存款利息高多了，太划算了。你看，我买了几只其他股票，现在都被套牢了。当初涨得快，现在跌得也快。只有佛山照明全年不跌，还为我赚了钱，真是太好了！谢谢你们推荐的好股，我还会持有这只股票的。"丁经理说："不谢，这是我们应该做的。"他微笑着目送老先生离开营业部。

关联知识点：

持有期收益率　红利贡献率　资本平均收益率　β值　稳健投资者

思考题：

6. 老张先生在2008年大跌行情中，持有佛山照明股票，不但没亏钱，还稳定地获得了超过大盘的超额收益率。你认为他的超额收益是来自公司的股利政策还是源于二级市场投资者的交易行为？

7. 你认为老张是稳健型投资者吗？为什么？在我国股市中，你会像老张那样长期持有股票吗？

表 2-5 计算了粤照明 B 股股东 4 个持有期收益率：1995 年底买入粤照明 B 股持有到 2008 年中期的 12.5 年期；2000 年中期购买并持有到 2008 年中期的 8 年期；2003 年中期购买并持有到 2008 年中期的 5 年期；2005 年底购买并持有至 2008 年中期的 2.5 年期。计算结果表明，粤照明 B 股为投资者创造了丰厚的回报，5 年期持有期收益率最低也有 21.46％，13 年期和 8 年期持有收益率分别高达 38.15％和 34.6％，2.5 年期持有收益率受增发大幅影响更是高达 43.11％。尽管 B 股市场在 2008 年急剧下滑，粤照明 B 股长期投资收益率全部为正，且处于很高水平，这很好地保护了长期投资者的利益。

表 2-5 粤照明 B 股的投资及收益状况（每 10 股，单位：元）

时间	持有 12.5 年期	持有 8 年期	持有 5 年期	持有 2.5 年期
1995-12-29 买入	$-10 \times 5.2 = -52$			
1996-6 分红	6.8			
1997-7 分红	$4.77 \times 1.5 = 7.16$			
1998-7 分红	$3.74 \times 1.5 = 5.61$			
1999-6 分红	$3.77 \times 1.5 = 5.66$			
2000-6 分红	$3.29 \times 1.5 = 4.94$			
2000-6-30 买入		$-10 \times 4.35 = -43.5$		
2001-7 分红	$3.8 \times 1.5 \times 1.1 = 6.27$	$3.8 \times 1.1 = 4.18$		
2002-6 分红	$4 \times 1.5 \times 1.1 = 6.6$	4		
2003-6 分红	$4.2 \times 1.5 \times 1.1 = 6.93$	4.2		
2003-6-30 买入			$-10 \times 7.31 = -73.1$	
2004-6 分红	$4.6 \times 1.5 \times 1.1 = 7.59$	4.6	4.6	
2005-6 分红	$4.8 \times 1.5 \times 1.1 = 7.92$	4.8	4.8	
2005-12-30 买入				$-10 \times 6.84 = -68.4$
2006-6 分红	$4.9 \times 1.5 \times 1.1 = 8.09$	4.9	4.9	4.9
2007-6 分红	$5 \times 1.5 \times 1.1 = 8.25$	5	5	5

续表

时间	持有12.5年期	持有8年期	持有5年期	持有2.5年期
2008-6 分红	5.85×1.5×1.1×1.3 =12.55	5.85 × 1.3 =7.61	7.61	7.61
2008-12-31 卖出	10×1.5×1.1×1.3× 1.5×6.39=205.6	1.3 × 1.5 × 6.39=124.61	124.61	124.61
持有期收益率	38.15%	34.60%	21.46%	43.11%
红利贡献	38.06%	32.63%	34.30%	23.75%
资本收益率	61.94%	67.37%	65.70%	76.25%

四、"佛山照明现象"的市场反应与金融理论界的分析、评述

1. "佛山照明现象"的市场反应——"奶牛"还是"垃圾"?

1) 二级市场表现与反应

股市是上市公司的融资渠道,也是投资者分享经济回报的途径。然而,当前在我国股市,重筹资、轻回报却成为A股市场的一大特色。以我为主、以圈钱极大化,更是部分上市公司的目标与长期财务政策。表2-6所示为我国资本市场现金发放频率。

表2-6 我国资本市场现金发放频率(截至2010.03.01)

	8次发放	7次发放	6次发放	5次发放	4次发放	3次发放
公司家数	22	27	37	51	115	183
所占比率	1.24%	1.52%	2.08%	28.7%	6.47%	10.30%

从表2-6中可以看出,我国上市公司现金股利分配存在以下两大特点:① 采用现金股利分配形式所占比例不大;② 现金股利政策不稳定。

场景五

2009年2月25日,元宵节后的一天,沈阳申贝股份有限公司的罗工正与办公室小张谈话,他说:"你看,春天要来了,外面阳光普照,我的心情却一点儿也好不起来。隔壁那家上市的金杯汽车公司,我可是它的老股民了。它1993年上市时我就买了,认为它是我们东北地区第一家上市的汽车

工业股票，对它的前景非常看好，谁知它 1994 年 5 月 23 日最后一次分红后，就再也没有分过红了，一晃有 15 年没有见到它分红的影子了！"小张问："那这家公司的股价多少呢？"罗工说："1994 年最后一次分红时，股价是 3 块，现在股价还是 3 块，一点儿都没涨。"小张回应道："哦。"罗工接着说："不仅如此，这些年，它还向股民圈了 6 个多亿募资额走了呢！"小张感叹道："真是缺德！中国股市有这样的'铁公鸡'公司真是耻辱！"

关联知识点：

再融资　分红新政　资本利得

思考题：

8. 从罗工和小张的对话中，你认可小张所斥责的这个公司是"铁公鸡"公司吗？

9. 查资料，我国有多少家超过十年累计都不分红的上市公司？它们都是什么理由不分红的？

与上市公司不分红、少分配形成鲜明对比的佛山照明公司长期坚持大比例分红，在 A 股市场确实独树一帜，被称为"佛山照明现象（经验）"。但是，尽管持续的高额现金股利为佛山照明带来了广泛的赞誉，同时也带来较大的疑问：这个被市场人士称为"另类"的公司，在二级市场却表现平平，流通股股东似乎对公司一贯的高股利政策并不领情。也就是公司的做法在市场上迎来的并不全是叫好声，甚至出现它的反面——被个别投资者斥责为"绩优垃圾股"。

2005—2008 年佛山照明分红日前后市场表现见表 2-7。

表 2-7　2005—2008 年佛山照明分红日前后市场表现

年份	分红前一日	分红日	分红后一日
2005 年	涨 3.39%	跌 6.48%（2005.6.13）	跌 2.25%
2006 年	涨 3.08%	跌 6%（2006.6.26）	涨 0.41%
2007 年	涨 2.81%	跌 2%（2007.6.7）	涨 2%
2008 年	跌 1.24%	跌 9%（2008.6.5）	跌停（−10%）

注：2007 年全年牛市，分红日当天深市大盘涨 1.22%。

由表 2-7 可见，佛山照明分红日当天，市场反应都是下跌的，而分红日过后一天，涨跌各 50%。

2)"佛山照明现象"的决策者——钟信才

佛山照明的长期高额现金股利政策及由此形成的较为尴尬的二级市场表现与一个人——佛山照明公司董事长、总经理钟信才——密切相关。

场景六

2008年7月26日,佛山照明201生产车间,《南方周末》记者小胡对董事长钟信才进行采访:"钟总,每次采访都是在办公室找不到您,只有下车间找您了,您都是66岁的老人了,还要每天下生产线值班吗?"钟信才:"习惯了,公司制度要由人来执行,关键在人!全公司的人都在看我,只有我认真了,下面的管理人员、工人才会认真!"

一位国内著名民营上市公司老总在慕名考察佛山照明后,感慨不已。他说:"无论是民企还是国企,我在国内几乎没有见过像佛山照明这样把管理做得那么细致、到位的,钟总是全身心都扑到了企业上,像养育自己孩子一样把公司带大的!"

不打高尔夫,不唱歌,不外出应酬,钟信才坚持每天早上和下午各两个多小时在40多摄氏度高温下的各个生产车间巡视,和一线的管理、技术人员一起随时解决实际问题。这种"车间主任"式的管理作风,在全国1700家上市公司董事长中确实找不出几个。

在佛山照明公司,各个生产基地间不允许有放空回程的送货车辆;自来水用过三四次了再用来冲厕所;业务部门打长途电话按时计费;四处收集废纸箱加工后用来做灯泡包装。钟信才对记者小胡说:"企业越大越要'吝啬',手指缝一松,就漏得不得了。制造业生存发展的根本还是质量和成本,需要每一个环节都有极高的责任心,而这恰恰是所有缺位的传统国企的软肋。"

思考题:

10. 你赞同董事长钟信才亲力亲为的工作作风吗?如果你是该公司董事长,你会是什么样的经营管理作风与方式?

11. 钟信才坚持对股东、股民长期高额派现是源于内心善良还是有其他动机?请谈谈你的看法。

【钟信才】 1942年出生,1964年毕业于南京无线电工业学校,并分配到佛山电器照明公司工作,1992年起任股份公司董事长、总经理(见图2-2)。从事电光源生产工作三十多年，具有丰富的电光源专业知识和企业管理经验。他坐镇佛山照明掌门之位 24 年，把一家年产值只有 500 万元的小型灯泡厂打造成堪与 GE、飞利浦、西门子相抗衡的竞争者，并使佛山照明成为中国首家照明类上市公司，被业内称为"中国灯王"之父。

当今佛山照明的众多投资者不知道的是，佛山照明"现金奶牛"连年分红是缘于公司掌舵人钟信才多年前的一个承诺。在 1993 年佛山照明上市以后的第一次股东大会上，钟信才做出了两点承诺：一是要把佛山照明做成一个真正的上市公司，不能挂羊头卖狗肉，不能坑害股民，要给他们一个好的回报；二是要把佛山照明发展成为东南亚最大的照明企业。

图 2-2　钟信才照片
(来源：南方都市报)

钟信才兑现了自己的承诺。佛山照明自上市以来，一直是上市公司中现金分红的典范。钟信才在回答记者时说："为什么上市这么多年我一直坚持高派现？我想这跟我的出身有一定关系。我是农村出来的，读书的时候还要卖油条，我觉得钱来得很不容易。作为一般的股民，他们的钱来得也很不容易，他如果不买你的股票，放在银行还能得到利息，他投资你公司，你怎么能够没有股息给人家？对我来讲，把人家的钱扣下来总有很不好的感觉。"钟信才朴实的语言也体现在公司的具体实践中。事实上，佛山照明历年来累计给投资者的分红，都超过甚至远远大于从股市中的募资额，这是中国证券市场唯一的一家，并为投资者所共知。

同时，佛山照明在国内以及东南亚地区电光源领域的龙头地位不断巩固，市场占有率逐步扩大。公司目前拥有的"FLS""QL""汾江"品牌已成为国内外知名品牌，确立了"中国灯王"的领先地位，产品有 40％出口。在目前国内电光源产业集中度低的背景下，佛山照明上述产品的市场占有率在国内名列第一。

2004 年，佛山照明 23.97％的国有法人股被转让给境外投资者——欧司朗控股有限公司和香港佑昌灯光器材公司，其中德国西门子全资子公司欧司朗控股公司持股 13.97％，是第一大股东，董事长钟信才本人仅持有公司 60.26 万股，占公司总股本的 0.86％，连百分之一都不到。但是身为董事长的他在与欧司朗的股权交易谈判中，坚持把 65％以上的分红比例作为股份交易的一个前提。钟信才告诉外方："我认为作为一个经营者来讲，作为一个企业来讲，最好的回报还是给投资者分钱，因为我们投资就是要分这个钞票，我们每赚 1 元钱有 6 角 5

到 7 角分给人家，毕竟自己还留了 3 角多钱，那么这个比例，这个数字再投资已经很好了。"由于他的坚持，外方同意将 65% 以上分红比例写进大股东控股佛山照明后对投资者的承诺。

然而佛山照明这样优厚的分红方案与股利政策，二级市场却不领情，如表 2-7 所示，最近几年，佛山照明分红日，公司股价多是以下跌状况呈现的。二级市场的平淡表现使佛山照明招致许多股民的误解，部分中小股东甚至指责该公司为绩优垃圾股。钟信才认为，这一切都是由佛山照明高现金分红而不送股，不配合庄家、机构投机炒作所造成的。

钟信才表示，有一些机构、基金找上门来，要求公司配合，诸如多送股，一起抬高股价。钟信才说："都希望我有一个好的信息透露，他就可以去炒，就问今年送不送股，你们打算怎么搞，我说这些都交由董事会去讨论。我们就是不理那么多，坚持分红不送股，为什么？我们认为送股等于送水分。"公司董秘林奕辉解释："我们这个行业它是一个低价产品，是个密集型劳动行业，它不可能很快地增长，在几天就效益翻番，是不可能的。那么你股价靠做上去，你整个经济规模毛利率上不去，最后还是要跌下来。涨得快跌得也快，我们不想害股东。"钟信才表示，这种庄家和上市公司配合做高股价是当前市场的一种很普遍的行为，但是公司一直认为，这是对中小散户股民的不负责任。

佛山照明长期现金分红却很少送股的股利政策从二级市场的反应来看并没有得到股民的理解，甚至公司的股票遭到很多大机构的抛弃。钟信才说："现在我看没有什么大机构了，大机构都退出来了，基本上是散户多一些，B 股，境外机构多一些。"

2. "佛山照明现象"在金融理论界的分析与评述

国内学者对现金股利的市场反应做过许多大样本研究，实证研究结论在细节上不完全一致，但总体上一些结论是相似的，即市场对现金股利要么是没有反应，要么将其当作坏消息来反应（陈浪南，2000；何涛、陈晓，2002；陈信元、陈冬华，2003）。佛山照明的管理层是否利用公司高额的现金股利向投资者传递公司持续盈利的预期呢？

1）"佛山照明现象"在金融理论界的负面解读

上海财经大学的陈信元等对此做了较为深入的研究。他们使用 1993 年 11 月 23 日（佛山照明上市日）至 2000 年 12 月 31 日深市成分指数和佛山照明股价数据，对 7 年间佛山照明股利宣告日和除权日的股票市场反应做了实证分析。研究表明，在选择的观测期内，市场将佛山照明的现金股利发放视作负面的消息，宣告日和除权日两个时点合计使投资者损失约 5%。与此同时，他们还将较少现金分红抑或送股的同类以电光源为主业的 4 家公司（华东科技、浙江阳光、广电电子、嘉宝实业）进行同期同行业市场分析。结果表明，佛山照明现金分红的同期市场表现均差于同行业均值，由此说明二级市场不支持将现金股利作为利好消息的假说；相反，却与市场将现金股利视作坏消息的假说一致。对佛山照明长期高额派现的动机和原因，陈信元等认为，缘于原控股大股东——佛山市国资委的自利动机。通过现金分红，控股大股东（市国资委）将7年多的公司派息总额中的近1/3的3亿元分配并量化给了自己。

2）"佛山照明现象"的正面分析、评价

而另一些学者则不同意以上专家的看法和意见。清华大学朱武祥等认为，佛山照明虽然没有给短期投资者带来丰厚的回报，但给占公司股份大多数的合理定价的长期股东创造了稳定和较高的投资价值。同时，高额派现也并非大股东转移资金的工具。朱武祥比较了同为电光源产业的嘉宝实业（600622）与阳光股份（000608）。嘉宝实业的股利政策与佛山照明正好相反，多年来持续送股。尽管主业经营业绩每况愈下，直至变更，但由于历史上多次送股，对投资者形成了送股预期。每次送股前后，公司股价都剧烈波动，送股前涨幅巨大，送股后绵绵不断下跌。而阳光股份2000年上市，主业与佛山照明最相近，后与飞利浦公司合作开发新型照明设备。该公司股利政策既不同于佛山照明高派现，又不同于嘉宝实业的高送股，而是不派现不分红，制造含权形象和送股预期。

电光源产业同类公司股利政策与投资效益见表2-8。

表2-8 电光源产业同类公司股利政策与投资效益

公司	股利政策	短期市场表现	长期持有年均投资收益		
			持有9.5年	持有5年	持有2.5年
佛山照明	长期高额派现	分红日市场微跌	6.10%	4.63%	-0.68%
嘉宝实业	持续送股	剧烈波动，前涨后跌	3.59%	-8.35%	-26.15%
阳光股份	不派现不送股	短线平稳			-48.5%

由表2-8可见，不同的股利政策对公司短期市场表现和长期持有投资收益是相当不同的。浙江阳光股份由于上市后不派现不分红，虽然短线市场表现平稳，但长期持有则使股票投资者遭受较大的市值损失。表明市场对不分配的公司是不欢迎的。嘉宝实业董事会迎合短期投资者，多次提出送股方案，虽然短期内刺激股价不断上涨，但从长期来看，则使投资者每年遭受一定甚至较大的亏损，该公司的股票实际上为短线的部分机构与市场庄家提供了一个牟利的工具。而佛山照明公司则坚持价值投资理念，长期连续高额派现，用真金白银回报公司股东。虽然在分红的当日抑或前后等短期内，二级市场表现不佳。但长期持有，将使稳健的投资者长期并稳定地获得超过银行利息的丰厚投资回报，是我国资本市场价值投资的典范。

3) 国际金融学者对"佛山照明现象"的关注与评述

中国资本市场上独特的"佛山照明现象"也引起国际金融界的关注。美国康奈尔大学金融学教授兼长江商学院教授黄明,在分析了我国股票市场现状后明确指出:上市公司应以佛山照明公司为榜样,多采用现金分红方式并大比例现金分红。他说:"我是希望有更多的公司对股民负责,你赚的钱怎么着都要到股民的兜里,而到股民兜里,迟早是以分红或回购股票的方式来发给股民。一个成熟的股市不应该大涨大跌,让短线的投机客、操盘手赚很多钱,而让稳健的投资者套牢。这种现象要想规避,必须要有一个健康、稳健的投资市场。A股市场需要有一批像佛山照明这样的公司,它赚了钱回馈给股民,那么股民就知道你跌到一定程度了,我不卖了,我就整天守着你,发给我的红利就像持有一个房子,不断拿高额的租金一样的感觉,这个时候股市就真正稳定并健康了,不需要政府干预或救市。"黄明认为,这样才会让更多的股民坚持价值投资理念,减少市场上普遍的投机心理和行为,进而避免市场的经常性非理性涨跌。

以上佛山照明在二级市场上的表现,董事长钟信才对公司长期高额派现的决策背景,以及金融界学者对"佛山照明现象"的不同解读、分析与评述,有助于我们透过佛山照明这样难得的资本市场样本与案例,透彻了解公司财务管理中股利政策理论及其在中国资本市场上的实践,指导我们财务分析与股利决策过程。

五、"佛山照明现象"与公司财务管理

佛山照明长期的高现金股利政策,给占公司股份大多数的以内在价值定价的长期股东创造了稳定和较高的投资回报价值。

理想状态下的公司股东价值最大化在不完善的我国资本市场中面临很多问题,不是"作秀"或一句口号。A股市场长期以来被短期投机交易理念及操盘机构主导,形成明显脱离公司投资价值的股票价格和短期交易获利的盈利模式,并导致市场大涨大跌与动荡。流通股股东与公司控股股东在价值创造、融资和分配策略上分歧比较突出,不能简单地把流通股股东的利益等同于上市公司股东价值最大化。近年来,中国证监会推出了一系列规范资本市场参与各方行为的政策法规,对股票市场的发展和规范起到了积极作用。但上市公司哪些行为需要监管?哪些行为应该由上市公司控股股东与股票市场双方博弈?这些都是值得深入探讨与研究的问题。

2008年8月,中国证监会颁布了新的《上市公司证券发行管理办法》,主要就现金分红与再融资做出了明确的硬性规定,被称为"分红新政"。办法指出:再融资公司最近三年以现金形式累计分配的利润不少于最近三年实现的年均可

分配利润的 30%。"分红新政"的颁布与实施,不仅表明管理层对上市公司现金分红这一股利政策的高度关注与重视,同时该"新政"的实施很好地促进了我国上市公司现金红利的发放水平与质量。"一花引来百花开","佛山照明现象"的成功实践对我国资本市场建立尊重投资者、倡导价值投资理念起到了良好的引领、示范作用。

公司的股利政策是现代公司财务管理的核心内容之一,而现代公司财务管理的最终目标是有效实施股东价值最大化。从佛山照明长期高额派现的财务案例中,我们体会到了股东价值最大化理念在中国资本市场的具体实践。同时,受此启发,我们应该研究、探讨我国公司股东价值最大化实践进程中几个深层、具体的问题。

1. 上市公司什么价值最大化

公司价值有内在真实价值和外在股票市价之分,分类如表 2-9 所示。

表 2-9 公司价值分类

分类	概念	影响因素
内在价值	公司未来预期现金流折现值	未来现金流、折现率
股票市价	公司股票在交易过程中双方达成的成交价	公司盈利水平、股利政策、行业、股本规律、市场短期投机等

由表 2-9 可见,公司价值的两类区分差别还是很大的。理论模型与实证研究表明,在投机的股市中,股票价格不仅反映公司内在价值,而且反映短期投机因素,股票价格短期明显偏高于公司真实价值。特别是在乐观预期市场上,公司内在价值在股票价格中的比例很小,公司长期持续发展能力和真实价值与股票价格短期表现并不一致。此时,价值最大化是基于长期持续发展能力的公司真实价值,而非股票价格。巴菲特 1988 年在写给股东的信中指出:"我们不想使伯克希尔公司股票交易价格最大化,我们希望公司股票价格以企业内在价值为中心的狭窄范围内变动。过分高估或低估不可避免使外部股东产生与公司业务成果大相径庭的结果。如果我们公司的股票价格始终反映企业真实价值,每一位股东在持股期间会得到大致等于公司业务成果的投资收益。"

沪深两市及创业板市场属于新兴市场,庄家操纵较为盛行,短期投机交易偏好长期主导股市,流通股股东普遍偏好从短期交易中获取资本收益,不看重现金红利,热衷于炒作概念和题材。同时,他们也不关心公司是否具有把增长机会转换为实际盈利的执行能力,他们对企业投资计划往往比公司管理层更乐见其成。A 股市值与公司价值、经营业绩、治理质量之间并不存在普遍显著的相关性,股票市场对增长概念的追捧超过了对上市公司持续经营能力的关注。股市中普遍存在的高溢价、高市盈率使得 A 股短期价格不能有效衡量公司内在价值。

佛山照明公司稳定、长期高额派现的股利政策使得投资者能够准确估算该公司未来的预期现金流与资本成本（折现率），并以此可以准确地评估出该公司的内在价值。因此，佛山照明公司可以说是我国资本市场奉行价值投资的典范。以佛山照明案例为基础，引领我国证券投资者向理性的价值投资理念迈进。因此，最大化股东价值应该是最大化公司长期内在价值，而不是短期股票价格。

2. 哪类股东价值最大化

正如产品市场上需要细分客户，满足客户需求并不是也不可能满足所有客户的需求，而是要针对目标客户。股东价值最大化并非所有不同风格的投资者的价值最大化。公司不同的业务发展、投融资战略和股利分配政策会吸引不同投资风格的外部股东，同时，外部股东也会影响公司投融资战略和股利政策。因此，上市公司可以在股东细分市场上锁定目标股东。

上市公司股东可以分为内部股东（控股和非控股股东）与外部公众股东。不同类型的股东承担的风险、责任、风险偏好、价值取向及利益不完全一致，甚至冲突。内部控股股东通常是公司价值的创造者和股利分配决策者，承担更多的企业长期经营责任，属于长期股东，关注公司核心竞争力和持续经营、盈利能力。外部公众股东往往是价值评估者和股利方案的接受者，且具有高度连续的流动性。一般来说，外部公众股东由于股权分散，风险收益偏好和价值取向大不相同，但并不是所有外部股东都追求短期资本收益最大化。大致可以分为短期交易投机型、长期交易投机型和长期价值投资型等几类股东。价值型投资者偏好现金红利，增长型投资者偏好股票股利。佛山照明股本结构变化见表 2-10。

表 2-10 佛山照明股本结构变化（%）

	2002 年 12 月 31 日	2003 年 6 月 30 日		2009 年 7 月 1 日
国有股	23.9	23.9	流通 A 股	62.9
法人股	11.99	11.99	限售 A 股	14.7
流通 B 股	22.94	22.94	流通 B 股	22.4
基金持股	9.31	5.91	基金持股	0
合计	68.14	64.74		
A 股散户	31.86	35.26		

由表 2-10 可见，佛山照明一直能够采取高派现股利政策与其股权结构有关系。其稳定增长的业绩和高现金股利、低 β 值的特性为其外资股东、稳健的 A 股股东所青睐。董事长钟信才曾表示："B 股股东赞成现金分红，国家股也赞成，大部分股民赞成现金分红。送股等于泡沫进去，现金红利才是真正的投资回报。所以，董事会一直坚持对目标股东现金分红的做法。"2004 年 9 月，佛山照明将

原控股的 23.9% 的国有股转让西门子全资子公司欧司朗分公司时，由于董事长钟信才的坚持，外方控股股东欧司朗承诺，在控股后仍将 65% 的净利润用于公司现金分红，以维持稳定的公司股利政策。

从公司现有的股东构成上看，控股的欧司朗公司、第二大股东香港佑昌公司都是外资公司，都赞成并倾向于长期现金分红，B 股股东也赞成，同时公司也吸引了一批深市中稳健并坚持长期价值投资的 A 股股东。至此，佛山照明已形成并拥有一个赞成公司业务发展战略和现金股利的股东群。

实际上，欧美很多上市公司通过明确业务发展战略、价值取向来淘汰那些与自己经营理念不一致的外部股东，建立一个与自身发展和价值理念一致的股东群。巴菲特（1988）指出："我们不希望股票交易频繁，我们的目标是吸引长期投资者。我们努力通过政策、业绩和交流，吸引那些了解我们的运作，并能像我们（控股股东）那样衡量投资价值的股东。坚持这样做，可以不断使那些怀着短期或者不现实预期的股东感到乏味而不进入或者离开。公司股票就可以以始终与企业内在价值相关的价格交易。"

场景七

庄坚毅，佛山照明第四大股东广州佑昌股份公司董事长，佛山照明最大自然人（流通股）股东。2009 年 5 月 30 日，他在佛山照明公司财务室，见到了融通基金公司经理梁成和大成基金公司经理李锐。梁成和李锐说："我们持有贵公司股票好几年了，大家合作愉快，公司业绩优良、分红优厚，但是市场竞争激烈，压力较大，我们不得不选择退出了。"庄坚毅说："感谢你们几位基金经理近年来的支持。你们选择退出我们也理解，你们是最后持有我们股票的基金公司了，你们退出了，佛山照明基金持有就为零了，但我对公司未来是有坚定信心的。我不但没减持，还大幅增持了佛山照明公司的股份。"

关联知识点：

分类股东　目标股东　股东价值最大化

思考题：

12. 你是否赞同二位基金经理的退出选择？如果你是一位开放式基金经理，对佛山照明公司股票，你是持有还是放弃？如持有，是会逐步增加还是逐步减少？

13. 你是否赞同庄坚毅的增持决定？如果你是庄坚毅，会做出什么决定？

14. 大多数上市公司都还没有建立主动筛选股东以建立目标股东群的思想，谈谈你对佛山照明公司不断筛选股东建立目标股东群过程的看法。

佛山照明通过长期稳定的高派现股利政策，自然地筛选、淘汰了一些短期投机股东，逐步构建一个与公司业绩发展战略和价值取向一致的目标股东群，纠正股票市场对公司行为的误解和定价的明显偏差，使公司股票始终能以与企业真实价值相关的价格交易，减少公司股票的投机性，减少或消除股东间在价值分配上的冲突。

因此，使股东价值最大化并不是使所有股东价值最大化，应是像佛山照明一样，在筛选、甄别以后，最大化与公司业务发展战略相一致的目标股东群价值。

3. 公司股利政策是否向证券市场传递了信号以及传递了什么信号

放宽 Miller 和 Modigliani（1961）的假设条件，对于有限理性的投资者来说，与公司经理相比，他们所知悉的公司信息是不完全的，投资者与公司经理之间存在着信息不对称。在非对称信息的状态下，公司经理更知道企业持续盈利的真实情况，而公司经理把股利政策作为一种信号，向投资者传递有关企业持续盈利的信息。但是，为什么会选择这种成本较高的信号传递方式，而不是选择另一些成本低廉的方式，比如选择会计利润来传递这些信息呢？这是因为当公司对其前景看好时，一般不仅仅是宣布好消息，还会通过提高股价来证实此消息。如果公司以往的股利支付稳定，那么一旦股利增加，投资者就会认为管理层看好公司未来前景，未来的现金流能够支持这么高的股利政策。另外，公司对外公布的会计利润并不一定能够恰当地反映其经营利润，而股利却在一定程度上传递了会计利润未能提供的信息。作为公共信息的股利政策，投资者几乎可以无成本地获得，他们可以根据自己对公司股利政策的理解，来修正对企业持续盈利的预期。

佛山照明长期稳定高额派现，向股东和各类投资者准确清晰地传递了公司健康、成熟、尊重投资者、积极进取并前景远大的良好市场形象。

六、尾声

> **场景八**
>
> 2010年3月10日，一抹余晖映照在广东佛山照明股份有限公司办公大楼巨大的连体建筑上，留下春日里一片温暖的阳光。在办公楼一面临街的窗台边，一位老者正远眺热闹的南国中心城市——广州。不久的将来，广

> 州佛山将连为一体，地铁相通，来往便利，真是辉煌、壮丽的前景啊！目光收回，近处是老者奋斗大半生、呕心沥血掌舵 28 年，像亲生孩子般带大的佛山照明公司啊！一草一木、一砖一瓦，都亲切得如同会说话、会呼吸一般，春风拂过，绿草如茵、生机盎然，每一位职工的笑脸都历历在目，都那么可亲，那么温馨！这位老者就是佛山照明董事长、掌舵人钟信才。他想："都 68 岁了，是否该退下来让年轻人上呢？但是退下来之后，谁来坚守我多年来对股民的那个承诺呢？"夕阳照在钟信才魁梧的身体上，身后留下一片长长的阴影。

关联知识点：
公司治理结构　公司代理理论

思考题：
15. 对佛山照明长期高额派现这一源于公司董事长对股民承诺的现象，你怎么看？如果你是钟信才，会如何处理好当前公司面临的前景困扰？

"佛山照明现象"提供了一个难得的在我国资本市场认识公司股利政策尤其是高额稳定派现股利政策的样本，是股市中尊重投资者，寻求价值投资的典范。该公司长期的高额股利派现实际上源于公司掌舵人——董事长、总经理多年来对公司投资者的一个庄严承诺——"每年公司净利润的 65% 用现金回报给股东"，以及对这一承诺的长期坚守。进入 21 世纪第二个十年以后，随着掌门人钟信才逐渐老去，某一天会退下公司领导岗位，加上公司股东除控股的两大股东外，又异常分散，许多投资者担心公司会不会在董事长退下之后改变原有的为投资者所熟知的股利政策，而另寻新的股利支付方式？这并非不可能。同时，该公司董事长即钟信才之位，并不是由控股股东——德资的欧司朗公司代表出任，这也给公司未来的发展留下了一个变量。我国电光源市场潜力巨大，在新一轮的市场竞争环境下，佛山照明所面临的市场竞争格局和公司前景也可能笼罩在新的迷雾之中。

案例二　背景与使用说明书

案例三

黑芝麻与实物股利

摘要：股利政策是公司财务管理的核心内容。2013年春夏之交，我国资本市场上发生了首例实物股利事件——南方食品集团股份有限公司（现为南方黑芝麻集团股份有限公司，000716）发放实物股利回馈股东，市场反响强烈。此后，该公司也因此改变原有不分配的股利政策，持续分红，获得市场肯定。这一特殊案例的财务现象受到我国证券投资者与财务金融界的极大关注。本案例透过南方食品发放实物股利典型事例的分析、讨论，促进学生理解和掌握股利政策原理、股利支付方式理论及当前我国上市公司股利分配的现状与利弊。

场景一

2013春夏之交——石破天惊之举

2013年4月8日，星期一，阳光和煦，一派春日融融的景致。伴随着明媚的春光，股票市场又开始了新一周的繁忙和紧张的征程。当天，中国证监会指定信息披露媒体《证券时报》的一纸公告，引起广大投资者和证券界内人士的广泛关注和热议，并导致市场相关连锁反应。该公告即南方食品公司（000716）《关于向公司股东征集新产品品尝意见的公告》，为业内著名的"实物股利"公告。该公告并不长，核心内容仅200字，但市场反应强烈，各界人士对此议论纷纷，形成资本市场持续的热点。

早上9时，国泰君安上海淮海路营业部，股市尚未开盘，股民老郭就拿着一张《证券时报》兴冲冲地跑到股民小张跟前，说："这可真是新闻啦，南方食品发放实物股利了！"小张答道："这不仅是新闻，简直是石破天惊，令人意想不到的消息啊！我是南方食品的老股东了，从2002年以后，十九年了，公司从未分过一分钱的红利，典型的市场'铁公鸡'一个，今天终于'铁公鸡拔毛'了，他们良心发现了，知道回馈我们这些老股东了。"

老郭："是呀，公司不光对我们这些老股民发放股利，而且还是一种新的分红形式哟。在我的印象中，中国股市还从未有过上市公司发放实物股利啊，南方食品这回可是尝了鲜，股市中的头一遭啊！"

> 小张:"可不是嘛,投资股市这么多年,只知道上市公司有现金股利、股票股利之说,南方食品这次实物分红,真的是开启了市场的先河,创造了我国股市的一个新纪录。不过,不知道他们公司这种股利发放方式有没有持续性,而且,今年首次这么大规模发放,物流配送跟得上吗?怎样将这些实物发放到广大股民手中呢?"
>
> 与上海股民老郭、小张的讨论类似,在南方食品公告当天,实物股利这一令人耳目一新的股利形式成为我国资本市场舆情议论的焦点,社会各界对此热议不止,成为持续半年的热点新闻,并引发多家公司跟进。

关联知识点:

现金股利 股票股利 实物股利

思考题:

1. 查阅我国资本市场成立以来各上市公司股利政策及股利发放形式,近年来的分配和变化情况,以及对资本市场和广大中小投资者的影响。

2. 实物股利与现金股利和股票股利有何不同?其主要优缺点有哪些?上市公司在什么条件和背景下可以实施发放实物股利的行为?

一、引言

近年来,上市公司股利政策已成为我国资本市场的焦点问题之一,受到证券投资者的极大关注。上市公司高溢价发行,而在上市后少分红甚至长期不分红的现象已成为资本市场的痼疾,影响并打击了 A 股投资者对市场的预期与机构投资者长期持有股票的信心。当前,分红被认为是上市公司尊重投资者的重要市场诚信标志。而在股利政策的分红方式中,相对于股票股利(送股),能够真金白银对投资者进行现金分红是检验上市公司勤勉尽职、真心回报股东的"试金石"。为了规范上市公司再融资与分红行为,2008 年 8 月,中国证监会在新的《上市公司证券发行管理办法》中明确规定:再融资公司最近三年以现金方式累计分配的利润不少于近三年实现的年均可分配利润的 30%。即著名的将公司再融资与现金分红强制挂钩的"分红新政"。

在普通不分红、少分红的市场背景下,南方食品也不能免俗或独善其身,在上市以后的大多数年份,基本不分红或少分红。市场上众多投资者也对此习以为常,对公司投资的热情也渐趋冷淡。然而,2013 年 4 月公司的实物馈赠股东方案带给资本市场一抹亮色——这是我国资本市场的首个"实物股利"案例。通过这一典型案例,我们需要分析、探究公司股利理论的几个重要问题:① 股利支付的几种形式和特点。② 股利政策(含实物股利)是否增加了公司投资价值?③ 股利政策是否向市场传递了信号以及传递了什么信号?④ 我国上市公司股利政策、支付方式以及分配动机探究。

二、南方食品公司的背景

1. 公司的设立与发展

南方食品由广西桂宁经济开发公司等六家公司共同发起,于1997年3月28日通过定向募资方式成立,1997年4月,公司以3.75元/股的发行价向社会公开发行A股3000万股,发行后总股本为9928万股,并于同年4月18日在深圳交易所上市。公司主要经营食品业、航空业、城市公用事业、物流业、房地产业等,现总股本1.78亿元,总资产达7亿元。2010年,广西黑五类集团成为公司第一大股东,公司进入稳定、健康、快速发展的新阶段。公司现在主要有两大支柱产业,一是以南宁建筑材料装饰市场为依托的专业物流业。该物流市场是广西最大的建筑装饰材料集散地,辐射全国近30个省、市、区。二是以南方黑芝麻为核心的食品业。公司现拥有"南方"品牌这一中国驰名商标,"一脉浓香、一缕深情"这句出自"南方"品牌的经典广告随着CCTV黄金时段的反复播放,已响遍大江南北,走进千家万户,反响巨大,给成长中的一代人留下深刻的品牌印记和美好回忆,成为中国食品行业的主体形象标志,备受业内赞誉。经过二十多年公司上下的努力奋斗和品牌经营,南方食品集团已拥有五大系列100多个品种,其中黑芝麻糊占我国糊内产品市场份额的78%,为国内同类产品的龙头老大,牢牢占据国内市场领先地位。2013年以来,为适应青年学生和年轻一代快节奏的消费习惯,公司推出了新产品——南方黑芝麻乳,这是一种罐装的快消饮料(食品),一经推出,即受市场热烈欢迎,市场规模迅速打开。2013年第四季度营销收入比刚推出市场时的第三季度增长330%,受到打工一族、青年学生、公司白领和蓝领阶层的热捧和好评。2014年黑芝麻乳饮料单品销售已达5.6亿元。全年公司主营业务收入达10.5亿元。近年来,公司多次被评为中国资本市场最受投资者尊敬上市公司前50名,并被评为中国食品安全企业,是我国食品消费类上市公司的主要代表和领先者之一。南方食品2007—2014年基本财务数据见表2-11。

表 2-11 南方食品 2007—2014 年基本财务数据

指标	2007 年	2008 年	2009 年	2010 年	2011 年	2012 年	2013 年	2014 年
每股收益（元/股）	0.03	−0.21	−0.04	0.91	0.07	0.10	0.19	0.24
行业平均值（元）	0.12	0.10	0.17	0.54	0.32	0.41	0.20	0.18
净资产收益率（%）	3.18	−23.69	−4.45	79.24	4.11	5.83	5.36	6.14
行业平均值（%）	8.91	15.51	8.22	10.03	6.96	9.69	10.24	12.22
每股净资产（元）	1.01	0.80	0.78	1.65	1.72	1.93	3.39	5.80
行业平均值（元）	0.89	0.77	0.91	1.26	1.52	3.46	4.01	4.44
息税前利润（万元）	2840.08	−1595.00	1432.00	19480.00	2521.00	3774.00	7958.00	8090.00
行业平均值（万元）	1007.17	1328.18	2579.11	3865.63	4663.00	5346.00	5560.00	4625.00
总资产（亿元）	7.06	6.64	8.30	8.35	10.93	12.03	14.59	23.29

2. 南方食品历年股利政策与实物股利事件

（1）南方食品历年股利政策与分配。

自 1997 年上市后，南方食品只有一次现金分红，即 2002 年 3 月 29 日共分红 685.61 万元，2013 年以前的各年份基本上是不分配不转赠。

（2）2013 年实物分红事件始末。

2013 年 4 月 8 日，南方食品公司发布《关于向公司股东征集新产品品尝意见的公告》，是南方实物分红事件的开端，并持续半年，造成相当大的社会影响并引起市场热议。这一事件的主要进程如表 2-12 所示。

表 2-12 2013 年南方食品实物分红事件进程

时间	事件
2013 年 3 月 31 日	召开第七届董事会会议，通过了《关于向公司股东征集新产品品尝意见的议案》
2013 年 4 月 3 日	发布公告：董事会同意在公司股东中开展新产品品尝活动
2013 年 4 月 8 日	再次发布公告，称发放新产品是为了扩大新产品的宣传和影响；同时为了感谢股东，在公司股东中开展新产品品尝活动，并向股东征集对公司新产品的意见
2013 年 4 月 9 日	公司控股股东广西黑五类食品集团有限责任公司（以下简称"黑五类食品集团"）向公司董事会提交了《关于进一步完善向公司股东征集新产品品尝方案的提案》，提请公司董事会将该项提案以临时提案的方式提交公司 2013 年第一次临时股东大会一并审议

续表

时间	事件
2013年4月11日	股权登记，登记在册的股东（除大股东黑五类集团外），每持有公司1000股的股份发放一礼盒（12罐装）黑芝麻乳产品品尝，不满1000股的股东则均按每一股东发放简易包装（6罐装）
2013年4月19日	召开股东大会，决定发放黑芝麻乳产品
2013年4月21日	股东开始向公司提交新产品品尝申请表
2013年5月底	对于成功登记的558户股东，启动第一批赠品派发工作。赠品通过快递、零担等方式发送。赠品中随附了问卷、信封和邮票，希望得到对新产品的宝贵意见

（3）实物分红事件后南方食品新的股利政策。

在2013年实物分红事件以后，根据市场反应和投资者意见，并参考公司未来发展规划，南方食品公司在2013年底制定了全新的《未来三年股东分红规划（2014—2016年）》并对社会公布。《未来三年股东分红规划（2014—2016年）》主要内容如下。

① 公司的利润分配应遵循重视投资者的合理投资回报和有利于公司长远发展的原则，采用现金、股票、现金与股票相结合或者法律、法规允许的其他方式分配利润。

② 公司在当年盈利且累计可供分配利润为正的情况下，采取现金方式分配利润，每年以现金方式分配的利润不少于合并报表当年实现的归属于公司股东的可分配利润的20%。公司连续三年以现金方式累计分配的利润不少于同期实现的年均可分配利润的30%。

③ 公司未来将保持利润分配政策的连续性和稳定性，在满足现金分红条件时，每年以现金方式分配的利润应不低于当年实现的可分配利润的20%，且最近三年以现金方式累计分配的利润不少于最近三年实现的年均可分配利润的30%。在符合利润分配条件下，公司将进行年度或中期现金分红。

3. 公司股东构成与股权结构

截至2015年3月底，南方食品前五大股东情况见表2-13。

表2-13 南方食品前五大股东情况（2015年3月底）

股东名称持股数（万股）	占总股本比例	股份性质
广西黑五类食品集团有限责任公司	32.55%	流通A股，受限流通股
招商财富—招商银行—恒泰华盛1号专项资产管理计划	4.17%	受限流通股

续表

股东名称持股数（万股）	占总股本比例	股份性质
韦清文	3.53%	受限流通股
广东温氏投资有限公司	2.43%	受限流通股
红土创新基金——银河证券	1.98%	受限流通股

从表 2-13 公司股东构成可以看出，南方食品公司目前股权结构较为分散，第一大股东黑五类食品集团持有 32.55% 的公司股权。除此以外，第二大股东及以下法人股与自然人股东持股比例均不超过 5%。南方食品公司在 A 股市场发行，其中实际流通 A 股占 54.90%，限售流通股占 45.10%，主要为控股股东——广西黑五类食品集团有限责任公司。

自 1997 年首发新股和 1999 年进行配股以来，公司分别在 2013 年 5 月 17 日和 2014 年 10 月 15 日以增发新股的形式分别筹得 43550.12 万元和 92703.40 万元的资金。值得注意的是，2010 年到 2012 年，公司由于和其第一大股东广西黑五类筹划重大资产重组而反复停牌，2012 年 6 月并购了江西南方公司，至此，南方食品持股 99.93% 的下属控股子公司广西南方黑芝麻食品股份有限公司收购南方食品控股股东广西黑五类食品集团所持有的江西南方 100% 股权。

三、实物股利事件的决策过程与新的股利政策的形成

1. 事件前公司产品的市场状况和困局

（1）痛在产品，病在战略。

作为"黑芝麻糊"产品类的开创者，南方食品"黑芝麻糊"飘香二十余年，堪称经典，但是作为一家上市公司，产品单一，增速缓慢，发展显然不尽如人意。

2013 年之前的几年间，南方食品一直试图打破这种局面，他们以"糊"为定位，选择在冲调食品领域中左冲右突，高接低挡，相继开发出豆奶粉、核桃粉、玉米糊等产品，在竞争激烈的食品消费市场中希望打造第二个、第三个黑芝麻产品，但结果并不理想，这些新产品销售总额加起来不到原有糊类产品的 5%。南方食品集团 2012 年产品类型及市场份额如表 2-14 所示。

表 2-14　南方食品集团 2012 年产品类型及市场份额

类型		营业收入（万元）	收入比例（%）	营业成本（万元）	成本比例（%）	利润比例（%）	毛利率（%）
按行业	食品	62561.44	99.14	36729.36	99.41	98.76	41.29
	其他	540.42	0.86	216.43	0.59	1.24	59.95
按产品	糊类	58999.76	93.50	33815.22	91.53	96.29	2.69
	芝麻露	2374.9	3.76	2009.14	5.44	1.40	15.40
	豆浆系列	1186.78	1.88	9.05	2.45	1.08	23.74
	其他	540.42	0.86	216.43	0.59	1.24	59.95

"南方黑芝麻糊"的成功带来了南方食品的成长，但这是"糊"的成功，还是"黑芝麻"的贡献？哪个是公司成长的决定性因素？原来公司一直执行的"糊类第一品牌"的战略定位对不对？

公司管理层经过调研后发现：在消费者认知中，黑芝麻能补肾、乌发、润肠、益智等。一提起黑芝麻，消费者认为"南方黑芝麻"最正宗、最地道，因此，南方食品核心价值不是"糊"而是黑芝麻。

"黑芝麻"三个字实际上是一座金矿，由于多年的积累，已经在广大消费者心中建立了相当高的品牌价值和优良的无形资产。2010—2012 年，公司所遇到的困境是产品转型中的困难和阵痛，表现在产品类型少、消费人群窄、消费情景单一。因此公司必须认识到市场的严峻性，而不能故步自封，抱残守缺，还在"黑芝麻"巨大的品牌价值中迷茫或自我陶醉。公司应该及时进行产品转型和观念转变，总体上也就是对公司战略进行重新构建和定位。公司整体战略不确定、不清晰，产品市场就没有发展依托。

（2）公司战略——在阵痛后的战略转变：从慢消到快消。

公司管理层调研发现，除奶粉、米粉外，传统冲调食品以黑芝麻为主，包括燕麦片、豆奶粉、核桃粉等，目标消费人群明显老化，销售整体走弱，货架量逐渐萎缩。南方食品在糊类市场表现最好，但是也撑不住全国糊类产品销量疲软的窘境。从这一点上看，这不是黑芝麻糊一种糊的问题，也不是南方食品一家企业的问题，而是整体"糊"品类这一消费方式所致。

究其原因，在于生活越来越好，消费者越变越懒，他们希望能够快速消费。而传统冲调食品需要餐具、热水等，食用起来不方便，吃完还需要冲洗，不符合"便利轻松"的主流消费趋势。南方食品近年来相继开发推出的玉米粉、豆奶粉、核桃粉等产品属于"慢消"，销售均不理想。

从冲调食品的发展趋势上看，如果按原有的"中国糊类第一品牌"的战略走下去，将局限、束缚南方食品的快速发展。所以，打造南方食品未来的新产品，从慢消到快消，形成新的公司发展战略，成为关键和重中之重。

2. 转型中公司新战略的形成

经过董事会的认真思考、慎重决策，南方食品已逐渐形成主导企业未来发展的"新公司战略"，即一个中心，一条主线，三大战略，一个最终目标。

一个中心：聚焦"南方黑芝麻"，用五年时间构建国内快速消费的龙头地位。据市场调查，南方食品的核心价值即品牌资产"南方黑芝麻糊"，这五个字密不可分，就如"云南白药""雀巢咖啡"一样，是企业发展壮大的核心DNA和最重要的无形资产，也是建设百年"南方"品牌价值的基石。

一条主线：从慢消产业逐步过渡到快速消费产品与领域，并形成主打产品，用五年时间构建国内一流的快速消费品支柱产业，打造快消业龙头地位。

三大战略：一是快速研发、推出罐装的快消产品——南方黑芝麻乳，并迅速占领国内市场；二是改变原有的、僵化的股利分配模式和政策，以新的股利政策去迎合广大公司中小投资者，尊重投资者意愿，建立起良好的、互动的投资者关系，改善公司市场形象；三是内部管理机制的重大改变和调整，实施全面的公司高管股权激励制度，加强内部活力和凝聚力，挖掘企业潜力，使公司经营迈向新的发展阶段。

一个最终目标：以企业价值最大化和股东财富最大化为公司最终目标，改善公司固有的利润最大化模式和短期逐利行为，为公司长远发展建立良好的运作平台和增长空间，使公司的经营健康、稳定、有序地发展，永葆企业发展"青春"，与广大投资者共同铸造公司美好的明天。

3. 公司内部关于实物股利出台的酝酿过程

新公司战略的核心和支柱之一，就是构建公司新的股利政策，以建立良好、互动的投资者关系，改善公司市场形象。为使本案例的使用者（学员）对南方食品公司的实物股利分配的相关决策过程有一个清晰的了解，我们探讨和分析了该公司出台该项股利政策的决策过程。

南方食品的主营业务一直围绕着"食品业"这个主题持续经营，并以绿色食品"南方黑芝麻"作为主打产品著称于世，行销全国。2014年11月，为突出公司主营产品的优势和特殊性，特别将公司简称由"南方食品"变更为"黑芝麻"，以加强这一品牌的无形资产价值和资本市场认知度。

食品业是国家支持的朝阳产业，尤其是绿色食品行业，更是国家重点支持的领域。但食品业一般准入门槛相对较低，技术壁垒也没有高新技术产业那么明晰、高深。因此食品业逐渐成为社会资金重点追逐和流向的行业，很大一部分社会资源通过对食品企业注资、并购或新建工厂等形式高调进入食品行业，使得整个行业的竞争环境不断加强，属于典型的"完全竞争行业"，同时，各食品企业为了抢占市场份额而不断加强、升级各类竞争手段，食品业的市场竞争环境呈现出进一步恶化的趋势。

在这种完全竞争的市场态势中，要想冲出重围，独树一帜，确属不易，南方食品虽拥有"黑芝麻"这一著名金字招牌，但也不能高枕无忧、不思进取、躺在"名牌"背后吃"安稳饭"。为此，南方食品在细心呵护并发扬"黑芝麻"这一品牌的同时，不断加大包括在中央电视台黄金时段的广告播放力度，以增强、累积"黑芝麻"的无形资产价值，维持品牌的美誉度和知名度，扩大公司产品的市场销路和营业规模。

但随着广告宣传力度的加大，在市场销路得到扩张的同时，公司的营销费用开支越来越大，已成为公司三项费用（见表2-15）中沉重的财务负担，尤其是为了吸引年轻人和中老年客户群，南方食品高薪邀请了当红影视明星加盟公司在央视黄金时段的广告宣传，并保持密集的投放密度。虽然产生了一定广告宣传效果，但明星出场费价位太高，极大地挤占了公司销售费用的份额，导致公司其他销售渠道如县、乡营销网络的下沉和铺开等开展得颇不顺利。这也成为公司在产品营销过程中比较棘手的一个现实问题。2009—2013年主要财务费用见图2-3。

表2-15 2009—2013年营业收入和三项费用（万元）

	2013-12-31	2012-12-31	2011-12-31	2010-12-31	2009-12-31
营业收入	130553.00	64146.60	58152.20	42170.20	34095.80
销售费用	25620.10	20906.30	13730.90	8724.28	7229.26
管理费用	6600.89	5739.74	3724.43	5315.31	3759.49
财务费用	3354.58	1650.42	1926.27	1758.71	1857.25
费用总计	35575.57	28296.46	19381.60	15798.30	12846.00
销售费用占比	72.02%	73.88%	70.85%	55.22%	56.28%

从表2-15和图2-3中数据分析可以看出，公司的销售费用开支有逐年增大的趋势，成为公司成本管理中的较大负担和包袱。要想加强公司市场营销宣传，又不任由销售费用无限扩张，拖住公司快速成长的后腿，集团公司必须在营销方式和经营理念上进行全新的变革，以新的管理模式迎接市场、应对食品市场激烈的竞争和挑战。

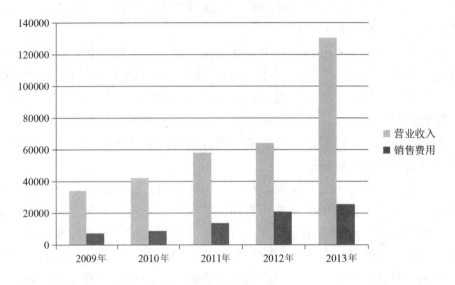

图 2-3　2009—2013 年主要财务费用（万元）

场景二

2013 年 3 月 20 日晚，广西南宁双拥路南宁食品集团八楼会议室。窗外夜色阑珊，但室内灯火通明。南方食品集团正召开临时董事局会议，出席会议的有董事局各位成员，还有集团各分公司负责人、各主要营业部经理等，会议的议题仅有一项：公司未来的营销方针和股利政策的制定。

集团董事、执行总裁陈德坤说："近年来，公司邀请了一些影视当红明星为公司主打产品做广告和营销宣传，虽然导致销售费用开支巨大，公司财务现金流紧张，但明星的广告宣传效果确实不一样，这是其他营销方式所不能比拟的，在大多数央视观众和其他媒体受众中起到了巨大的作用和较好的广告宣传效果，留下了深刻的印象和产品印记。虽然产品的实际购买欲望和效果现在无法得知，也不好检验，但从长远来看，明星的广告效应对产品营销规模的推动是会逐步在市场中得到体现和验证的。"

集团董事长、总裁韦清文不同意陈经理的这种看法，他说："我们应该转换公司经营机制和营销模式，由主打明星广告来推销产品，转换到贴近广大中小投资者，倾听他们对公司未来发展的意见和感受，为此，集团公司拟从公司的营业收入中留出一部分，作为股利，回报公司股东和投资者。这样做一是因为公司从 2002 年以后，从未向股东分过红，给股东和投资者的印象并不好，甚至被公司部分股东指责为'铁公鸡'上市公司，影响公司在市场中的形象。如果花大价钱请明星去做广告，而不给公司股东回报，必然给市场造成'嫌贫爱富'的恶劣形象，实际上是得不偿失的，对公司的长远发展也是不利的。二是不请明星做广告，必将节省公司的大量销售费用，减轻公司的财务负担，这必将有利于我们腾出手来，解决公司当前亟待解决的难题。公司当前最关键最重要的问题是投资者关系管理。只有建立良好的投资者关系，才能体现公司尊重投资者，以股东财富最大化为公司的经营目标和发展方向的终极理念。我们应该摒弃以营销为手段，以利润最大化为目标的企业经营思想，这是一种短视目标和短期行为。为此，公司将在股利政策方面做出重大调整，由原来的不分配股利政策改变为发放股利的新政策，以现金分红为主，在每年的公司税后利润中拿出一块，给公司股东和投资者发放现金股利，以回报公司股东尤其是中长期投资者对公司的热情和厚爱。作为试点，公司2013年将首先在明星广告费用控减下来的销售费用中拿出一部分来，以公司新产品——黑芝麻乳这种实物股利方式回馈公司新老股东，并请他们提出对公司未来发展的真诚想法和意见。2014年以后，只要公司经营状况正常，公司将分发股利并持续下去，以此实现公司尊重投资者、寻求股东财富和企业价值最大化的经营新目标。"

韦清文董事长的一席话，获得董事局特别会议各成员代表的鼓掌，热烈讨论后一致通过了南方食品《关于向公司股东征集新产品品尝意见的公告》。

明星广告与发放股利两种方案预估支出见表2-16。

表2-16 明星广告与发放股利两种方案预估支出（万元）

年份	方案一：继续聘请明星（代言费约为1300万元/年）		方案二：不聘请明星，拿出一部分资金分发现金股利		方案一合计	方案二合计
	销售费用	股利分配	销售费用	股利分配		
2013年	25620	500	25620	500	26120	26120
2014年	31515	1230	31515	1230	32745	32745
2015年	38766	1911	38766	1911	40677	40677
2016年	47685		46385	1911	47685	48296
2017年	57222		57222	1911	57222	57833

关联知识点：

投资者关系　企业价值　股东财富最大化

4. 实物股利事件后，公司股利政策的最终形成

2013年4月的实物股利事件，产生了非常大的社会影响，不仅投资者极为关注，金融理论界也重点予以探讨、分析，公司股价也因此不断上涨，这些都超过了公司管理层的预期。在此背景下，公司管理层做出了冷静的分析和判断。

他们认为，这些都是市场和投资者对公司的关注和厚爱，公司不能辜负投资者的一片心意和良好预期，更要兢兢业业、脚踏实地经营，以更好的业绩去回报这些对公司发展充满希望的新老股东们。

为此，公司在广泛征求社会公众股东意见的情况下，于2013年底郑重出台了《未来三年股东分红规划（2014—2016年）》，形成公司稳定、有序的股利政策，并于2014年初公布于众。该规划的主要内容在前文中已做探讨。为了适应未来的快速发展，公司还在规划中针对企业发展的不同时期，拟定了不同的股利政策和方针，即公司董事会将综合考虑所处行业特点、发展阶段、自身经营模式、盈利水平以及是否有重大资金支出安排等因素，区分下列情形，并按照公司章程规定的程序，提出差异化的现金分红政策。

① 公司发展阶段属成熟期且无重大资金支出安排的，进行利润分配时，现金分红在本次利润分配中所占比例最低应达到80%。

② 公司发展阶段属成熟期且有重大资金支出安排的，进行利润分配时，现金分红在本次利润分配中所占比例最低应达到40%。

③ 公司发展阶段属成长期且有重大资金支出安排的，进行利润分配时，现金分红在本次利润分配中所占比例最低应达到20%。

5. 实物股利事件和新股利政策的决策人——韦清文

> **场景三**
>
> **韦清文**
>
> 2013年8月28日新浪财经的一次访谈节目，主持人向嘉宾提问："30年间所取得的宝贵经验，如果用一句话概括的话，是什么？"嘉宾沉思了片刻，给出了"坚持"这两个字的答案。
>
> 这位朴实而睿智的企业家就是广西黑五类食品集团董事长韦清文，一个大山里走出来的农民企业家、高级经济师。他用20多年的时间，把一个只有13名员工的小食品厂发展为年销售收入19亿元的国家农业产业化重点龙头企业。
>
> 读完初中就闯荡社会的韦清文在20岁出头的时候丢掉"铁饭碗"，"下海"办实业。先后办了三家工厂，其间，他十分关爱员工，比如请母亲为工友一日三餐供上可口饭菜等。1984年，他和李汉朝、李汉荣三位黑五类事业创始人以3万元资金，100平方米场地，13名工人，办起了广西黑五类食品集团的前身——广西南方儿童食品厂。建厂初期，在生活上他不畏艰苦，和员工全天同吃、同住、同劳动在工厂；在质量上他精益求精，和员

工及请来的工程师经三次试机成功，生产出合格品；但韦清文还不满意，一定要产出一等品才能投放市场；在营销上他亲力亲为，"南方"系列产品刚投放市场时，韦清文一连几天蹲在梧州、南宁等地门市部前叫卖，最终和销售部门订了25箱产销合同。

不仅在办企业的过程中身先士卒，不畏艰苦，在自身素质的提高上，他也是公司员工的好榜样。工作之余，他的时间几乎全放在了学习和求知上。一天连续工作10多个小时毫无倦意，中午从不休息，总是一边吃饭一边看书报。先后在中国人民大学、郑州大学、海南大学脱产、半脱产攻读学位。20世纪90年代他成为学有所成的高级经济师。在兴办企业的20多年里，韦清文出台不少鼓励员工求学上进的政策，仅选送到全国各地攻读本科、研究生学位的员工就不下100人，耗资近千万元。企业开办的短训班、讲座更是层出不穷，手法时时变新，并耗资百万聘请北京咨询公司进行企业文化整合，提升管理水平。

此外，韦清文尤为重视发挥优势，用人所长。他是无党派人士，却很重视党团活动组织建设，如他把党委书记提名经选举为集团监事会主席进入集团核心领导层，两名党支部书记推荐为集团计财部长和公司副总经理，一名有成就的技术员也逐步提升为公司主管科研的副总经理。而他没有任何一名亲属出任集团甚至二层机构领导。

企业发展了，韦清文首先考虑的是回报社会。他协助社会办厂、建原料基地、扶持农民奔小康；多次为赈灾慷慨解囊，捐助财物超过2000万元；他设立了黑五类奖学基金，兴办南方希望小学，而当地方相关部门要用他的名字作为校名时，韦清文一口拒绝了。他说："我不愿显山露水，因为我是农民的儿子！"

2013年是韦清文人生历程中重要的一个年份，由他经手，首创了全国第一起上市公司发放实物股利的案例，产生了极大的社会效应和市场反应。而在当年年底，由他主持，集团公司终于通过了南方食品《未来三年股东分红规划（2014—2016年）》，形成公司稳定、有序的股利政策。韦清文说："这下基本上可以跟公司股东和投资者交代了，了却了我多年的一个心愿。公司也有了一个章程，可以稳定地向投资者支付股利和回报。这是我2013年最大的业绩和成就。"

"德不孤，必有邻。"传承是必经的过程，韦清文多次表示，人到半百已是退休好时机，要尽快把担子交给年轻人。但为了黑五类事业，韦清文旺盛的激情之火始终燃烧着，不知疲倦，永远迸发。

四、"南方实物股利事件"的市场反应和动机探究

1. "南方实物股利事件"的市场反应

国内学者对现金股利的市场反应做过许多大样本研究,实证研究结果在细节上不完全一致,但总体上一些结论是相似的,即市场对现金股利要么是没有反应,要么将其当作坏消息来反应(陈信元、陈冬华,2003;何涛、陈晓,2012)。与现金股利颇为相似的实物股利,市场反应又如何呢?尤其是我国第一例实物股利——南方食品股利分配,其所形成的市场表现和反应,是非常引人关注和感兴趣的。

与上市公司不分红、少分配相对应的是,南方食品从 2002 年后十年未做分配,2013—2015 年连续三年进行了股利分配,一次实物,两次现金股利,市场表现与反应见表 2-17。

表 2-17 2013—2015 年南方食品分红日前后市场表现

年份	分红前一日	分红日	分红后一日
2013 年	4.75%	2.02%	0.87%
2014 年	1.88%	2.82%	−0.16%
2015 年	2.84%	2.25%	1.45%

由表 2-17 可见,南方食品分红日当天,市场反应都是上涨的,分红前一日也是作为利好看待的,股价是上涨的,而分红后一日,分红的市场反应放缓,股价只有微小涨跌,保持与市场同步。

2013 年 4 月 3 日,南方食品集团刊登公告称,董事会审议通过了《关于向公司股东征集新产品品尝意见的议案》,将于近期公布议案全文。当天股价大跌 6.87%,这一决议并没有受到股东的欢迎。而在 4 月 8 日,南方食品集团发出公告后,股价触底回升大涨 4.75%,此后一周,在大盘频频下跌的情况下逆市上扬,其中 4 月 12 日当日大涨 7.25%,报 13.46 元,成交金额 9575 万元,创年内第三高,5 个交易日 4 天走高,周涨幅累计达 14.07%。

南方食品集团的"实物分红",向市场释放信号:新产品即将推出,新品市场开拓成为股价催化剂。国泰君安研究所于 4 月 8 日发布研究报告,给予南方食品集团增持评级,并称公司前期股价下跌提供给投资者较好的买点,推动了股价上涨。

进一步,南方食品集团于 4 月 11 日晚间公布了 2012 年业绩及 2013 年第一季度业绩预告。报告表明,公司去年实现净利润 1857.88 万元,同比增 47.69%;而截至第一季度末,有望实现 1800 万元至 2000 万元的盈利,较去年

一季度增长 514.73%～583.04%。南方食品在公告中表示，产品销售形势良好、管理费用下降，使其一季度业绩同比大增。

4月12日，"实物股利"概念股在 A 股走红，南方食品集团早盘一度涨停。可见，由于注意力驱动效应，南方食品集团作为"A 股市场上第一次实现实物分红"企业，吸引人们较多地关注到公司的经营现状：南方食品集团为黑芝麻品类龙头、投入加大、有老产品保底，同时有民营机制的活力，有不断开发新产品的巨大潜力。2013 年 4—5 月在深市大盘波澜不惊、平稳运行的情况下，南方食品走出了一波波澜壮阔的上涨行情，从 4 月 3 日收盘价 11.48 上涨到 5 月 28 日的 15.44，涨幅高达 31%（见图 2-4）。

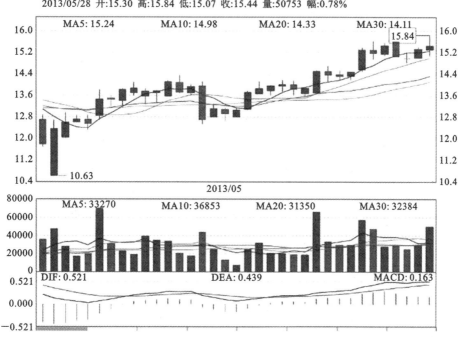

图 2-4　000716 黑芝麻公司 2013.4.3—5.28 日 K 线

图 2-4 所示的正是南方食品公告发放实物股利的期间，在公司发表公告以后，市场是预期上涨的，表示一种谨慎欢迎的态度，而由于媒体和舆论对"南方实物股利"的持续关注，市场投资者受到鼓励，不断买进，投资热情空前高涨，看好公司的机制转型，因此股市走出一波大幅上涨的行情，表明市场对公司这次中国首次"实物股利"发放事件，视作较大利好消息，充分肯定并予以配合。

2. "南方实物股利事件"的动机讨论

在南方食品发布实物股利公告后，量子高科（300149）和人福医药

(600079)也先后宣布向股东发放实物,在我国资本市场上,"实物股利概念股"不胫而走,获得市场追捧,并在社会上引起了广泛的关注和讨论。

这些公司选择"实物分红"的动机是什么?在社会广泛的关注和议论中,根据收集的资料,我们整理出四种主流的观点和看法。

(1) 市场"作秀"论。

在众多的议论声中,一部分业内人士认为,这是一种上市公司"作秀"的行为,主要还是为了吸引眼球,扩大公司产品或公司本身的市场知名度。他们认为,这些年来,南方食品的"黑芝麻糊"广告做得好,但销售市场遇到了瓶颈。因此,实物股利实际上是一种另类或者变相的广告形式,以达到促销产品而非真正为股东利益服务的目的。

(2) 推销库存产品论。

在南方食品刊登实物股利公告之初,一些学者就公开站出来,发表文章,指称公司涉嫌变相推销库存产品。他们认为,我国食品行业自2000年至2011年经历十多年的高速发展后,受多种因素影响,整个行业进入低迷期,市场萎缩加重。对于南方食品集团来说,产品库存量不小,发放实物股利实际是推销库存产品,减小行业低迷对企业经营产生的不利影响。

(3) 宣传新产品论。

在南方食品集团发布的公告中,负责人称为了使公司的新产品黑芝麻乳更适合消费者的消费习惯和消费需求,扩大新产品的宣传和影响,董事会同意在公司股东中开展新产品品尝活动。从这则公告中,我们不难揣测南方食品集团进行"实物分红"的动机实际上是一种营销,在改善公司形象、扩大品牌影响的同时,为自己的新产品做宣传,为其打开销路。有学者估算,此次"实物分红"的费用不过500万~600万元,但通过"实物分红"引起市场的强烈关注,其效果可能超过5000万元的广告投入。

现金分红和类似于南方食品集团此次的"实物分红"在一定程度上都起到了免费的广告宣传作用,能让更多人了解和关注公司。但是南方食品集团此次的"实物分红"还起到了为公司新产品做宣传的效果,在一定程度也算是进行了一次市场调研,从股东那里可以得到关于对新产品的意见,用于公司对新产品进行改进,使之更符合消费者的消费习惯和消费需求。由此可见,南方食品集团此次"实物分红"确实技高一筹。

(4) 改善与投资者的关系。

南方食品集团发布公告后,市场对其公司行为进行了重点检视,其"铁公鸡"的旧账却被翻了出来:该公司已经连续11年未向公司股东派发现金红利,上市16年仅有一次现金分红,还是在11年之前的2002年。

与南方食品集团有相似情况的企业在上市公司中还有很多,因此,近两年来,监管部门对促进上市公司分红曾做出不少努力。2012年末,市场预期已久的差异化红利税政策最终落地;2013年初,上海证券交易所《上市公司现金分红指引》正式出台,其中关于"分红不合理,小股东可以否决并重新提案"的表述,在一定程度上为上市公司提高现金分红额度提供了政策支持。在这些政策的鼓励引导之下,2013年,A股市场出现了20多年来最慷慨的一次现金分红潮。

在现金分红潮的大背景下,现金流出现问题的南方食品很难和其他公司一样采取现金分红。再加上南方食品公司存在存货积压的现象,其采取"实物分红"这一独特的方式来回报投资者,试图用"实物分红"来代替现金分红,改善自己在投资者心中"铁公鸡"的形象。

3. "南方实物股利事件"的动机分析和讨论

对以上业界广泛的议论的四项动机,我们逐一分析和探讨。

(1) 关于市场"作秀"动机的分析。

我们认为,对于这种动机的猜测依据是不充分的。南方食品本身是个老牌上市公司,有相当大的无形资产价值。同时,"黑芝麻"品牌家喻户晓,口碑颇佳,没有必要去短期作秀或用令人眼花缭乱的短期手段来提升公司价值。

(2) 关于推销库存产品动机的分析。

我们分析后认为,这种动机基本上是不成立的。虽然南方食品公司2013年上半年库存有所积压,但量不是很大,通过正常的销售,完全可以消化下去。这次实物股利发放的是刚研发出来的新产品——南方黑芝麻乳,这个没有库存积压,量产都还不够,所以指责南方食品推销库存产品动机的说法基本上是无的放矢和捕风捉影,没有依据。

(3) 宣传新产品的动机分析。

为了检验南方食品此次的"实物分红"究竟有没有起到营销新产品的作用,我们根据2013年8月南方食品公布的2013年半年度报告和上年同期公布的报表,分析了营业收入、成本、利润、销售费用和存货等与经营状况相关的数据,通过比较经营状况的变化来检验这一作用是否存在。在报告期内,公司的营业收入522246014.39元,较上年同期增长31.64%。实现净利润23390786.81元,较上年同期增长54.26%(见表2-18)。营业收入同比增幅较大,一是公司原有的食品业取得了持续稳健的增长,二是新并购的物流业同比增幅接近一倍。净利润的增长则主要是物流业的利润贡献。

表2-18 2013年半年报主要财务数据(元)

项目	本报告期	上年同期	同比增减
营业收入	522246014.39	396723254.59	31.64%
营业成本	391183692.62	282799446.82	38.33%

续表

项目	本报告期	上年同期	同比增减
销售费用	80021869.45	70539596.74	13.44%
利润	23390786.81	15163222.36	54.26%

受宏观经济环境特别是冲调类产品总体增速下滑的影响，上半年糊类食品产品销售增速放缓。报告期内，食品业实现营业收入313314667.28元，较上年同期增长11.74%。但由于原材料价格上升，营业成本增加幅度超过营业收入，因此毛利率出现了小幅下降。而公司的杯装产品、液态产品升级为新产品，尚在市场培育阶段，研发费用计入管理费用。再加上南方食品集团将此次"实物分红"产生的500万元相关费用计入销售费用，因此食品业的净利润较上年同期出现了一定幅度下滑。

南方食品集团进行"实物分红"后，第二季度的存货周转天数较上年同期有一定幅度的降低，从135.34降低到90.27，这主要是因为南方食品的"实物分红"减少了大量的存货（见表2-19）。

表2-19 存货周转情况

项目	2013-6-30	2012-6-30
存货周转率	3.99	2.66
存货周转天数（天）	90.27	135.34

根据上述分析，我们可以看出南方食品集团2013年第二季度的营业收入和利润较上年同期有较大幅度的增加，但这主要是因为南方食品集团新并购的物流业的贡献，公司原有的食品业的增速放缓。此外，"实物分红"所发生的500万销售费用使得食品业的利润较上年同期出现了一定幅度的下降。再加上南方食品集团6月18日才通过1号店网上超市发布新品，截至第二季度末的6月30日，时间太短，难以体现出此次"实物分红"对新产品宣传推广的营销作用。但是此举吸引了主流媒体大量报道，网络舆论热烈讨论，甚至官方组织出面声明，这些都促使新产品的知名度得到大幅度提升；网络营销以及赠饮策略进一步扩大新产品的宣传范围，增进消费者的认可度。根据收集到的资料，新产品在2013年6月中下旬销售得非常火爆，消费者对于此款新产品非常感兴趣，这为未来正式销售打下非常好的基础，因此我们有理由相信此次的"实物分红"事件，使南方食品的新产品被很多人熟知，其对公司利润的贡献也将在后期经营中体现出来。

(4) 改善与投资者关系的动机分析。

南方食品的公告中，明确说明公司要建立良好的投资关系，并在这次实物股利发放中，特别印制了调查问卷表，征求公司股东和广大投资者对公司未来发展的意见和建议。这是公司一种真诚意愿的表示。投资者和公司股东反响也很热烈，除了公司股价呈现大幅上涨以外，大部分的公司股东都认真地填写了问卷调查，表达了对公司未来的殷切期望。这是一种良好的投资者关系处理和管理过程，并为以后的投资者关系管理提供了有益的借鉴。

综上所述，我们认为南方食品集团"实物分红"的动机有两项，一是为了营销公司的新产品，扩大新产品的宣传和影响；二是为了消除公司一直以来在投资者心目中"铁公鸡"的形象，趁此机会改善其和投资者的关系。

五、实物分红的性质及在公司财务管理实务中的界定

南方食品实物股利事件发生后，一部分学者认为，这不是股利，而是一种"纯营销手段"。理由主要是，这些实物的发放没有从所有股东角度来考虑，也没有从税后利润中开支等。我们认为，这种理解有些片面。从国外实物股利的实践和我国资本市场的现实出发，南方食品发放这些股东回赠应该属于正常、广义上的股利范畴。

2009年，何杰等学者借鉴国外上市公司的基本做法，提出了上市公司"实物分红"的概念，即上市公司利用向投资者免费赠送产品（服务）或通过发放折扣券（抵扣券）的形式给予投资者免费获得或以较低的价格购买本公司产品（服务）的权利的行为。"实物分红"不是传统意义上的分红，"实物分红"不要求上市公司有盈余即正的现金流，不要求上市公司按持股比例向每一位股东发放，而且"实物分红"本质上是上市公司给予投资者免费获取或以较低的价格购买本公司产品（服务）的"选择权"，投资者可以在规定的时间内到指定的地方行使权利，也可以不行使权利，行使权利的直接结果是上市公司的投资者免费获得或低价购买本公司的产品（服务），由此推动投资者变成消费者。

由此概念至少可以得出实物分红区别于其他股利支付方式的四个原则：广义的同股同利，可选择性，时效性，促销性。同时，公司实施股利分配须按照合法程序进行，因此，实物分红必须具有程序合法性。我们以实物分红的五个原则和南方食品的公告内容为依据，对南方食品宣告向股东免费发放公司产品的事件进行具体的分析。

1. 广义的同股同利

从狭义的角度讲，同股同利是指股东持有的每一股股票都享有相同的分红权；同股不同利是指股东所持有的每一股股票享有不同的分红权利。从广义的角度讲，同股同利是指股东持有每一个计量依据（如每10股、每100股、每

1000 股等）就享有相应这个计量依据的分红权。在分红实物中，分发现金股利公司可做到狭义的同股同利，但在股票股利和实物分红中却不能保证完全做到。通常，我们以每 1 股为一个对应的计量依据，但在公司分红中，较多采用每 10 股为一个对应的计量依据，如 10 送 3 派 1，表示的是每 10 股送 3 股红利再派发 1 元现金股利。股票股利的计量依据为每 10 股，同股不同利的体现不是特别明显。在实物分红中，每 1 股、每 10 股则是较小的计量依据，大多需要采用每 100 股、每 1000 股，甚至每 10000 股等较大的计量依据。因此同股不同利在实物分红中的体现较为明显。总之，以狭义的同股同利原则来界定实物分红是不符合常规的，实物分红可以采用同股不同利的广义的同股同利原则。

南方食品 2013 年 4 月 8 日的公告，宣布 4 月 11 日下午收市时登记在册的股东（除大股东黑五类集团外），给每持有公司 1000 股股份的发放一礼盒黑芝麻乳产品品尝。该内容表明，南方食品以每 1000 股作为赠送公司产品的计量依据，计量依据较大，很难做到狭义的同股同利，但是可以做到广义的同股同利，即每持有 1000 股可获得一礼盒黑芝麻乳产品。持股在 1000 股以下的股东享有此次免费赠送的 6 罐黑芝麻乳产品。同时持股在 1000 股以上的股东，接受赠送的产品量也是按照其持股数除以 1000 的整数计算，余数不计算应计的赠送份额，即持有 1999 股和 1000 股的股东获得免费赠送产品数量是一样的。4 月 20 日，公司发布的 1000 股以下的股东获得简易包装（6 罐装）产品，是为了照顾小股东的利益，对原有方案的人性化修订。由此可见，南方食品的行为符合广义的同股同利原则。

2. 可选择性

实物股利具有"不方便携带、有人不需要、不利于征税、不好平等分配"等特征，因此公司进行实物分红应该考虑到股东的身份及具体要求，给予股东可选择的余地。对于持股比例高的股东如机构投资者、基金公司、大股东等，在采用单一的实物股利支付方式而实物价值又偏低的情况下，这类股东可能会因为分得的实物数量太多而面临如何处理所分得的实物股利的问题。南方食品在其公告中称，本公司的物流公司是配送公司产品的主要运输方式。股东对南方食品实物分红的议案具有决策权，也可以推断，股东对于南方食品的实物分红方式是具有选择权的。

3. 时效性

股利支付过程有股利宣告日、股权登记日、除息日和股利支付日等重要的日期。由于实物分红的操作具有复杂性，股利支付过程中的重要日期尚不能完全严格要求，但是可以相对宽泛地确定，如实物股利发放应该针对某一特定时点的股东，股东获得实物股利应该有相对的时间限制等。南方食品在公告中宣布其赠送产品的对象是 4 月 11 日下午收市时登记在册的股东（除大股东黑五类集团外），有关股东可于 4 月 21 日开始提交新产品品尝申请，并截至 6 月 30 日。即明确了特定的时点（4 月 11 日下午三点）和股东群体，有关股东申请的时间是 4 月 21 日到 6 月 30 日。由此可见，南方食品向股东发放公司产品具有时效性。

4. 促销性

在实物分红中，尤其是公司以自产的产品为支付对价，股东就具有明显的双重身份，即股东和消费者。实物分红作为现金股利的一种替代，公司将本应支付的现金股利转化为某种实物，因此，我们可将实物股利看作一种股东未得到的"隐形的现金"。从表面上看，股东分享了公司的利润，不需要为消费买单，但实质上是在用"隐形的现金"购买公司产品（服务）。如果公司是以发放折扣券（抵扣券）的形式给予投资者免费获得或以较低价格购买本公司产品（服务）的权利，那么公司实物分红中的促销性将能得到更好的理解。南方食品将其所生产的黑芝麻乳产品免费提供给股东品尝，不直接支付股东现金股利，同时直接拉动股东进行终端消费品的消费，具有明显的促销性。

5. 程序合法性

公司进行实物分红也应该履行股利支付的决策程序和分配信息披露。首先由公司董事会根据公司盈利水平和股利政策，制定股利分派方案，提交股东大会审议。通过方能生效。董事会应当在股东大会召开后两个月内完成股利派发，在此期间，董事会必须对外发布股利分配公告，以确定分配的具体程序和时间安排。南方食品关于免费赠送股东公司产品的议案，先经董事会同意，然后提交到 4 月 19 日的股东大会上进行表决。如果只是一般的市场营销而非股利分配，公司不用将议案提交股东大会。因此从股利支付程序上看，南方食品的行为是一种股利分配行为，具体的支付方式为实物股利，即实物分红。

综上所述，南方食品的行为符合实物股利（分红）的四个基本原则：广义的同股同利、可选择性、时效性、促销性。同时，南方食品的行为符合股利支付的决策程序。因此，它可以说是完全意义上的公司的实物股利行为。其他提出和南方食品类似方案的上市公司如量子高科、人福医药等的行为也应该界定为实物分红。这些公司在发放实物股利的同时，也兼具一定程度上的新产品促销性质，或者是两者的结合。

六、"南方实物股利"与公司财务管理

"南方实物股利事件"主要的意义和启示,并不在于发放实物股利这件事本身;而在于透过这件事,使公司意识到其所承担的社会责任,加强内部管理和控制,转变公司经营机制,从根本上改变公司原有消极的不分配股利政策,以公司良好的成长性和优良的业绩去回报广大的新老股东。长期、稳定的现金股利政策,将给占公司股份大多数的以内在价值定价的长期股东创造满意和较高的投资回报价值。

南方食品公司新的稳定派现股利政策使得投资者能够准确估算该公司未来的预期现金流与资本成本(折现率),并以此可以准确地评估出该公司的内在价值。因此,南方食品公司可以说是我国资本市场在价值投资转型方面的一个示例。以南方食品案例为基础,引领我国证券投资者向理性的价值投资理念迈进。因此,最大化股东价值应该是最大化公司长期内在价值,而不是短期股票价格。

截至 2015 年 3 月,南方食品十大流通股股东见表 2-20,其持股比例见图 2-5。

表 2-20 南方食品十大流通股股东(截至 2015 年 03 月 31 日)

股东名称	股东性质	持股数(万股)	占流通股股本持股比例
广西黑五类食品集团有限责任公司	其他	4052.50	23.66%
上海盛宇股权投资中心	证券投资基金	530.01	3.09%
柳州市城市投资建设发展有限公司	投资公司	467.35	2.73%
国民年金公团(韩国)-自有资金	QFII	309.99	1.81%
厦门国际信托有限公司-聚宝一号集合资金信托	信托计划	300	1.75%
全国社保基金一一七组合	全国社保基金	259.92	1.52%
兴业证券-工行	集合理财计划	179.75	1.05%
中国工商银行-诺安股票证券投资基金	证券投资基金	172.98	1.01%
肖勇	个人	166.39	0.97%
中国建设银行-博时主题行业股票证券投资基金	证券投资基金	157.26	0.92%

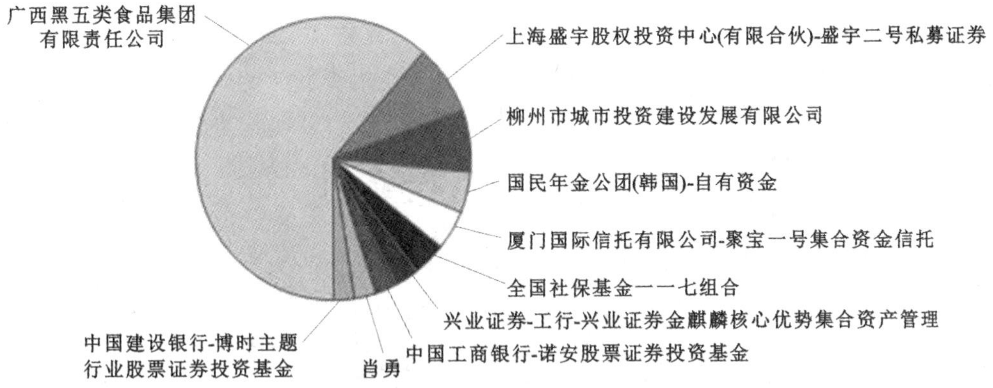

图 2-5　南方食品十大流通股股东持股比例

由表 2-20 可见，南方食品股利政策的改变也与其股权结构有关系。在十大流通股股东中，除控股股东广西黑五类食品集团有限责任公司和一个自然人以外，其他的股东性质为证券投资基金、投资公司、QFII、信托计划、全国社保基金以及集合理财计划。我们查阅这些基金的投资战略和投资风格，基本上都是偏保守和稳健的投资方式，不太做频繁的市场交易。在股利支付问题上，这些基金大多喜欢现金分红方式，而且所投资的公司有稳定增长的业绩和稳定、持续的现金股利。正如董事长韦清文所说："公司改变股利政策，也是满足与符合公司主要流通股股东和投资机构的意愿，他们希望并赞成现金分红，现金股利才是真正的投资回报。所以，董事会将会一直坚持对目标股东现金分红的做法。"

从公司现有的股东构成看，第四大流通股股东为外资的 QFII 基金，这些外资基金都赞成并倾向于长期现金分红，他们愿意长期投资南方食品，希望公司保持稳健、持续的股利分配方式和风格。总体而言，南方食品改变股利政策和支付方式，保留了原有股东同时也吸引了一批深市中稳健并坚持长期价值投资的 A 股股东。至此，南方食品形成并拥有一个赞成公司业务发展战略和现金股利的股东群。

实际上，欧美很多上市公司通过明确业务发展战略、价值取向来淘汰那些与自己经营价值理念不一致的外部股东，建立一个与自身发展和价值理念一致的股东群。巴菲特（1988）指出："我们不希望股票交易频繁，我们的目标是吸引长期投资者。我们努力通过政策、业绩和交流，吸引那些了解我们的运作，并能像我们（控股股东）那样衡量投资价值的股东。坚持这样做，可以不断使那些怀着短期或者不现实预期的股东感到乏味而不进入或者离开。公司股票就可以以始终与企业内在价值相关的价格交易。"

> **场景四**
>
> 毕爱军，南方食品第二大股东北京东方华盖创业投资公司CEO。2014年5月30日，在南方食品公司财务室，见到了博时中证基金经理桂征辉和景顺长城基金经理廖海威。桂征辉和廖海威说："我们几位大的流通股股东持有南方食品公司股票好几年了，大家合作愉快。公司业绩稳定，但分红不积极，不少年份有钱也不愿意分，导致公司长期股东们啧有烦言，纷纷离去，炒作短线。"毕爱军说："是啊，我是第二大股东的代表，我们公司也曾多次想退出持股行列，以表示对公司不积极分红的不满。但现在公司改变了原有的股利政策，积极分红，能够给我们稳定、持续的回报，我还是表示满意和认可的。我愿意继续持有南方食品股票，和公司一起坚守。"桂征辉和廖海威听后，不断点头，表示同意毕爱军的看法，愿意继续持有并增持南方食品的股份。

关联知识点：

分类股东　目标股东　股东价值最大化

南方食品公司通过改变股利政策和分红方式，自然地筛选、淘汰了一些短期投机股东，逐步构建一个与公司业绩发展战略和价值取向一致的目标股东群，纠正股票市场对公司行为的误解和定价的明显偏差，使公司股票始终能以与企业真实价值相关的价格交易，减少公司股票的投机性，减少或消除股东间在价值分配上的冲突。

因此，最大化股东价值并不是最大化所有股东价值，应是像南方食品一样，在筛选、甄别以后，最大化与公司业务发展战略相一致的目标股东群价值。

南方食品新股利政策与支付方式的实施，向股东和各类投资者准确并清晰地传递了公司健康、成熟、尊重投资者、积极进取、前景远大的良好市场形象的信号。

七、尾声

> **场景五**
>
> 2015年3月10日，一抹余晖映照在广西南方黑芝麻食品集团股份有限公司办公大楼巨大的连体建筑上，留下春日中一片温暖的阳光。在办公楼一面临街的窗台边，一位老者正远眺热闹的南国中心城市——南宁，不久

的将来，整个南宁市将连为一体，地铁相通，来往便利，真是辉煌、壮丽的前景啊！目光收回，近处是老者奋斗大半生、呕心沥血掌舵28年，像亲生孩子般带大的南方食品公司啊！一草一木、一砖一瓦，都亲切得如同会说话、会呼吸一般，春风拂过，绿草如茵、生机盎然，每一位职工的笑脸都历历在目，都那么可亲，那么温馨！这位老者就是南方食品董事长、掌舵人韦清文。他想："都60多岁了，是否该退下来让年轻人上呢？但是退下来之后，谁来坚守我对股民的那个承诺呢？"夕阳照在韦清文魁梧的身体上，身后留下一片长长的阴影。

关联知识点：

公司治理结构　公司代理理论

"南方实物股利"事件提供了一个难得的在我国资本市场认识公司股利政策尤其是股利政策转变的样本，是股市中重新尊重投资者，寻求价值投资的示例。该公司股利政策转变实际上源于公司掌舵人——董事长、总经理对公司新来投资者的一个承诺——"每年公司净利润的30%用现金回报给股东"，以及对这一承诺的未来预期。进入21世纪第二个十年以后，随着掌门人韦清文逐渐老去，某一天退下公司领导岗位，加上公司股东除控股的大股东外，又异常分散，许多投资者担心公司会不会在董事长退下之后改变原有的为投资者所熟知的股利政策，而另寻新的股利支付方式？这并非不可能。这也给公司未来的发展留下了一个变数。我国食品市场潜力巨大，在新一轮的市场竞争环境下，南方食品所面临的市场竞争格局和公司前景也可能笼罩在新的迷雾之中。

案例三　背景与使用说明书

第三章　公司并购理论与案例

公司并购与企业重组

一、公司并购概念

公司并购（Company Mergers and Acquisitions，M&A）包括兼并和收购两层含义。国际上习惯将兼并和收购合在一起使用，统称为 M&A，在我国称为并购，即企业之间的兼并与收购行为，是企业法人在平等、自愿、等价、有偿基础上，以一定的经济方式取得其他法人产权的行为，是企业进行资本运作和经营的一种主要形式。公司并购主要包括公司合并、资产收购、股权收购三种形式。

公司并购有广义和狭义之分。狭义的并购是指一个企业通过产权交易获得其他企业的产权，使这些企业的法人资格丧失，并获得企业经营管理控制权的经济行为。这相当于吸收合并，《大不列颠百科全书》对"兼并"的定义与此相近。广义的并购是指一个企业通过产权交易获得其他企业产权，并企图获得其控制权，但是这些企业的法人资格并不一定丧失。广义的并购包括狭义的兼并、收购。《关于企业兼并的暂行办法》《国有资产评估管理办法施行细则》和《企业兼并有关财务问题的暂行规定》都采用了广义上并购的概念。

二、公司并购的分类

并购的实质是在公司控制权运动过程中，各权利主体依据企业产权作出的制度安排而进行的一种权利让渡行为。并购活动是在一定的财产权利制度和企业制度条件下进行的，在并购过程中，某一或某一部分权利主体通过出让所拥有的对企业的控制权而获得相应的受益，另一个部分权利主体则通过付出一定代价而获取这部分控制权。并购的过程实质上是企业权利主体不断变换的过程。

并购的类别可以从以下几个方面划分。

1. 行业角度

公司并购从行业角度划分，可分为以下三类。

（1）横向并购。横向并购是指同属于一个产业或行业，或产品处于同一市场的企业之间发生的并购行为。横向并购可以扩大同类产品的生产规模，降低生产成本，消除竞争，提高市场占有率。

（2）纵向并购。纵向并购是指生产过程或经营环节紧密相关的企业之间的并购行为。纵向并购可以加速生产流程，节约运输、仓储等费用。

（3）混合并购。混合并购是指生产和经营彼此没有关联的产品或服务的企业之间的并购行为。混合并购的主要目的是分散经营风险，提高企业的市场适应能力。

2. 出资方式

以并购的出资方式划分，并购可分为以下几种。

（1）用现金购买资产，指并购公司使用现款购买目标公司绝大部分资产或全部资产，以实现对目标公司的控制。

（2）用现金购买股票，指并购公司以现金购买目标公司的大部分或全部股票，以实现对目标公司的控制。

（3）以股票购买资产，指并购公司向目标公司发行并购公司自己的股票以交换目标公司的大部分或全部资产。

（4）用股票交换股票。此种并购方式又称"换股"。一般是并购公司直接向目标公司的股东发行股票以交换目标公司的大部分或全部股票，通常要达到控股的股数。通过这种形式并购，目标公司往往会成为并购公司的子公司。

3. 行为动机

从并购企业的行为动机来划分，可以分为善意并购和敌意并购。善意并购主要通过双方友好协商，互相配合，制定并购协议。敌意并购是指并购企业秘密收购目标企业股票等，最后使目标企业不得不接受出售条件，从而实现控制权的转移。

4. 是否通过中介机构

（1）直接收购。

并购方直接向目标公司提出并购要求，双方通过一定程序进行磋商，共同商定完成收购的各项条件，在达成协议的条件下完成并购目的。

(2) 间接收购。

并购方不直接向目标公司提出并购要求，而是在证券市场上大量收购目标公司股票，以达到控制该公司的目的，此种并购极有可能引起双方的激烈对抗。

5. 法律规范强制

(1) 要约收购（Tender offer）。

当并购公司持有目标公司（特指上市公司）股份达到一定比例，并购公司即负有对目标公司所有股东发出收购要约，以特定出价购买股东手中持有的目标公司股份的强制性义务。各国证券法律对要约收购都有明确的规定。

(2) 协议收购（Acquisition agreement）。

并购公司通过私下与目标公司的控股股东达成股份收购协议，取得一定比例的公司股份并获得公司控制权的并购行为。

6. 目标公司正常支付并购资金

(1) 杠杆收购。

是并购方利用目标公司资产的经营收入，来支付并购价金或作为此种支付的担保。通常伴随着并购方的大量负债融资，债权人只能向目标公司求偿，而不是向真正的借款方即并购公司求偿。

(2) 非杠杆收购。

不用目标公司资产支付并购价金。并购几乎都是利用贷款，所不同的只是借贷数额的多少，贷款抵押对象差异。

三、公司并购的基本理论与动因

并购的基本理论与动因主要有效率理论、代理理论、税收优惠理论。

1. 效率理论

效率理论主要观点为"1＋1＞2"，并购可以提高两个公司经营业绩或其他形式的协同效应。该理论包括七种经典的假说理论，即差别管理效率假说、无效率的管理者替代假说、经营协同效应假说、纯粹的分散经营假说、财务协同效应假说、战略性重组假说和价值低估与信号传递假说。

(1) 差别管理效率假说。

假定 A 公司管理层比 B 公司更有效率，在 A 公司收购了 B 公司之后，B 公司的经营效率便被提高到 A 公司的水平。并购提高了 B 公司的经营绩效。差别管理效率假说的意义在于：在现实经济中，总是存在着效率低于平均水平或者没有充分发挥其经营潜力的公司，它们就是潜在的被收购对象，从事相似经营活动的公司则最有可能成为潜在的收购者。

（2）无效率的管理者替代假说。

目标公司的所有者（或股东）无法更换管理者，必须通过代价高昂的并购来更换无效率的管理者。这里的无效管理者是指公司管理层未能充分发挥公司的经营潜力，而另一管理团体可能会对该公司的资产进行更为有效的管理。由于公司股权过度分散等原因，现有的公司股东难以直接通过"用手投票"方式更换管理者，作为替代机制，通过公司并购，即控制权市场的作用，就可以起到更换无效管理者的作用。

（3）经营协同效应假说。

公司可以通过横向、纵向或混合并购来提高经营效率和业绩。该假说假定在行业中存在着规模经济，而且在并购之前，所有公司的经营活动水平都没有达到规模经济的潜在要求。主要用于解释横向并购和纵向并购的动机。

（4）纯粹的分散经营假说。

公司多元化经营可以增加公司价值，其主要原因包括：管理者和其他雇员分散风险，组织资本和声誉资本的保护，财务和税收方面的好处。在特定的情况下，通过并购实现多元化更有优势，包括缺少必要的资源或其潜力已超过行业容量；经营时机的选择等。

（5）财务协同效应假说。

公司内部融资和外部融资存在成本上的差异，由于外部融资的交易成本以及股利的差别税收待遇，公司通过并购可以实现从边际利润率较低的生产活动向边际利润率高的生产活动转移，从而提高公司资本分配效率。多元化公司就相当于一个资本市场，通过内部资本市场的资源分配，可以有效克服外部融资存在的各种融资约束，降低融资成本，从而增加项目的投资价值。

（6）战略性重组假说。

公司的战略规划不仅仅与经营决策有关，也与公司的环境和顾客有关，并购可以实现规模经济或挖掘出公司目前未充分利用的管理潜力的可能性。因为时机的选择对于获得成长的机会非常重要。通过并购对公司结构调整的速度要快于内部发展的调整速度，并且还存在实现管理协同效应的机会。虽然竞争性的并购意味着公司通过并购所获的净现值会比较小，但如果公司能够充分利用管理和财务协同效应提供的机会，通过并购实现战略重组以适应市场需要，就仍然可能为公司创造更多的价值。

（7）价值低估与信号传递假说。

公司价值低估的原因有三个方面：管理能力并未发挥应有的潜力；并购方有外部市场所没有的有关目标公司真实价值的内部信息，认为并购会得到收益；

由于通货膨胀等原因，目标企业资产的市场价值与重置成本之间存在差异，如果当时目标企业的股票市场价格小于该企业全部重置成本，并购的可能性大。价值低估理论预言，在技术变化快、市场销售条件及经济不稳定的情况下，企业的并购活动频繁。

2. 代理理论

代理问题产生的基本原因在于管理者（决策或管理代理人）和所有者（风险承担者）间的合约不可能无代价地签订和执行。代理成本包括：缔结合约的成本；监督和控制的成本；剩余损失，即由于代理人的决策和委托人福利最大化的决策间发生偏差而使委托人所遭受的福利损失。

（1）制约代理问题的手段。

并购市场是解决代理问题的外部控制手段（Manne, 1965）。并购通过收购要约或代理权之争，可以使外部管理者战胜现有的管理者和董事会，从而取得对目标企业的决策控制权。如果公司的管理层因为无效率或代理问题而导致经营管理滞后的话，公司就可能会被接管，从而面临被收购的威胁。

（2）并购的管理主义动机。

如果管理者的报酬是公司规模的函数，那么管理者往往采用较低的投资必要收益率来扩大企业规模。詹森和鲁巴克（Jensen and Rubeck, 1986）总结了公司并购的经验证据，发现在并购决策宣告日，并购公司的股票价格不但没有上升，反而有所下降。他们认为，并购固然可以有效解决目标公司代理行为，但是并购公司本身存在的代理问题会导致收购支付过高的价格，浪费并购公司股东财富。

（3）管理者自负假说。

罗尔（Roll, 1986）认为，目标企业在并购过程中价值的增加，是并购企业的管理者由于野心、过分自大或骄傲而在评估并购机会时犯了过分乐观的错误。一个特定的单个竞价者无法从他过去的错误中吸取教训，并且确信其估价是正确的。因此，并购现象是部分竞价者自以为是的结果，他们傲慢地以为自己的估价是正确的。

（4）自由现金流量假说。

詹森（Jensen, 1986）认为，自由现金流量是公司代理问题的主要来源，减少自由现金流量可以在解决管理者和股东间的利益冲突中发挥重要的作用，并购则是减少公司自由现金流量的重要方式。公司通过并购活动，适当地提高负债比率，可以减少公司的自由现金流量，降低代理成本，提高公司价值。

3. 税收优惠理论

一些公司并购可能是出于税收最小化机会方面的考虑。税收因素是否会引起并购活动，取决于并购公司是否存在获得同等税收利益的其他替代方法。

税收除了影响并购的动机外，也影响并购的过程。依靠重组（并购）的方法和交易中介，被收购企业税收属性可能会转移到收购企业，被收购企业的股东也有可能延迟支付资本利得税。由于股息收入、利息收入、营业收益与资本收益间的税率差别较大，在并购中采取恰当的财务处理方法可以达到合理避税的效果。

4. 其他理论与动因

企业作为一个资本组织，必然谋求资本的最大增值，企业并购作为一种重要的投资活动，产生的动力主要来源于追求资本最大增值，以及源于竞争压力等因素，但是就单个企业的并购行为而言，在现实生活中又会有不同的动机和不同的具体表现形式，不同的企业根据自己的发展战略确定并购的动因。

（1）市场份额效应。

（2）经验成本曲线效应。

（3）获取战略机会。

（4）发挥协同效应。

（5）提高管理效率。

（6）获得规模效益。

（7）买壳上市。

（8）筹资。

（9）企业价值增值。

四、并购的过程与程序

一般情况下，企业的并购行为从仅有一个模糊的并购意向到成功地完成并购需要经历下面四个阶段。

（1）前期准备阶段。

企业根据自身发展战略的要求制定并购策略，初步勾画拟并购的目标企业的轮廓，制订对目标企业的预期标准，如所属的行业、规模大小、市场占有率等。据此在产权交易市场搜寻捕捉并购对象，或通过产权交易市场发布并购意向，征集企业出售方，再对各个目标企业进行初步比较，筛选出一个或少数几个候选目标，并进一步就目标企业的资产、财务、税务、技术、管理和人员等关键信息展开深入调查。

（2）并购策略设计阶段。

基于上一阶段调查所得的一手资料，设计针对目标企业的并购模式和相应的融资、支付、财税、法律等方面的事务安排。

(3) 谈判签约阶段。

确定并购方案之后,以此为基础制订并购意向书,作为双方谈判的基础,并就并购价格和方式等核心内容展开协商与谈判,最后签订并购合同。

(4) 交割和整合阶段。

双方签约后,进行产权交割,并在业务、人员、技术等方面对企业进行整合,整合时要充分考虑原目标企业的组织文化和适应性。整合是整个并购程序的最后环节,也是决定并购能否成功的关键环节。

以上是所有企业并购必须经历的过程。现阶段企业的并购分为上市公司的并购和非上市公司即一般企业的并购,所依据的法律法规也有所不同,其中上市公司收购和出售资产受到《证券法》《上市公司收购管理办法》等更严格的法律限制,其并购程序也更加复杂。

五、并购战略与战术

1. 战略目标选择

每个从事并购活动的公司,为了实现目标,都必须制订一个可行的战略,以适应各种不断变化的情况。无论是理论上还是实践中,适用于所有公司的最佳并购战略是不存在的。公司都必须根据自己在市场上的地位及其目标、机会和资源,确定一个有意义的并购战略。评价并购的成败,并不在于公司是否完成并购交易,而在于交易完成后的经营业绩是否达到预期目的。因此在并购过程中,制订科学而又可行的并购战略是投资成败的关键所在。

2. 并购战略目标分类

根据并购对象的差别,以整合为目的的公司并购战略可以分为垂直型整合战略和水平型整合战略。

(1) 垂直型整合战略。

垂直型整合战略是指公司通过并购与本公司生产经营有关联的上游公司及下游公司以实现规模经济的战略,又称纵向一体化战略。主要分为上游整合战略和下游整合战略两类。基本指导思想为公司只有控制生产的每一过程,才可以获得长远利益。要实现这一战略目标,必然要并购其他公司,特别是在产业进入壁垒较高的情况下。其优点是可以分散风险。其缺点是在某一特定行业里大量增加固定成本及资本支出,将使投资风险过度集中,不利于经营风险的分散。

(2) 水平型整合战略。

水平型整合战略其实质就是横向并购。其目的主要有：扩大产品线与市场规模动机；强化市场竞争优势动机；快速取得生产设备的动机等。

3. 并购战略的选择原则

并购战略的选择原则主要有：① 尽可能并购相同产业或相关产业的公司。在进行多角化经营时，与公司本来的业务离得越远，并购公司就越无法扩散其管理经验，经营风险也就越大。② 尽可能进入增长快的产业。不成功的并购活动大部分集中在那些缺少发展前景的产业领域。③ 不能收购市场占有率太低的公司。市场占有率通常是决定公司赢利能力和现金净流量的最重要因素，收购活动成功的可能性是与目标公司市场占有率的高低呈正向关系的。

4. 确定并购标准

确定并购标准是实施并购战略的基本前提。在确定并购战略后，公司就要拟订并购标准，在市场中选择达到这些标准的目标公司，作为未来并购的主要选择对象。对于并购公司来说，确定并购标准，还可以减少需详细研究的目标公司名单，节约并购前的信息搜集和调查成本及时间。

5. 并购战术

并购战术是指在并购战略和并购标准指导下，根据市场环境和目标公司特征，并购公司为完成并购，并且实现公司价值增值使用的一系列手段。目的是以最低的成本获得目标公司的控制权，并顺利完成并购后的经营整合和财务整合，实现协同效应。其方式主要有协议并购战术和敌意并购战术。

六、并购基本原则

企业在进行并购时，应当根据成本效益分析进行决策。其基本原则是并购净收益应当大于零，这样并购才有利可图，以实现股东财富最大化的目标。其基本计算方式如下。

并购收益＝并购后新公司价值－（并购前并购方价值＋并购前被并购方价值）

并购净收益＝并购收益－并购溢价－并购费用

案例四

鄂武商的并购与控股权之争

摘要：鄂武商是湖北省首家 A 股上市公司，亦被称为"中国商业第一股"。近年来，以民营资本为主的浙江银泰系与武商联集团为代表的"国资系"为争夺鄂武商控股权展开了激烈的争斗，后者控股地位屡遭威胁，成为全流通时代以来资本市场股权之争的首例，引起我国证券投资者与金融各界广泛关注。本案例以银泰系举牌收购鄂武商为背景，描述及探讨市场经济条件下我国上市公司的并购理论、反并购措施与运作。值得深思的是，在"国退民进"环境下，"国资"如何与"民企"展开公平竞争与并购？并购与反并购如何最大化提高公司价值并实现双赢？

场景一

激烈的股权之争引发的资本市场悬念

2011 年 3 月 28 日晚上 8 点，武汉国际广场 8 层 4 号会议室内灯火通明。在这里，临时召开了鄂武商集团执行董事及各部门负责人紧急会议。会议室内气氛紧张，空气里弥漫着一种压抑、不安。会议的议题仅为一项：如何应对公司第二大股东浙江银泰突然发起的举牌收购。就在 28 日当天，即鄂武商 2010 年年报公布仅 2 天，浙江银泰通过二级市场增持股票，使得银泰系持股比例达到 22.71%，一跃成为鄂武商第一大股东。按《上市公司收购管理办法》规定，上市公司第二天应予停牌，并由原第一大股东即武汉国资系的武商联寻求对策。

面对浙江银泰方面来势汹汹的举牌收购，参加会议的各部门负责人及执行董事都议论纷纷，并提出了不同的意见和观点。招商部经理刘洪波认为，浙江银泰系是我国资本市场的举牌高手，这次举牌收购，看似突然，实则是浙江银泰几年来处心积虑的"有意"为之，背后有其浙江民资强大的资金储备。况且，浙江银泰已于两年前就在鄂武商公司大楼对面，寻找场地开发建成了"银泰百货"，打擂台竞争的氛围早已形成。对于这次银泰举牌收购，与其做强力抵抗，最后落得两败俱伤的后果，还不如就此引入银泰系做第一大股东，看看浙江民企入主国资控股的百货业后，如何把华中地区的百货业做大做强。

而公司执行董事、财务部经理涂敏则不同意此观点。他说，如果这样，则相当于开门引"狼"，鄂武商不仅是一家国有控股公司，更是广大武汉市民心中的一个口碑、一个品牌，大多数武汉市民都难以接受这一多年形成的本地优质无形资产流落他方，由外地商人控股、经营。因此，我们有责任去保护武汉市这一著名品牌的价值，应该及时并迅速地强力反击浙江银泰的"恶意"举牌收购，粉碎它控股鄂武商的企图。同时，这也符合湖北省政府关于武汉商业重组计划中保持国有资本主导地位的原则精神。而要反击收购就要行动快。浙江银泰既然用市场化的手段来收购，我们也必须用市场化的手段来反收购。而当前在资本市场中最快捷、最低成本的方式就是迅速寻找与我们目标相一致的"一致行动人"，组成战略联盟，并以公司公告形式广而告之，狙击银泰系的举牌收购。

思考题：

1. 如果你是鄂武商一名普通股股东，将如何看待浙江银泰的举牌收购？

2. 在公司应对举牌收购措施方面，你是同意招商部刘经理的意见还是财务部涂经理的意见？请分析并说明理由。

3. 何为"一致行动人"？如何在我国资本市场反收购中实施"一致行动人"战略？

一、引言

2011年中国资本市场上演了一出控股权之争大戏：民营资本浙江银泰系二次"逼宫"，欲收并购控股上市公司鄂武商，而控股大股东——"国资系"武商联"誓死"捍卫控股权，通过寻找一致行动人增持股份，险胜银泰系，保住第一大股东地位。

股权之战的高潮发生在2011年3—8月，延宕整个春夏的中国资本市场，这是股权分置改革完成后，我国首例民企试图收购国有控股上市公司的事件。公司控股股东武汉国资系动用5.38亿元现金，并以浮亏过亿元的代价，勉强守住自己公司控股人的地位。

对民企浙江银泰系举牌收购鄂武商的并购事件，证券市场与金融界业内人士都表示了极大的兴趣，对此广泛关注。

"从某种角度来讲，鄂武商这场'民企'对'国资'的股权之争，可以看作是国内上市公司股权之争的第一例。"有关人士对《证券日报》记者表示。

"如果银泰系能够成功当选第一大股东,那么将为鄂武商引入更有效率的管理方式。"长江证券分析师如是说。

"可以说,有武汉国资委支持的武汉武商联集团,已经创下了我国资本市场的一个奇迹——为保住第一大股东地位,在极短的时间内寻找到7位一致行动人,来狙击并购。"

"一致行动人的数量总归是有限的,而以资本运作著称的银泰系,则更为灵活。"——融通基金投行部。

"以鄂武商现有的市场和总资产规模来看,拥有鄂武商的控股权实在是一项很值得的投资。"——广发证券大客户部。

"作为民企,也是外企,银泰系显然对市场行为更为倚重,即使最终不能拥有控股权,选择在配股前增持上市公司股份,意味着其将会以更低的成本去获得公司股权。也即,银泰系无论如何,都立于不败之地。"——国泰君安研究所。

在这场引起金融界与证券界人士广泛关注的"民企""国资"并购事件中,留下来几个重要的并购问题与悬念,值得资本市场及金融理论界分析、研究和探讨。

(1)强大的国资与脆弱的民企如何在我国资本市场中同台竞争、公平并购,以实现财富与价值双赢?

(2)我国A股历史上第一次因争夺上市公司控制权而发起的要约收购的探讨与解读——如何实现要约收购?如何定价与信息披露?

(3)面临敌意收购时,如何引入"一致行动人"与"白马骑士"等方式实施资本市场的反并购?

二、上市公司鄂武商与收购方银泰集团

1. 鄂武商的历史

武汉武商集团股份有限公司是湖北省最大的综合性商业零售企业之一。其前身是创建于1959年的中苏友好商场(后更名武汉商场),是全国闻名的十大商场之一。其发展历史如表3-1所示。

表3-1 鄂武商发展历史

时间	事件
1956年	武汉国资成立武汉市百货公司试验商店,即武汉商场的前身
1959年	更名为友好商场,营业面积7400平方米,是武汉当时最大的综合百货商场
1966年	更名为武汉商场

续表

时间	事件
1981 年	成为第一个亿元商场
1985 年	武商大楼第一次大规模改扩建竣工,开业第一年销售总额突破 2 亿元大关,实现了一个商场变两个商场的凤愿
1986 年	武汉商场股份有限公司正式宣告成立,开创了全国大型商业企业股份制改造的先河
1991 年	武商的第二次改扩建开始实施
1992 年	"鄂武商 A"在深圳证券交易所挂牌上市
1996 年	武广大厦建成。位于 1~8 层,营业面积达 8 万平方米的武汉广场购物中心胜利落成
1997 年	集团成功地创办了省内第一家量贩店——武商百盛量贩店
1999 年	世贸广场购物中心开业迎宾
2001 年	武商、武广、世贸三座大型购物中心连成一体,成为我国第一个"摩尔"商城
2002 年	武商集团通过租赁的方式与亚贸广场实现强强联合
2006 年	武商完成股权分置改革
2007 年	武汉国际广场如期开业迎宾,开辟本土民族商业向国际化发展的新篇章
2008 年	武商集团实现年销售总额 115 亿,成为百亿元销售的商业航母
2009 年	公司以 13077.18 万元全额收购十堰人商 2500 万股股权
2011 年	新的武商摩尔城盛大揭幕,成为武汉最高端的百货购物中心

1986 年,武商在全国同行业中率先进行股份制改造。1992 年"鄂武商 A"(000501)在深圳上市,成为中国第一家异地上市的商业公司,也是湖北省的第一家上市公司。股份制改革成功,将武商带入资本营运的快车道。

2006 年 4 月,武商完成股权分置改革。公司总股本 5.07 亿,总资产 42.8 亿元,净资产 12.9 亿元。拥有员工近 3 万名,属下拥有子公司、分公司 14 个。其中,先后与马来西亚、中国香港等合资兴办了 5 家合作企业。经营领域涉及商业零售批发、房地产开发、物业管理、旅游餐饮及进出口贸易等。

到 2009 年,武商集团已成为中国百货业的龙头企业,并再次名列中国企业 500 强和中国零售企业 10 强。

2011 年 9 月,武商摩尔城盛大揭幕,成为武汉最高端的百货购物中心。

目前,武商集团公司辖下购物中心 7 家,百货连锁初具规模,市场地位在华中地区已不可替代。与此同时,宜昌、恩施、黄石等地购物中心项目也正在紧锣密鼓地选址规划中。武商量贩公司形成武汉、襄樊、宜昌"金三角"网络框架,营业面积近 50 万平方米,成为中国连锁 20 强企业。

2. 鄂武商公司控股关系和控制链条

鄂武商公司控股关系和控制链条具体如图 3-1 和图 3-2 所示。

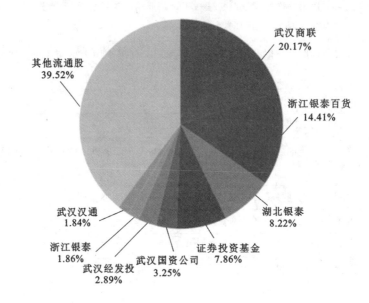

图 3-1　鄂武商流通股比例分布图（控股关系）

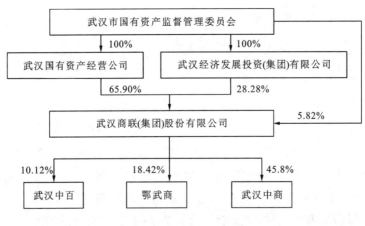

图 3-2　鄂武商控制链条

3. 解构银泰系——资本市场举牌高手

2011 年波澜起伏的鄂武商股权收购，让中国资本市场的投资者见识了股市中长袖善舞的举牌高手——浙江银泰系。在股权争夺正酣之际，银泰系掌门人沈国军却似乎置身事外。

2011 年 7 月下旬，沈国军正在肯尼亚旅行者罕至的遥远村落旅行，享受着非洲的原始气息和落日景致。对于并购事务，沈国军转请银泰百货（01833，

HK）CEO 陈晓东代劳。

"我的想法很简单，就是两个诉求。"说起银泰系举牌鄂武商，陈晓东称，一是希望鄂武商把主业做好，二是把重组做完。

不过，对于希望"在行业里面有地位"的银泰系来说，上述诉求可能并不是其最终目的。一位银泰系的高层人士曾表示，银泰百货是想参与鄂武商的百货业务。

梳理银泰系的当家人，不难发现其都是资本型的高手。不管是当时的邱中伟，后来的周明海，现在的陈晓东，以及银泰系的最终掌门人沈国军，均非百货专业人士。邱中伟留学美国，擅长并购，在收购宁波华联、科学城（000975，SZ）项目上，都有精彩手笔；周明海是管理行家，2005 年为银泰引进华平投资；陈晓东加盟银泰前，就职于光大集团资产管理部，2004 年加盟银泰系，2007 年组织银泰百货在香港上市，2009 年接替周明海成为公司的 CEO。

在这些资本高手的运作下，银泰系将如何商海弄潮，又会将并购的航船驶向何方？

1）举牌高手

在国内资本市场，举牌上市公司已经很平常，但在几年内数次举牌收购的，则非银泰系莫属。

2005 年，银泰系以战略投资者身份进入资本市场。当年 10 月 21 日，银泰系子公司武汉银泰百货有限公司从长江经济联合股份有限公司手中收购后者持有的鄂武商法人股；之后的 11 月 2 日，武汉银泰通过司法拍卖程序竞得武汉国际信托投资公司持有的鄂武商法人股。

此后，银泰系又在二级市场悄悄收购流通股股份。及至 2006 年 1 月 6 日，银泰系首次举牌鄂武商时，其持有的股份直逼第一大股东。

"当时，武汉的国资系步步被动。"一位武汉国资的高层人士这样表示。仓促之下，武汉国资系联合一些一致行动人才击退了银泰系的第一次举牌。与此同时，银泰系又在杭州举牌浙江省著名百货上市公司——百大集团（600865，SH）。

百大集团旗下的杭州百货大厦位置得天独厚，其镇守延安路、体育场路路口，总营业面积 2.2 万平方米，集百货、餐饮、娱乐于一体，颇有引领杭州商业风潮之势，而且与银泰百货武林店毗邻而居。

对于图谋浙江百货霸主地位的银泰百货而言，"一山岂容二虎"？从 2005 年 9 月开始，银泰系开始收购百大集团法人股以及在二级市场上增持流通股份。而竞争对手西子联合集团依靠良好的当地政府关系，获得了百大集团第一大股东位置。不过其控股地位遭到银泰系的强势狙击。当年西子联合董事长王水福在一次内部会议上曾对记者表示，银泰系举牌的速度超过了西子方面的想象，一度很被动。2008年3月1日,双方签订协议,结束了长达两年半的股权纷争,银泰百货获得了百大集团杭州百货大楼20年经营权。而竞争对手西子联合稳居第一大股东之位,可谓各取所需。

银泰系这两次举牌都是悄悄地收购股份,在不经意间进行的举牌,使得控股大股东们措手不及。

正因为银泰系在鄂武商和百大集团两次著名的举牌,掌门人沈国军被财经界及各路媒体评选为"中国十大并购人物之一"。

2)银泰集团

银泰集团(全称"中国银泰投资有限公司")是一家由中大环保投资集团公司、海南银泰置业股份有限公司等五家公司共同投资组成,于1996年成立的跨行业、跨地区的大型股份制全国性投资机构。公司主要从事资本经营、资产托管、股权投资、房地产投资、证券投资、大型商业企业投资与经营、基础设施开发建设、投资咨询等业务,与国内外数百家客商建立了稳固的业务关系。目前,银泰集团旗下的产业主要分为三大块:百货、商业地产、能源。其下属控股公司主要有银泰百货集团(1833,HK)、银泰控股股份有限公司(600683,国内A股上市公司)、北京银泰置业有限公司、北京银泰雍和房地产开发有限公司、北京银泰置地房地产开发有限公司等数十家企业和上市公司,形成了国内知名度相当高的"银泰系",旗下银泰百货的控股关系如图3-3所示。

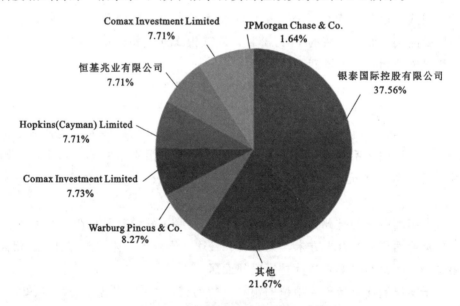

图3-3 银泰百货流通股比例分布图(控股关系)

银泰集团以资产运作为核心,以资本经营为基础,通过资源组合、战略利益联盟、兼并与收购等资本扩张的有效方式,推动企业发展。

3）沈国军

沈国军（见图3-4），1960年出生，浙江宁波人，中国企业家，为银泰集团董事长兼总裁，现北京浙江商会会长。获得中南财经大学经济学硕士学位。1997年任海南银泰控股的中国银泰投资有限公司董事长兼总裁，1998年，斥资4亿元，创立浙江银泰百货（现银泰集团）。2001年9月25日，沈国军的私人公司北京国俊成立，2002年8月8日，北京国俊从海南银泰等股东手中收购了中国银泰股份，从而使沈国军成功完成管理层收购，控股了中国银泰。2004年，银泰百货的销售额逾25亿，成为中国本土零售业巨头之一。银泰百货奉行走向全国战略，向多领域延伸，横跨房地产、金融、能源、零售等领域，沈国军因此被称"银泰系掌门人"。此后，以中国银泰作为资本运作平台，沈国军控制下的"银泰系"频频上演"资本大戏"。

图3-4　沈国军照片
（资料来源：网络）

三、浙江银泰三次"逼宫"举牌收购鄂武商的原委与始末

1. 第一次"逼宫"举牌收购——壮志未酬

2005年4月，作为"银泰系"与鄂武商大股东武汉国资公司合作载体的武汉银泰正式成立。成立后，"银泰系"发动了对鄂武商的并购。"银泰系"采取的是流通股与法人股双线收购的策略，由浙江银泰系在二级市场收购流通股，武汉银泰系则针对法人股协议收购。浙江银泰系买入流通股的价格区间为2.89～3.78元，这是多年来鄂武商股价最低的时候，股市正处于牛熊交替时期，选择这样的时机开始收购，非常有利于减少收购成本。同时，由于鄂武商尚未完成股改，流通股含权，银泰系大量收购流通股时机非常适当，于是它掩盖争夺控股权的意图，等待有利的股改方案出台后再摊牌。

2006年11月，浙江银泰系及一致行动人共持有鄂武商股份13.11%，其中流通股占4.6%。不过，这个时候，银泰系并未暴露争夺鄂武商控股权的意图。在2006年2月的股东大会上，鄂武商董事长曾十分明确地表示，银泰系已成为公司的战略投资者；而武汉银泰亦称，银泰系将不再谋求成为鄂武商第一大股东。

不久，鄂武商启动了股权分置改革程序。改革过程异常顺利，鄂武商一路绿灯走过"股改关"，并且鄂武商的股改方案明显对银泰系有利，即非流通股向流通股股东每 10 股送 3.5 股，对价支付颇为丰厚；同时股改对价完全由武汉国资公司等发起人股东支付，其余的非流通股股东则无须支付对价也可获流通权，这就意味着武汉银泰系并不需要支付股改对价。由于前面低调而获得优厚股改对价方案的银泰系对这一"天上掉馅饼"的事当然是求之不得。这样一来就进一步降低了银泰系的收购成本。2006 年 4 月 3 日，鄂武商股改方案实施后，由于武汉国资公司支付股改对价，其持股比例由 29.75% 降至 17.23%，股权结构进一步分散。而银泰系在股改复牌当天大手笔增仓 800 万股，占总股本的 1.58%，再次体现了银泰系对收购时机的把握能力。加上股改对价流通股份，共持有鄂武商 16.30%，股权比例仅落后大股东武汉国资公司不到 1%。

其后几天，银泰系继续增持鄂武商，并寻求一致行动人华汉投资 2.43% 尚未过户股权，持股总比例达到 18.11%，超过武汉国资公司。银泰系成为鄂武商第一大股东，触发了信息披露义务，并由上市公司鄂武商公布了银泰系收购报告书，在报告书中，银泰系表达了志在控股的决心。

针对银泰系的行动，武汉国资公司迅速做出了反应。该公司当天与天泽控股等两位股东签署《战略合作协议》，成为一致行动人。武汉国资公司及其一致行动人合计持有鄂武商 22.68% 的股份，再次恢复第一大股东身份。

2006 年 12 月，湖北省政府批复武汉商业重组计划，由武汉国资公司发起成立武汉商联（集团）股份有限公司，主要目的就是保持国有资本的主导地位。银泰系暂时放弃了与武汉国资的股权争夺战。不过，2007 年年报显示，银泰系已经委任两名成员进入鄂武商的董事会，对鄂武商有重大影响，因此，对鄂武商的投资列为"联营公司之权益"。这说明，银泰系对鄂武商的影响力正逐步增大。第一次股权之争即举牌收购之后，银泰系和武商联持有的鄂武商股份比例非常接近，鹿死谁手尚难定论，埋下了第二次、第三次举牌收购的伏笔。

2. 2011 年内两次举牌逼宫——硝烟弥漫

2011 年 3 月 8 日，一场民营与国资的股权争夺大战在武汉上演并渐入高潮。股权争夺过程中具体情况如表 3-2 与图 3-5 所示。

表 3-2　武商联与银泰系 2006—2011 年三次股权之争回顾

时间	武商联	银泰系	手段
2006.1.1	17.23%	9.44%	银泰系首次举牌鄂武商，成为第二大股东
2006.4.4	17.23%	16.30%	银泰系再度举牌，通过在二级市场上买入 800 万股，点燃与鄂武商的控股权之争

续表

时间	武商联	银泰系	手段
2006.4.12	17.23%	18.11%	银泰系通过增持鄂武商流通股及尚未办理完相关转让手续的华汉投资公司所持鄂武商2.43%的股份,成为武商的第一大股东
2006.4.13	19.66%	15.68%	国资委称华汉投资为国资委的控股子公司,故其股份为国资委所有
2006.9.14	19.66%	20.24%	银泰系的两个一致行动人(中信信托及卓和贸易)增持鄂武商股权达到20.24%
2006.9.20	22.68%	20.24%	国资委与鄂武商的第四大股东(天泽控股,3.02%)达成协议,成为一致行动人
2011.3.28	22.68%	22.70%	银泰系在二级市场上增持公司股份,使股权达到22.7%
2011.3.30	22.81%	22.70%	武商联(2007年5月,武商联正式挂牌成立,国资委为其幕后大股东)与武汉经济发展投资公司签署协议,成为一致行动人
2011.4.8	23.99%	23.83%	银泰系在二级市场增持,合计持有23.83%股份;武商联与武汉开发投资有限公司签署协议,成为一致行动人,共持有23.99%股份
2011.4.13	24.52%	24.48%	银泰系在二级市场增持,共持有鄂武商24.48%股权;武商联找到四家一致行动人,共持有24.52%股权
2011.4.14	24.52%	24.48%	鄂武商进入长达一个多月的停牌期
2011.6.9	29.67%	24.48%	武商联及其一致行动人在复牌首日增持其股份,达到29.67%
2011.8.3	29.99%	24.48%	武商联从机构投资者手中以21.16元/股买入股份

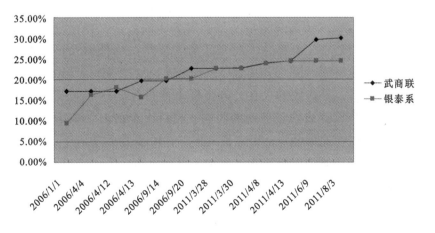

图3-5 2006—2011年武商联与银泰系持股比例变化

鄂武商第二次的控股权之争，始于 2011 年 3 月底。在这之前的几年间，控股权之争一度风平浪静。在平静的表面之下，却暗潮涌动。在鄂武商大本营对面，银泰已斥资 2.8 亿元购地筹建银泰百货华中旗舰店。而距武商亚贸百货仅千余米，银泰百货江南店也已开工。事实上，2010 年底鄂武商配股融资无法上会，主要原因就是银泰系咄咄逼人的同业竞争。

和谐的关系通常不会引发一方的突然增持行为。3 月 28 日，鄂武商 2010 年年报公布仅 2 天，银泰系突然举牌鄂武商。当日，浙江银泰通过二级市场增持股票，使得银泰系持股比例达到 22.70%，一跃成为鄂武商第一大股东，在平静几年后形成第二次举牌"逼宫"。3 月 29 日，鄂武商停牌。

事实上，银泰系如此增持的风险很大。通过二级市场增持、收集筹码却不和上市公司以及控股股东充分沟通，要达到控制上市公司的目的在国内外资本市场都是非常难的，这种情况可被视为恶意收购，一般很难成功。

3 月 29 日即停牌当天，鄂武商控股股东武商联结盟武汉经济发展投资（集团）公司，通过一致行动人方式，将武汉国资的持股比例由当初的 22.68% 提高到 22.81%，以微弱优势超越银泰系。

4 月 6 日，浙江银泰再次增持鄂武商，持股达到 22.83%，再居第一。4 月 7 日，鄂武商再度停牌。

两天之后，武商联与武汉开发投资公司等股东闪电签署《战略合作协议》，武商联及其一致行动人合计持有鄂武商的股份上升到 23.99%，实现反超。4 月 13 日，银泰系与其关联方连续增持后，占股为 24.48%，再度超过彼时武汉国资方面 23.99% 的持股比例，形成一年内二次逼宫举牌的态势。4 月 14 日，鄂武商三度停牌。

鄂武商复盘后的 6 月 9 日，武商联及其一致行动人，耗资 5.28 亿元，再次增持 2536.25 万股股份，持股比例达 29.67%，再次反超银泰系。几经拉锯，武汉国资方面终于拉开与银泰系方面的差距，保住了对鄂武商的控股地位。

7 月 15 日，武汉国资委在采取一致行动人策略后，又抛出"要约收购"撒手锏。当天鄂武商公告称，第一大股东武商联及其一致行动人正在筹划对公司实施部分要约收购事项。

所谓部分要约，是指收购人在公开市场上向目标公司所有股东承诺以某一特定价格购买一定比例或数量股份的收购。相对于全面要约收购，大股东通过部分要约收购可以在保持公司上市地位前提下，增强公司控制力。

武商联的强硬态势让银泰方面有些错愕，一度被认为是市场化收购手段的"要约收购"方式，被武商联捷足先登。而此前，银泰系原来计划浙江银泰及一致行动人先通过二级市场将持有股份增持到 29.99%，其次准备动用 80 亿元资金，全面要约收购鄂武商，一度志在必得。

2011年8月2日,鄂武商发布公告称,武汉国资委旗下的武商联、武汉国资公司及武汉经发投集团一起,向全体股东发出要约收购申请,将以21.21元/股的价格,计划再次增持鄂武商5%的股权,使武汉国资方控股鄂武商的比例提高到34.99%,"这样一来,武商联就能彻底摆脱与银泰系方面的纠缠。"武商联的一位高层人士如此表示。如果要约收购成功,武汉国资系将总计付出10.66亿元来保住自己第一大股东的控制地位。21.21元/股的要约收购价,较鄂武商收购停牌前收盘价19.99元/股溢价6.1%。波澜起伏的2011年A股市场收购大戏暂时告一段落。其间鄂武商股价起起伏伏,武汉国资系一度因收购而浮亏过亿。

场景二

2011年7月31日晚上7点,火炉之城武汉的盛夏之夜,天气异常闷热。在鄂武商集团总部的大会议室里,中央空调吹出习习凉风,却掩盖不了会议室中与会人员那如窗外闷热空气般的焦虑与燥热。

这是鄂武商集团自3月份打响反收购战以来多次例会中的一次,也是半年来最重要的一次董事局全体会议。自一个月前的6月9日,控股股东武商联及其一致行动人动用5亿多元现金,在二次市场增持鄂武商股份达29.67%以来,已与竞争对手浙江银泰拉开了5%的持股差距。但这5%的差距,对于有意控股的收购方和竞争对手而言,并不是难以逾越的鸿沟。他们完全可以持续增持而重新收购、控股。如何摆脱浙江银泰在收购问题上的纠缠,保持武汉国资系在鄂武商上的控股地位,成为此次会议的中心议题。

参加会议的各位董事局成员,都意识到控股股东武商联的持股比例29.67%已位于我国《上市公司收购管理办法》的一个重要门槛之下。该法第24至26条规定,收购人持有上市公司已发行股份30%的,继续增持股份,应当采取要约方式进行,发出全面要约或部分要约。预定收购的股份比例不得低于该公司已发行股份的5%,并且应当公平对待被收购公司的所有股东。

要有效狙击浙江银泰的进一步收购,武商联按《上市公司收购管理办法》的规定,必须实施要约收购。而要约收购是一个市场化收购行为,需要对诸如定价、实施期限、信息披露、支付方式、竞争对手的再次出价等方面制订详尽、完备的方案,编制要约报告书,报送中国证监会。为编制要约收购方案,董事局成员热烈讨论,畅所欲言,各抒己见。不知不觉间,窗外东方的天空出现了鱼肚白……

思考题:

4. 你赞成控股股东武商联以市场化行为的要约收购来狙击浙江银泰吗？

5. 如果你是董事局成员，请针对要约收购方案的实施细节如定价、实施期限、支付方式等提出具体的实施意见。

四、鄂武商股权之争的原因分析

1. 原因分析

1) 鄂武商蛋糕诱人

2011年，摩尔城盛大开幕。若摩尔城招商完成，鄂武商无疑会迎来经营业绩的新拐点，其核心商圈的地产价值更加凸显，况且百货企业大量稳定的现金流在货币紧缩的环境中对谁都是巨大的诱惑。鄂武商2010年财报显示，销售收入超过百亿元，净利润接近3亿元，两者增速分别达到了32%与26%。2010年，鄂武商完成了武广商圈三个门店的品类调整；2011年，建二商场、十堰人商、襄樊购物中心、摩尔城都已经进入盈利期；2013年，国家广场的少数股东权益将被收回。这些给武商联、银泰系与二级市场投资者描绘了一幅美好的盈利前景图。

一般而言，制约百货经营成功的因素有很多，其中最关键的是地段。拥有核心商业地段，那么百货经营就成功了一半。但从以往发展轨迹来看，核心商圈都是从传统的商业中心演变而来，即使一掷千金也不一定能买到，可见其资源的紧俏程度之高。而对于百货公司而言，不断上调的租金已然成为其不能承受之重。因此，收购具有核心商圈资源的百货公司是解决上述两个问题的一个很好的选择。

鄂武商旗下位于武广商圈的三家门店加上摩尔城，合计建筑面积近48万平方米，按武广商圈其他的物业均价2万元/平方米估算，其价值高达96亿元，高于目前鄂武商88亿元的市值，这还没有加上其他门店的估值。除了商业地产的价值，鄂武商充沛而稳定的现金流也是其备受关注的地方。2010年鄂武商的每股经营现金流就有3.2元/股。核心商圈资源加上稳定的现金流，将会是一个绝佳的组合。

2) 银泰系的并购版图

为应对国内零售业的激烈竞争，以及国外零售业大举进入中国市场的新形势，进一步确立银泰百货的行内领先地位，银泰百货将按照"积极参与重组国营百货店，有条件开设新的百货店"的战略发展方向，通过自营式发展和投资式发展，打造商业旗舰，发挥规模经济，使银泰百货成为中国一流时尚连锁百货集团，并在亚太地区有一定影响力的地区零售龙头企业。

对于银泰来说自己买地皮建商场的速度显然太慢，因而更愿意选择通过兼并收购快速扩张，在重要核心城市占据控制稀有的最佳商业网点，创造无法复制的竞争优势。鄂武商 A 是湖北省首家商业上市公司，亦被称为"中国商业第一股"，入主鄂武商 A，即可迅速夺得当地商业霸主的地位。鄂武商拥有购物中心、量贩连锁超市、家电连锁三大战略平台，针对连锁、量贩业态未来良好的发展潜力，2005 年，鄂武商在中国零售企业销售 100 强里排名第 27 位。

在 2004 年鄂武商新的管理层上任后，在当年将坏账一次性提足，造成当年年报的巨亏，相应地，鄂武商在二级市场也是大跌，在普通投资者眼中，鄂武商是亏损的公司，但却是银泰系心中理想的"香饽饽"。仅以商业地产而论，在鄂武商的财务报表上，地产价值是以原值计算的，但目前鄂武商的位置，是武汉的黄金地段，仅地产升值就有暴利可图。

3）武商联的重组之梦

2007 年，武汉国资系效仿上海的百联模式，成立武商联优化本地百货资源，解决鄂武商、武汉中百、武汉中商三家百货超市的同业竞争问题，最终实现集团整体上市。四年之后，重组一直不太明朗。之后，鄂武商退出了重组，并打算在鄂武商解决股权之争之后，再进入中百及中商的重组进程，进行最后的整合。然而，鄂武商与武汉中百的实力差距越来越小，内部的利益调整无疑增加了难度。加上两者的股权结构相对分散，在股东大会层面的操作并不容易，而且武商联在鄂武商与武汉中百的控制权还时常受到来自外界的挑战，国有控股权的地位并不稳定。为了将整合后企业的控制权牢牢掌握在手中，国资委必须稳坐鄂武商的第一把交椅。同时鄂武商作为一家优秀的武汉本土企业，国资委不会让其第一大股东的地位落入外来投资者手中。可见，武汉政府的国有资本在面对市场资本或产业资本的冲击时，依然显得耿耿于怀，就像股权分置改革前国家担心外资控股导致国有资产流失一样。换句话说，武汉政府不想"没面子"。在这种情况之下，银泰的增持或将只能成为一个预案，很难笑到最后。那么举牌的背后，可能就是一种施压，以此为筹码，换取其他的利益。

4）银泰系收购鄂武商的"如意算盘"

总体而言，银泰系收购鄂武商，是基于以下的"如意算盘"。

首先，银泰系是为了获得鄂武商丰厚的现金储备的使用权。年报显示，鄂武商 2010 年营业收入 105.37 亿元，净利润 2.94 亿元。截至报告期末，公司共持有 19.84 亿元货币资金。一直在资本市场风生水起的银泰系，自五年前举牌百联集团和鄂武商之后,一直陷入资金紧张的泥沼。如果能够以1亿元的增持成本,获得近20亿元资金的使用权,就足以促使缺钱的银泰系争夺控股权。

其次,银泰系更想拿到鄂武商在武汉成熟商圈的物业。鄂武商门店多在核心商圈且具自有物业的优势,在地价持续上涨的今天尤为明显。而银泰百货曾表示要在5年内于湖北开20家门店;另外,银泰系在武汉还有众多的商业地产项目。如果能够控制鄂武商,银泰系还能借此打压竞争对手。

再次,银泰系为了借此和武汉国资委进行利益博弈。鄂武商是武汉国资委打造武汉商业航母的重要组成部分,如果拿到了鄂武商的控股权,就可以与武汉国资委进行利益博弈。例如获得武汉的政策支持,为其在湖北的发展提供契机或便利。

最后,银泰系觊觎借壳鄂武商回归内地。银泰系作为一家在港上市的企业,对内地而言,其身份是外资企业,这对其投资活动有着极大的限制,银泰系希望夺取鄂武商第一把交椅的位置,以回归内地,为以后的投资带来便利。

2. 股权之争的延续——要约收购的二级市场反应

2011年8月3日,武商联及其一致行动人发出要约收购,延续着对鄂武商的股权之争。自武商联及一致行动人提出的要约收购方案公布以后,鄂武商A股的股价总体上呈下降趋势变化,如图3-6所示。

鄂武商股价的下跌,向市场传递了什么信号?一般而言,并购的信号传递作用反映在股价和收益率的变化上。国内外学者对于成熟的资本市场通过采用事件研究法来研究并购前后目标公司股价的变化,以此探讨并购的信号传递作用。研究发现,成功的并购会给目标公司带来正的收益,即传递的信号是积极的。如Schwert(1996)研究了1975—1991年间1841个并购案例,发现目标公司股东的累计平均异常收益增幅较大,高达35%。Bruner(2002)发现目标公司股票价格上涨,超额收益达10%~30%。与国外相似,国内学者也采用事件研究法对我国发生的并购事件做了相应的实证研究。结果表明,目标公司一般可以在并购事件中获得正的累计超额收益,甚至超出国际平均水平,如张新(2003)对1993—2002年我国上市公司的1216个并购重组事件做了实证分析,发现并购中目标公司的平均股票溢价达到29.05%,超过20%的国际平均水平。然而,武商联公布要进行要约收购后,鄂武商的股价在二级市场上的反应并没有达到要约收购预期的股价超常收益。

综合多家券商的判断,鄂武商A合理目标价格可达22~24元,表示大股东溢价要约收购,体现的是中长期信心。然而,公告日当天鄂武商A股的收盘价为20.29元,此次公布的要约收购价格为21.21元,对股民缺乏足够的吸引力。从武商联及其一致行动人提出的要约收购方案的鄂武商A股股价反应来看,要约收购除了稳固武商联第一大股东的地位外,并不能给鄂武商的发展带来相应

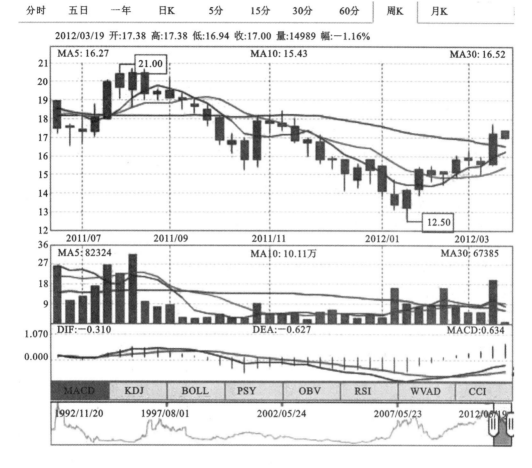

图 3-6　鄂武商（000501）股权之争时股价走势（周 K）

的要约收购正效应，故投资者并不看好这次要约收购的价值和作用。尽管自要约收购方案公布后，鄂武商 A 股的股价起起落落，但是总体上来说，要约收购给鄂武商 A 股带来的是股价下滑。

场景三

在非洲肯尼亚热带丛林中一个僻静的草甸，银泰百货掌门人沈国军正在欣赏原生态的非洲草原及落日的景致。他忙里偷闲，来到非洲旅游，但看着非洲草原的落日，沈国军头脑中思忖的还是发生在中国江城武汉的百货业股权收购大战。

对于竞争对手武汉国资系抛出的要约收购方案，沈国军早已有所耳闻，但仍有些错愕。要约收购这一市场化的收购战略已被对手武商联捷足先登并"玩"得很熟，毫无疑问已占据这一盘"棋局"的"天王山"和制高点。浙江银泰该如何应对呢？是就此罢手，在激烈争斗半年后退出股权之争？

> 还是在要约收购公告期提出反向收购，以进为退，为银泰系布局江城武汉百货业而向武汉市政府争取更多的竞争筹码和话语权？掌门人沈国军陷入了深深的沉思……

思考题：

6. 如果你是银泰系掌门人，在竞争对手抛出"撒手锏"要约收购面前，该如何决策和取舍？

五、股权之争带来的全新探索与实践

2011年发生在我国资本市场上这一起波澜起伏的民企、国资之间的收购大战，为我们提供了难得的并购市场理论创新的实践与典型案例，推动并引领我们对资本市场新的并购方法与理论的探索与思考。

1. 举牌收购

银泰系2006—2011年三次举牌收购鄂武商的行为，创造了我国资本市场上一家公司多次举牌收购目标公司的先例和记录，也使我们高度关注举牌收购的内涵和在我国具体的运作方式。

举牌收购是指在二级市场连续收购流通股而实现控制上市公司目的的行为，是目前我国收购上市公司的三大主要方式（协议收购、要约收购、举牌收购）之一。《中华人民共和国证券法》规定，为保护中小投资者利益，防止机构大户操纵股价，投资者持有一个上市公司已发行股份的5%时，应在该事实发生之日起3日内，向国务院证券监督管理机构、证券交易所做出书面报告，通知该上市公司并予以公告，并且履行有关法律义务。

此次银泰系举牌收购之举，虽为资本市场留下了民企收购国有控股公司这个令人津津乐道的话题，但其主观意愿上还是属于恶意收购行为之列。它是未和上市公司大股东进行事先沟通或沟通未果后的"霸王硬上弓"行为。

从国外近百年的收购历史来看，恶意收购成功的概率非常低，连10%都不到，原因很简单——强扭的瓜不甜。面对举牌，目标公司控股股东通常第一反应是组织反收购，这时"焦土战术""白衣骑士""绿色邮件""帕克门防御"等多种经典反收购战术就会在专业并购顾问指导下实施，使收购方面临一个又一个挑战和困难。面对银泰系的三次举牌，武商联采用的就是"白衣骑士"及三次紧急寻找"一致行动人"方式实施反并购。随着收购战的推进，银泰系成本不断提高，尤其是在武商联七位重要一致行动人介入竞标的情况下，银泰系即使不断抬高收购价格而成功入主鄂武商，过高的收购价格也会使其无法有效地通过整合鄂武商来弥补收购成本，可能的结局就是"放血"出售，再次卖出。

在我国，像银泰系这样多次举牌收购的方式还会面临更大的风险。中国目前上市公司内部人控制现象严重，鄂武商核心管理层武商联及其一致行动人把持着公司各个核心部门和业务，在面临举牌收购可能成功时，常会做出一些过激行为，如企业经营滑坡、增加或负债等方式以吓退收购方或举牌者。

我国近年来上市公司收购案例失败的重要原因，就是收购方进入后发现了巨大的"窟窿"和"黑洞"。这些陷阱在协议收购方式下虽然不能通过专业尽职调查来完全发现，但可以通过在协议收购合同中约定原大股东对收购后出现的这些或有债务提供有效担保，来给收购方一定保障。而在举牌收购情况下，银泰系连最基本的对上市公司鄂武商的尽职调查都无法做到，只能寄希望于公司披露的年报、公告等公开资料来充分反映企业的真实情况。但即使鄂武商以前披露的信息都是真实的，控股方即武汉国资系完全可以在被举牌后人为制造一些隐蔽的"陷阱"和"黑洞"，这就是中国资本市场不成熟阶段的现实。

总之，银泰系这家民企多次举牌鄂武商的案例与事实，不仅推动了鄂武商公司加快商业重组，推动了公司加快转换企业经营机制，更加具有竞争活力，而且三次举牌收购与反举牌之间的攻防战，在出价、运用资金和筹划等方面都为我们提供了一个不可多得的举牌并购范例。

2. 要约收购及鄂武商的部分要约收购

为防止银泰系进一步地举牌收购，2011年8月3日，鄂武商发布公告称，公司大股东武商联与武汉经发投、武汉国资公司作为共同收购人，向鄂武商A除收购人以外的全体流通股股东发出部分要约收购，拟以每股21.21元的价格收购鄂武商合计不高于2536万股的股份，占股本的5%。武商联提出的要约收购方案，将"要约收购""部分要约收购"等并购理论中重要的收购方式公告天下，为大众投资者及各路机构投资者所关注和热议。

所谓部分要约收购是指收购人在公开市场上向目标公司所有股东承诺以某一特定价格购买一定比例或数量股份的收购。相对于全面要约收购，大股东通过部分要约收购可以在保持上市公司地位的前提下，增强公司控制力。

在我国，由于上市公司股权结构的特殊性，全面要约收购几乎不可能发生，这造成协议收购大量盛行。银泰系曾在股权之争开始时酝酿全面要约收购，但囿于成本，力不从心，最终放弃。而协议收购特别容易导致内幕交易的盛行，损害中小股东的权益。因此，公开市场收购在很大程度上需要部分要约收购来促进实现，以最大限度体现公平。同时，部分要约收购有利于降低收购成本，实现资源的优化组合。

《上市公司收购管理办法》规定，允许持有控制一个上市公司的股份低于该公司已发行 30% 的收购人,以要约收购方式增持该上市公司股份的,在预定收购的股份比例不低于 5%,预定收购完成后不得超过 30% 的幅度内可自由收购。要约收购价格不得低于要约收购提示性公告日前 6 个月内收购人取得该种股票所支付的最高价格。那么这次鄂武商的收购价格不能低于大股东 6 月 9 日的增持价格 21.16 元,收购价格高于过去 30 天平均线,最终确定收购价格为 21.21 元/股。

同时,根据《上市公司收购管理办法》规定,收购要约约定收购期限不得少于 30 日,并且不得超过 60 日,但是出现竞争要约的除外。如银泰系欲竞争要约收购,其竞争要约公告最迟不得晚于初始要约收购期限届满前 15 日发出。

控股股东武商联提出的部分要约收购方案,体现了当前资本市场的特点与现状。

第一,它避免了全面要约收购这一方式门槛高、代价高且不易操作的缺点。这次部分要约收购仅是 5% 这一门槛下限,非常便于收购人即武商联的操控和运作。

第二,也是最重要的,本次部分要约收购有效地喝止了银泰系的进一步"逼宫"收购行为。在方案出台前,武商联及一致行动人已与银泰系持股比例拉开超过 5 个百分点的差距,现要约增持 5%,总计持股差距达 10%,对于为"逼宫"举牌的银泰系而言,为收购已耗费了大量的现金流量,尚无喘息机会,对于 10% 的控股比例差距他们只能是望"股"兴叹。因此,武商联因要约收购而暂时抵达安全边界,可用心去经营公司,这是该方案设计的精妙之处。

第三,溢价要约收购,体现出控股大股东中长期信心。21.21 元/股的收购价比方案制定日约溢价 6%,后由于市场原因,鄂武商股价适当下调,使得股价溢价率更高。用较高的溢价比例收购原股东的股份,表现了大股东对公司未来的长期信心。若预约数少于拟收购股本,则按实际数履行收购义务;若超出则按比例分配。大股东武商联的历次增持和溢价收购不仅体现了公司的价值,更表现了公司未来的发展潜力。

第四,两大竞争股东博弈利好于流通股股东。国资系提升持股比例奠定安全边际,同时也利于公司治理的改善。银泰系举牌的失败其实也说明他们并非一定追求第一大股东控股地位,更多地是希望公司能够提升盈利,这与广大流通股股东是完全一致的。

第五,公司中长期基本面改善预期增强,有望较大提升盈利空间。方案强调了大股东对鄂武商的看好,同时也提出了推行管理层股权激励、优化治理结构,推进地区零售业资产和业务整合等方向,这正是竞争股东银泰系希望控股大股东努力奋斗的方向。

第六,给中小流通股股东有较大无风险套利空间。由于市场低迷,鄂武商股价从公布方案后的几个月基本上处于缓慢下跌态势,到 2011 年底,离要约收购价有近 4.20 元/股的股价差距空间,无风险套利机会再现 A 股市场。如此,使广大中小投资者可获得25%的无风险收益率空间,这相当于公司管理层对广大中小持股者的某种补偿,可以提高公司的价值和中小股东的信心。

3. 反并购与一致行动人

"这件事肯定不能这么就结束了。"2011年8月11日,银泰系总裁、鄂武商董事陈晓东告诉媒体记者。陈晓东说的"这件事",是指之前8月2日,武汉国资委对鄂武商的一个"绝招",即控股大股东武商联及一致行动人武汉经发投、武汉国资公司对鄂武商的部分要约收购。至此,在这场资本市场的并购大战中,多次引出并购中的"一致行动人"概念。不仅收购方银泰系为增强收购实力,几次动用"一致行动人";就是反并购方武商联,其反并购成功的关键和要诀就是在三次被"逼宫"收购的紧要关头,寻找到了极为重要的"一致行动人",增强了自身实力,反并购阻击成功。那么,何为"一致行动人",又如何合法合规地寻找"一致行动人"呢?这受到参与这场收购大战的各方投资者的广泛关注。

一致行动:投资者通过一些其他的安排,与其他投资者共同扩大其所能够支配的一个上市公司股份表决权数量的行为或者事实。广义上不仅包括联合收购人,还包括在证券交易和股东投票权行使过程中采取共同行动的人。一般在实践人中都涵盖了具有关联及非关联关系的行动人,均把行为的合意性作为一致行动人的实质要件。

一致行动人:根据2008年修订的《上市公司收购管理办法》规定,一致行动人是指通过协议、合作、关联方关系等合法途径扩大其对一个上市公司股份的控股比例,或者巩固其对上市公司的控制地位,在行使上市公司表决权时采取相同意见表示的两个及以上的自然人、法人或者其他组织。

在这次并购反击战中,鄂武商寻找并拉拢一致行动人的措施有以下三个特点。

一是时机准确,出手迅速。在2011年银泰系两次逼宫举牌收购的紧要时刻,在股票停牌的当天,武商联就发出公告,宣称已找到一致行动人,并在以后的反并购中联合行动。迅速及时的公告,表明大股东对打赢这场反并购战的果断态度和坚定信心。同时令收购对手银泰系在收购过程中多了一层犹豫与彷徨,最终暂时停止收购的步伐,铩羽而归。事实上,并购与反并购在资本市场上不断上演、发生。胜负关键就在并购期那并不长的时间窗口,双方展开斗智斗勇和心理博弈。反应迅速而出手果断的一方可具有某种心理优势,实证研究表明它往往最终也是获胜者。这在鄂武商并购大战中也得到典型体现。

二是核心一致行动人。在这次并购大战中,武商联将临时组建的一致行动人队伍分成两类,即内层的核心一致行动人和外围的一般行动人。这次核心行动人是指持股比例较大,与武商联有紧密联系的武汉经发投、武汉开发投、武汉国资公司及全资子公司汉通投资。2012年4月13日,在2011年签署的《战略合作协议》一年到期后，各方签署续展协议，继续一致行动，合计持有鄂武商 29.32％的股份，仍为第一大股东及行动人，保持对银泰系的股权优势。

三是外围一般行动人。此类行动人是指持股比例不大，与大股东联系不大紧密或产业区分较大的类别股东。2012 年 4 月 13 日鄂武商公告称，2011 年 4 月签署《战略合作协议》的武钢实业、市总工会、阿华美制衣、武汉地产、中南电力设计院，将于该协议一年到期届满后自动终止与武商联的一致行动关系。

这些外围行动人不续《战略合作协议》，为今后的并购实战带来两点益处：首先是这五家公司可恢复"自由身"，股权及表决权可自由处置即所谓的"定活两便"，可更自主行使股东权利。其次，这五个外围一般行动人只要其持有的股权不减持，仍能在需要时迅速集结为一致行动人，对解除银泰系威胁有重要作用。

这两类一致行动人的设立与区别，是鄂武商并购案例中反并购的全新探索与实践。

场景四

2012 年 4 月 12 日，武汉东湖宾馆会议厅，气氛热烈。参与 2011 年鄂武商股权保卫战的控股股东武商联以及七位一致行动人齐聚一堂，讨论并签署两份协议。七位一致行动人中的三方与武商联签署继续战略合作即一致行动人协议，另四方则签署解除战略合作协议。这是武商联一年前的计划之举，也是资本市场反收购战略中的一次尝试和探索。鄂武商集团董事长刘江超高度赞扬了各位一致行动人在 2011 年鄂武商面临被收购的紧要关头，团结一致，共克时艰，紧密合作，击退浙江银泰的恶意收购，成功保卫鄂武商品牌价值的"义举"。今后，不管是签署还是没有签署长期战略合作协议的各位股东，希望多给公司董事会和经理层提意见和建议，出谋划策，合作共进，共襄鄂武商集团公司未来美好的前景和蓝图。董事长刘江超一席话博得了会场内外一片热烈的掌声。

思考题：

7. 将一致行动人区分核心层和外围层，在我国资本市场的并购实践中，有何创新意义？

六、尾声

鄂武商是国内股改以来全流通时代控股权之争的首例，而且武商联与银泰系双方争夺的是一家优质国有控股上市公司的控股权,民企与国资的激烈争夺博弈,自然引起业界的广泛关注。此外,该案例更给人们带来了对国有控股上市公司股权如何管理、公司并购与反并购等命题更多更广泛的思考。

全流通时代,并购与反并购的概念与活动将会更加频繁地出现在中国资本市场上,成为一种常态。诺贝尔经济学奖获得者乔治·斯蒂格勒曾指出:"没有一个美国大公司不是通过某种程度、某种方式的兼并而成长起来的。"对于并购,特别是恶意收购,我们本性存在排斥,但在现代资本市场发展过程中,并购是一家公司成长或扩张过程中很常用的一种资本运作手段。通过并购与反并购,目标公司的价值将会被市场重估,资源配置效率得到提高,是一种合理的市场行为。特别是国内股权分置改革使并购的难度锐减不少,并购与反并购将会成为中国资本市场的常态,我们不必排斥与恐慌,而应淡然处之。

面对层出不穷的并购,我们要深入研究其客观规律、相关手段或操作,并结合中国的资本市场结构与法律环境,借鉴西方国家很多已经很成熟的收购方法,制订自身的并购与反并购策略。针对恶意收购,一方面要有预防措施,如建立合理的股权结构并在公司章程里增加反并购条款,防患于未然;另一方面要有应急预案,一旦恶意收购触及某些设定的底线,应沉稳应对。上市公司甚至可主动出击,结合自身战略与市场走势,利用并购把自己做大做强。

场景五

2011年10月27日,正处武汉短暂的秋日,可以感受到一点凉意,鄂武商公司大楼也不例外。当日,鄂武商接到大股东武商联的通知,武商联已经向中国证监会提出延期提交要约收购反馈意见回复材料。换言之,本来蓄势待发的要约收购计划被迫搁置。在办公楼一面临街的窗台边,刘江超,武商集团的董事长,正远眺这片繁华的中心城区,目光并没有聚集,而是通向了不远的未来。毕竟,鄂武商依然欠市场一个爽快而明晰的答复。鄂武商这个品牌,是多少武汉市民心中的骄傲,其在刘江超心里的位置与意义更是不言而喻。在他的统筹指导下,鄂武商成为武汉市优质的上市公司,甚至引来了浙江银泰沈国军的虎视眈眈。面对竞争对手的觊觎,特别是对鄂武商的多次举牌收购,刘江超时刻绷紧了神经,为保卫武商联的控股地位出谋划策。然而,要约收购没有如期进行,在那或近或远的不确定的未来,等着刘江超的将会是多少个不眠的夜晚呢?夜色渐浓,刘江超拉上百叶窗,转身,似乎他已经感受到黎明的曙光。

思考题：

8. 如果你是刘江超，你该如何分析当前影响要约收购方案实施的因素？

硝烟落尽是春天。2011年我国资本市场波澜起伏，引起人们广泛关注的首起股权争夺战由于大股东的强力反击而硝烟渐散，告一段落。但民企与国资的进退之争仍将持续，并购与反并购之战也将不断在我国资本市场上演。银泰系或许在积蓄力量，期望卷土重来；武商联可能在资产重组，布局着鄂武商未来的发展大计，等等。收购与股权之争带来的是公司机制的转换和资本市场的繁荣、发展。我们期待鄂武商公司焕发出新的活力。

案例四　背景与使用说明书

案例五

美的集团整体上市方案与运作分析

摘要： 美的集团整体上市是近年来我国资本市场上的一次重大并购与重组事件。其上市不仅被证监会列入"无先例重大事项"，而且是资本市场上首例非上市公司换股吸收合并上市公司的案例。美的并购方案的运作，如母子公司资产质量优化对价方案设计，上市规模控制等在我国资本市场都有诸多创新之处。对其深入探讨与分析，揭示其并购的特性，将提升我国证券市场并购行为与重组上市方式的整体运作质量。

场景一

辉煌过后的"阵痛"引发的资本市场悬念与期待

2012年8月25日，美的电器（000527）发布2012年公司半年报。作为我国家电行业龙头的美的电器交出的是一份并不算合格，远低于市场预期的中期成绩单，令业内人士和中小股民大失所望。但仅隔一天后的8月26日，公司宣布从即日起停牌，并同时公告，公司的创始人何享健从昨日起卸任集团董事长，由方洪波接任。对此次半年报业绩后的突然停牌和高层人士变动，市场和广大股民猜测颇多，议论纷纷。是行业战略转型，还是大股东集团公司谋划整体上市？抑或其他？但总体而言，这些猜测和议论都饱含业内人士和广大美的股东对公司的殷殷期待：停牌表明公司在不好的业绩面前没有沉沦，他们将卧薪尝胆，不断努力，在市场困难面前不退缩，追求新的利润增长点，继续创造"美的"这一我国家电行业龙头品牌的辉煌业绩。因此，2012年年中美的电器业绩公告后的突然停牌，带给市场和业内人士的不仅是些许的不安、失望，更多的是期待和盼望，希望公司在"阵痛"后转型。这一业绩公告后的停牌时间，成为2012年我国资本市场尤其是家电类上市公司的一个悬念。

事实上，在市场和广大股民殷殷期许的同时，公司内部确实在酝酿、谋划着重大转型和改革。在市场激烈竞争的压力和公司发展的"瓶颈"面前，如何转型、发展并重铸辉煌，是摆在"美的人"面前的一道严峻考题。

2012年8月25日，即美的电器公布中期业绩的晚上8点，佛山市顺德区美的集团总部26号大楼内灯火通明。在这里，临时召开了美的集团执行董事和各部门负责人紧急会议。会议室内气氛紧张，空气里弥漫着一种压抑、不安。会议的议题仅为一项：当美的电器发展遇到"瓶颈"时，如何筹划、运作集团公司整体上市？

面对酝酿已久的美的集团整体上市方案，参加会议的各部门负责人及执行董事们议论纷纷，形成了不同的意见和观点。招商部经理涂军认为，上市公司美的电器当前的发展面临着"瓶颈"时期，业绩不尽如人意，要及时实施换股收购，使控股大股东美的集团得以进入A股市场上市运作。主要原因如下：首先，将大幅增加公司净现金流量，改善公司财务状况；其次，可以消除原先大量为市场诟病的关联交易现象，提升公司内在价值和估值水平；再次，可以极大发挥集团公司内部的规模效应和协同效应，降低企业营运成本；最后，整体上市后，优质资产注入导致盈利增加的预期市场效应将刺激股价大幅上涨，极大地完善和提升公司的市场形象。

而公司执行董事、财务部经理黄克雄则不同意这个观点。他认为，美的电器当前的困难是暂时的，大多是由市场竞争激烈造成的。通过转型，引入战略投资者，改善公司治理结构，完全可以克服暂时困难，重铸公司辉煌。但如果实施公司整体上市方案，将带来两个弊端，一是集团公司的主营业务——小家电业务的优质利润会淡化、趋薄。美的集团的小家电业务是国内家电行业的绝对龙头，拥有中国最完整的小家电产品群，品种齐全、市场份额领先，而美的电器即上市公司本身的白色家电如电冰箱等当前由于市场竞争激烈，利润也已趋薄，如将集团公司的优质资产注入当前上市公司，丰厚的企业利润由全体社会股东分享，无疑是"肥水流落外人田"，必招致集团公司内其他股东及成员的反对。二是将集团公司合并进上市公司也即整体上市，也将导致产业重复、同业竞争，影响集团业务的整体发挥。

不同观点的激烈交锋和碰撞在集团总部会议室内正持续着。门口巨大落地时钟的指针已迈过午夜，在"滴答"声中逐渐走向黎明。新的一天已经到来，但会议还没有结束，公司的高层决策者们在集团转型的重要关头，正夜以继日、殚精竭虑地思考、规划着。何去何从？在美的公司面临转型的形势下，须从全局上进行战略分析与考量，谨慎决策与精确抉择。

思考题：

1. 如果你是美的电器的一名普通股股东，会如何看待当前公司在困难形势下的转型？

2. 如果你是美的集团的一名高层管理人员，是同意招商部涂经理的意见还是财务部黄经理的意见？请分析并说明理由。

3. 何为公司整体上市？在我国资本市场上如何实施整体上市？

一、引言

2013年4月1日，著名家电上市公司美的电器（000527）在即将迎来上市20周年之际，在公司主营业务面临"低潮""瓶颈"之时，华丽转身，其控股大股东即母公司美的集团通过吸收合并换股美的电器的方式实现整体上市。在换股合并完成后，美的集团作为存继公司将承担美的电器的全部资产、负债、业务、人员等一切权利和义务，并将集团的优质资产注入整体上市的新公司——美的集团（000333）。

至此，停牌近八个月，延宕2012—2013年中国资本市场，为广大投资者与业内人士猜测、期待的我国首例非上市公司吸收合并上市公司并购案例——美的集团整体上市，终于尘埃落定。美的集团复牌上市后，股价持续上涨，大幅走高，符合业内人士与市场预期，并体现了公司整体上市的投资价值。

美的集团的整体上市，创造了21世纪以来我国资本市场多项全新纪录。

首先，该案例是我国首例非上市公司吸收合并上市公司的并购重组案例，即《上市公司重大资产重组管理办法》中的"重大资产重组涉及无先例事项"的性质，为我国金融及证券市场所瞩目。

其次，吸收合并重组完成后，美的集团将成为国内 A 股营收规模最大的家电上市公司。

最后，该案例为我国并购与资产重组树立了一个经营典范。原上市公司即美的电器在主营业务下滑，经营面临困难的情况下，通过整体上市，注入优质资产，一举扭转经营颓势，业绩蒸蒸日上，重铸家电业龙头老大的辉煌，为我国并购与资产重组树立了一个经营典范。

对我国资本市场上这次重大的资产重组与并购事件，证券市场和金融界业内人士都表现了极大的兴趣和广泛关注。

"从某种角度上来讲，美的集团的这次重组整体上市，自证监会《上市公司重大资产重组管理办法》颁布以来，开创了由非上市公司吸收合并上市公司的首例，不仅有重大的实践创新价值，还具有全新的理论探索意义。"

——有关人士对《证券日报》记者表示

"美的集团业务涵盖大家电、小家电、机电、物流四大板块，整体上市有助于这些优质资产的产业链资源整合，提升协同效应，做强主业的同时提高国际化水平，增强企业核心竞争力。因此，美的集团整体上市为多方期待。"

——广发证券分析师

"可以说，将自身核心优质资产注入滑坡、经营困难的上市公司，已经创下了我国资本市场的一个奇迹，不仅一举超越格力电器、青岛海尔，成为中国销售规模最大、品种最多的家电上市企业，同时经营的稳定性与增长的持续性得到极大的增强。"

——景顺基金投行部

"以美的集团现有的市场总值和产业规模来看，购买集团公司的股票成为股东实在是很值得的投资。"

——《第一财经日报》记者

"作为企业，学会用市场手段进入资本市场管理企业，驾驭经济，表明我国各类经济主体尤其是沿海、开放前沿地带民营资本企业的成熟与壮大。"

——国泰君安研究所

在这场引起金融界与证券界人士广泛关注的吸收合并上市事件中，留下来几个重要的并购问题与悬念，值得资本市场及金融理论界分析、探讨和研究。

（1）我国 A 股历史上第一次非上市公司吸收合并上市公司的探讨与解读——如何实现整体上市？如何定价与信息披露？

（2）整体上市后，如何整合集团内的产业链和业务集群的协同效应，以提高管理绩效，使集团优质、稳定并持续增长？

（3）资本市场中两种整体上市模式即 IPO 上市与吸收合并上市的分析、比较与运用探讨。

二、上市公司美的电器及母公司美的集团

1. 美的电器的历史

创立于1968年的美的电器（000527），是一家以家电业为主，涉及房地产、物流等领域的全国大型综合性现代企业集团，是中国最具规模的家电生产基地和出口基地之一。

1980年，公司正式进入家电业。1992年9月，美的向社会公开发行股票，并于同年11月在深交所正式上市，成为我国家电业上市最早的公司之一。2001年，美的转制为民营企业。2004年，公司相继并购合肥荣事达和广州华凌，继续将家电业做大做强。截至2017年，美的员工达7万人，拥有美的、威买等十余个品牌，除顺德总部外，还在广州、武汉、昆明、长沙、重庆等地建有十大生产基地，生产面积达700万平方米；营销网络遍布全国及世界各地。公司的主要产品涉及大家电、小家电、机电、物流等四大领域，拥有中国最大、最完整的空调产业链和微波炉生产线，同时拥有国内最大、最完整的小家电产品产业链和厨房用具产业集群。美的公司一直保持稳定、健康、快速的增长。20世纪80年代平均增长速度为60%，20世纪90年代为50%，21世纪以来，平均增长速度超过30%。美的集团重大事件纪要见表3-3。

表3-3　美的集团重大事件纪要

时间	事件
1968年	何享健先生带领23人集资5000元在北滘创业
1980年	生产电风扇，进入家电行业
1981年	正式注册使用"美的"商标
1985年	开始制造空调
1993年	成立美的集团并进行内部股份制改造
1993年	成立电机公司和电饭煲公司
1998年	成立芜湖制冷公司、工业设计公司，收购压缩机公司，收购东芝万家乐进入空调压缩机领域
1999年	成立信息技术公司、物流公司、电工材料公司
2001年	完成产权改革；磁控管公司、变压器公司成立，形成微波炉产业链
2002年	全面推行战略性结构调整
2006年	美的电器股改，引入战略投资者，实行期权激励
2007年	第一个海外基地在越南建成投产

续表

时间	事件
2009 年	美的电器公开增发 1.89 亿新股，募集资金近 30 亿元
2011 年	收购开利拉美空调业务，成立美的-开利拉美空调合资公司，加快推进国际化进程
2012 年	整合美的集团总部和二级产业集团部分管理职能，提升运营效率，深化战略转型
2012 年 8 月 25 日	美的集团创始人何享健卸任美的集团董事长，方洪波接任
2012 年 8 月 27 日	美的电器公告，接到控股股东美的集团的通知，正在筹划公司相关的重大事项，公司股票将自 8 月 27 日开市起停牌，待公司发布相关公告后复牌
2013 年 4 月 22 日	美的电器在顺德召开股东大会审议整体上市方案。投票结果显示，美的集团整体上市重组方案的各项子议案的通过率均在 98% 以上，获股东大会通过
2013 年 9 月 18 日	美的集团（SZ000333）在深交所上市，旗下拥有小天鹅（SZ000418）、威灵控股（HK00382）两家子上市公司

在 2005 年国家统计局·中国行业企业信息发布中心公布的"2004 年度中国最大 500 家企业（集团）"中，美的荣列第 59 位，美的以品牌价值 611.22 亿元，跃居"2012 中国 100 品牌价值"第五位。在国际著名的《环球企业家》杂志和罗兰·贝格咨询公司发布的"全球最具竞争力中国公司 20 强"名单中，美的榜上有名。2021 年 2 月，公司市值超过著名的格力集团，达 6400 亿元，跻身全球白色家电制造商前三名。

2. 美的集团整体上市的背景与进程

美的集团整体上市的动因来源于旗下控股的上市公司——美的电器 2012 年前后的业绩下滑与经营困局。

2012 年 7 月 9 日，美的电器发布 2012 年上半年业绩预告，继一季度营业收入同比下滑 41.78% 之后，半年营收整体下滑 37.15%，净利润下滑 6.25%；产品方面，美的主打产品家用空调产量和内销出货量同比分别下降 24%、18%。财务数据的全面下滑，表明美的电器在竞争激烈的市场面前，遇到了空前的困难和经营"瓶颈"。

为扭转美的电器的经营颓市，重整集团公司的组织架构与经营模式，提升公司的盈利能力与核心竞争力，集团公司加快了酝酿已久的集团整体上市步伐，并于中报公布的第二天宣布停牌，进入了长达近八个月停牌重组期。长久的市场停牌，既为内部调整结构，完善公司治理与组织，也为复牌后证监会能通过重组方案，迎接市场激烈的竞争与挑战而精心准备。美的电器重组与整体上市进程如表 3-4 所示。

表 3-4 美的电器重组与整体上市进程

时间	事件
2012 年 7 月 9 日	发布 2012 年上半年业绩预告，产品出货量和利润下滑
2012 年 8 月 25 日	发布 2012 年上半年公告，确认业绩下滑
2012 年 8 月 25 日	美的集团创始人何享健卸任美的集团董事长，方洪波接任
2012 年 8 月 27 日	美的电器公告，接到控股股东美的集团的通知，正在筹划公司相关的重大事项，公司股票将自 8 月 27 日开市起停牌，待公司发布相关公告后复牌
2013 年 4 月 1 日	公告整体上市方案，美的集团以换股吸收合并美的电器方式实现整体上市
2013 年 4 月 2 日	股票复牌，涨停
2013 年 4 月 9 日	鉴于公司股票复牌后连续涨停，按深交所交易规则，属于股票交易异常情况，发布提示公告
2013 年 4 月 22 日	美的电器在顺德召开股东大会审议整体上市方案。投票结果显示，美的集团整体上市重组方案的各项子议案的通过率均在 98% 以上，获股东大会通过
2013 年 7 月 31 日	美的电器公告，美的集团换股吸收合并美的电器已获得中国证券会核准，将进入实施阶段。换股方案为：美的集团 A 股发行价 44.56 元/股，美的电器换股价 15.36 元/股，换股比例 0.3447∶1，换股完成后，美的集团实现整体上市
2013 年 9 月 18 日	美的集团（SZ000333）在深交所上市，旗下拥有小天鹅（SZ000418）、威灵控股（HK00382）两家子上市公司

美的集团整体上市前后股权结构如图 3-7 所示。

3. 美的集团整体上市的重新整合与布局

在谋划集团公司整体上市的近两年过程中，美的集团在内部进行了全面整合和布局调整，涉及股权架构、公司治理、组织结构等多个方面，主要有四项重大整合工程：一是引进工商银行鼎辉基金作为战略投资者，以期相互协作、共同发展；二是人事调整，创始人兼董事长何享健卸任，由职业经理人方洪波接棒，使集团面向未来、更具活力；三是组织架构扁平化，提升公司组织工作效率；四是产品结构精细化，强化、落实企业管理责任。

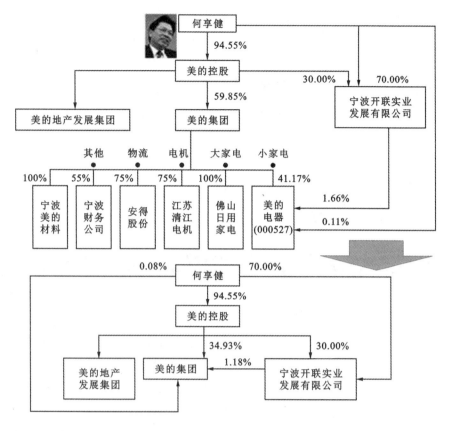

图 3-7 美的集团整体上市前后股权结构

这次在集团整体上市同时进行的产业整合，体现了企业领导层的两大经营特色和三项经营新方针。两大经营特色：一是注入集团所拥有而原上市公司美的电器不具备的优质资源即小家电、机电和物流产业，极大地提升了新上市公司的盈利能力和整体市场形象，为市场和广大投资者所热烈期待。不仅如此，为了聚焦核心业务，集团砍掉了废家电业务及低毛利产品，产品品种从原来的 60 多个调整至 20 个。二是改变美的电器以往"野蛮生产"的产业模式。在过去，美的各项业务的成长路径基本上都是先做大规模，然后依靠对产业的垂直整合来降低成本，但这样一来，美的很多产品在业务、毛利率、产品单价等方面与业界标杆企业存在较大差距。此次整体上市中的整合将对此予以纠偏，即采用一种精细化的产业运营模式："集团-事业部"两级架构，事业部"9+2+2"结构模式。事业部"9+2+2"模式包括 9 个终端消费品事业部＋2 个产业链核心事业部＋1 个国际运营平台＋1 个全国网络布局物流公司，共 13 个经营单位。这 13 个单位在新的架构下有机协调、精心运作、互通有无、共同发展。

三项经营新方针主要解决三个层面的问题：一是产业协同，美的家电业务及配套的机电、物流业务在一个上市主体上，可最大化实现资源共享，成为一个整合型的企业；二是组织效率，通过规范组织设置、减少组织层级，实现组织扁平化，建立以市场为导向的高效运营流程体系；三是公司治理，通过整体上市，形成持续有效的治理管控机制。这次集团整体上市前后的重新布局与整合，终极目的是充分发挥美的集团内部的产业协同效应，整合集团未来快速发展的基础和关键，打造新的核心竞争力，实现可持续发展，创造美的集团的再次辉煌。

三、美的集团上市的策划师和主要掌舵人——何享健、方洪波

美的集团整体上市的构想和一手策划来源于集团的创始人、原董事长何享健，而上市方案的实施和具体执行人是现任集团董事长方洪波。

场景二

何享健的"闲暇"和思考

2011年8月的一天，在非洲肯尼亚赛伦盖蒂大草原上，一位东方面孔的老者正休闲地在稀树草原上穿行，并尽情地欣赏着非洲大草原上壮丽的落日。余晖里映照着老者长长的身影，老者感叹道："夕阳无限好，只是近黄昏。"这位老者，就是中国美的集团创始人、董事长何享健。他正利用公司难得的假期在非洲休闲、旅游，并独自、宁静地思考着集团的未来和自己余下的人生。就如这非洲草原上的太阳，何享健的70岁人生，一路走来，也火红、壮丽、辉煌。但太阳也会西下，人也要变老，该如何在事业的辉煌时刻，急流勇退，将集团掌舵人的这份重担交给年轻的"后生"们，让他们大展才干，创造集团公司新的辉煌呢？他们能否胜任呢？

确实，有两道难题摆在打算急流勇退、卸下重任的何董事长面前，使他踌躇并陷入沉思。

一是集团接班人问题。如自己现在退下来，集团内可以物色的优秀候选接班人有二，一个是职业经理人方洪波，一个是儿子何剑锋，两人都能独当一面，领导全局，不负众望。但如让儿子何剑锋接班，集团公司会不会从此走上家族化而不是公众化的道路呢？市场人士和广大中小投资者将如何看待公司的属性和性质？

二是集团的整体上市问题。2003年TCL集团整体上市时，是受到市场诸多质疑的。主要是整体上市前后，公司扩容规模太大，以14倍的规模使原来的"玲珑小儿"变成市场上的"巨无霸"，TCL集团有超发募集资金和上市之嫌。而本次美的整体上市，要避免几年前TCL集团上市的教训，抑制超额募集资金的欲望和冲动，平稳、低调、合理地上市，以树立美的集

团良好的市场形象。问题是,自己的这个想法和愿望,集团接班人会听得进去吗?在集团将来的运作和上市中,会得到贯彻和实施吗?

思考题:

4. 如果你是美的集团董事长何享健,在候选人方洪波和何剑锋之间,该如何选择和决定集团公司未来的接班人?

5. 如果你是方洪波或者何剑锋,如何筹划美的集团的整体上市方案,并规划集团未来的发展?请分析并说明理由。

6. 如何借鉴 2003 年 TCL 集团整体上市的经验教训,构建新形势下美的集团整体上市的新模式?

【何享健】 男,1942 年出生于广东顺德(见图 3-8)。1968 年 5 月,集资 5000 元,创办了"北街办塑料生产组",1980 年开始制造风扇,进入家电行业;1992 年毅然推动美的进行股份制改造;1993 年在深交所上市,成为中国第一家由乡镇企业改组而成的上市公司;2001 年完成了公司高层经理人股权收购,进一步完善现代企业制度。他热衷慈善事业,在胡润发布的"中国内地慈善企业排行榜"上,广东美的集团排第 30 位,是佛山市唯一上榜的慈善企业。他荣登 2011 年胡润百富榜第 12 名。2012 年 8 月 26 日,何享健卸任美的集团董事长。

图 3-8 何享健 美的集团前董事长
(资料来源:网络)

何享健,美的创始人,从一开始就演绎着中国老一代企业家的摸爬滚打的工作方式。只有小学学历的他从创办"塑料生产组"起家,到组建庞大的美的产业集团,靠的是异常灵敏的市场嗅觉,同时,他是市场中一个英明而激进的有远见者。可这种澎湃的激情隐于公司内部多年。叱咤于风口浪尖上的家电巨子们从来都是各种媒体排行榜的常客,张瑞敏、李东生、倪润峰、陶建幸、周厚健都曾走马灯似的出现在这个舞台上。扎根家电行业 40 年的何享健却是这些榜单上的稀客,这是因为他经常以自己普通话讲不好为由婉拒媒体采访,拒绝在公众场合发言。

比他的低调更引人注目的,是他的心胸。虽然在股权架构方面,何享健一枝独秀,但功成名就后如何将掌舵权交给非何氏家族的职业经理人手中,在他脑中盘桓并酝酿多时。实际上,何享健为交权已铺垫了多年。早在 2009 年,他便宣布不再担任上市公司美的电器董事长,并退出美的电器的日常经营,其职位交由职业经理人、总裁方洪波担任;2011年10月,他又转让15.3%美的股权,让予融睿投资与鼎晖投资,使美的形成多方股东共同持股的股权结构。

1. "坚决不做家族企业"

何享健曾在多个场合公开表示:美的坚决不做家族企业。并且,何享健子女都没有在美的集团旗下公司任职,不参与公司运营管理。一位美的集团员工表示,有关何享健卸任美的集团董事长一事,在内部已经传了相当长一段时间,因此对结果并不意外,也没有引起员工广泛的讨论。之所以选择这个时点退休,在外界人士眼中也颇有急流勇退的意味。也许,站在巅峰上眺望群峰的他,看到了美的想要应对未来的挑战,还需要注入更多的激情与活力。

与很多家族企业因雇佣职业经理人而产生诸多矛盾的现象不同,何享健和接班人方洪波一直相处和睦,甚为默契。何老板给职业经理人的报酬也非常之高,二级集团的总裁身价至少在千万量级以上,事业部层面的则不低于百万级。他对事业部总经理的放权之大更是让人瞠目,他们不仅拥有所负责产品的研发、采购、生产、销售等环节的全部权力,而且还拥有一部分财权。比如在产能扩张方面,一个总经理可以拥有几千万元的投资审批权。同行人士都非常羡慕美的经理人:"他们活得更像老板一样,而不是在给别人打工。"因此,何享健被外界尊敬地评价为"心胸宽广、善于授权、信任职业经理人"。

美的是一家战略走向清晰、经营稳健、公司治理规范、管理层稳定的民营企业。企业时刻保持着对家电行业发展走向的把握,并由此对集团进行动态的调整和渐进式变革。所有这一切的核心都在于美的多年来拥有一位为人低调但不失战略眼光和睿智思维的当家人——何享健。据悉,有一次中央领导来美的视察,顺口问何享健是什么文化程度?何享健老实回答说:"小学毕业。"中央领导大笑:"老何现在起码是博士后水平了。"在竞争最激烈的中国家电行业奋战整整40年的何享健,却是愈战愈勇,以其独到的国际视野和战略智慧,带领四十不惑的美的集团迈进了世界500强、全球白家电三强。

2. "太子"何剑锋——没有接班的公司股东

在这场接棒大戏中,最易被遗忘的角色是何享健的独子何剑锋。事实上,在我国几大民营富豪企业家的"太子"中,何剑锋算是比较"叛逆"的一个,不仅没有继承父亲创下的家业,还在上市公司上风高科中另起炉灶。同样是留洋"海归",他更愿意当快乐的"资本男"。继2004年他将掌控的盈峰集团旗下东泽电器卖给上海永乐之后,何剑锋就接连出手,促成美的电器对上风高科、易方达基金的收购。2007年3月,他成立深圳市合赢投资管理有限公司,从美的电器收购了易方达基金管理有限公司 25% 股权。一年后，盈峰集团更名为"广东盈峰投资控股集团有限公司"，宣告了广东盈峰从实业公司向投资公司的彻底转型。

这位极少在媒体面前露脸的"何太子"，未来只会是美的王国分享收益的股东之一。而他的选择其实也颇具代表性：一项对全国 21 个省、市、自治区的 1947 家私营企业进行的抽样调查显示，中国私营企业目前普遍采用家族拥有的形式，仅有 21.37% 的家族企业能顺利完成代际传承，能延续到第三代的企业竟只有 2.3%。浙江大学"浙江商人培养继承人的方式"的调查显示，高达 82% 的"企二代"不愿接受父辈的事业。上海交通大学余明阳等的一项研究报告也发现，80% 的企业将接班换代，在这其中有 80% 的二代不愿接班，即有多达 64% 的企业将出现接班危机。

随着接班潮来临，职业经理人将会跃上前台。在许多业内人士看来，何享健这种接班模式无疑是值得推广的"现代派"模式，"实现股权和经营权分离，可以推动封闭式家族企业向社会化企业发展"，全国工商联副主席王健林就这样表示。

但我们也发现，在一代老企业家尤其是民营企业家眼中，职业经理人与企业家之间利益诉求的不同与信息的不对称也会引发"信任危机"。目前国内尚不健全的职业经理人制度也让企业家们难以放心。从企业外部约束看，由于外在市场经济环境松弛，没有健全的法制规定职业经理人和企业家的责任和义务以及违反法制的不良后果。道德环境也不成熟，职业经理人和企业家之间都缺乏道德约束、媒体约束和市场约束等。在这种背景条件下，美的的"现代派"接班模式尤其受到企业界和社会各界的广泛关注。

【方洪波】男，1967 年出生于安徽安庆市枞阳县，1983—1987 年就读于华东师范大学历史系，1992 年加入美的集团，现任广东美的电器股份有限公司董事局主席兼总裁、无锡小天鹅股份有限公司（000418）董事长（见图 3-9）。从加入美的开始，方洪波从基层员工开始一步步历练，成为企业业务骨干，先后担任美的空调事业部内销总经理、空调事业部副总经理和总经理、美的电器副总裁、副董事长等职。在他的带领下，美的空调业务从排名靠后到位居全国第二；通过收购小天鹅、荣事达等企业，扩大并增长了洗衣机和电冰箱生产领域。2010 年后，美的集团营业收入稳居千亿元以上。

图 3-9　方洪波　集团董事长
（资料来源：网络）

3. 美的"新君"方洪波

这位正值盛年的美的"新君"在网络上流传最广的一张照片,是他眼戴黑框眼镜、手执红酒杯,身后流光璀璨的样子。方洪波,历史系出身,曾经不起眼的内刊编辑,如今美的集团的1号人物,跨过这一步,他只用了20年。

不知是不是曾在上海求学的缘故,方洪波特别在意外表,即使是在晋身集团高层后,深谙时尚的方洪波还是各种"名牌傍身"。买名表、名车等成为他的家常便饭。这在整个家电行业,显然是个异类。其实有些难以想象——传统老套的何享健怎会如此宽容并重用这样一个个性张扬的"少帅"。但事实是,方洪波在2号人物的位置上已经等待了整整11年。早在2001年,他就被钦定为集团副总裁兼空调事业部总经理。

当时的媒体还没有预测到他将来可能"继承大统",但这并不妨碍方洪波默默爬上福布斯中国上市公司最贵CEO榜单。在许多媒体报道中,历史系毕业的他被描述成一个文采斐然的"才子"。但要在这样一个企业从抄抄写写的"史官"做起,一路晋升至何总"近臣",随即出任"外藩",又化身"内阁"之首,最终登上"打工皇帝"的宝座,这位少年得志的才子光有抢眼外形、"清新"的灵魂是行不通的——如果细究方洪波的职路历程,便知激烈的家电商战绝不是去花园里挑几枝桃花那样简单。

1997年,美的遭遇严重危机,空调业务陷入谷底,到底任用谁来力挽狂澜,在美的最高决策层引起了不小的争议,何享健力排众议,起用而立之年的方洪波,让其主管美的空调国内销售业务。

方洪波上任之时,正值美的危难之际,当时空调市场排名第一的是春兰,第二是华宝,第三为格力。春兰一直是传统的老大,遥遥领先;华宝投入比较大,发展比较快;而格力在上升,科龙、海尔刚刚进入不久。但美的空调销售却在下滑,排在全国第6位左右,很有可能让对手给吃掉,据说当时顺德市政府还有意让科龙兼并美的,美的已经到了生死攸关的时刻。

方洪波上任之始,大胆提出"让销售向营销转变,让生产制造向顾客需求转变"。"两个转变"虽说简单,但对美的这家一上市就被外界讥讽为"一架三轮车驶上了高速公路"的乡镇企业来说,却是脱胎换骨。为了筹建营销体系,方洪波亲自到人才市场选拔人才,本来学的是历史,此时却像老中医,望闻问切,把人琢磨得"底儿透"。每批招收的人不超过15个,在全国各地整整招了19批,培训了一批年轻的"小虎队"。

1998年,全国空调大战拉开序幕,方洪波组建的营销军团,做到了只要有空调的地方就有美的营销人员,其空调销量剑指三强,达90万台,增长速度是200%,美的借此不仅解除了危机,还一举奠定其空调行业一线品牌的地位。

开山之举便出手不凡，使何享健更对其刮目相看。在此过程中，方洪波也展现出其过人的战略眼光。方洪波当年提出的两个转变和后来的渠道扁平化，当时只有 TCL 实行，在家电行业被视为先锋。其后几年，渠道扁平化才逐渐成为家电行业的主流。以学历史出身，并且没有一线操作经验和经济类科班功底的方洪波，能够预见到行业未来几年的发展趋势，并且抢占先机，不得不承认其过人的战略天才思维。方洪波提出的"以变应变"、挑战者定位等理念，也奠定了美的制冷业务的发展策略。

2000 年，因其在空调业务中的出众业绩和声望，方洪波出任美的空调事业部总经理。当时美的有六大事业部，以空调事业部最大，销售额约占整个集团的 60%，方洪波也正式成为美的集团最大的"外藩"。其后美的虽经历多次业务调整和事业部整合，方洪波作为美的最大"外藩"的地位一直没有变。

作为美的最大"外藩"，方洪波也确实不负众望。2001 年，美的空调内销 220 万台，出口 30 万台，销量已跃居全国第一。其后美的与东芝、开利合作，乃至 2004 年兼并华凌，均为业界侧目。在此过程中，方洪波的身份也一直在变，从空调事业部总经理到集团副总裁，再到制冷事业部总经理、华凌集团董事长，基本上是一路升迁，凭借业绩和威望被何享健视作股肱。

在方洪波的身上，有很多互相矛盾的气质。也许是其长期兼具集团"近臣"与"外藩"的经历所致。一面是激情澎湃，有着强烈进取精神和出人头地的英雄情怀；另一面却谦恭自抑，甘做家族企业的幕后英雄。这在许多人看来有些自相矛盾，甚或不好理解。在很长一段时间内，看似剑走偏锋的方洪波其实恪守着谦恭自抑的处世法则。对此，方洪波解释道，自己其实是美的的"保姆"，这种"保姆"也就是高级职业经理人，而职业经理人是集团内严密的机器标准件，是打工仔，靠的是职业素质和能力。一个有着强烈英雄情结的人，却多年甘愿做着保姆式人物，确实让人心生敬意。

在何享健萌生退意而外界对美的集团是走"禅让"制还是"父传子"制接班人路线猜测、传播得沸沸扬扬的时候，他几乎从舆论的风口浪尖消失，闪避到了媒体报道的背后，不接受任何采访，表现得极为低调、异常谨慎。确实，功高而不震主，在中国这个人治色彩浓厚、企业家威权思想普遍留存的商业社会中，绝对是一种明智的行为。

从方洪波身上，我们可以窥见美的集团之所以能做到这么大规模的缘由。一是创立者何享健那种内在的、原始的企业家精神，即勤奋、刻苦、市场灵敏并视野开阔，这种企业家精神像内在元素一样扎根，并持续、长久影响着企业。二是企业巨大的包容性和知人善任。在美的，像方洪波一样，90% 的企业员工都是外省人。实际上，美的集团现在就是一个庞大的"移民企业"，何享健想将全国优秀的青年才俊都吸引到美的来，为集团和公司所用。他表示"宁可放弃一百万利润的生意，也绝不放弃一个对企业发展有用的人才"。有了人才，还要有良好的机制。正如何享健在集团中常说的"种好梧桐树,引得凤凰来",营造良好的条件和环境,吸引世界各地的人才来美的大展宏图。方洪波的成长就是一个榜样,他的成功不仅吸引了大量的优秀人才到美的来,而且激励大家一起奋斗,把美的做大做强。

现在,美的"新君"——新任董事长方洪波得到了他最丰厚的馈赠,但同时又是一场压力巨大的新的出征。按照和老董事长何享健议定的计划,在接任集团首要位置的同时,就要着手美的集团的整体上市方案。既要把优质资产融入新的上市公司,又不能扩大新的融资规模,这在中国资本市场上也是头一桩。实际上,这是我国资本市场上一项大的金融系统工程。要求通盘考虑、统筹规划、缜密决策,并平衡各方面利益,做出完善、可行的整体上市方案。面对这项新的艰巨任务和考题,新任董事长方洪波陷入了深深的思索和考量。

四、美的集团整体上市方案分析

场景三

停牌后的"分析会"

2012年8月26日下午3点,股市收盘,美的电器也同时停牌,报收于9.18元。在国泰君安上海总部,行业研究所内人声鼎沸,大家都在议论今天停牌的美的电器。行业研究员廖鹏飞说:"美的终于停牌重组了,酝酿已久的美的集团也该整体上市了。它会以何种面貌整体上市呢?我猜测不外乎还是九年前TCL集团整体上市的模式,IPO—融资—圈钱,上市以后不用心经营,然后股价下跌,投资者'套牢',如此这样,整体上市是没什么意义的。"

大客户部经理牛兆东不同意这种看法。他说:"TCL的IPO整体上市也快十年了,不能以老'皇历'来看现在,时间不同,发展也不一样嘛!我觉得美的集团肯定会谋划新的上市模式,不会走老路的。一是美的集团现在业绩很好,蒸蒸日上,没必要为了融资'圈钱'而硬挤上市;二是现在整体上市的模式也多了,比如换股、定向发行等,也没有必要非采取'IPO'不可。所以我预计他们一定会采用新的上市模式,只是不知道他们会采用哪一种新模式。"

思考题:

7. 如果你是美的电器停牌期间的公司股东,非常关心公司将来的重组上市方式,你觉得公司会采用哪种方式整体上市?你是同意廖研究员还是牛经理的观点？

8. 如果美的集团的采用 TCL 模式整体上市，你觉得会有什么问题？为什么当年 TCL 模式整体上市让廖研究员等业内人士那么失望？

1. 整体上市的模式概述

整体上市是指上市公司实际控制人通过一定的金融手段将其全部或大部分资产置于上市公司旗下进行上市的方式。随着证监会对上市公司业务独立性的要求越来越高，整体上市将成为我国企业公开发行上市的主要模式。

一般而言，整体上市的途径有以下四种模式。

（1）IPO 模式。

这种模式是指集团公司发行新股融资吸收合并旗下所属上市公司的方式，典型的如 2004 年初 TCL 集团以 IPO 模式发行新股，吸收合并子公司 TCL 通讯（原公司注销）。该模式既能满足集团公司在快速发展阶段对资金的需要，又能使集团内的资源得到整合，提高资源使用效率，适用于快速发展时期的集团公司。

（2）换股吸收兼并模式。

该模式是指同一实际控制人的各上市公司或非上市公司通过换股的方式进行吸收合并，完成公司的整体上市。该模式没有新增融资，因此主要适用于集团内资源整合，以完善内部管理流程，理顺产业链关系，为集团的长远发展夯实基础。

（3）定向增发收购模式。

增发收购模式即集团所属上市公司向大股东定向增发收购大股东资产实现整体上市。例如，鞍钢、本钢板材等公司的整体上市方案采用了该模式。

（4）再融资反收购母公司资产模式。

此模式即通过再融资（增发、配股或可转债）收购母公司资产，是比较传统的整体上市途径，其优点是方案简单，但再融资往往不受市场欢迎，尤其是新置入资产盈利能力较弱，导致每股收益摊薄的情况。

在以上四种模式中，有三种即一、三、四模式需要对外融资或发行。市场对此都比较犹豫或持观望态度。这主要是一般而言，上市公司资产都优于集团（控股股东）内其他各部分资产，如再融资或发行，必将稀释或摊薄原上市公司的资产质量和资金收益率。因此，市场一般都对此种方式没有多少期待，表示观望或抵制。

2. 美的集团整体上市方案探讨与分析

美的集团的整体上市，其核心内容是上市方案的设计。既要保持上市公司美的电器原有股东持股的信心和积极性，又不能削弱母公司美的集团的核心竞争力，保持其整体上市后的持续盈利能力和长久生命力。因此，上市方案的设计和筹划，实际上是一项系统工程设计，需要通盘规划、整体分析和构建。

美的整体上市方案设计一开始就考虑了多种上市方案的选择和考量，从中根据美的集团的具体情况再择优挑选。这些预备的方案具体可分为两套层次和系统，即首要上市方案设计系统和次要上市方案设计系统两类。

在首要方案设计系统中，分为 IPO 融资上市和换股吸收合并两个子系统。

在次要方案设计系统中，分为"先下后上"方案、要约收购方案、反向收购方案三个子系统方案。

1）首要整体上市方案的分析

对于美的集团而言，整体上市首要备选方案主要是 IPO 发行上市和换股吸收合并上市两种。

（1）IPO 发行上市。

在我国，IPO 发行上市主要就是指 TCL 上市模式（如图 3-10 所示）。TCL 集团 IPO 整体上市，在一个特定时间即 2003 年的我国资本市场引起很大反响，股价走势也一度连续上涨。但这一整体上市方案实施后，在资本市场的实践中也产生几个无法回避的关键问题。

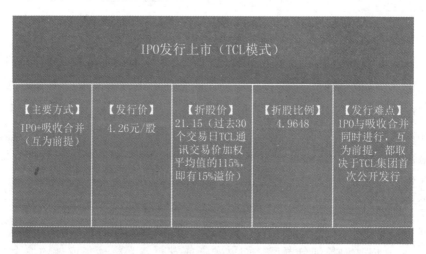

图 3-10　IPO 发行上市（TCL 上市模式）

① 摊薄问题。在 TCL 案例中，TCL 集团由于增加了许多增长缓慢或衰退的业务，拖累了整体成长性，集团资产较原上市公司 TCL 通讯资产的资产管

理质量较差，盈利能力也较弱化。合并上市后，TCL 集团每股收益将比原来上市公司低 8%，而摊薄后的可分配利润仅为合并前 TCL 通讯的 62%，降幅更大。

② 扩容问题。原上市公司 TCL 通讯的总股本为 18810.88 万股，非流通股为 10665.6 万股。经过 IPO 发行并换股后，公司总股本增至 258633 万股，扩容 1375%，即约 14 倍，非流通股增至 159193.4 万股，扩容 1492%，近 15 倍；而非流通股占总股本的比例也从 56.7% 上升到整体上市后的 61.6%，如此大量的非流通将在随后的股权分置改革进程中逐渐消化，而在这种消化过程中，流通股即社会公众股股东也必将承受二级市场股价缓慢下跌的压力，对公司的整体估值无疑有相当大的负面影响。

③ 换股定价复杂问题。在 TCL 整体上市方案中，既涉及 IPO 和换股合并两种方式问题，也涉及 TCL 集团、独立股东、社会公众股东等各方利益问题，牵涉面众多，利益主体复杂。发行方案延宕多时，都不能确定。在各方博弈期间，任何一方失衡，都有可能导致"IPO+换股"方案失败。因此，在发行方案中要考虑到各方面的利益平衡关系，最终出台的往往是一个平衡、妥协的方案，既无法做到在发行方式上的金融创新，又无法使方案向中小投资者倾斜，善待社会公众股东。

(2) 换股吸收合并上市。

换股吸收合并主要是指并购公司将标的股权按一定比例换成本公司的股权，目标公司被解散，成为目标公司子公司的并购行为。在美的集团采用之前，在我国资本市场尚无采用、实施的先例。其主要的方式和优劣势分析分别如图 3-11 和图 3-12 所示。

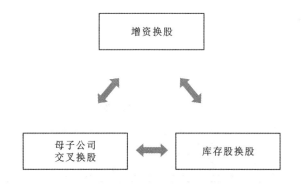

图 3-11　换股吸收合并上市主要方式

2) 次要整体上市方案的分析

在次要方案设计系统中，"先下后上"方案、要约收购方案、反向收购方案分别如图 3-13～图 3-15 所示。

优势
① 不涉及现金的流动，可以避免并购过程中大量的现金流出
② 保持合并方企业即存续公司的企业实力，有利于企业长远发展
③ 并购双方产业融合、优势互补，为上市公司低成本扩张提供便利条件和基础

劣势
① 与IPO融资方式相比，换股吸收合并失去一次较好的融资机会
② 在选择资产上不如IPO灵活
③ 市场的反应可能不够积极
④ 合并成本不易确定

图 3-12　换股吸收合并上市的优势与劣势

"先上后下"方案

- 基本要义：这是在整体上市过程中，集团先进行上市，然后再设法撤除旗下上市公司的一种方式
- 优势：易操作；简便可行
- 劣势：集团公司和子公司同时上市，面临资产两层上市的问题；监管部门难以认可
- 评析：难以得到监管部门和社会公众股东的认可；成本很高

图 3-13　"先上后下"方案

要约收购方案

- 基本要义：收购人通过向目标公司的股东发出购买其所持该公司股份的书面意见表示，按照公告的收购要约规定，收购目标公司股份的方式
- 优势：是一种完全市场化的规范的收购模式；防止各种内幕交易；保障全体股东尤其是中小股东的利益
- 劣势：法律程序烦琐；难以从根本上解决剩余股东问题
- 评析：在现有的法律架构下，不能够彻底解决剩余股东的问题；无法确保解决美的电器流通股全部股东换股，可能存在遗留问题

图 3-14　要约收购方案

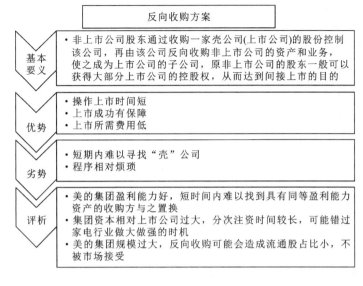

图 3-15　反向收购方案

3. 美的集团整体上市方案的权衡、设计和最终确定

1）对次要整体上市方案的权衡与考量

如前所述，在美的集团的整体上市方案系统中，放在第二层面的次要方案即备选方案，共三项。集团管理层分别对其进行了权衡与考量。

第一，对"先下后上"这一方案而言，若美的集团先行整体上市，然后再逐步消除美的电器，在两者同时上市的情况下，会出现资产两层上市即重叠的状况，并且上市成本很高，难以得到监管部门的认可。

第二，对"要约收购"这一方案而言，在现有的法律架构下，不能够彻底解决剩余股东问题，无法确保美的电器流通股全部股东换股，可能存在遗留问题。

第三，对"反向收购"这一方案而言，美的集团资产质量好，盈利能力强，社会声誉佳，没有必要找一家"壳"资源公司去反向收购而上市，这样不利于塑造美的集团市场形象。同时，相对于"壳"资源公司，美的集团资产过大，无法在两者间置换和实施。

总体而言，三项备选的次要整体上市方案对美的集团上市的构想而言，要么不适合，要么不具备条件，最终均被放弃。

2）对首要方案中各种上市方式的权衡和考量

在美的集团的整体上市方案系统中，放在第一层面的首要方案即主要方案，共两项，集团管理层分别对它们进行了重点权衡与考量。

（1）对首要方案中"IPO 融资方式"的权衡和考量。

近十几年来，我国资本市场上有很多影响较大的整体上市公司案例，主要是 TCL 和美的集团这两家公司整体上市。它们有很多相似之处，也有很多不同的地方。

相似之处在于，两家公司都在我国沿海开放前沿——广东，又都是家用电器行业，行业属性一致。同时，也都是由母公司并购已经上市的子公司而实现整体上市。

不同之处在于，两家公司并购前后的资产质量不一样。TCL 集团是以较为劣质的资产收购上市公司较为优势的资产；而美的集团是以优质资产并购上市公司较为劣势的资产，这点是两宗案例的首要不同之处。同时，TCL 集团整体上市时，大幅度扩容，几乎是原上市公司 TCL 通讯的 14 倍，引起不少中小股东的不满和反感；而美的集团没有资金紧缺的压力，无须融资扩容，这一点也与之前整体上市的 TCL 集团有极大不同。综合这两点，美的集团最终放弃了"IPO 融资上市"方案。

（2）对首要方案中"换股吸收合并"的权衡与考量。

在放弃第二层面的次要方案后，对第一层面首要方案中的"IPO 融资上市"也予以否定。最终就剩下第一层面首要方案中的"换股吸收合并上市"可以选择。为此，集团管理层在权衡利弊后，确定了这种上市模式，针对美的集团的特殊、具体情况以及资本市场的现实，进行了缜密、细致、稳妥的设计，充分考虑各利益主体的相关利益。方案设计的要点如图 3-16 所示。

美的电器（000527）
【公告日交易均价】9.46元/股
【停牌日收盘价】9.18元/股
【转股价】15.96元/股
【异议股东现金选择权对价】10.59元/股
【主营业务】大家电

美的集团（000333）
【发行价】44.56元/股
【转股比例】0.3581∶1
【优质资产注入】小家电、机电、物流
【主营业务】大家电、小家电、机电、物流

美的集团与TCL整体上市方案比较
① 集团资产更优
② 未大幅扩容
③ 转股价格和现金选择权定价更加合理、优厚、便于实施

图 3-16　美的集团整体上市方案要点

美的集团管理层在构建这次整体上市方案时，其设计原则和设计思想主要体现为以下两点。

第一，以优质而不是劣质资产注入并上市，体现美的集团做大做强公司、用心经营企业的真实意愿。

相比发达国家的成熟市场，我国资本市场仍显得不够成熟、不够完善，缺陷较多。一个重要的体现是，在再融资市场或整体上市过程中，上市公司的控股大股东（即母公司，一般为集团公司）并不以企业价值最大化为目标，而是想方设法将母公司相对较为劣质的资产注入子公司即上市公司，如此下去，必将降低再融资的资产质量，并降低上市后公司的整体盈利水平，导致公司股价长期萎靡不振，在低位徘徊。这其实表现了公司管理层或控股大股东的在管理上不积极，不用心经营公司，在融资方面想"办法"盘剥社会公众股东的一种不良心态。

然而，在美的集团整体上市案例中，管理层并未遵循我国资本市场中多年来形成的"惯例"，而是反其道而行之，将众所周知的集团内最核心、最优质的小家电、物流、机电等类资产悉数拿出，注入上市公司，与其实施换股合并。这既让证券业内人士颇感吃惊，也使广大投资者对美的集团优质资产即将带来的良好公司业绩而充满期待。

美的集团整体上市中对资产的优化配置和实践充分证明：在我国资本市场上也不乏这样的上市公司，他们在用心经营，用真实、优良的业绩做大做强公司，提升企业价值，回报股东。用核心优质资产并购、替换原上市公司质量较差的劣质资产的这一运作方式，是美的集团在我国资本市场上的一次金融创新，方案的实施和实践赢得了广大公众投资者的欢迎、赞誉和尊重。

第二，以高溢价换股的方式尊重、保护广大社会公众股股东。

我国资本市场上流通股股东即广大中小投资者，一般被公司大股东称为"股民"，即为股市投机者。上市公司大股东对流通股股东，多缺乏应有的尊重。不仅对其融资"圈钱"，甚至想办法予以"盘剥"。

而此次美的集团整体上市，更多地体现了公司大股东即管理层对广大流通股股东的尊重和体贴。这表现在换股吸收合并方案中对流通股股东的换股行权对价上，甚至包括异议股股东的现金选择权定价的价格设计。这两个关键性的对价方案采用的是高溢价方案设计，分别高达69.7%和15%，这在我国资本市场上的并购实践中是绝无仅有的。设计的对价方案一经公布，立即在资本市场引起强烈反响。

新任董事长方洪波对此设计方案表示："我们设计如此高溢价的对价行权方案，就是要给广大中小投资者一个大'实惠'，充分表明公司大股东和管理层对多年长期持有我公司股票的广大投资者的尊重和关心，坚定他们长期持有我公司股票的信心。"同时，高溢价换股、回馈流通股股东也说明集团公司业绩非常优秀，足以保持在溢价换股合并后，公司的业绩能够长期稳定、快速发展。

美的集团的高溢价换股方案设计,不仅创造了我国资本市场的一个纪录,同时也使后续的整体上市公司在设计整体上市方案时,须仔细掂量:该如何行权定价,才能保证既发行成功,又充分尊重广大公众投资者?

五、美的集团整体上市的市场反应和方案评析

场景四

"复牌"后沸腾的股市

2013年4月2日,仲春时节的南国花城——广州。在广发证券珠江路营业部大厅,人头攒动,沸沸扬扬,大家紧盯着各自的电脑交易屏幕,等着大盘开盘。同时,他们也在热烈地讨论:今天可是美的电器复牌的日子,等了快八个月了,终于要复牌了……

老客户吴江兴冲冲地说:"复牌涨停是没问题的,但美的有几个涨停呢?我估计有三个涨停就可以了。一般公司发生重大并购,也就开盘三个涨停吧。"

新来的小张说道:"我看不止吧!美的集团可跟别的公司并购不一样哟。他们公司给了流通股股东那么高的换股对价,这在以前是从来没有过的,大家正高兴着呢。在兴头上,我看五个涨停都挡不住……"

一向沉默寡言的唐谣走过来,对大家慢慢地说道:"不要高兴得太早了,我炒股炒了这么多年,没见到几个真心为投资者谋利、用心经营、持续发展的公司,估摸着美的也会跟其他公司一样,先给些'甜头',然后再想办法'圈钱'融资,这个我见多了。如果我要有美的股票,一两个涨停板我就抛了……"

终于股市开盘了。美的电器股票直奔涨停,且死死钉住,市场一片欢呼。交易大厅内,大伙还在一边看着电脑屏幕,一边热烈讨论着……

思考题:

9. 在长达八个月的停牌后,美的电器于2013年4月初复牌,如果你是一位中小投资者,面对复牌当天的涨停,你是抛还是留?请说明理由。

10. 沉默寡言的唐谣近年来一直看淡股市,你认为原因是什么?是市场因素还是制度因素?你同意他的观点吗?请说明理由。

1. 美的集团整体上市的市场反应

以时间区间（2012年8月24日—2013年8月14日和2013年9月18日—2013年12月31日）为观察区间，我们观察、分析原上市公司美的电器（000527）停牌、复牌和集团公司美的集团（000333）新上市到2013年底期间的市场反应和表现。

1) 美的电器（000527）

集体上市方案发布前，美的电器在2012年8月24日停牌，公告"将进行重大资产重组事件"，停牌日收盘价收于9.18元/股。

在将近8个月的停牌后，美的电器于2013年4月1日复牌，在此期间，公司公布整体上市方案，受到证券市场和广大投资者的热烈欢迎和期待。复牌首日，股票迅速涨停，后三日又连续涨停，仅仅四个交易日，股票已经从停牌的9.18元/股快速上涨至13.50元/股，涨幅达46%，在最终换股停牌退市前的2013年8月14日：股票收于14.02元/股，四个月的股市交易、震荡期间，最高曾上冲至15.05元/股，逼近换股行权价的15.69元/股，充分表明公众投资者对换股方案及持有美的电器股票的信心。美的电器（000527）在二级市场的表现见图3-17。

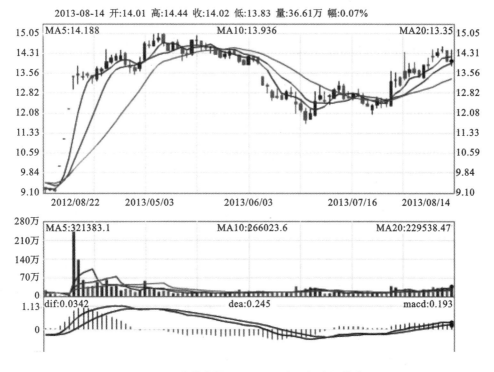

图3-17 美的电器（000527）在二级市场的表现

2) 美的集团 (000333)

美的集团换股成功，于 2013 年 9 月 18 日复牌上市，置换原美的电器 (000527)，当天开盘 40.5 元/股，报收于 42.24 元/股，在随后的三个月中，股价冲高至 52 元/股，至 2013 年 12 月 31 日，全年报收于 50.00 元/股。从美的集团整体上市后的市场表现（见图 3-18）来看，说明证券市场及广大公众投资者充分接受、认可此次换股吸收合并方案，许多投资者表示充分相信美的集团的经营能力和增长潜力，将长期坚定持股。

图 3-18　美的集团 (000333) 在二级市场的表现

2. 美的集团整体上市方案评析

21 世纪以来的十几年间，我国资本市场上发生过数起整体上市案例，以 2003—2004 年的 TCL 集团整体上市和 2012—2013 年的美的集团整体上市这两个案例影响最大，社会关注程度高，对金融市场的启示创新作用也最大。如前所述，美的集团整体上市与 TCL 整体上市在模式上有着较大不同。这些不同之处既体现了我国资本市场十几年的快速发展，也体现了美的管理层在设计整体上市方案时的金融创新、与时俱进并在善待社会公众投资者方面的细致用心。我们从三个方面对这次整体上市方案予以探讨和评析。

首先，整体上市对公司股东价值的影响。目前来看，在美的集团之前，包括 TCL 等在内的几家整体上市公司，上市后的公司业绩不如以前，每股盈利 EPS 并无增厚甚至被摊薄，股价与市场形象也不乐观。如此结果的主要原因在于公司整体上市的资产质量不如原上市公司，这必然带来业绩的下滑。整体上市是否增加原有上市公司的股东价值取决于集团所注入的资产带来的资本报酬率（ROIC）是否高于公司的加权平均资本成本（WACC）。如果 ROIC 高于 WACC，则注入资产后将为公司带来经济增加值，亦即创造了股东价值，反之则不然，即

$$ROIC（注入）＞ROIC（原有）＞WACC（公司）$$

截至 2012 年 8 月底美的电器公告停牌，美的集团非上市的小家电、物流、机电等三大板块的 ROIC 为 15.56%，而上市公司美的电器的 ROIC 为 8.83%，公司的资本成本 WACC 为 7.45%。因此，在集团整体上市前，形成了一个清晰的、良性循环的资产质量不等式：

$$ROIC（集团，15.56\%）＞ROIC（电器，8.83\%）＞WACC（7.45\%）$$

实际上，2012 年是上市公司美的电器产业转型的"瓶颈"期，EPS 为 1.03 元/股，低于预期，盈利能力下降。营业收入 680.7 亿元，大幅减少，同比下降 26.9%，其中内销下降 46.2%。归母公司净利润 34.77 亿元，同比下降 6.20%；扣减后公司净利润 34.15 亿元，同比下降 9.1%。

因此，在美的电器困难的转型面前，集团公司整体上市，注入优质资产，不仅挽救了上市公司的困境，也可极大地增加公司和股东的权益价值，受到证券市场业内人士和广大投资者的充分肯定。

其次，美的集团上市方案不同于我国资本市场已经发生的几例整体上市案例，它没有选择 IPO 或增发等融资方式去大幅度扩容，而是仅仅换股吸收合并，这减少了市场的很多担忧，增强了对公司集中优质资产做大做强的强烈期待与信心。

最后，整体上市方案对价合理，远超市场预期。集团重组方案显示，以美的电器换股公告前 20 个交易日的均价 9.46 元/股为基准，给予公司参与换股股东 68.71% 的溢价，确定换股股价为 15.96 元/股，美的电器异议股东（即未参与换股）可以选择所持有的美的电器股票按照 10.59 元/股的价格全部或部分申报行使现金选择权（溢价率达 12%）。实际上，按 2012 年 8 月 25 日宣布停牌重组时的收盘价 9.18 元/股计，股东换股价和现金选择权行权价溢价率分别达 73.9% 和 15.4%，如此高的换股和选择权溢价率在我国资本市场是绝无仅有的。

总之，美的集团整体上市方案集中体现了公司管理层精心设计、精心运作，尊重广大投资者，做大做强的设计初衷和良好意愿，也是我国整体上市方案的一次创举。

六、美的集团整体上市对我国资本市场金融创新的全新探索

1. "重大无先例事项"催生出我国首例无融资整体上市公司

综观我国资本市场上已经发生的几起包括 TCL 集团、武钢集团在内的整体上市案例，这些集团无不在上市的同时大规模融资，尤其以 TCL 集团为代表。原上市公司 TCL 通讯仅占集团资产很小的一部分，而 TCL 集团以近 14 倍的扩容规模压倒性上市，如此大规模扩容上市引起了市场和投资者的疑惑和不安：是不是以上市为名，行融资之实？如此大的融资规模，如何保证融资上市后的资产质量？

而美的集团整体上市开创了我国资本市场无融资上市的先河，这也是此次整体上市被证监会认为"重大无先例事项"的缘由。美的集团整体上市的首创意义在于，一方面，可以消除资本市场上一见"上市"或"整体上市"即认为是融资、圈钱的担忧，完全可以不为融资而上市。而且，原上市公司抑或后上市的集团整体，其资产质量与企业盈利能力多为市场所普遍了解。因此，对这种无融资的上市新模式，资本市场的普遍反应是：少了许多担忧，多了许多期待。

另一方面，正如美的集团新任董事长方洪波所言："选择换股吸收合并方式，可以避免集团内部管控架构的大规模调整。"这也是快速成长型企业寻求稳定、持续增长的重要考量，是企业逐步走向成熟的标志。稳健、谨慎并不盲目扩张，多为世界型大公司追求"长寿之道"、持续经营的不二法门，美的集团的上市和发展充分说明了这一点。

2. 首创我国资本市场上非上市公司换股吸收合并上市公司的先例

与其他整体上市模式尤其是大量发行上市的 IPO 模式不同，美的集团整体上市模式是换股吸收合并方式，相对于其他整体上市方式，这一模式更受市场和广大投资者期待和欢迎。

3. 反向注入优质资源

在我国资本市场上，股市被投资者形象地比喻为"圈钱市"，主要是许多上市公司成为向其控股大股东即母公司定向输血的"圈钱机"。而这次美的集团却反其道而行之，不但没为自己"输血"，而且还在旗下上市公司困难之时，及时伸出援手，将整体优质资产注入，为其"补血"。

众所周知，在美的集团的四大产业板块中，原上市公司美的电器的大家电业务，由于市场竞争激烈而利润不断趋薄，产业陷入发展"瓶颈"。而集团内的其他三项产业板块即小家电、机电和物流，则是集团的主要利润增长点。将一大块优质资源即"香饽饽"拿出来与全体社会公众股东分享，无疑需要集团高层具有极大的魄力和勇气，不仅要顶住集团内部一些既得利益者的"私心"，同时还要坚定社会公众股东对重组后公司持续增长的信心，不辜负资本市场对优质上市公司盈利能力的热切期待。这种反向注入优质资源而整体上市，提升上市公司业绩厚度的方式，开创了我国资本市场并购的先河。

4. 以优质资产溢价补偿股东，切实保障公司中小投资者的利益

与我国资本市场上发生的多起并购重组案例不同，此次在并购实施中，美的集团给了公司中小股东丰厚的溢价行权和补偿，这在国内资本市场中也属首次。美的电器停牌后最终形成的对价方案，是非常有利于社会公众股股东的，远超TCL集团、武钢集团等公司的整体上市方案。集团以15.96元/股的价格换取流通股股东所持有的美的电器股权，对应的静态PE（市盈率）为15.5，动态PE（市盈率）为12.7，相对于停牌前20日市场价的169%，远高于家电行业龙头企业估值。集团发行价44.5元/股，对应的动态PE为11.0，与家电行业龙头企业当前估值持平。相对于小家电、物流和机电等产业的静态市盈率PE为12.2，动态市盈率PE为8.4，如此定价并换股，有利于流通股即社会公众股股东。对于不参与换股的异议股东，也有丰厚的现金选择权对价，即10.59元/股，相比美的电器公告停牌日的9.18元/股，溢价率达15.4%，表明公司管理层对异议股东自由选择权的充分尊重。

这种在整体上市方案中明确指定的高溢价行权对价，实际上是资本市场上的一种无风险套利机会，起到保护投资者的实际作用。在我国股票市场近年来并无多大起色，许多公司并无善待投资者诚意的大背景下，美的集团无疑带给市场一缕春风、一抹亮色。它展现了集团公司尊重、善待投资者，努力做大做强，保持公司持续稳定、快速增长的坚定决心。

七、尾声

美的集团整体上市是我国非上市公司通过换股吸收合并上市公司进行整体上市的首例，催生出了我国第一个无融资整体上市公司。该案例为我国证券市场探寻如何整体上市提供了一个典范、一个重要的参考模式。

> **场景五**
>
> **老骥伏枥，志在千里**
>
> 　　2012年8月26日，一抹夕阳映照在广东美的集团办公大楼巨大的连体建筑上，留下夏日中一片灿烂的阳光。在办公楼一面临街的窗台边，一位老者正远眺繁华的南国中心城市广州，不远的将来，地铁相通，来往便利，真是一个辉煌、壮丽的前景啊！目光回收，近处是老者奋斗大半生、呕心沥血掌舵数十年，像亲生孩子般的美的集团啊！一草一木、一砖一瓦，都亲切得如同会说话、会呼吸一般。海风拂过，一派生机盎然的景象，每一位职工的笑脸都历历在目，都那么可亲，那么温馨！这位老者就是美的集团董事长、掌舵人何享健。他想，都70岁了，今天终于退下来了，由年轻人去勇挑大梁了。集团给他们提供了一片广阔的天空，由他们去飞翔、驰骋吧，他们是公司的未来，集团美好的明天将由他们来创造。
>
> 　　夕阳照在何享健魁梧的身材上，身后留下一个长长的影子……

思考题：

11. 如果你是新任董事长，该如何决策美的集团整体上市后的未来发展之路？

　　美的集团整体上市案例提供了一个难得的在我国资本市场认识整体上市原理尤其是换股合并、吸收合并方式的样本，是股市中尊重投资者、寻求价值投资的典范。该公司在整体上市过程中诸多金融创新政策实际上源于公司创始人、原董事长何享健和新任董事长方洪波对公司投资者一个庄严的承诺——"以公司优质资产创造盈利能力回报投资者"。随着公司创始人何享健的退休离去，新董事长方洪波接班上任，表明公司领导层的代际交替非常平稳、正常，并令人充满期待。方洪波接班董事长的两年来，公司的发展也充分证明了这一点。当前公司主营业务收入持续增长，规模不断扩大，产业结构合理且完整，已成为我国规模最大、品种最齐全的家电上市公司，并成功跻身全球家电三强行列。但家电市场是一个完全开放、充满挑战与激烈竞争的市场，如何在云谲波诡、充满竞争和风险的世界家电市场中站稳脚跟，百尺竿头更进一步，以自身的竞争优势和实力重铸辉煌，领先于世界家电市场，是摆在公司管理层和广大投资者面前的一个重要课题。我们相信，通过集团公司全体员工的艰苦努力和共同奋斗，"美的"品牌和美的集团必将共同创造更加辉煌的未来。

案例五　背景与使用说明书

案例六

奇虎 360 回归 A 股之路

摘要：随着经济全球化的发展和中国经济实力的增强，到国际资本市场融资发展的中国企业的数量与日俱增。特别是美国行之有效的市场运营和相对透明、宽松的上市条件，吸引着众多的国内企业。曾几何时，走出国门，赴美上市是多少企业掌门人日思夜寐的梦想。然而，古语有云："物极必反"。2008 年以来，金融危机、做空机构突袭、市场环境等负面问题让在美中国企业深受其害，中概股开始一蹶不振。一时间，中概股大有集体从美股出逃的架势，2015 年，从美国出逃的大军中加入了一个互联网"巨头"——奇虎 360。本案例正是围绕着奇虎 360 从 2011 年赴美上市到 2015 年决定私有化，开启回归 A 股的资本之路展开，讨论了奇虎 360 在美遭遇做空时的困境、决定退市私有化、拆除 VIE 结构、回归 A 股方式以及展望成功回归后的前景等问题，以期引起人们对中概股（中国概念股）回归的理性认识。

 场景一

周鸿祎的"闲暇"和思考

2015 年 6 月的一个傍晚，夜幕慢慢笼罩了奇虎 360 公司的办公室，董事长周鸿祎仿佛一座雕塑坐在办公桌旁，思绪回到了四年前。那时，他带领刚成立五年的奇虎 360 "仰天大笑出门去"，公司上下尽享在纽交所敲钟时的喜悦，2.256 亿美元的募集资金让奇虎 360 成为融资神话，奇虎 360 被评为当年中国企业在美最成功的 IPO 交易之一似乎也在人们意料之中。

然而，正当周鸿祎沉浸在奇虎 360 上市后的美好中时，现实却给了他当头一棒。上市仅三个月，中概股便集体陷入了困境，大大落后于中美两地市场。"屋漏偏逢连夜雨"，2011 年 11 月，奇虎 360 遭遇美国做空机构香橼

"突袭",前后连续七次被唱空,这期间虽然对奇虎360并没有造成多大的打击,但如此频繁的做空还是让周鸿祎心力交瘁。残酷的现实并未结束,从2015年开始,奇虎360的股价便持续走软,最高股价104.81美元,最低时股价近乎"腰斩",跌至44.56美元。与此同时,奇虎360华丽业绩单的背后市盈率却停留在40倍上下,市值在美被严重低估。

"滴答,滴答",时针指向了八点,周鸿祎从追忆中回过了神,此时的奇虎360已经走到一个十字路口,后面该如何发展?是时候做出一个选择了。整理了一下思绪,周鸿祎缓缓打开了电脑,啪啪的打字声在这个寂静的夜晚显得格外清晰。不一会,公司内部员工便收到了一封可能决定公司命运的邮件:奇虎360决心从美私有化退市。至此,奇虎360开启了回归A股的漫漫长路。

一、引言

中国概念股,简称中概股,是指在国内注册、在国外上市的公司或虽在国外注册,但业务和关系在中国大陆的公司的股票。随着改革开放以来经济的高速发展,中国企业的实力也今非昔比。在企业成长和发展的过程中,资金是不可或缺的"血液",融资已成为企业的必然要求。由于美国资本主义市场较为成熟,具备更健全的股市和更专业的全球化投资者,金融体系服务全面等优点使之成为我国企业在外上市的首选地之一。我国企业在美上市主要有两种途径:IPO上市和反向收购转板上市。截至2012年,超过550家中国企业在美成功上市,展示了中国企业在美上市的热闹场景。

然而好景不长,曾经在华尔街红得发紫的中概股却出现了"跌跌不休"的现象。2011年起,在美的中概股陷入信任危机,"停牌""退市""财务造假"等负面新闻层出不穷,引发了投资者的不安,许多中小中概股的股价直接腰斩,中概股瞬间变成了"重灾区"。此外,由于做空机制在美国普遍存在,许多中国在美上市企业遭受香橼、浑水等做空机构的"唱空",不少中概股倒在了做空机构"猎杀"的血泊中,奇虎360与香橼机构的七次交锋就是一个很好的例证。2015年,分众传媒打响了中概股回归的第一枪,成了首个成功在美退市回归A股的企业。此外,暴风科技、巨人网络、完美世界等企业也相继私有化归国,此时此刻的奇虎360也已经走在了回归的路上。

二、奇虎360简介

1. 奇虎360的神圣使命——让每个人都有安全感

2005年9月,年仅35岁的"红衣主教"周鸿祎创办了奇虎360公司,正是这位激情与实力并存的北方"硬汉",在此后几年带领奇虎360成为中国最大的互联网安全公司。作为中国互联网安全服务第一品牌,奇虎360利用互联网核心安全技术,依托大数据和云计算,不断推出拥有极致体验的软硬件产品,360安全卫士、360杀毒、360安全浏览器、360手机卫士等系列产品面市以来,好评如潮。业内领先的技术实力和创新的商业模式使得中国互联网安全达到了新的高度。正如它的广告词那样:"360,让每个人都有安全感"。

奇虎360在成立当年即获得了"年度最具成长性公司"的荣誉称号,这也表明网民对奇虎360式"安全"的肯定。在随后的几年时间,奇虎360立足于安全发展,不断地推陈出新,推出的新产品受到了网民的一致信赖与推崇。一时间,唯用户与安全至上的奇虎360声名远扬,其业务发展情况见图3-19。

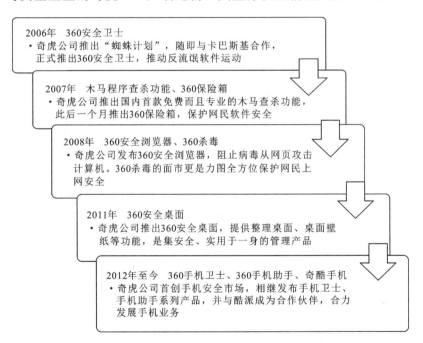

图3-19 奇虎360业务发展图

从成立之初到现在,奇虎360就没有停止过前进的脚步。2006年,奇虎360与国际知名杀毒厂商卡巴斯基建立了合作伙伴关系,正式重磅推出360安全卫士,有效地遏制了木马泛滥的趋势。2008年初,360安全浏览器登陆中国市场,其采用的全球首发"沙箱"技术,能很大程度上防止木马病毒从网页客户端对计算机发起攻击，奇虎360也凭此一度成为国内安全领域的翘楚。同年8月，与国际顶级杀毒厂商合作推出了终身免费的杀毒软件——360杀毒，将安全这一网络基础服务进行到底。

2010年，360杀毒年仅5岁，其活跃用户规模超过一亿。2013年伊始，奇虎360开发的良医搜索进入互联网市场，这个拥有专业的医疗、卫生、健康信息的子垂直搜索引擎深受网民的信赖。此后短短几个月，奇虎360国际版产品正式推出，标志着奇虎360正式开启国际化进程。2015年，随着国家"互联网＋"战略的提出，奇虎360开始迈向智能化的万物互联新时代，通过持续的智能创新，奇酷手机、360儿童手表、360智能摄像机、行车记录仪及安全路由器等一系列智能产品均成功研发并面市，公司运营战略变得多元化，实现了利用互联网连接千家万户的目标。奇虎360依靠这种战略性的裂变式发展，实现了计算机和移动网络用户的全方位覆盖，已无可争议地成为国内互联网安全领域的"领头羊"。

2011年，创新成为未来世界互联网发展的主旋律。作为当前互联网安全领域的先驱，奇虎360从诞生之日起就一直是创新的领导者和实践者，可以说奇虎360身上流淌着创新的血液。作为一家网络安全公司，奇虎360却把360杀毒、360安全卫士等主要产品设计为免费产品，甚至做出永久免费的承诺，这本身就是一次大胆的创新。"生命不息，创新不止"，周鸿祎在业界内的嘲笑声中毅然提出了"微创新"理念，通过用户体验创新、商业模式创新和产品创新，奇虎360重新定义了互联网安全。

截至2011年在美上市，奇虎360每月的活跃用户数已经超过3亿（见图3-20），360杀毒的"免费"为其积攒了大量的用户，这为公司的赴美上市发展种下了一颗希望的种子。

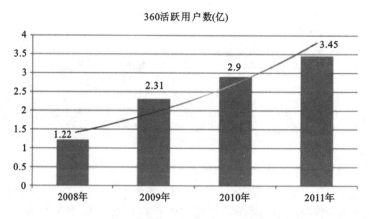

图3-20　上市前奇虎360月活跃用户数

2. 雄赳赳赴美上市

2011年3月30日晚，成立不到六年的奇虎360公司在纽约证券交易所正式挂牌交易，证券代码为"QIHU"。在IPO（首次公开招股）的前一天，奇虎360将股票发行价格上调至每股14.5美元，发行了共计1211万股美国存托凭证股票（ADS），募集到资金2.256亿美元。上市当日开盘价为27美元，较14.50美元的发行价大涨134％，最终当日的收盘价达到34美元，成为继百度（上市当日涨幅354％）和优酷（上市当日涨幅161％）之后上市当日涨幅第三大的中国互联网在美上市公司。

根据公开招股书，IPO后奇虎360董事长周鸿祎以18.61％的持股比例稳居第一大股东，总裁齐向东则以10.76％的持股比例成为第二大股东。奇虎360其他投资者中，高原资本持股15.91％，红杉中国持股8.5％，鼎晖投资持股6.7％，红点投资持股4.37％，360安全中心网络安全专家石晓红则持股3.78％。而奇虎360内部员工持有的普通股达到3800万股，持股比例高达18.3％（如图3-21所示）。这样一来，奇虎360公司和投资机构的持股比例基本均衡，起到了相互促进、相互制约的作用。

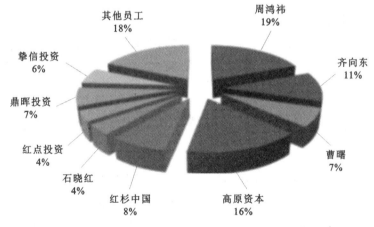

图3-21　奇虎360股权结构（IPO后）

奇虎360成功在美上市离不开其靠"免费经营"得来的三亿忠实用户及因这三亿用户而存在的广大商业价值，这为它以后的发展和盈利创造了无限的可能；同时，这也是打动美国投资者的关键所在，在各大机构均看好奇虎360的背景下，它上市当日的大涨也显得理所应当了。

奇虎360并没有像其他海外企业一样，上市圈钱后不思进取，而是在保持原有业务的基础上，努力发展自己的新业务。充分研究思索如何把360杀毒、360安全卫士等免费软件积累的庞大用户量转换成公司效益。图3-22展示了360上市前后收入和利润的变化。奇虎360在创造盈利、回报投资者的同时，企业本身的经营业绩也有了明显的提升。

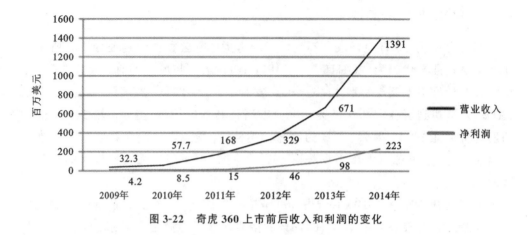

图 3-22 奇虎 360 上市前后收入和利润的变化

奇虎 360 营业收入和净利润的显著增加主要得益于业务的扩张。2012 年，奇虎与当时全球第二大笔记本电脑供应商 Acer 合作，将自己在互联网安全方面的经验与 Acer 电脑硬件的设计结合起来，打造出软硬件结合的新体系，这无疑提高了奇虎 360 的声誉和市场占有率。在此之后，随着旅游业的日益发展，奇虎 360 又开发出 360 旅游导航网站，并与携程、途牛、去哪儿网等倾力合作，业绩又有了一个新的上涨期。2013 年，360 搜索与《人民日报》旗下的即刻搜索成为战略伙伴，联合抵制虚假医疗广告和虚假网址，为以后的发展夯实基础。正是奇虎 360 不懈的合作竞争给予了投资者莫大的信心，优秀的业绩使得股价一路飙升。

三、"杀手"香橼机构简介

香橼研究公司（Citron Research）是美国一家影响较大的第三方做空机构。该公司成立于 2001 年，现已成为美国最长寿的独立调查机构、做空机构，因屡次"唱衰"中概股造成相关公司股价暴跌甚至摘牌而闻名。公司创始人及唯一正式员工是安德鲁·莱福特。早年间，22 岁的莱福特大学毕业后进入了一家期货公司工作，短短几个月后，公司就由于不正当的行为而遭到惩罚，所有的员工被禁止继续在期货行业从事交易业务。无奈之下，莱福特便进入证券市场，并于 2001 年独自创办了股票柠檬（Stocklemon）网站，全职从事股票做空调查。柠檬在英语中常代指有瑕疵的劣质品，这也体现了办做空网站的初衷，随着公司的名声大噪，莱福特愈发感觉这个名字太直接了，所以用了法语柠檬（Citron）代替，发展到现在，便成了令人望而生畏的香橼研究公司。

在美国，香橼及类似的做空机构通常通过以下流程来实现做空目的：首先，搜寻做空目标并收集证据，做空目标多集中于股价较高、企业高管 CEO 频繁离职、未聘用四大会计师事务所提供审计服务的企业；其次，通过分析企业财务报告等公开信息或走访、暗访调查企业客户和经销商等方法，以此为突破口，发现企业造假情况并发布做空报告；最后，做空者与被做空企业进行博弈，未能及时披露信息的企业只能吞下失败的苦果。

2006年，香橼的做空注意力开始从美国本土公司转移到中国概念股企业并针对中国科技发展集团发布了第一份质疑报告，此后的6年间，香橼共发布了150多份做空报告，先后狙击了20多家在美上市的中国公司，其中16家公司的股价跌幅超过80%，7家被迫退市，这让尝到甜头的莱福特对做空中概股乐此不疲。

香橼做空机构的"成名作"是对东南融通的猎杀。2011年，香橼发布报告，质疑在纽交所上市的东南融通涉嫌财务信息造假，称其远远超过竞争对手的利润率，且达到了令人难以置信的地步。东南融通虽对此质疑进行了反击，但由于公司没能及时公布2010年第四季度财报及全年财报而全盘落败。一个月后，东南融通被纽交所停牌，成了被做空机构"猎杀致死"的首家通过IPO方式在美上市的中国公司。除此之外，被香橼机构成功猎杀的企业还有中国高速频道、中国生物等。

四、奇虎遭遇香橼"奇袭"

2011年，上市后的奇虎360继续自己发展的脚步，以360杀毒为起点，360安全卫士、安全浏览器、手机安全软件等产品予以辅助，制定了清晰明了的战略，不断提升自己的品牌力量。此外，奇虎360奉行合作的精神，积极与其他领域的厂商进行合作，在涉足自身不熟悉领域的同时，与合作伙伴共享360的流量、品牌，实现合作共赢。在用户与合作伙伴的青睐与支持下，奇虎360的业务有了突飞猛进的发展，盈利水平也居高不下。但正是这令人眼红的业绩被香橼看在了眼里，不久，如图3-23所示的一份份做空报告接踵而至。

2011年11月1日，香橼抛出了对奇虎360的第一份做空报告，声称奇虎360对未来制定了过高的标准，对未来的期望不切实际，并且为了赢得更高的市值夸大了其在华尔街的业务。受香橼做空报告的影响，奇虎360当日股价下跌2.29美元，跌幅11.35%。面对香橼来势汹汹的做空，刚上市还处于"婴幼儿"阶段的奇虎360有些始料未及，然而颇具戏剧性的是，香橼针对奇虎360的第一份报告漏洞百出，甚至还把奇虎360的上市地纽交所写成了纳斯达克，这不禁让人贻笑大方，掌门周鸿祎更认为香橼"不懂中国互联网"。随后几日，奇虎360一一回应了香橼的质疑，稳住了股价。但令周鸿祎没想到的是，这次交锋只是奇虎360与香橼"结缘"的开始……

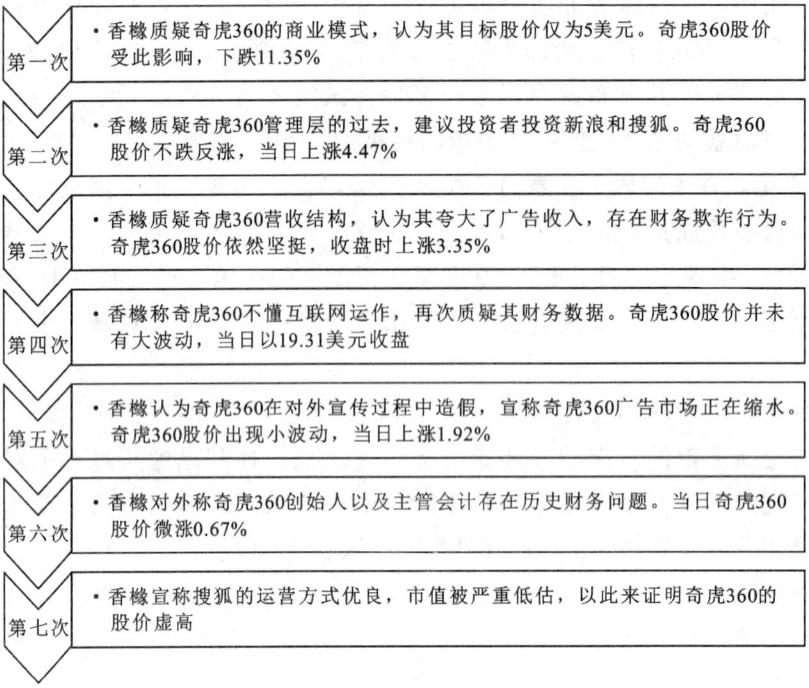

第一次	• 香橼质疑奇虎360的商业模式,认为其目标股价仅为5美元。奇虎360股价受此影响,下跌11.35%
第二次	• 香橼质疑奇虎360管理层的过去,建议投资者投资新浪和搜狐。奇虎360股价不跌反涨,当日上涨4.47%
第三次	• 香橼质疑奇虎360营收结构,认为其夸大了广告收入,存在财务欺诈行为。奇虎360股价依然坚挺,收盘时上涨3.35%
第四次	• 香橼称奇虎360不懂互联网运作,再次质疑其财务数据。奇虎360股价并未有大波动,当日以19.31美元收盘
第五次	• 香橼认为奇虎360在对外宣传过程中造假,宣称奇虎360广告市场正在缩水。奇虎360股价出现小波动,当日上涨1.92%
第六次	• 香橼对外称奇虎360创始人以及主管会计存在历史财务问题。当日奇虎360股价微涨0.67%
第七次	• 香橼宣称搜狐的运营方式优良,市值被严重低估,以此来证明奇虎360的股价虚高

图 3-23 香橼七次做空奇虎 360

2011 年 11 月 15 日,香橼发布对奇虎 360 的第二份做空报告,质疑奇虎 360 管理层的过去,并建议投资者更多关注搜狐和新浪。但报告发出后,市场并不买账,奇虎 360 股票不跌反涨,当日收盘价上涨 4.47%。2011 年 12 月 6 日,香橼发布针对奇虎 360 的第三份做空报告,这份报告质疑 360 公司蓄意拔高了广告和游戏收入,存在财务欺诈,并一再认为 360 股价被过度高估。此报告一出,香橼遭到中国互联网行业的炮轰,奇虎 360 获得了诸多行业内公司的支持,并及时对质疑进行反驳,当日的股价也依然坚挺。仅仅过了两天,12 月 8 日,香橼再次质疑奇虎 360 在当年第三季度公布的财务报告,投资者认为香橼的第四份报告只是在第三份的基础上进行了加工,实际上并无杀伤力。奇虎 360 也称香橼这次质疑实为"最后的挣扎"。面对此次做空,360 股价并未受到影响,香橼做空再次遭遇滑铁卢。

2012 年,并未就此认输的香橼在奇虎 360 发布 2011 年第四季度及全年财报前夕,再度发布了针对奇虎 360 的质疑报告。在做空报告中,香橼再次质疑奇虎 360 财务造假,并提醒投资者"半真半假也是谎言"。奇虎 360 在这种老生常谈的质疑中发布了 2011 年第四季度财报,财报显示,奇虎 360 第四季度营收为 6230 万美元,同比增长 214.5%;归属奇虎 360 的净利润为 1500 万美元,同比增长 274.1%,均超过了市场预期,财报数据再一次打了香橼的脸,奇虎 360 股价上涨了 3.43%。

2012 年 3 月 16 日,在狙击中没有取得任何战果的香橼第六次发布做空报告,这一次,香橼将质疑矛头指向了奇虎360高层,质疑其高层存在丑闻和历史财务问题(指的是周鸿祎在先前创办的3721收入中造假),此次口水战中,香橼并未占到便宜,最终以奇虎360股价微涨0.67%的结局收尾。

2012年8月16日,奇虎360因为推出综合搜索而使其在美国证券市场的股价大涨,不过此举令奇虎360再次成为香橼的"猎物"。前几次做空战果欠佳的香橼此次改变了做空策略,由原来的直接攻击改为间接打击,即通过抬高其竞争对手搜狐的市值以期证明奇虎360的股价虚高。香橼发布报告鼓吹搜狐业务,称与奇虎360相比,搜狐被严重低估,在搜索方面,认为搜狐旗下的搜狗才是百度的最大威胁。但是这种迂回战术并未产生实效。奇虎360遭香橼做空时股价走势见图3-24。

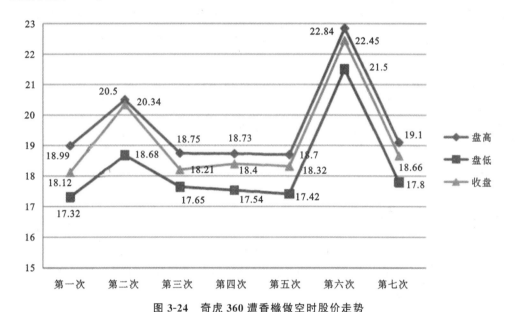

图 3-24　奇虎360遭香橼做空时股价走势

从图3-24股价走势看,奇虎360股价虽然有所波动,但总体保持稳定。奇虎360面对香橼的多次"猎杀",能够迅速积极反击,及时披露财务信息,并获得了社会第三方的声援。就这样,七次交锋,香橼最终落败。奇虎360成为继新东方、哈尔滨泰富电气之后,香橼唱空失败的第三家中国概念股企业。

五、"游子"思归,结束漂泊路

1. 萌生退意

2015年,在奇虎360十岁之际,掌门周鸿祎为其准备的贺礼是一份高达数十亿美元的私有化要约,这表明奇虎360决定启动私有化战略计划。奇虎360实施退市计划主要基于三个方面的考虑。一是香橼、浑水等做空机构的虎视眈眈让周鸿祎觉得身心俱疲，长期与其"交锋"显然不是长远之计。二是 A 股市场演绎的牛市盛宴。随着国内资本市场的活跃，A 股在半年时间内涨幅达 30%，以暴风科技为代表的创富神话令人羡慕不已。也正是由于目前在 A 股上市的互联网公司业绩斐然，奇虎 360 才选择借此时机退出美股。三是一个最重要的原因，周鸿祎在内部邮件内直言奇虎 360 目前 80 亿美元的市值并未充分体现公司价值，奇虎 360 赴美上市之后，营收和利润多年一直保持着 100% 以上的增速，但是在如此好的业绩下，奇虎 360 的股价却长时间不温不火，这不禁让中国第三大互联网公司奇虎 360 感到"委屈"。

2015 年 6 月 17 日，奇虎 360 公布公司董事会已经接到一份"初步"非约束性私有化要约，要约由公司董事长周鸿祎、中信证券、金砖资本、华兴资本、红杉基金等五大基金机构联合发出，该私有化财团目前控制了 18% 左右的股权和 43% 的投票权。2015 年 12 月 18 日，奇虎 360 宣布与买方团达成最终私有化协议。

对奇虎 360 而言，私有化不只是一场资本运作，更是一次可以"凤凰涅槃"的机会。奇虎 360 一旦回归 A 股，不仅将重拾本土优势，在踊跃参加国家计算机系统防护工作和互联网安全领域的建设中，会大幅度提升其 PC 端用户渗透率和手机用户渗透率。此外，也会为奇酷手机、智能硬件等新兴领域提供更多的机遇和广阔的舞台，市场前景将更加明朗。

2. "鏖战"私有化

奇虎 360 私有化的主要流程可细致分为 5 个步骤：

（1）买方财团向奇虎 360 公司董事会提交私有化方案，其中，私有化价格一般较市场价格有溢价。

（2）奇虎 360 成立由独立董事组成的特别委员会，对该方案进行评估，双方进行谈判并草拟合并协议。

（3）双方达成一致意见后，签订最终并购协议，随后向证券交易委员会（SEC）提交注册文件，包括初步投票委托书。

（4）奇虎 360 将 SEC 审核通过的投票委托书向股东发放，并在发放 20 天后召集股东大会并进行股东投票。

（5）股东投票通过后交易达成，奇虎 360 可从纽交所退市并注销在 SEC 的登记注册。

私有化是需要时间成本和金钱的资本鏖战，如果说私有化可能存在什么障碍，除了以上烦琐的程序外，那就是钱。在本次私有化中，奇虎 360 需要用 70 亿美元收购其他股东股票，用近 17 亿美元的现金赎回可转债。这笔巨额钱款将从何而来？

奇虎 360 私有化资金的来源如图 3-25 所示。四大买方财团可提供近 40 亿美元参与本次私有化。中信证券、金砖资本、华兴资本、红杉基金四大买方财团具有雄厚的资金实力，在互联网领域和境内外市场具有丰富的经验和资源，是本次私有化成功的强有力保障。招商银行和另外两家股份制商业银行共同提供 34 亿美元的银行贷款（其中包括 30 亿美元贷款和 4 亿美元过桥贷款）。360 核心管理层和公司员工共同募集剩下的约 15 亿美元资金。

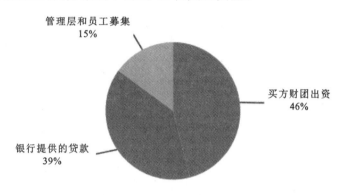

图 3-25　奇虎 360 私有化资金的来源

美国时间 2016 年 7 月 15 日，历经长达一年之久的鏖战，奇虎 360 正式宣布私有化收官，买方财团以每股 51.33 美元的价格收购了奇虎 360 全部已发行的普通股。私有化完成后，根据 SEC 文件披露：董事长周鸿祎的股份从 18% 提升到 22.3%，股份增加了 4.3 个百分点，而总裁齐向东的股份则从近 11% 下降到 2.2%，股份大幅度减持的背后在很大程度上与奇虎 360 收购旗下企业安全业务有关。不管怎样，今后纽交所再无奇虎 360 的公开交易股票，奇虎 360 与纽交所长达五年的"爱恨情仇"在此刻也烟消云散。

3. 归途中"披荆斩棘"

Variable Interest Entities（VIE）直译为"可变利益实体"，在国内被称作"协议控制"，是指境外离岸公司通过独资建立外商企业，借助 VIE 协议控制境内经营实体，成为境内实体的实际控制人。这种安排可以将境内运营实体的利益转移至境外上市实体，使境外上市实体的股东实际享有境内运营实体经营所产生的利益。通俗点说，VIE 结构就像一个"香蕉"，表面上是中国人经营国内业务，内层是境外股东实际控制经营利益与股权结构。

传统的 VIE 结构如图 3-26 所示，公司的创始人或管理团队与风险投资、私募股权基金以及其他股东共同设立一家境外公司，作为未来上市的主体，这家公司通常注册在开曼等避税天堂，这家上市主体在国内设立一家外商独资公司（WFOE），该 WFOE 与国内持牌公司签订一系列的协议即 VIE 合同，从而使得 WFOE 能够控制国内持牌公司并分享其利益。

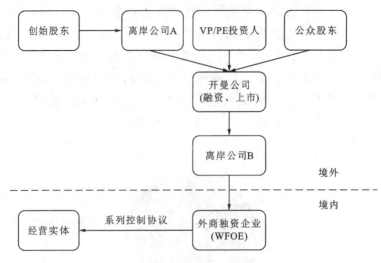

图 3-26 传统 VIE 结构

VIE 结构的实质是规避我国的外商投资限制和商务部审批等法律规范，其对中国一些新兴产业的发展做出了巨大的贡献，弥补了国内外商投资限制的缺陷，让不少互联网企业都发展起来，并且在海外成功上市。据统计，在美国上市的中国公司中，有 42% 的企业采用了 VIE 结构。其中互联网行业是 VIE 结构最密集应用的行业之一，自新浪 2000 年以 VIE 结构上市以来，共计有 40 家互联网公司采用 VIE 架构在海外上市（其中在美国就达到 36 家），总市值达 1600 亿美元。奇虎 360 无疑也在其中，VIE 结构为其上市融资起到了至关重要的作用。如图 3-27 所示，奇虎 360 联合股东在开曼建立奇虎 360 科技有限公司作为上市主体，该主体在中国香港建立 3 个离岸公司，其在北京独资成立的奇智软件有限公司通过 VIE 合约协议来控制境内实体公司。

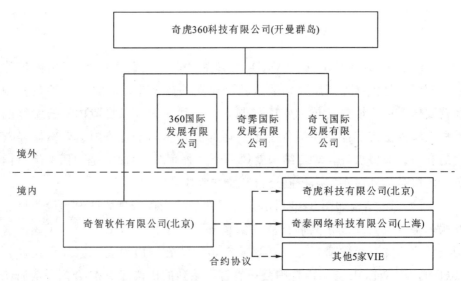

图 3-27 奇虎 360 的 VIE 结构

拆除奇虎360的VIE结构并不是终止合约协议那么简单，而是一个极其复杂的过程。首先，需要准备一个在国内上市的经营实体来重新放置奇虎360庞大的资产，这里面的工作涉及跟税务、工商的对接，需要处理的关系十分复杂。总之，想要完全拆除奇虎360复杂的红筹结构还需要花费时间，绝不是一朝一夕就能完成的，至于能否顺利拆除，我们将拭目以待。

六、重新上市的选择

1. 借壳上市风云起

在中国资本市场不断发展的情形下，从海外退市的公司回归A股重新上市的途径主要有三种：借壳上市、IPO（公开发行股票）和战略新兴板。与IPO上市相比，借壳上市优势明显。IPO排队等候的A股众多，无论是上市成本还是上市时间，借壳上市看起来近乎完美，而IPO实为下下之选。"香饽饽"战略新兴板被两会从"十三五"规划中删除，也就意味着这条对中概股公司最为便捷的上市途径被叫停。证券业从业人员称，此前临时调岗为战略新兴板准备的工作人员已经收到通知回到原来各自部门，战略新兴板从此成了一个遥遥无期的美梦。在战略新兴板"生变"被搁置以后，奇虎360的上市捷径似乎唯有借壳一条路了。

借壳上市（backdoor listing）是指上市公司的控股母公司（集团公司为非上市公司）通过将主要资产、业务注入已拥有控制权的上市的子公司中，来实现母公司上市的一种行为，通俗点说，就是通过资产重组，借助一个上市公司的"外壳"来达到本公司上市的目的。在这个过程中，选择一个好"壳"显得尤为重要，一个好"壳"可遇不可求，那么该如何挑一个好"壳"呢？机制转换不彻底，经营管理不完善，业绩表现不尽如人意，盈利性和成长性较差的公司更容易成为壳资源。经过对以往的壳资源的分析比较，具有以下特征的公司卖壳意愿更强。

① 保持上市资格，股价较低，业务规模和总股本较小，市值低，便于重组。

② 公司主营业务遭受重大损害或有显著困难，在市场上较为低迷，盈利能力较差。

③ 实质控制人为自然人，股权相对分散，第一股东持股比例小于40%。

④ 无法律纠纷、无违规、无遗留问题、无负债或负债较低的上市"空壳公司"，换句话说，这个壳非常"干净"。

在全国范围内，符合这些条件的"壳"少之又少，加上回国上市的公司青睐借壳上市，壳资源愈发紧张起来。2014年，证监会发布的文件《上市公司重大资产重组管理办法》给处在水深火热的借壳上市公司又添了一把火。该文件剑指借壳上市，提高了重组方的实力要求，并取消重组上市配套融资，延长新进股东的持股锁定期，进一步完善了公司控制权变更标准。此文件一出，市场中的"炒壳"行为大规模降温，其中的利益得失或许只有各公司亲身体验后才能明白。

2. "壳"选择大猜想

奇虎360这样的"巨无霸"公司一旦成功回归A股，极有可能带来股价的飞涨。"360壳概念"一时间被炒得火热，A股资本市场已迫不及待想要分食这场盛宴了。面对紧缺的壳资源，最终究竟会借哪只壳？甚嚣尘上的坊间传言甚至盖过了对奇虎360公司本身的关注。奇虎360在操作借壳上市时的难点主要是其千亿级的庞大体量，如果壳资源的规模太小，势必会影响奇虎360上市后的整体市值，这让"壳"的选择变得稍显局限。从与奇虎360存在多种股权关系的天津普林，到具有产业协同效应的波导股份，甚至股票代码里包含360的华微电子（600360）都跟奇虎360传出过"绯闻"，不过这些壳与奇虎360所需的庞大体量差距甚远。

在为数不多的壳资源中，最有可能因筹划与奇虎360进行重大资产重组的公司为以下6家，如表3-5所示。

表3-5 可能成为"壳"的六家公司

代码	简称	总市值（亿元）	停牌原因	主行业
002439.SZ	启明星辰	205.59	重大事项	信息软件与服务
002314.SZ	南山控股	131.8	筹划重大资产重组	耐用消费品与服装
002012.SZ	朗姿股份	150.92	重大资产重组	耐用消费品与服装
000982.SZ	中银绒业	148.37	重大事项	耐用消费品与服装
000975.SZ	银泰资源	162.24	重大事项	材料
000796.SZ	凯撒旅游	220.5	重大资产重组	消费者服务

表3-5所示的公司股票中，南山控股与集团旗下的另一家企业停牌时间一致，市场猜测其原因为筹划整体上市；朗姿股份在一段时间内通过并购持续在产业链上谋划业务转型；银泰集团的银泰资源是集团矿产资源业务的上市平台，因筹划重大资产重组事项于2016年4月19日起在深交所停牌；海航旗下的凯撒旅游于2015年11月借壳易食股份登陆A股，现由于资产重组已停牌多日；另外，中银绒业的控股股东中绒集团曾于2014年9月参与盛大游戏私有化，目前因合同约定调整其出资份额事项涉诉；启明星辰公司已停牌宣布收购信息安全标的，自身也是信息安全公司，可以达到奇虎360所需的资金要求，也比较符合奇虎360公司的利益，在这六个壳中的呼声也最高。奇虎360在美退市私有化完

成后，原本不被看好的波导股份又逐渐浮出水面，退市当日，波导股份的股价开始上涨，走势上很有被借壳的味道。

面对紧俏的壳资源，奇虎360管理层也并不是毫无准备。据悉，由于体量庞大，奇虎360回归A股时可能会选择分拆上市，即把消费者业务和企业安全业务拆分开来。业务拆分上市的同时，奇虎360整体庞大的体量也被一拆为二，不仅可以减少证监会审核时的麻烦，也可以使奇虎360的部分业务获得更高的估值。私有化完成后，奇虎360在北京迅速注册的"360网络安全有限公司"似乎也在为企业安全业务的上市做准备，由于奇虎360安全业务起步早，发展稳定，早些年在国内网民中积攒了良好的声誉，我们也有理由相信安全业务会优先于消费者业务回归A股。当然，在奇虎360借壳上市之前，一切还都只是猜测。

场景二

奇虎360的未来之路

2016年6月13日下午1：00，距离360手机品牌战略暨暑季Campaign发布会还有两个半小时，深圳体育中心发布会场却早已人山人海，炎热的天气并没有阻挡粉丝的热情，大家都在静候发布会的开始。

下午3：30，发布会如期开始，主屏幕上"360安全·无畏"这几个大字渐渐印入人们的眼帘，在全场粉丝的掌声和尖叫声中，身着红色上衣的"红衣主教"周鸿祎从幕后来到了粉丝的面前，脸上洋溢着的幸福微笑仿佛寓意着360手机未来美好的前景。随后的几个小时，会场交给了周鸿祎，会场内时不时爆发出的热烈掌声折射出了人们对360安全手机的憧憬。周鸿祎在回顾360手机发展历程的同时，给出了对未来360手机的展望，"360手机团队将以巨大的技术力量打造出安全、便捷的360手机，为用户提供无处不在的安全感……"一句句铿锵话语不绝于耳。"人生没有白走的路，每一步都算数，405天，360手机之路有成绩也有坎坷，只要做对用户有利的事，就一定会有所收获。"周鸿祎如是说。

此时此刻，奇虎360正在远渡重洋的归途中，假以时日，如果能够成功拆分上市回归A股，拆分后的奇虎360业务格局会做出怎样的改变呢？

七、"钱"景美好，筑梦A股

尽管奇虎360的中概股回归之路坎坷曲折，但国内还是普遍看好其上市后的股价走向。其在2012年和2013年保持着让许多公司望尘莫及的营业收入，

2014年更是迎来爆发，全年营业收入13.9亿美元，同比增长107%，主要得益于搜索业务的持续推进和移动端业务的高速增长，在线广告在2014年取得了81%的同比增长，伴随着手游在线增值业务收入全年实现同比142%的增长。2015年，奇虎360似乎没有受到私有化的影响，虽然增长势头稍有下滑，但营业收入还是一路高歌猛进，达到18.05亿美元。这样的"巨无霸"公司如果回归A股上市，估值可达2000亿元，更有希望冲击3000亿元，这样靓丽的估值足以让奇虎360站在中国互联网的巅峰，供同行仰视。奇虎360在2012—2015年的营业收入见图3-28。

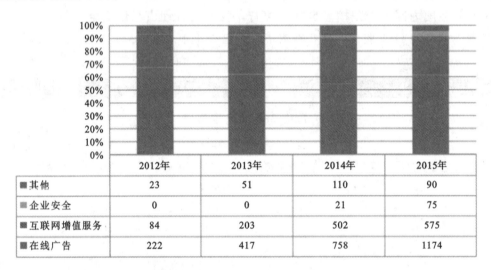

	2012年	2013年	2014年	2015年
■其他	23	51	110	90
■企业安全	0	0	21	75
■互联网增值服务	84	203	502	575
■在线广告	222	417	758	1174

图3-28 奇虎360在2012—2015年的营业收入（百万美元）

由图3-28可以看出，公司广告收入增长迅速，虽然盈利能力的增长势头略有下滑，但整体财务运营状况良好。我们完全有理由相信倘若搜索业务持续增长，手机市场开发顺利，收入很可能有新一轮的上涨。

早在2014年，奇虎360便进行了一次大的业务模式调整，传统安全产品、流量产品业务与新兴手机、硬件业务分拆开来。如果奇虎360成功在A股上市，这种分拆的业务模式还将继续。周鸿祎负责新兴业务，主攻智能手机和硬件领域；齐向东则负责360安全卫士、360杀毒等传统业务。这样的分工是两人截然不同的性格决定的，周鸿祎不安现状，积极进取，喜欢进攻；齐向东则思维缜密，善于防守，不打无把握之仗。可以说周鸿祎主外，负责的是"烧钱"的新业务；齐向东主内，负责的是赚钱的旧业务。两人仍将紧密合作，挣钱的齐向东需要周鸿祎"烧钱"买未来；"烧钱"的周鸿祎需要齐向东挣钱提供"弹药"。

周鸿祎想做手机新业务的想法由来已久，早在2014年，奇虎360就与酷派集团强强联合，酷派将旗下的手机品牌"大神"剥离出来，与奇虎360成立了合资公司奇酷科技，共同打造手机新品牌。其间，尽管由于奇虎360和酷派在品牌运营上出现分歧而发生过矛盾，但总体的手机运营业务已经走上正轨。次年，作为最大的手机安全厂商，奇虎360发布了全球独家以安全为主打的奇酷手机，除了可以防止传统的木马病毒外，还可以预防电话、短信及钓鱼网站等现代猖狂的诈骗行为，一时间，在手机行业掀起惊涛骇浪的奇酷手机家喻户晓，在不足一年的时间里，奇酷手机收获了超过3000万的铁杆粉丝和用户。经过在手机市场的摸爬滚打，如今的360手机公司已可以独立发展。2016年6月13日，奇虎360提出了"这一夏，360°精彩"的手机品牌战略，董事长周鸿祎还公布了奇虎360全新的手机品牌口号"安全·无畏"，确定了自身的产品和品牌定位。

八、尾声——任重道远

作为2015年至今备受瞩目的事件，奇虎360"旅美"回归之所以进入人们的视野，不仅因为回归方是当今中国最大的互联网安全企业，还因为其充满波折的回归之路。中概股回归A股需要经受"退市私有化—拆除VIE红筹架构—国内重新上市"三重考验，回归之路漫长而艰辛。

截至2016年7月15日，奇虎360一年鏖战方才完成第一重考验，从纽交所成功退市后，奇虎360接下来还要面对复杂的VIE结构和重新国内上市的选择，拆除红筹架构这项需要满足境内境外股东共同利益需求的工作绝非易事，而重新上市的路径变得愈发狭窄，能否借壳成功也是一个考验，假以时日，即使重新在国内上市，奇虎360在智能手机领域的优势也并不明显，在国产智能手机领域，"小米"与"华为"一骑绝尘，除此之外，排在奇虎360前面的还有联想、OPPO、魅族等手机公司，压力之大可想而知。归途中的酸甜苦辣或许只有奇虎360亲身体验一番才能知道。

中概股曾经克服无数艰难，远渡重洋赴美上市，只是大洋彼岸的日子有欢笑也有血泪。在中概股回归浪潮中，前有分众传媒、暴风科技成功回归，创造股市神话的典范，后有人人网、博纳影业、如家、世纪互联等在私有化门槛前排队相望，在奇虎360回归之际，A股的牛市盛宴会再一次开启吗？本案例也在启发我们思考：中概股集体回归的背后隐藏着什么秘密？挤破门槛回归的中概股对A股市场的冲击是好是坏？A股市场能否哺育这些体量巨大的商业巨鳄？无论怎样，奇虎360已经走在了回归的路上，能不能将坎坷曲折之路走成康庄大道，一切还需要时间的检验……

第四章 公司估值理论与案例

公司价值评估理论

一、公司价值概念

公司价值（corporate value）即指公司本身的价值，是企业有形资产和无形资产价值资产的市场评价。公司价值不同于利润，利润是企业全部资产的市场价值中所创造价值中的一部分，企业价值也不是指企业账面资产的总价值，由于企业商誉的存在，通常企业的实际市场价值远远超过账面资产的价值。公司即企业价值一般是指该企业预期自由现金流量以其加权平均资本成本为贴现率折现的现值，它与企业的财务决策密切相关，体现了企业资金的时间价值、风险以及持续发展能力。企业价值指标是国际上各行业领先企业所普遍采用的业绩考评指标，一般把提升企业价值为目标的管理定义为企业价值管理。其中，自由现金流量是企业价值最重要的变量。企业价值和自由现金流量因其本身具有的客观属性，正在越来越广泛的领域替代传统的利润、收入等考评指标，成为现代企业必须研究的课题。

二、公司价值评估的意义

企业内在价值取决于企业的资产及其获利能力。企业估值具有以下意义：

（1）企业估值是投融资、交易的前提。一家投资机构将一笔资金注入企业，应该占有的权益首先取决于企业的价值。而一个成长中的企业值多少钱？这是一个非常专业、非常复杂的问题。财务模型和企业估值是投资银行的重要方法，广泛运用于各种交易。企业估值的重要概念与参数有筹集资本（capital raising）、收购合并（mergers & acquisitions）、企业重组（corporate restructuring）、出售资产或业务（divestiture）等。

（2）企业估值有利于对企业或其业务的内在价值（intrinsic value）进行正确评价，从而确立对各种交易进行定价的基础。

同时，企业估值是投资银行勤勉尽责（due diligence）的重要部分，有利于问题出现时投资银行的免责。对投资管理机构而言，在财务模型的基础上进行企业估值不仅是一种重要的研究方法，而且是从业人员的一种基本技能。它可以帮助管理人员将对行业和企业的认识转化为具体的投资建议，预测企业的策略及其实施对企业价值的影响，深入了解影响企业价值的各种变量之间的相互关系，判断企业的资本性交易对其价值的影响。

三、公司价值评估的相关方面

企业通常在以下方面须做价值评估：

（1）根据上市规则，向董事会、股东或管理层提供独立估价意见。
（2）对敌意收购或主动收购计划进行评估和防范。
（3）确定企业应提出或接受的适当价格。
（4）确定新发行证券的价值。
（5）就股本或债务融资提供充分数据。
（6）确定商标及其他无形资产的价值，以作会计及交易用途。
（7）为解决纠纷而进行估值，如保险损失、合同违约等索赔。

四、公司价值评估体系架构与适用性

由于企业所处行业特点、企业发展阶段、市场环境及其他各种不确定因素的影响，企业估值方法不尽相同。

（1）帮助企业建立战略投资和财务投资的长期财务预测模型，可以使用蒙特卡罗方法，对随机变量指标按概率分布进行统计模拟分析。
（2）运用自由现金流量折现模型、经济增加值或经济利润模型、股利折现模型以及基于市场比率的估值模型等，对投资的财务可行性进行分析。
（3）对企业自身、投资对象进行不同战略情境演绎下的估值。
（4）对围绕流动资金占用和投资的融资需求做出融资工具的选择和安排。

五、公司价值评估理论依据

最基础的公司估值理论依据是产权理论、委托代理理论、交易成本理论和行为科学理论等，它们为出资人建立绩效评价制度、开展企业价值评估提供了逻辑基础。根据以上基础理论，出资人设计企业价值评估体系有三大基本理论依据。

1. 股东权益最大化理论

股东权益最大化理论是古典经济学中资本雇佣劳动的企业所奉行的基本观点，其主要内容为：资本所有者投入资本购买设备、雇佣工人，所以资本的投入是实现企业价值的最关键因素，资本的投入者即企业的所有者，企业是所有者的企业；对于一个企业而言，所有者是企业中唯一的剩余风险承担者和剩余价值享有者，剩余的资本要承担最大的风险，而在企业内部存在的除股东之外的利益主体，包括雇员和债权人，可以通过选择在企业中只承担有限的责任或任务，获取相对固定的报酬或利益，并受到有关合同的保护。因此，企业的经营应以股东权益最大化为最终目标，以保护股东的权益。20 世纪 90 年代初，美国 Stren Stewart 咨询公司提出 EVA 评价系统，就是基于股东权益最大化理论。

2. 公司价值最大化理论

公司价值最大化即公司市场价值最大化。公司价值最大化理论认为：所谓公司价值，是指公司全部资产的市场价值，主要表现为公司未来的收益以及按与取得收益相应的风险报酬率作为贴现率计算的现值，即未来现金净流量的现值。公司价值只有在其报酬与风险达到最佳均衡时才能达到最大。随着市场竞争日益激烈，企业并购活动日益频繁，并购双方越来越关注公司的市场价值，因为只有公司价值最大化，才能在并购活动中获取更多的谈判筹码，或者以较低的价格购买公司股权，或者以较高的价格出售公司股权，同时体现出公司管理者自身的价值。基于公司价值最大化理论，很多学者指出，企业价值是企业的唯一路标。可见，公司价值最大化与股东财富最大化不是对立的，公司价值最大化理论成为公司所有者和管理者共同追求的目标，这就要求企业管理层在确保公司持续性价值创造、承担企业社会责任的基础上，为全体股东创造最大化的财富。

3. 利益相关者理论

利益相关者这个词最早出现于 1963 年斯坦福大学一个研究小组的内部文稿，是指如果没有利益相关者群体的支持，企业就难以生存，它们包括股东、雇员、顾客、债权人、供应商及社会责任。利益相关者理论的基本论点是公司经营除了要考虑股东利益外，还要考虑其他利益相关者的利益：一是公司的董事会成员和经理成员在最大限度发挥创造财富的潜能的同时，必须考虑他们的行为，如重大决策等，对公司利益相关者的影响；二是在企业决策中，一部分利益相关者要比另一部分利益相关者更重要；三是应当使公司全部有实际意义的资产处于承担风险的利益相关者的控制之下。建立于利益相关者理论基础上的企业绩效评价方法，要通过设置相应评价指标，来反映各方利益相关者的利益保障程度。

六、公司价值评估主要形式

从财务管理角度来看，企业价值具有多种不同的表现形式——账面价值、内涵价值、市场价值、评估价值、清算价值、拍卖价值等。客观地讲，每一种价值形式都有其合理性与适用性。

1. 账面价值

采用账面价值对企业进行评价是指以会计的历史成本原则为计量依据，按照权责发生制的要求来确认企业价值。企业的财务报告可以提供相关的信息，其中资产负债表最能集中反映公司在某一特定时点的价值状况，揭示企业所掌握的资源、所负担的负债及所有者在企业中的权益，因此，资产负债表上各项目的净值即为公司的账面价值。并且企业账面价值有时为适应不同需要，可以进行适当调整。比如，为确定普通股东的净值，对有发行在外优先股的股份有限公司，应将优先股的价值从净值总额中扣除，以确定属于普通股东的净值。该净值被发行在外的普通股数相除，即可得出每股账面价值。再如，为稳健起见，在计算企业账面净值时，通常要剔除无形资产如商誉、专利权等，以及债券折价、开办费用和递延费用等，而其他一些项目，如存货估价准备，则可能要被加回。

账面价值可以直接根据企业的报表资料取得，具有客观性强、计算简单、资料易得等特点。但由于各企业间、同一个企业不同会计期间所采用的会计政策的不同，账面价值较易被企业管理当局所操纵，从而使不同企业之间、同一企业不同时期的账面价值缺乏可比性。例如，在通货膨胀时期，运用后进先出法存货计价的结果会使得当期费用高于采用先进先出法的情况，长期使用后进先出法，将使存货的价值低于采用先进先出法的企业；相对于直线折旧法，加速折旧法在开始使用的年份，会更快地减少固定资产价值账面；因此，在运用账面价值时，必须密切关注企业的人为因素，一般说来，账面价值最适合于那些资产流动性较强，且能准确采用会计政策的企业，比如说银行、保险公司等。

账面价值的另一局限是，来自财务报表的净值数据代表的是一种历史成本，它与企业创造未来收益的能力之间的相关性很小或者根本不相关，这与企业价值的内涵不相符合，而且企业存续的时间越长，市场技术进步越快，这种不相关性就越突出。

2. 内涵价值

内涵价值又称为投资价值、公平价值等,是指企业预期未来现金流收益以适当的折现率折现的现值。其价值大小取决于专业分析人士对未来经济景气程度的预期、企业生命周期阶段、现阶段的市场销售情况、企业正在酝酿的扩张计划或缩减计划,以及市场利率变动趋势等因素,大多数因素取决于专业人士的职业判断,所以在使用时,需要设定一些假设条件,比如现金流收益按比例增长或固定不变等。一般投资者在对企业债券、股票等进行投资时,使用内涵价值作为决策依据。

3. 市场价值

市场价值是指企业出售所能够取得的价格。当企业在市场上出售时,其买卖价格即为该企业的市场价值。市场价值通常不等于账面价值,其价值大小取决于市场的供需状况,但从本质上看,市场价值亦是由内涵价值所决定的。正如马克思学说中价格与价值的关系,市场价格由内涵价值决定,是内涵价值的表现形式,企业的市场价格围绕其内涵价值上下波动,完美的状况是市场价格等于内涵价值。但由于人们的主观因素或市场信息不完全等诸多因素的影响,企业的市场价值会偏离其内涵价值,这种偏离程度在不成熟市场上往往会非常大。事实上,正是企业价值被低估的情形存在,才有了通过资本运作等手段来获取企业内涵价值与市场价格之间的价差的空间。因此,如何准确判断企业内涵价值便成为问题的关键。

4. 清算价值

清算价值是指企业由于破产清算或其他原因,要求在一定期限内将企业或资产变现,在企业清算日预期出售资产可收回的快速变现金额,即为该企业的清算价值。对于企业股东而言,清算价值在优先偿还债务后的剩余价值才是股东的清算价值。企业清算时,既可整体出售企业,也可拆零出售单项资产,采用的方式以变现速度快、收入高为原则。企业在清算倒闭时,价值的性质及其计量与在持续经营中的企业价值截然不同,必须进行明确区分。

七、价值决定价格

在证券市场上,股票价格是各方关注的焦点,因为股票价格体现股东财富。另外,股票价格实际上是投资者对企业未来收益的预期,是市场对企业股票价值做出的估计。根据市场的有效性假设,在市场强式有效时,投资者掌握完全信息，其对企业未来收益的预期与企业的实际情况完全相符，他们只会以与股票价值相等的价格买卖股票，此时，股票的价格与其价值相等。所以，在理想市场中，股票价格由股票的价值决定。当然，在现实经济生活中，理想市场是一种理想的状态，但是股票的价格总在围绕着其价值波动。当股票价格高于价值时，投资者就会卖掉股票，使其价格趋向于价值；同理，当股票价格低于价值时，投资者就会买进股票，使其价格趋向于价值。

企业价值决定股票价值，而股票价值决定股票价格，所以企业价值决定了企业的股票价格，即企业市场价值。这个结论的意义在于，企业价值不仅仅停留于投资银行家的估算，而且有一个市场定位。管理者是否为企业创造了价值，这也可以在市场上得到检验。

八、利润与公司价值

从某种意义上来说，利润也是企业价值的一种体现，因为利润来自现金流量，从这一角度看，我们甚至可以说企业的长期利润与其现金流量在一定程度上具有一致性。但是企业价值是一种比利润更科学的企业评价指标，尤其是相对于短期利润，其优越性更是显而易见。利润作为一种度量企业业绩的目标函数，之所以能在历史上沿用如此之久，是因为它在某种程度上可以反映企业的经营状况。比如说，当企业的长期利润反映现金流量时以及当企业的资本投资很少时，企业确实可以用它作为衡量价值的指标。

利润的缺陷主要是不能反映企业资本成本。在过去相当长的时间里，人们一直认为股东的投资是免费的，并不需要类似债务利息一类的成本。股东的投资同样是有成本的。当企业的利润不足以弥补其资本成本时，这个企业实际上是在侵蚀股东的财富。企业价值理论认为，企业的会计利润减去其资本成本，才是能反映企业真实增值水平的指标，并将其称为经济利润。资本成本反映了企业索偿权拥有者的权益，现代企业要想满足其契约各方的索偿权，就应以企业价值而非利润作为衡量企业绩效的首要指标。利润的第二项缺陷就是计量不完整和存在漏洞。在传统会计利润的计量中，R&D（产品研发）和培训等开支均被作为费用予以扣除，使得那些以利润为核心的企业为了追求短期的利润目标，宁愿减少能带来长远利益的R&D和培训开支，这与现代企业的经营理念背道而驰。相反，在企业价值理论中，R&D和培训等这些能够增加未来收益的开支可以被视为能使企业增值的长期投资，所以以企业价值作为目标函数的企业，不会以削减此类支出为代价来换取某一期会计利润的增加。这使企业的经营行为和企业的长远利益保持一致。利润的第三项缺陷就是利润易被操纵。许多会计技巧的使用都可以轻而易举地改变会计利润，使得利润数字本身的价值受到贬损。比如，在冲减原材料成本时，使用先进先出法和使用后进先出法得到的利润数值有很大的差别,特别是在高通货膨胀时期,这种差别尤其明显。另外,企业通过无效调拨等手段,也可以轻易改变利润。

对于以上利润的缺陷,企业价值理论都给出了相应的解决方法。所以,企业价值和利润虽然具有某种共性,但企业价值对企业的管理层以及其他各利益方无疑更有指导意义。基于以上原因,企业应警惕被短期利润所左右,而应以企业价值作为其管理行为的依据,实施企业价值管理。这种管理模式使企业不用因短期的或局部的利益而与其他利益相关者进行毫无意义的数字游戏。

九、企业评价与公司价值

对于公司的绩效考评,有很多标准,但都不如企业价值标准全面和科学。

(1) 其他标准都可以是短期的,而价值则一定是长期的。每股平均收益、利润、投资回报率等指标所反映的基本上都是企业已经发生的情况,企业管理者若以这些指标作为考评标准,通常会导致短视行为,使他们把注意力放在对损益表的管理上,而忽视现金流动的实际数量和发生的时机,从而失去对企业未来潜力的把握。

(2) 以企业价值作为考评标准,使权衡过程更加透明。无论在哪种制度、哪种社会背景下,企业在进行利益分配时,都要在各利益方之间权衡,以做出更为妥善的决定。以企业价值作为标准,可以使任何利益方的要求都得到评估,使权衡过程的透明度增加,使各利益方都能得到满意的结果。

(3) 企业价值标准对各种信息的使用最充分。为了判断一个公司创造的价值,必须在损益表和资产负债表上处理所有现金流量,并了解如何在风险调整的基础上比较不同时期的现金流量。没有完整的信息,就无法做出价值判断,而其他绩效考评标准都不需要完整的信息。

十、公司价值评估的行业应用

世界知名的投资银行几乎都以企业价值或与价值相关的指标作为评价企业及其股票的主要依据。一些非常成功的投资分析家和基金管理人也从不重视原始的会计数据,他们通过对企业原始数据的深入分析来判断企业的价值。例如,沃伦·巴菲特最喜欢研究公司年报中的会计花招,他要的不是表面的利润,而是通过调整和清除人为的因素之后得到的修正后的数据,比如自由现金流量。这些分析家的分析方法实际上都是基于企业价值思想的。以自由现金流量为考评指标,并综合考虑企业资本成本和企业存续能力,可以实现对企业价值的管理,这种管理明确了企业的长期利益,决定了企业战略资源的分配流向,有效控制了企业成员的行为模式,增强了企业适应和影响环境的能力。

十一、公司价值评估方法体系

企业价值的定量方法有现金流量贴现法、先前交易分析法、可比公司分析法、杠杆收购法、资产分析法等。这些方法有各自的特点和适用条件。

1. 现金流量贴现法

现金流量贴现法是基于"公司价值是未来自由现金流量按加权平均资本成本贴现的总和"的理论,是公司价值评估中最基本、最广泛使用的估值方法,广为投资银行界、公司和学院所接受。根据这种方法得出的公司价值是理论的相对价值,被认为是最为准确、最为科学的。在价值计算时涉及未来自由现金流量、加权平均资本成本和企业终值等参数,因此,现金流量贴现法也被认为是面向未来的估值方法。企业价值评估方法体系见图4-1。

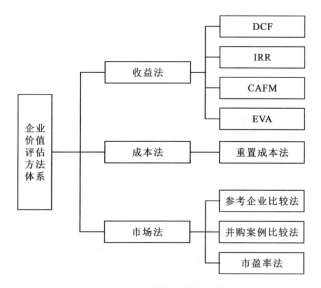

图4-1 企业价值评估方法体系

2. 先前交易分析法

先前交易分析法是用先前发生的、与公司业务相同的并购交易作为参照的一种分析方法。其关键在于找到真正可比的交易和有用的信息。与可比公司分析法一样,均需要找到行业背景、业务、财务等相似的可比交易,也需要借助计算一些相关乘数来实现,能反映当前买主愿意付出的价值。

3. 可比公司分析法

可比公司分析法是借用在经营、财务等方面相似的其他公共公司作为参照的一种分析方法。其计算逻辑是利用可比公司的乘数和公司自身的数据（销售收入、营业现金流量、净利润、账面价值等）计算公司内含价值。依据这一方法计算的企业价值不像交易法一样包含控制溢价和合并的协同效应，其运用的乘数也不同于先前交易法。可比公司分析法多用于企业的首次股票发行（IPO）的定价中。对非上市公司而言，由于缺乏完备的披露信息，企业价值的计量不能像上市公司一样通过自身股价来反映，需要通过建立一定的假设和数学模型来实现。

十二、初创企业估值方法

以下是一些估值经验法则：
（1）用公平的市场价值来评判所有的实物资产。
（2）为知识产权赋予真正的价值。
（3）考量所有的负责人和员工的价值。
（4）早期客户和已有的合同可以为公司增值。
（5）贴现现金流量的预测（收入法）。
（6）市盈率倍数法。
（7）计算关键资产的重置成本（成本法）。
（8）看市场规模和细分市场的增长预测。
（9）评估直接竞争对手的数量和进入壁垒。
（10）市场法。

案例七

高科技成长性公司智飞生物价值评估

摘要：高新技术企业价值评估一直是价值评估的难点，作为高新技术的生物医药行业具有典型的高成长、高回报、高风险的特征，评估生物医药行业的公司价值将是本案例探讨的问题。本案例以智飞生物为实例，通过三阶段现金流量法对企业未来现金流做出预测，并针对生物医药行业的"三高"特征，选取市盈率相对盈利增长比率（PEG）法来估算企业的市场价值。公司价值评估是财务管理课程的重要与核心内容，本案例的学习可以为高成长性的高新技术企业的价值评估提供借鉴和参考。

一、引言

价值评估是证券市场的基础，没有估值就没有上市发行，更不存在市场交易。只有对企业估值进行理性的引导，才能发挥证券市场的作用。无论是机构投资者，还是个人投资者，只有正确评估创业板企业的内在价值，才能评价上市企业股票的合理价格，从而做出正确的投资决策。

20世纪90年代末，美国信息技术高速发展，各种网络公司如雨后春笋，以网络股为代表的高科技股票成为20世纪末美国股市最有想象空间的投资热土。托马斯金融证券的统计数据表明，1999年，网络原始股平均涨幅为230%，这些网络公司在资本市场的激情表演刺激了人们对网络股进一步的非理性追捧。然而，随着2000年网络神话的破灭，全球互联网产业进入了严冬时期，众多投资者被深度套牢。经济学家罗伯特·希勒在《非理性繁荣》一书中指出网络股基于基本面的估值，根本无法支撑起他们的股价，其市场回调是必然的。同时，从网络股价的飙升与跌落中可以看出，对高成长性、高不确定性的公司进行估值是一项非常艰难的工作。

生物医药产业作为我国战略性支柱产业之一，具有明显的高成长、高收益、高风险的"三高"特征。在过去的十年间，我国的生物医药行业产值的年均复合增长率高达23.1%。同时，生物医药产业也存在着较高的风险，具体表现为研发和生产技术难度大、设备要求高、工艺路线复杂、对生产环境的要求严格、研发周期长。正是生物医药的高成长性和高不确定性使得对于生物医药企业的价值评估充满很大的挑战。

本案例研究的重庆智飞生物制品股份有限公司于2010年9月在深圳证券交易所上市，是一家典型的生物医药企业。自上市以来，智飞生物便一直吸引着众多投资者的目光，其股价也跌宕起伏。从2012年4月10起到12月10日的8个月里，智飞生物的股价一路飙升，从21.80元/股涨至33.33元/股，涨幅高达52%，市盈率高达68。对于智飞生物的市场估值，市场看法不一，众说纷纭。那么，智飞生物的企业价值到底如何？本案例以智飞生物为研究对象，采用市盈率相对盈利增长比率对其企业价值进行评估，本案例具有如下现实意义：有利于指导投资者进行正确的企业价值评估；有利于管理者在企业日常经营过程中有针对性地创造企业价值。

二、智飞生物公司简介

1. 智飞生物的历史

重庆智飞生物制品股份有限公司（以下简称智飞生物，股票代码：300122）于2002年进入生物制品行业，2009年完成股份改制，2010年9月在深圳证券交易所发行上市，注册资金40000万元，现有员工900余人，主营产品为人用疫苗，旗下三家全资子公司分别分布于北京、安徽、重庆三地。公司系一家集研发、生产、销售疫苗等为一体的高新技术产业公司。

智飞生物致力于预防卫生事业近二十年，坚持"社会效益第一，企业效益第二"的经营宗旨，使"智飞"系列品牌具有良好的市场形象；同时，智飞生物先后将数十种预防各类疾病的疫苗产品导入市场，创造了较好的经济效益。经过近二十年的发展，智飞生物形成了"研发实力"与"营销能力"并驾齐驱的企业核心竞争力。一方面，公司逐步形成了独具特色、领先市场的核心竞争力，建立了国内疫苗行业最大、覆盖面最广的全天候市场营销网络（覆盖全国32个省、自治区、直辖市，包括330余个地市、2300余个县、14000余个乡镇）；另一方面，公司建立了领先的技术体系，该体系涵盖疫苗研发、生产和质量管理全过程，"以市场为导向"，确保了研发投入的有效性。

智飞生物自上市以来，一直牵动着众多投资者的神经，特别是从2012年2月起，其股价一直处于上涨之中（见图4-2）。关于未来的智飞生物股价走势如何，目前的市场态度分为两派，一派观点是智飞生物的估值过高，未来的经营业绩充满不确定性，股价泡沫化严重。另一派的观点则是基于对于智飞的未来成长性的预期，认为股价还有很大的上升空间。

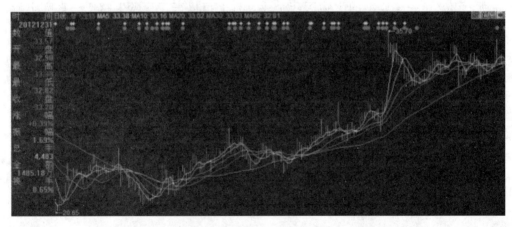

图4-2　智飞生物（300122）2012年12月31日之前的股价走势

2. 智飞生物主营业务介绍

智飞生物 2012 年各产品销售情况统计见表 4-1，其各产品收入占比见图 4-3。

表 4-1 智飞生物 2012 年各产品销售情况统计

产品	主营收入（万元）	收入比例	利润（万元）	利润率
B 型流感嗜血杆菌疫苗（兰州所生产）	44709.01	52.60%	8218.66	18.38%
23 价肺炎疫苗-美国默沙东	15020.23	17.67%	2530.33	16.85%
ACYW135 群脑膜炎球菌多糖疫苗（四价苗）	13481.07	15.86%	6682.16	49.57%
注射用母牛分枝杆菌（微卡）	6025.63	7.09%	3027.24	50.24%
麻腮风三联疫苗（默尔康）	2759.85	3.25%	326.92	11.85%
冻干甲型肝炎减毒活疫苗（代理）	2580.92	3.04%	791.14	30.65%
B 型流感嗜血杆菌疫苗（绿竹生产）	414.97	0.49%	124.23	29.94%
总额	84991.68	100%	21794.39	

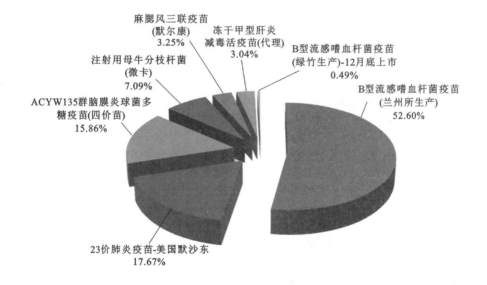

图 4-3 2012 年智飞生物各产品收入占比

由表 4-1 和图 4-3 可以看出，在智飞生物的业务结构中，其代理销售的 B 型流感嗜血杆菌疫苗、23 价肺炎疫苗、麻腮风三联疫苗、冻干甲型肝炎减毒活疫苗这四款产品所占公司业务比重很大，四款代理产品收入占总营业收入的比值为 76.56%，这充分说明了智飞生物 2012 年的营业收入的依赖性很强。其自主研发销售的其他三款产品 ACYW135 群脑膜炎球菌多糖疫苗、微卡、B 型流感嗜血杆菌疫苗，虽然销售收入占比只有 23.44%，但三款产品的利润率很高，这显示了自主研发产品的优势所在,即相对于代理其他公司产品,自主研发生产产品能够获取高额的利润率。

3. 智飞生物未来业绩增长点

根据公司发展战略,实行"研发能力"与"市场能力"双驱动,自主业务与代理业务相结合,在优势互补原则下发展合作或整合资源的企业发展战略。智飞生物公司2012年年报及相关文件显示,公司未来几年的最重要两大增长点如下。

(1) HPV重磅药即将推出:一年将创收19亿元。

2012年9月27日,智飞生物同默沙东药厂股份有限公司签署《供应、经销与共同推广协议》,默沙东生产的抗癌疫苗佳达修在中国取得上市许可之后,将连续三年向智飞生物供应佳达修。基础采购计划如下:第一年度约11.4亿元,第二年度约14.83亿元,第三年度约18.53亿元。根据佳达修过往销售历史以及专家对智飞生物的研究来看,智飞生物代理佳达修将可能获取40%以上的营业利润。该疫苗产品进一步丰富了其疫苗产品品种,是智飞生物未来业绩最重要的增长点之一。

(2) 自主研发HIB疫苗上市:核心产品毛利率将提高一倍至90%。

根据智飞生物信息披露,2012年8月22日,公司首批自主HIB疫苗已通过国家食品药品研究检定院质量检定,获得生物制品批签发合格证。2011年,公司同类代理产品销售收入约3.16亿元,毛利率约45%;自产Hib疫苗毛利率预计90%左右,具有高毛利率优势,这款产品的推出将极大地提升智飞生物的盈利能力,但最终能实现的销售收入尚有待市场检验。

思考题:

1. 对于这种业绩将出现爆发式增长的公司,应该采用何种估值方法进行估值?

2. 智飞生物的企业价值驱动因素包括哪些内容?这些因素如何影响企业的价值?

三、生物医药行业介绍

1. 生物医药行业进入高速成长时期

生物医药产业具有高壁垒、长周期、高投入、高回报的产业特点,盈利能力较为稳定。中国生物医药市场由于巨大的人口数量、医疗保障体系的建设完善、人民群众的健康需求逐步释放等因素的驱动，正在成为全球药品消费，尤其是生物药品消费增长最快的地区之一，有望成为仅次于美国的全球第二大药品市场。图 4-4 为生物医药行业销售收入及营业利润的增长情况。

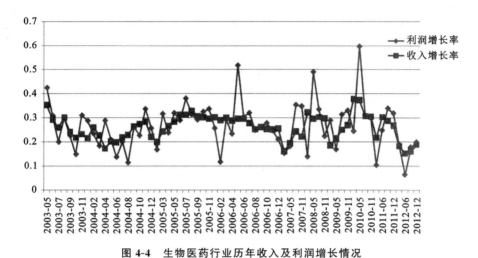

图 4-4　生物医药行业历年收入及利润增长情况

由图 4-4 可以看出，在过去的十年间，生物医药行业的销售收入呈高速增长之势。据中国经济统计数据库资料，2003—2012 年，十年间生物医药行业收入复合增长率高达 23.1%，可以预期，在未来的一段时间内，生物医药产业将保持高速的增长趋势。

2. 生物医药行业产品介绍

生物制品分类见表 4-2。

表 4-2　生物制品分类

产品种类	定义	代表药物
血液制品	血液制品指各种人血浆蛋白制品，其主要原料是健康人血液，人血液中有 92%～93% 是水，仅有 7%～8% 是蛋白质；血液制品是采用生物工艺或分离纯化技术制备的生物活性制剂	人血白蛋白、丙种球蛋白、凝血因子
疫苗制品	疫苗是针对疾病的致病源或其蛋白（多肽、肽）、多糖或核酸，以单一实体或通过载体经免疫接种进入机体后，能够诱导产生特异的体液和细胞免疫，从而使机体获得预防该病的免疫生物物质	乙肝疫苗、流感疫苗、狂犬疫苗

续表

产品种类	定义	代表药物
诊断试剂	诊断试剂按用途分为体内诊断试剂和体外诊断试剂两大类,除用于体内诊断的如旧结核菌素、布氏菌素、锡克氏毒素等皮内用的诊断试剂外,大部分都是体外诊断试剂	诊断用抗原、诊断用抗体、肿瘤标志物试剂
基因工程药物	基因工程药物是先确定某种疾病有预防和治疗作用的蛋白质,然后将控制该蛋白质合成过程的基因提取出来,经过一系列基因操作,最后将该基因放入可以大量生产的受体细胞中,这些受体细胞包括细菌、酵母菌、动植物或动植物细胞,在受体细胞不断繁殖的过程中,大规模生产具有预防和治疗这些疾病的蛋白质及基因工程药物	重组人干扰素、重组人红细胞生成素、重组人粒细胞集落刺激因子、重组人白细胞介素、重组人生长素

血液制品以人血为原料,但血液中用于生产药品的有效成分含量较低,控制和提高血液利用率是企业控制成本的有效方法。人血资源同样具有稀缺性,采浆站数量影响企业获取自愿献血者的能力。除控制血源外,生产工艺和技术的发展是提高资源利用率的有效方法。对生产血液制品的企业来说,研发主要集中在生产技术的改进,从而提高资源利用率,降低生产成本。

血液制品需求巨大,影响行业的主要因素是原料的供给,血源的主要来源是采浆站。2006年4月,《关于单采血浆站转制的工作方案》改变了行业结构,原来采浆站基本由卫生部设置,改制后转为由血液制品生产企业设置。原本隔断的产液量上下游打通,未来血源市场化程度的深入发展有助于解决目前的血液制品供不应求的局面。

中国是疫苗的生产大国和消费大国,根据2005年《疫苗流通和预防接种管理条例》的规定,疫苗可分为一类疫苗和二类疫苗。一类疫苗是政府免费向公民提供,二类疫苗是公民自愿自费接种,生产企业对于二类疫苗拥有价格自主权。目前,智飞生物所生产的7种疫苗产品均为二类疫苗。

诊断试剂按用途分为体内诊断试剂和体外诊断试剂两大类,除用于诊断的如旧结核菌素、布氏菌素、锡克氏毒素等皮内用的诊断试剂外,大部分都是体外诊断试剂。我国的体外诊断试剂市场规模仅有35～45亿元,相比数千亿元的药品市场,规模较小。随着我国医疗体制改革的推进,医疗服务需求将快速增长,与医疗服务相辅助的诊断试剂市场具有一定的增长空间。

四、智飞生物公司财务状况分析

为了更好地了解智飞生物公司的财务状况和行业地位,我们从横向和纵向两个方面对智飞生物的财务状况进行分析。在纵向上,我们对其2009年至2012年的主要财务指标进行了对比分析。横向上选取行业内的沃森生物、长春高新和华兰生物作为对比公司,对它们2012年的主要财务数据进行分析比较(见图4-5)。

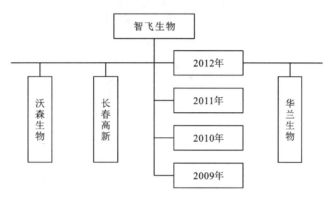

图 4-5 财务分析的基本框架

1. 主要财务指标对比

1)资产结构

表 4-3 显示了智飞生物自上市以来四年的资产及结构变化情况。结合图 4-6 可以看出:智飞生物的资产规模在 2010 年度增长较快,原因在于 2010 年的成功上市取得了大量的融资;资产构成中明确显示出生物医药行业的"轻资产"特性,流动资产占比最大。2012 年度,流动资产占比为 74.38%。固定资产规模较小,2012 年度,仅有 3.68%。公司的资产负债率一直处于较低水平,公司没有很好地利用财务杠杆,但这也说明了公司拥有较强的融资潜力。

表 4-3 2009—2012 年的资产结构(百万元)

项目	2009 年	2010 年	2011 年	2012 年
固定资产	66	72	76	93
无形资产	60	69	231	241
流动资产	348	2010	1962	1872
其他资产	44	58	136	311
总资产	518	2209	2404	2516
资产负债率	12.80%	3.10%	6.10%	5.60%

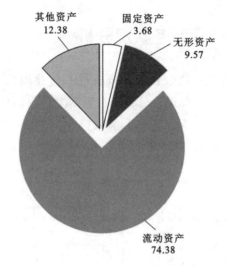

图 4-6　2012 年智飞生物资产构成比例（%）

2）盈利能力

智飞生物 2009—2012 年主要盈利能力指标见表 4-4 和图 4-7。

表 4-4　2009—2012 年主要盈利能力指标

指标	2009 年	2010 年	2011 年	2012 年
净资产收益率（ROE）	51.3%	12.0%	8.7%	9.2%
总资产收益率（ROA）	44.7%	11.6%	8.2%	8.7%
销售利润率	38.3%	34.8%	31.2%	28.5%

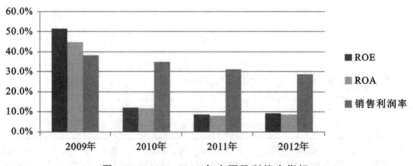

图 4-7　2009—2012 年主要盈利能力指标

从表 4-4 和图 4-7 可以看出，2010 年公司上市后净资产收益率和总资产收益率均大幅下滑，随后降幅趋缓；销售利润率缓慢下降，可见公司近几年的盈利能力逐步变差。管理层需要采取相应的措施来提升公司的盈利水平。

3）营运能力

智飞生物 2009—2012 年主要营运能力指标见表 4-5 和图 4-8。

表 4-5 2009—2012 年主要营运能力指标

指标	2009 年	2010 年	2011 年	2012 年
应收账款周转天数	43.42	147.74	149.71	147.08
存货周转天数	31.42	62.85	128.18	149.82

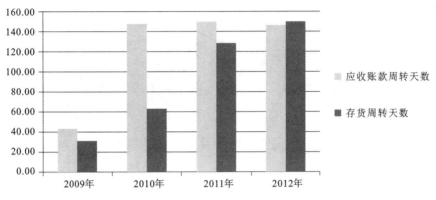

图 4-8 2009—2012 年主要营运能力指标

从表 4-5 和图 4-8 可以看出，公司 2010 年上市后应收账款周转天数保持稳定，约为 148 天左右；存货周转天数逐年增加，且上升较快，这表明公司近年来的营运能力变差。

4）偿债能力

作为轻资产公司，公司负债率基本稳定且保持较低水平，流动比率和速动比率数值均较大，充分说明了公司具有很强的偿债能力。智飞生物 2009—2012 年主要偿债能力指标见表 4-6 和图 4-9。

表 4-6 2009—2012 年主要偿债能力指标

指标	2009 年	2010 年	2011 年	2012 年
资产负债率（％）	12.80	3.10	6.10	5.60
流动比率	6.78	38.60	15.22	16.08
速动比率	6.20	37.13	14.02	15.62

2. 2012 年智飞生物与同行业其他公司财务指标对比

为了充分了解智飞生物的财务状况，我们选取了生物医药板块中的其他三家具有代表性的公司作为参照公司，充分考虑了这些公司的业务模式、公司价值驱动因素以及公司规模、地域等相关因素。这三家对比公司分别是沃森生物、长春高新、华兰生物。其财务对比分析如下。

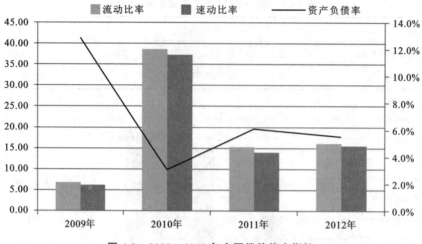

图 4-9 2009—2012 年主要偿债能力指标

1）盈利能力分析

表 4-7 所示为 2012 年各公司盈利指标对比。

表 4-7 2012 年各公司盈利指标对比

公司	净资产收益率（ROE）	总资产收益率（ROA）	销售利润率
沃森生物	7.1%	5.1%	41.9%
智飞生物	9.2%	8.7%	28.5%
长春高新	30.8%	17.4%	22.8%
华兰生物	11.1%	10.6%	32.3%

从表 4-7 可以看出，2012 年智飞生物主要盈利指标较同行明显偏低，销售利润率均大于 20%，公司盈利能力有待进一步提高。

2）营运能力分析

在应收账款方面，长春高新和华兰生物体现出明显的优势，智飞生物需要进一步提升应收账款管理水平。智飞生物的存货管理处于行业中等水平，有待进一步提升，见表 4-8。

表 4-8 2012 年各公司营运能力指标对比

公司	应收账款周转天数	存货周转天数
沃森生物	299.00	253.11
智飞生物	147.08	149.82
长春高新	45.98	122.41
华兰生物	47.35	176.45

3）偿债能力分析

除长春高新外，其他三家生物医药公司的偿债能力均很强，见表4-9。长春高新负债率异常高出行业水平，这与其公司业务结构有关，其房地产业务（非主营业务）利用了较高的财务杠杆。智飞生物的流动比率和速动比率较大于其他对比公司，显示其流动性充裕，显示出公司当前没有较好的项目投入，但为未来的新药研发提供了重要的资金储备支持。

表4-9 2012年各公司偿债能力指标对比

公司	流动比率	速动比率	资产负债率
沃森生物	2.34	2.15	4.9%
智飞生物	16.08	15.62	5.6%
长春高新	1.42	0.96	43.7%
华兰生物	13.59	11.21	4.4%

4）增长能力比较

智飞生物近三年的净资产增长率在行业内一直处于较低水平，其在2011年净资产呈负增长（见图4-10）。同行业内的长春高新近三年的净资产快速增长，在2012年度，智飞生物与沃森生物的增长率比较接近。

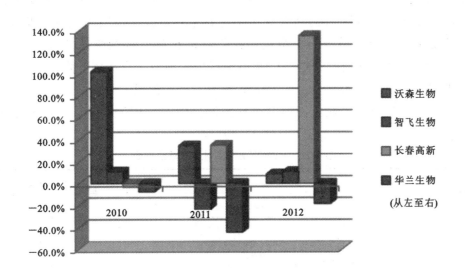

图4-10 各公司历年净资产增长率

五、智飞生物财务预测

1. 重磅药抗癌疫苗佳达修的财务预测

1) 佳达修疫苗相关知识介绍

佳达修为四价人乳头瘤病毒重组疫苗,该产品是全球第一个获准上市的用于预防由 HPV-6、11、16 和 18 型引起的宫颈癌和生殖器官癌前病变的癌症疫苗,目前已在全球 100 多个国家和地区上市销售。

宫颈癌是妇科常见的恶性肿瘤之一,发病率仅次于乳腺癌,位居第二。全球每年有 46.6 万新发病例,亚洲 23.5 万例,中国估计有近 10 万新发病例,约占世界新发病例总数的 1/5。近 10 年来,宫颈癌的发病率呈上升和年轻化趋势。流行病学研究表明 HPV 感染者发展为宫颈癌的概率为 0.2%。

目前,国内市场尚无同类疫苗产品上市销售,根据我国可能的适用对象及接种程序计算,预计市场容量约为数千万支/年。

2) 财务预测

我们采用三阶段现金流量法对佳达修未来的财务数据进行预测。三阶段分别划分为 2014—2016 年、2017—2019 年、2019—2023 年。由于第一阶段三年的采购计划已经合同化,我们判断智飞生物在第一阶段能够成功完成采购任务。根据佳达修在国外的销售历史数据,我们假定在第一阶段产品的利润率可达 40%;第二阶段由于成本的增加以及市场竞争的加剧,利润率下降至 30%;在第三阶段,产品的利润率进一步下降至 20%。第二阶段的收入平均增长率为 -6.77%。第三阶段销售收入不变。由此我们预测的 HPV 疫苗产品财务数据见表 4-10 和图 4-11。

表 4-10 HPV 疫苗产品财务数据预测表

年份	销售成本(亿元)	销售收入(亿元)	利润率	利润(亿元)
2014	11.4	19.0	40%	7.6
2015	14.8	24.7	40%	9.9
2016	18.5	30.9	40%	12.4
2017	17.3	28.8	30%	8.6
2018	16.1	26.8	30%	8.1
2019	15.0	25.0	30%	7.5
2020	12.4	23.8	20%	4.8

续表

年份	销售成本（亿元）	销售收入（亿元）	利润率	利润（亿元）
2021	12.4	23.8	20%	4.8
2022	12.4	23.8	20%	4.8
2023	12.4	23.8	20%	4.8

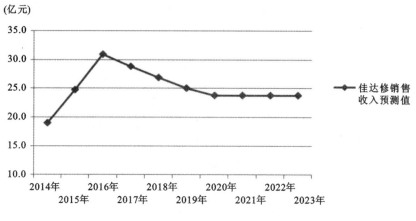

图 4-11 HPV 疫苗佳达修销售收入（含预测）

2. 自主研发 Hib 疫苗的财务预测

表 4-11 是 2008—2012 年 5 年间 Hib 疫苗的批签发情况。通过对 Hib 市场的竞争分析，我们将 Hib 市场的企业分为四股力量，其中兰州所、沃森、智飞和其他公司分别代表四种力量，每种力量均具有一定的核心竞争力，我们推断，在 10 年内，这四股力量会达到均衡状态。所以假设智飞生物在 10 年间所能销售的自主 Hib 将达到 Hib 批签发总量的 1/4，相应的销售收入将达到 11 亿元。

表 4-11 Hib 疫苗历年批签发数量（万支）

公司	2008 年	2009 年	2010 年	2011 年	2012 年
兰州所	1009	1141	930	1065	1219
沃森	223	368	467	833	716
葛兰素	323	650	347	149	452
赛诺	446	489	502	271	371
默克	0	0	0	0	0
诺华	0	0	0	86	158
智飞	0	0	0	0	82
合计	2001	2648	2246	2404	3002

我们对于智飞生物自主 Hib 疫苗的销量也采用三阶段现金流量法进行预测。第一阶段的增长率取最近 5 年的 Hib 批签发的复合增长率 10.7％，通过计算得出第二阶段的复合增长率为 －12.3％，第三阶段为稳定销售阶段，其中第一年的销售收入以最近 5 年 Hib 的平均销售收入的 1/4 为基准。由此得出智飞生物的自主 Hib 疫苗 10 年的财务数据，见表 4-12 和图 4-12。

表 4-12 智飞生物自产 Hib 疫苗财务数据（含预测）

年份	销售收入（亿元）	销售利润（亿元）	利润率
2014	11.0	5.5	50％
2015	12.1	6.1	50％
2016	13.4	6.7	50％
2017	11.8	4.1	35％
2018	10.3	3.6	35％
2019	9.1	3.2	35％
2020	7.9	1.6	20％
2021	7.9	1.6	20％
2022	7.9	1.6	20％
2023	7.9	1.6	20％

图 4-12 智飞生物自主 Hib 疫苗销售收入（含预测）

3. 公司整体财务预测

对于公司其他的疫苗产品来讲，由于受到未来产品的重心转向的影响，假定智飞生物的其他 5 款疫苗产品在 10 年中，营业收入和利润均不发生变化。因此 10 年间的财务数据如表 4-13 所示。

表 4-13 智飞生物 10 年销售收入（含预测，单位：亿元）

年份	其他产品销售收入	佳达修销售收入	自主 Hib 疫苗销售收入	总收入
2014	2.6	19.0	11.0	32.6
2015	2.6	24.7	12.1	39.5
2016	2.6	30.9	13.4	47.0
2017	2.6	28.8	11.8	43.2
2018	2.6	26.8	10.3	39.8
2019	2.6	25.0	9.1	36.7
2020	2.6	23.8	7.9	34.3
2021	2.6	23.8	7.9	34.3
2022	2.6	23.8	7.9	34.3
2023	2.6	23.8	7.9	34.3

智飞生物 10 年间净利润如表 4-14 所示，计算可以得出，在 10 年间，智飞生物的总收入的平均增长率 g_1 为 29.4%。

表 4-14 智飞生物 10 年间净利润（含预测，单位：亿元）

年份	其他产品销售利润	佳达修销售利润	Hib 疫苗销售利润	总利润
2014	1.0	7.6	5.5	14.1
2015	1.0	9.9	6.1	17.0
2016	1.0	12.4	6.7	20.1
2017	1.0	8.6	4.1	13.8
2018	1.0	8.1	3.6	12.7
2019	1.0	7.5	3.2	11.7
2020	1.0	4.8	1.6	7.4
2021	1.0	4.8	1.6	7.4
2022	1.0	4.8	1.6	7.4
2023	1.0	4.8	1.6	7.4

同样，由表 4-14 可以计算得出，在 10 年间，智飞生物的净利润的平均增长率 g_2 为 50.1%。

计算企业业绩复合增长率 $g = \sqrt{(1+g_1)(1+g_2)} - 1$；可以得到 g 为 39.4%。

六、智飞生物价值评估及敏感性分析

1. 智飞生物企业价值评估

考虑智飞生物的高成长性,我们采用市盈相对盈利增长比率 PEG 法对其进行价值评估。该方法在市盈率法的基础上,考虑了公司未来的盈利增长能力。在具体的公司价值估值运算过程中,该方法同时包含了市盈率和增长率这两个关键指标,两者在一定程度上决定了公司股票的价值。因此,PEG 估值法比较适合高成长的公司。具体计算公式如下:

$$PEG = \frac{P}{EPS \cdot g}$$

其中,P 为股票价格,EPS 为每股净利润,g 为增长率。在本案例中,公司的增长率 g 取自复合增长率,复合增长率 g 公式如下:

$$g = \sqrt{(1+g_s)(1+g_i)} - 1$$

其中,g_s 为公司销售收入增长率,g_i 为公司净利润的增长率。

智飞生物所属板块为生物医药制造,截至 2012 年 12 月 31 日,已有上市公司 23 家。在这 23 家上市公司里,沃森生物同智飞生物主营业务相似,同时公司规模相当。通过对比财务数据,可以发现两家公司的价值驱动因素具有高度相关性。因此,可以将沃森生物作为智飞生物的一个对比公司。

同时,在对生物医药板块 23 家上市公司进行统计后发现,有 12 家上市公司主营业务同智飞生物类似,同是研发生产生物医药企业,其企业价值驱动因素一致。其他的 11 家上市公司在主营业务方面同智飞差异较大,价值驱动因素差异较大。因此,将这 12 家上市公司整体作为一个参照对象。

在生物医药板块中,同智飞生物业务结构相似的全部 12 家上市公司的历年销售情况如表 4-15 和表 4-16 所示。

表 4-15 12 家相关公司历年销售收入数据(万元)

公司	2008 年	2009 年	2010 年	2011 年	2012 年
天坛生物	68270	110025	120226	139440	150235
博雅生物	9017	11972	14182	19672	22726
安科生物	15649	19064	22793	26792	33794
东诚生化	32339	37646	66363	85757	58775
千红制药	47164	74380	113377	73765	72859
上海莱士	30986	38752	48336	56739	66268
达安基因	23895	31960	36997	45756	58269

续表

公司	2008年	2009年	2010年	2011年	2012年
ST生化	57880	46591	46982	46107	54567
智飞生物	59034	60405	73731	62874	76462
沃森生物	18406	23913	35879	47381	53756
长春高新	80416	102359	116596	129459	176119
华兰生物	47516	122049	126162	96140	97246
总收入	490572	679116	821624	829882	921077
增长率		38.4%	21.0%	1.0%	11.0%

表4-16 12家上市公司的历年销售利润（万元）

公司	2008年	2009年	2010年	2011年	2012年
天坛生物	13338	21166	17492	23335	30491
博雅生物	1071	3148	4998	6523	7515
安科生物	3455	4457	5198	6332	7395
东诚生化	1507	3199	5064	12793	10506
千红制药	1507	3199	5064	12793	10506
上海莱士	1507	3199	5064	12793	10506
达安基因	1742	3481	4741	3257	2524
ST生化	20201	233	2923	4071	3257
智飞生物	19005	23159	25679	19638	21794
沃森生物	3470	7633	15442	20754	22536
长春高新	2009	13110	12659	16485	40163
华兰生物	18726	75219	69527	38553	31403
总收入	87538	161203	173850	177329	198595
增长率		84.2%	7.8%	2.0%	12.0%

由表4-15和表4-16可以得知12家相关公司整体的销售收入增长率 $g_s=17.85\%$，利润增长率 $g_i=26.50\%$，整体平均复合增长率 $g=22.10\%$。

12家上市公司2012年的市场数据见表4-17。

表4-17 12家上市公司2012年的市场数据

公司	股价（元）	EPS（元/股）	PE
天坛生物	12.44	0.59	21.03
博雅生物	34.93	0.99	35.23

续表

公司	股价（元）	EPS（元/股）	PE
安科生物	11.46	0.38	30.05
东诚生化	23.65	0.97	24.31
千红制药	20.8	1.01	20.57
上海莱士	13.62	0.46	29.63
达安基因	7.6	0.22	35.07
ST生化	19.33	0.11	180.28
智飞生物	33.2	0.54	60.96
沃森生物	37.35	1.28	28.68
长春高新	61.1	2.28	26.76
华兰生物	21.04	0.52	40.44
均值			44.46

由表4-17可以得出，12家相关公司整体的平均市盈率为44.46。

沃森生物2012的销售收入增长率为13.6%，净利润增长率为8.6%，经计算，可得沃森生物复合增长率为11%。根据PEG法，计算智飞生物股价公式如下：

$$P = PE' \cdot EPS \cdot g/g'$$

其中，PE'为参照对象的市盈率（沃森生物和行业相关平均分别为28.68和44.46，见表4-18），EPS为智飞生物2012年每股利润0.54元，g'为参照对象的平均复合增长率（沃森生物和行业相关平均分别为11%和22.10%），g为智飞生物的未来预测的复合增长率39.4%。

表4-18　PEG估值法计算输出结果

公司	市盈率	增长率	股价（元/股）
智飞生物	—	39.4%	33.20
沃森生物	28.68	11%	55.47
行业相关平均	44.46	22.10%	42.80

这样估算智飞生物的合理价格区间为[40.19, 55.47]，2012年12月31日，智飞生物的股价为33.20元/股，我们认为其股价被低估，还有一定的增长空间。

2. 敏感性分析

由于智飞生物未来10年的复合增长率的数值容易受到市场不确定因素的影

响，我们为智飞生物进行了另外两种情景下的估值。假定在乐观情景下，其年均复合增长率可达41.4%；在悲观情况下，其年均复合增长率可达34.0%。依据这三种情景，我们参照沃森生物和行业相关平均分别得出如下结果，见表4-19。

表4-19 敏感性分析

项目		对标公司-沃森生物预期估值（元/股）	同行业企业平均预期估值（元/股）
智飞生物未来10年的增长率	乐观情景（41.4%）	58.29	44.97
	基准情景（39.4%）	55.47	40.19
	悲观情景（34.0%）	49.98	38.56

可以看出，在乐观情景下，智飞生物的合理股价为44.97～58.29元/股；在悲观情景下，智飞生物的合理股价为38.56～49.98元/股；在正常情况下，其合理估值应该为40.19～55.47元/股。该结果仅作案例教学参考之用，不作为评判智飞生物市场价格的依据。

七、结束语

高新技术企业的价值评估是一个挑战性极大的工作，其难点在于：选择合适的可比公司作为参照对象；高新技术企业成长性很高，但相应的风险也极大，因此对其未来的财务预测也显得尤为困难。我们在对相关资料进行整理和研究之后，做了以下工作：通过对相关公司的财务研究，找出影响公司价值的价值驱动因素；通过三阶段现金流量法对企业未来的销售收入和净利润进行预测，从而得出企业未来增长率；选取PEG估值法对智飞生物的企业价值进行评估。

从整个案例的研究思路来看，我们始终围绕着发现企业价值驱动因素，来展开我们的价值评估工作。本案例的研究思路和研究方法对于投资者进行高成长性公司的价值评估来说具有一定的参考和研究意义。

第五章 公司融资理论与案例

公司与企业融资理论

一、企业融资概念

企业融资是指以企业为主体融通资金,使企业及其内部各环节之间资金供求实现由不平衡到平衡的运动过程。当资金短缺时,以最小的代价在适当期限筹措到适当额度的资金;当资金盈余时,以最低的风险、适当的期限投放出去,以取得最大的收益,从而实现资金供求的平衡。企业融资是以企业的资产、权益和预期收益为基础,筹集项目建设、营运及业务拓展所需资金的行为过程。企业的发展,企业是一个融资、发展、再融资、再发展的过程。一般企业都要经过产品经营阶段、品牌经营阶段及资本运营阶段。随着现代企业自身的不断发展,企业规模越来越大,解决自身融资问题越来越重要。随着社会分工的不断细化,企业发展也从此走上了一条规范化的道路。

二、企业融资剖析

企业融资是指企业从自身生产经营现状及资金运用情况出发,根据企业未来经营与发展策略的需要,通过一定的渠道和方式,利用内部积累或向企业的投资者及债权人筹集生产经营所需资金的一种经济活动。资金是企业体内的"血液",是企业进行生产经营活动的必要条件,没有足够的资金,企业的生存和发展就没有保障。企业融资是指企业向外部有关单位和个人以及从企业内部筹措生产经营所需资金的财务活动。组织创新是指组织规则、交易的方式、手段或程序的变化。

企业融资一般是指非金融企业的长期资金来源问题,在市场经济条件下,企业融资的方式总的说来分为两种：一种是内源融资，即将自己积累的可供使用的资金转化为投资的过程。另一种是外源融资，是指企业外部投资人或投资机构资金注入，将资金转化为股份的过程。企业的发展主要取决于能否获得稳定的资金来源，企业融资主要是指企业在金融市场上的筹资行为。因此，企业融资与资金供给制度、金融市场、金融体制和债信文化有着密切的关系。

三、企业融资——狭义与广义

从狭义上讲，融资是一个企业的资金筹集的行为与过程。也就是公司根据自身的生产经营状况、资金拥有状况，以及公司未来经营发展的需要，通过科学的预测和决策，采用一定的方式，从一定的渠道向公司的投资者和债权人筹集资金，组织资金的供应，以满足公司正常生产需要、经营管理活动需要的理财行为。公司筹集资金的动机应该遵循一定的原则，通过一定的渠道和一定的方式去进行。筹集资金一般目的有：扩张、还债以及混合动机（扩张与还债混合在一起的动机）。

从广义上讲，融资也叫金融，就是货币资金的融通，当事人通过各种方式到金融市场上筹措或贷放资金的行为。

融资可以分为直接融资和间接融资。直接融资是不经金融机构作为媒介，由政府、企事业单位，及个人直接以借款人的身份向贷款人进行的融资活动，其融通的资金用于生产、投资和消费。间接融资是通过金融机构的媒介，由借款人向贷款人进行的融资活动，如企业向银行、信托公司进行融资等。

企业竞争的胜负最终取决于企业融资的速度和规模，无论是否有领先的技术与广阔的市场。融资可被比作一个商品项目，交易的标的是项目，买方是投资者，卖方是融资者，融资的关键是设计双赢的结果。融资有商务模式划分，还有专业分工、程序分工。融资者须根据投资者的特点，去设计融资模式。融资不是一次性买卖，而是一个金融过程。

四、公司与企业融资方式

企业的资金来源主要包括内源融资和外源融资两个渠道，其中内源融资主要是指企业的自有资金和在生产经营过程中的资金积累部分；协助企业融资即企业的外部资金来源部分，主要包括直接融资和间接协助企业融资两类方式。直接协助企业融资是指企业进行的首次上市募集资金（IPO）、配股和增发等股权协助企业融资活动，所以也称为股权融资；间接融资是指企业资金来自银行、非银行金融机构的贷款等债权融资活动，所以也称为债务融资。随着技术的进步和生产规模的扩大，单纯依靠内部协助企业融资已经很难满足企业的资金需求。外部协助企业融资成为企业获取资金的重要方式。外部协助企业融资又可分为债务协助企业融资和股权协助企业融资。

五、企业快速融资渠道

企业快速融资渠道是指从企业内部开辟资金来源。从企业内部开辟资金来源有三个方面：企业自有快速融资渠道资金、企业应付税利和利息、企业未使用或未分配的快速融资渠道专项基金。一般在并购重组中，企业都尽可能选择这一渠道，因为这种方式保密性好，不必向外支付借款成本，风险较小，但资金来源数额与企业利润有关。

快速融资渠道可另向金融机构（如银行）进行融资，其成本主要是利息负债。向银行的借款利息一般可以在税前冲减企业利润，从而减少企业所得税。向非金融机构及企业筹资操作余地很大，但由于透明度相对较低，国家对快速融资渠道有限额控制。若从纳税筹划角度而言，快速融资渠道企业借款即企业之间拆借资金效果最佳。向社会发行债券和股票属于直接融资，避开了快速融资渠道中间商的利息支出。由于借款利息及债券利息可以作为财务费用，即企业成本的一部分可在税前冲抵利润，减少所得税税基，而股息的分配应在快速融资渠道企业完税后进行，股利支付没有费用冲减问题，这相对增加了纳税成本。所以一般情况下，企业以自我积累方式筹资的税收负担重于向金融机构贷款的税收负担，而贷款融资方式的税负又重于企业借款等筹资方式的税负，快速融资渠道企业间拆借资金方式的税负又重于企业内部集资入股所承担的税负。

六、企业融资模式

在发达的市场经济国家中，企业的融资模式主要有两种类型：一是以美国为代表的证券市场占主导地位的保持距离型融资模式，银企关系相对不密切，企业融资日益游离于银行体系，银行对企业的约束主要是依靠退出机制而不是对企业经营活动的直接监督；二是以日本为代表的关系型融资模式，在这种融资模式中，银企关系密切，企业通常与一家银行有着长期稳定的交易关系，从银行获得资金救助和业务指导，银行通过对企业产权的适度集中而对企业的经营活动实施有效的直接控制。

1. 保持距离型融资

保持距离型融资模式——以美国为例。美国是典型的自由主义的市场经济国家，具有发达的资本市场和高度竞争的商业银行体系，这使企业可以同时利用直接融资与间接融资两条渠道。企业自有资金的比率较高、商业银行间的高度竞争、发达的直接融资体系、禁止商业银行持有企业的股票以及银行活动本身受到严格监督,所以企业与银行间保持一种松散的商业型融资关系,即"保持距离型的融资"。在保持距离型的融资模式下,证券市场是企业获得外部长期资金的主渠道。企业主要通过发行债券和股票的方式从资本市场上筹措资金。从股权控制的角度来看,美国企业十分分散的股权结构对治理结构具有重大影响:对经营者的约束主要来自市场。这些市场包括股票市场、商品市场和经理市场等,其中股票市场具有很重要的作用。一是股东"用脚投票"的约束。由于股票市场具有充分的流动性和方便交易性,当股东普遍对企业的经营状况不满意或对现任管理者不信任时,就会在股票市场上大量抛售股票,这就是所谓的"用脚投票"。它会引起该企业股票价格下跌,导致企业面临一系列的困难和危机。二是股票市场"接管"的风险。股票市场运作方便灵活,促进了企业并购,特别是杠杆收购和敌意收购的兴起与发展,一旦企业经营不善,就存在被接管的可能,经营者就可能被撤换。市场对企业经营者形成强有力的外部监督制约机制。企业治理结构能够形成较为完整的权力制衡机制,外部治理结构与内部治理结构彼此独立存在且相互制衡,所有权、控制权、经营权的分布与配置有着较为稳固和规范的制度安排。

2. 关系型融资

关系型融资模式——以日本为例。日本富有政府干预色彩的经济体制内在地要求建立一种不同于保持距离型融资模式的企业融资模式——关系型融资模式,以达到不平衡发展战略对资金的非均衡配置和对大企业给予特殊扶植的目的。长期以来,日本处于一种金融压抑的体制之下:主要商业银行直接或间接地受到政府的严格控制;长期人为执行低利率政策;政府影响贷款规模和方向,重点支持优先发展部门和企业;资本市场不发达,银行贷款是企业融资的主要方式。在这种金融压抑的体制下,形成了富有日本特色的主银行制度。主银行制度包括互相补充的三个部分:银行和企业订立关系型契约、银行之间形成特殊关系以及金融监管当局采取一套特别的管制措施,如市场准入管制、金融约束、存款提保及对民间融资的限制等。与此相对的是,日本企业在证券融资中,形成了独特的法人相互持股的股权结构。企业通过这种持股方式集结起来,容易形成"企业集团",有助于建立长期稳定的交易关系,也有利于加强经营者对企业的自主控制。因此,在日本的主银行体制和法人之间的相互持股基础上,形成了日本企业治理结构:一方面,日本企业经营者拥有做出经营决策的极大自主权,由于法人之间具有持股关系,很少干预对方的经营活动;另一方面,企业经营者又会受到银行特别是主银行的监督。主银行既是企业的主要贷款者或贷款银团的组织者,又是企业的主要持股者。主银行与企业具有两个方面的关系:① 作为企业的股东,在盈利情况良好的条件下,银行并不对这些企业的经营实施直接控制；② 如果企业利润开始下降，主银行由于所处的特殊地位，能够较早地察觉问题。如果情况继续恶化，主银行就可以通过召开股东大会或董事会来更换企业的最高领导层。

七、企业融资的主要类别

(1) 企业融资按照有无金融中介分为两种方式：直接融资和间接融资。

① 直接融资。

直接融资是指不经过任何金融中介机构，而由资金短缺的单位直接与资金盈余的单位协商进行借贷，或通过有价证券及合资等方式进行的资金融通，如企业债券、股票、合资合作经营、企业内部融资、借贷等。间接融资是指通过金融机构进行的融资活动，如银行信贷、非银行金融机构信贷、委托贷款、项目融资贷款等。直接融资方式的优点是资金流动比较迅速，成本低，受法律限制少；缺点是对交易双方筹资与投资技能要求高，而且有的要求只有在双方会面时才能成交。

② 间接融资。

相对于直接融资，间接融资则通过金融中介机构，可以充分利用规模经济，降低成本，分散风险，实现多元化负债。但直接融资又是发展现代化大企业、筹措资金必不可少的手段，故两种融资方式不能偏废。

(2) 企业融资还可按照资本金出资分为两种方式：股权融资和债务融资。

① 股权融资。

股权融资是指资金不通过金融中介机构，借助股票这一载体直接从资金盈余部门流向资金短缺部门，资金供给者作为所有者享有对企业控制权的融资方式。它具有以下特征：长期性、不可逆性、无负担性。

② 债务融资。

债务融资是指企业通过举债筹措资金，资金供给者作为债权人享有到期收回本期的融资方式。相对于股权融资，它具有以下特征：短期性、可逆性、负担性。

八、企业融资渠道

1. 银行借款

信贷融资是间接融资，是市场信用经济的融资方式，它以银行为经营主体，按信贷规则运作，要求资产安全和资金回流，风险取决于资产质量。信贷融资由于责任链条和追索期长，信息不对称，由少数决策者对项目的判断支配大额资金，把风险积累推到将来。信贷融资需要发达的社会信用体系支持。银行借款是企业最常用的融资渠道，但银行的基本做法是以风险控制为原则，这是由银行的业务性质决定的。对银行来讲，它一般不愿冒太大的风险，因为银行借款没有利润要求权，所以对风险大的企业或项目不愿借款，即使有很高的预期利润。相反，实力雄厚、收益或现金流稳定的企业是受银行欢迎的贷款对象。

2. 证券融资

证券融资是市场经济融资方式的直接形态，公众直接广泛参与，市场监督最严，要求最高，具有广阔的发展前景。证券融资主要包括股票、债券，并以此为基础进行资本市场运作。与信贷融资不同，证券融资是由众多市场参与者决策，是投资者对投资者、公众对公众的行为，直接受公众及市场风险约束，把未来风险直接暴露和定价，风险由投资者直接承担。

3. 股权融资

股票上市可以在国内，也可选择境外；可以在主板上市，也可以在创业板、科创板上市。发行股票是一种资本金融资，投资者对企业利润有要求权，但是所投资金不能收回，投资者风险较大，因此要求的预期收益也较高，即资金成本较高。具体而言，发行股票的优点：① 所筹资金具有永久性，没有还本压力；② 单次筹资金额大；③ 用款限制相对较松；④ 提高了企业的知名度，为企业带来良好的声誉；⑤ 有利于帮助企业建立规范的现代企业制度。对于潜力大、风险也大的科技型企业，在创业板发行股票融资是加快企业发展的一条有效途径。

4. 债券融资

发行债券的优缺点介于上市和银行借款之间，是一种实用的融资手段，但关键是选好发债时机。发债时机要充分考虑利率的走势预期。债券种类很多，国内常见的有企业债券、公司债券以及可转换债券。企业债券要求较低，公司债券要求则相对严格，只有国有独资公司、上市公司、国有投资主体设立的有限责任公司才能发行，并且对资产负债率以及资本金等都有严格限制。可转换债券只有重点国有企业和上市公司才能够发行，它是一种含期权的衍生金融工具。采用发行债券的方式进行融资，优点在于还款期限较长，附加限制少，资金成本不太高；但手续复杂，对企业要求严格，发行风险小。特别是长期债券，面临的利率风险较大，而又欠缺能够进行风险管理的金融工具。

5. 租赁融资

融资租赁是指出租人根据承租人对租赁物件的特定要求和对供货人的选择，

出资向供货人购买租赁物件，并租给承租人使用，承租人分期向出租人支付租金，在租赁期内物件的所有权属于出租人所有，承租人拥有租赁物件的使用权。租期届满，租金支付完毕并且承租人根据合同的规定履行完全部义务后，对租赁物的归属没有约定的或者约定不明的，可以协议补充；不能达成补充协议的，按照合同有关条款或者交易习惯确定。融资租赁是集融资与融物、贸易与技术更新于一体的新型金融产业。由于融资与融物相结合的特点，出现问题时，租赁公司可以回收、处理租赁物，因而在办理融资时，对企业要求不高，所以适合中小企业融资。

九、企业融资管理

1. 资源储备

不同企业融资渠道资源差别很大。当前融资存在的问题是：重视银行类融资渠道的储备，不重视商业融资渠道的储备；重视外部融资渠道的储备，不重视内部融资渠道的储备；重视眼前融资渠道的储备，不重视长远融资渠道的储备；资金短缺时，注重融资渠道的储备，资金充裕时，不注重长远融资渠道的储备，着重眼前利益；渠道储备停留在口头上或者思想上，没有资源投入、人员投入和财务安排；储备资源的过程没有侧重点，没有根据企业的实际情况有选择地储备资源。

融资渠道的储备是企业在融资工作进行之前，对融资渠道的选择、跟踪、了解的过程，是企业融资过程中正在使用与潜在融资渠道的总称，是完善融资基础的重要内容。其主要内容是融资主体的确定。不少企业的经营者通过直接或间接方式，控制着几家公司。这些公司有的已经建立产权关联关系，并形成母子公司体系，有的则是人员关联关系，实际控制人仍是企业经营者。因此，企业在融资之前，需要对这些融资主体进行选择。

确定融资主体时的几项原则：选择规模较大的企业，理论上，规模越大的企业，授信额度越大，银行类资金方一般规定授信额度的理论数值不超过企业净资产额的一定比例；选择营业期限较长的企业，尤其是银行贷款，一般有三年的经营业绩要求；选择现金流量较大的企业。银行贷款一般有自身综合收益的考虑，比如吸收存款、结算量规模等，同时也是银行等资金方风险控制的需要；选择获得产业政策支持的行业，无论是权益类资金方还是债权类资金方，都对行业有一定的要求，政策性资金扶持表现最突出；选择报表结构良好的企业，主要是针对银行融资而言；选择知名度较高的企业，知名度高的企业一般能使资金方树立信心；选择与融资方联系紧密的企业，主要适用于企业投资和银行融资，首选子公司，人员关联公司次之，再次是业务关联公司。

2. 报表规范

中小企业报表中常见的主要问题：报表时间短；资产、收入、利润规模太小，资产规模、收入规模和盈利规模不符合资金的要求；资产和负债结构不合理，资产负债率过高；报表不实，大多数企业报表"明亏实盈"；报表没有合并，很多企业实际上建立了母子公司运营体系，但没有合并报表；报表科目核算内容不规范，名不副实。一般来说，资金方对报表都有以下要求：会计报表的时间足够长，一般需要三年的报表；可信度高，必须经会计师事务所审计，抵押物要经过评估机构评估，有关收入以缴税证明为依据；具有偿还能力，主要考虑资产负债率、流动比率和现金流量表；具有盈利能力，主要考虑企业盈利额、收入利润率等；现金流量较好，尤其是经营性现金流量；成长性较好，业务要稳定增长，这可以从不同年度报表的比较中看出来；资产结构与负债结构匹配合理，主要关注长期资产适合率，即长期资产是否由长期负债和权益资金来满足；资产和负债内部结构要合理等。

3. 融资准则

在市场竞争和金融市场变化的环境下，企业融资决策和资本结构管理需要按照自身的业务战略和竞争战略，从可持续发展和为股权资本长期增值角度来考虑。其基本准则：融资产品的现金流出期限结构要求及法定责任必须与企业预期现金流入的风险相匹配；平衡当前融资与后续持续发展融资需求，维护合理的资信水平，保持财务灵活性和持续融资能力；在满足上述两大条件的前提下，尽可能降低融资成本。融资工具不同，现金流出期限结构要求及法律责任就不同，对企业经营的财务弹性、财务风险、后续投资融资约束和资本成本也不同。例如，对企业来说，与股权资本相比，债务资本具有三个主要特点：第一，债务资本的还本付息现金流出期限结构要求固定而明确，法律责任清晰，因此，它缺乏弹性；第二，债务资本收益固定，债权人不能分享企业投资于较高风险的投资机会所带来的超额收益；第三，债务利息在税前列支，在会计账面盈利的条件下，可以减少纳税。尽管融资决策和资本结构管理的基本准则对所有企业都是一致的，但在实际中，由于企业产品市场的竞争结构不同，企业所处的成长阶段、业务战略和竞争战略有别，企业融资方式与资本结构也存在差异。

十、融资策略

企业首先要根据商业环境确定自己的业务发展战略，然后再确定融资决策和资本结构管理的具体原则和标准。在现实金融市场环境下，融资决策和资本结构管理策略的基本思想可以概括为：根据金融市场有效性状况，利用税法等政策环境，借助高水平的财务顾问，运用现代金融原理和金融工程技术，进行融资产品创新。利用税法进行融资创新，如在确定采用债务融资类型后，利用税法对资本收益和利息收益税率的差异，可以发行零息票债券。针对企业与资本市场投资者对金融市场利率变化的预期差异进行融资创新，如采用浮动利率，或者发行含有企业可赎回或投资者可赎回的债券。利用投资者与企业之间对企业未来成长性预测的差异，进行融资创新在股票市场低估公司投资价值时，企业可以首先选择内部融资；如果确实需要外部融资，可以采用可转换证券、认股权、可赎回股票等融资方式，降低融资成本。而在股票市场高估公司投资价值时，增发股票融资。环境亟待优化企业融资决策和资本结构管理策略的实施，取决于良好的金融市场环境。我国金融系统提供的企业融资品种非常少，不能适应日益复杂的商业环境下的企业融资需求。随着企业和投资银行等中介机构融资创新需求的增强，政府应像鼓励技术创新那样，鼓励企业基本融资工具的创新。与此同时，应逐渐从没有明文规定的企业融资新品种报批模式，过渡到只要政府法律没有明文禁止，就可以推出企业融资品种的管理模式，使企业融资从选择余地非常有限，向选择余地大、最终自由选择的方向发展。

案例八

汉口银行赢利模式的新探索

摘要：科技和金融是促进经济增长的两大引擎，科技银行就是使这两者有机整合的科技金融载体。随着金融创新的深入，居于我国金融体系主体地位的商业银行受政策制约不能开展股权投资，仅能获得有限的收入，导致收益和风险严重不对等，影响开展业务的积极性，通过科技金融创造新的利润是商业银行发展的主要方向。本案例呈现了汉口银行在聚焦科技型中小企业、探索科技金融创新模式的过程中，面临如何提升利润的问题，汉口银行以"投贷联动"作为科技金融创新模式，提升盈利能力，使其成为新的利润增长点。这一案例可以帮助学生了解中国科技金融的发展及其创新性业务模式，并思考和领会我国商业银行深化科技金融创新的策略。

1983年，硅谷的冒险家比尔·彼格斯坦夫和罗伯特·梅德亚里斯开启了一场针对高科技企业的金融尝试。他们专盯着初创期的科技企业，做其他银行碰也不碰的知识产权质押，成立了硅谷银行，科技金融由此肇始。如今，硅谷银行火了——集团拥有超过一万家科技型中小企业客户和20亿美元的资产，成为全美新兴科技市场中最有地位的金融机构之一。

近年来,这一模式正在中国被悄然复制。陆续有 20 余家银行通过成立科技支行的方式加入了这场冒险游戏,汉口银行就是其中的先行者。

一、科技银行行业背景

国内把专为高科技企业提供融资服务的银行机构定义为"科技银行",在美国,因服务对象往往伴随高风险,它也被称为风险银行。杨灿的定义比较简洁:传统银行信贷是看过去和现在,科技型企业的信贷要加一项,就是看未来。

1. 行业发展

2008 年,全国工商联提出了在北京中关村、上海浦东新区设立专门的科技银行的方案。2009 年,在科技部和银监会的大力推动下,科技支行设立正式破土。1 月,成都银行高新支行、建行成都高新支行成为新设的首批科技支行;7 月,在杭州市政府的大力支持下,杭州银行成立了科技支行;9 月,汉口银行光谷支行成立。2010 年,全国各地又陆续开设了多家科技支行,如平安银行深圳科技支行、中国农业银行无锡科技支行、交通银行苏州科技支行等。2011 年 11 月,中国银监会批准筹建浦发硅谷银行,这是中国第一家拥有独立法人地位的科技银行,但当时只能开展针对企业的在岸美元业务。这些纷纷设立的科技支行为缓解当地科技型中小企业融资难问题带来了"源头活水",自身的发展也渐入佳境。表 5-1 是代表性科技支行的情况。

表 5-1　代表性科技支行一览表

城市	科技支行名称	挂牌时间	备注
成都	成都银行科技支行	2009.11.11	全国首批两家科技支行之一
成都	建设银行科技支行	2009.11.12	全国首批两家科技支行之一
杭州	杭州银行科技支行	2009.07.08	中国东部地区首家科技支行
武汉	汉口银行光谷支行	2009.09.29	中国中部地区首家科技支行
深圳	平安银行深圳科技支行	2010.05.27	广东省首家科技支行
无锡	中国农业银行无锡科技支行	2010.09.26	中国农业银行首家科技支行
苏州	交通银行苏州科技支行	2010.11.26	苏州地区、交通银行首家科技支行
无锡	江苏银行无锡科技支行	2010.12.16	江苏银行首家科技支行

2. 业务模式

中国科技支行通过借鉴硅谷银行的经验和自己探索创新,形成了具有中国特色的业务模式。首先，科技支行客户定位清晰，只做科技型中小企业，不做大型企业和传统企业。其次，考虑到科技型中小企业"人脑"＋"电脑"的轻资产特点，降低对企业当前资产、销售、利润等财务指标的要求，增加了产品、团队、商业模式等非财务因素的权重。另外，产品逐渐成熟，推出了大量"弱担保、弱抵押"的信贷产品，主要包括知识产权质押贷款、股权质押贷款、应收账款质押贷款等，并通过与其他机构的合作，降低银行对科技型中小企业贷款的风险。

3. 激烈的市场环境

我国银行业虽然发展较快，但粗放式经营、同质化竞争、低水平创新的情况仍然客观存在，利率市场化、金融脱媒、监管政策趋紧将推动银行业逐步进入"薄利"时代。这给像汉口银行一样的城市商业银行发展带来了巨大的挑战。走差异化道路，寻找新的利润增长点成了城市商业银行面临的重要问题。

4. 地方（武汉）科技金融经济环境

在"十二五"期间，湖北科技金融发展势头良好，武汉城市圈、鄂西生态文化旅游圈、湖北长江经济带"两圈一带"的规划推动着湖北经济迈入全新的发展阶段。2010—2014 年，武汉高新技术产业产值、增加值（见图 5-1）实现突破性增长。

图 5-1　高新技术产业产值、增加值

（1）创业风险投资聚集地。

武汉是创业风险投资聚集地。在科技创业投资引导基金的带动下，全市创业投资业迅速发展，积极引入风险投资机构、银行、保险、担保以及金融中介机构。截至 2014 年末，全市创业投资机构达到 556 家，资金规模达到 448 亿元，分别较上年增加 318 家和 248 亿元，分别大幅增长 133.61％和 124％。

(2) 科技型中小企业聚集区。

汉口银行光谷支行位于武汉科技型中小企业聚集区——武汉东湖新技术开发区。示范区中的关东光电子产业园、关南生物医药产业园、武汉大学科技园、光谷软件园、佛祖岭产业园、机电产业园等园区都各具特色；2000家高新技术企业分类聚集，以光电子信息产业为主导，能源环保、生物工程与新医药、机电一体化和高科技农业竞相发展。其中，光纤光缆的生产规模居全球第二，国内市场占有率达50%，国际市场占有率达12%；光电器件、激光产品的国内市场占有率达40%，在全球产业分工中占有一席之地。

(3) 金融创新活跃。

武汉科技金融创新异常活跃，以东湖国家自主创新示范区为试点，政府制定《东湖国家自主创新示范区科技型企业贷款保证保险业务操作指引》，创新性地建立"第三方信用评级＋银行贷款＋保证保险＋政府"模式的科技贷款风险分担机制。各种金融产品、金融服务模式形式多样。

(4) 担保体系完善。

武汉中小企业担保体系较为完善，拥有一批实力较强的政策性担保机构与商业性担保机构。全市融资性担保公司不断拓展业务领域，担保业务大幅增加，主要合作的金融机构涉及银行、小贷公司、信托公司等。2014年，全市180家担保公司提供贷款担保总额811.15亿元，比上年增长31.06%，全年新增担保额233.25亿元。行业总体发展迅速，担保实力显著提升，呈现出质量和效益同步增长的良好势头。

(5) 保障良好的信用环境。

武汉目前正大力推进社会信用体系建设。武汉资信公司建设的社会联合征信系统已征集1035万条自然人信用信息和58万条法人信用信息；"武汉企业信用网"征集38万多个市场主体的107.85万条信息；东湖新技术开发区"光谷信用网"征集2.6万家企业的72.5万条信用信息。市信用信息公共服务平台初步建立，"诚信武汉网"已经上线，具备信用信息发布和查询功能。

场景一

科技金融发展困局讨论会

2016年3月18日上午，汉口银行战略布局大会在总行办公楼28的层会议室举行。汉口银行董事长陈新民、科技分行行长杨灿及各高层管理人员一起出席了会议。会议主题是探讨目前银行科技金融的发展困局、研究2016年的发展方向。首先，陈新民就汉口银行科技金融发展情况做了简报：自2009年以来，汉口银行借力湖北致力中部崛起的战略，开始探索差异化、特色化发展之路，大力发展科技金融。成功引入联想控股为第一大股东，优化了股权结构，消化了历史不良资产，把一家小银行打造成有规模、有特色且资产质量良好的区域性股份制银行。科技支行通过机制创新、产品创新和模式创新，借助"信贷工厂"作业模式，为科技型企业提供一站式的综合金融服务，科技金融品牌在国内产生了一定的影响。然后，陈新民问科技分行行长杨灿：目前科技金融发展遇到什么问题？针对现状，杨灿提出发展困局：囿于《商业银行法》中商业银行不得向非自用不动产投资或者向非银行金融机构和企业投资的规定，商业银行只能"曲线试水"相关业务。目前，科技金融仅依靠利息来源，是很难补偿融资风险的。科技金融想要长远发展，就必须考虑持续盈利问题，请求政府与监管部门能给予相关政策倾斜，支持汉口银行设立股权投资功能主体，或者给予一定的科技企业股权投资额度，探索"债权＋股权""融资＋融智"的综合化金融服务，扩大利润来源。

股权投资？新利润？这成了汉口银行发展中不容回避的一个问题。会议最后，陈新民希望杨灿所在的科技金融中心针对问题尽快提交一份完整的计划书。

二、汉口银行科技支行的发展

汉口银行成立于1997年12月，是一家总部位于湖北武汉的城市商业银行。其前身为在62家城市信用社及市联社基础上组建的武汉城市合作银行，1998年更名为武汉市商业银行，2008年更名为汉口银行。

1. 组织架构

汉口银行科技金融服务中心（以下简称"光谷支行"）也被称为光谷科技银行，于2009年9月揭牌成立，是全国首批、湖北省内第一家专业科技支行。光谷支行是汉口银行下属的一级支行，专门为开发区科技型企业提供金融服务。截至目前，其信贷客户已涉及电子信息、高新能源、节能环保、医药、文化创意、传统行业技术改造六大行业近20个子行业，基本覆盖了武汉市重点发展高新技术行业。

2010年12月，光谷支行设立科技金融服务中心，搭建"1＋N"的一站式服务平台，显著提高了科技金融服务效率。2011年9月，光谷支行升格为光谷分行，成为武汉东湖新技术开发区唯一一家分行级机构，服务层次进一步提升。同时，复制武汉模式，在省内的宜昌、襄阳、黄石等地设立科技金融服务分中心，加强了对属地科技型企业的服务；在省外的北京、上海、深圳、重庆设立科技金融服务分中心，科技金融架构在全国基本完成以武汉为中心、东西南北的布局，组织结构见图 5-2。

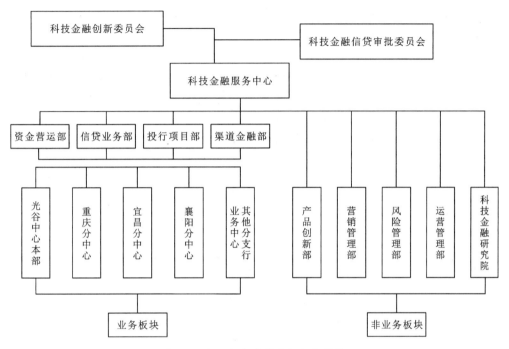

图 5-2　汉口银行光谷支行组织结构

汉口银行注册资本 41.28 亿元，前三大股东分别为联想控股股份有限公司、武钢集团有限公司和武汉开发投资有限公司。现有各类机构 105 个，员工 3300 人。除武汉市以外，在重庆市及湖北省内 7 个地级市成立了分行。发起组建了阳新、枝江 2 家村镇银行。2018 年，在英国《银行家》杂志"全球银行 1000 家"总资产排名中进入前 500 强。汉口银行科技金融发展状况见图 5-3。

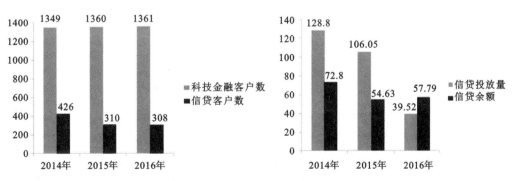

图 5-3　汉口银行科技金融发展状况

2. 战略规划

近年来，汉口银行一步一个脚印，较好地完成了阶段性发展目标。2009 年 8 月，提出了"三年再造一个汉口银行"，当时的资产规模不到 500 亿元，到

2010年12月，全行资产规模突破1000亿元大关，提前1年7个月完成了目标。2011年是"十二五"开局之年，汉口银行又提出了"抢抓机遇、积极稳健、五年两番"的新一轮跨越发展目标，即到2015年末，主要业务指标比2010年末翻两番，目前已超额完成任务。

汉口银行通过多年对科技金融的探索，已逐步形成了一套扶持中小型科技企业的产品和服务。多年来，客户数、信贷投放量均高于业内平均水平。截至2016年3月31日，全行服务科技型企业1361家，其中信贷客户308家，表内贷款余额57.79亿元，详见图5-2、图5-3。

下一步，为扩大科技金融创新服务能力，汉口银行科技金融拟规划探索参股或投资设立消费金融公司、资产管理公司、基金管理公司、信托投资公司的综合化经营发展之路，发展股权投资功能的主体业务，创造利润新增长点，打造汉口银行科技金融2.0版本。

场景二

杨灿传达任务

散会后，杨灿拖着疲惫的身躯回到了光谷分行（汉口银行科技金融中心），立即叫了业务主管王华和财务主管薛莹莹到他办公室，粗略地向他们说明了今天总行开会的主要内容，要求他们说说自己的观点。

王华表示赞同杨灿会上提出的银行科技金融发展困局，然后根据自己的业务经验分析了形成困局的原因。一是经济下行冲击，科技型中小企业经营风险明显加大，贷款质量承受较大压力，影响大科技金融业务的可持续性。二是受现行政策制约，银行缺少相关业务资格和经营主体，不能开展股权投资，而在为科技企业提供授信支持时，仅能获得有限的利息收入，导致收益和风险严重不对等，影响业务积极性，同时也不利于为企业提供综合化服务。三是信用市场体系不完善、要素市场不健全、多层次资本市场不发达等外部市场体系问题，难以有效支持科技金融深化创新。

薛莹莹表示不熟悉业务，但是相信银行现状会好转的。她听说许多业内人士也持乐观的心态，表示随着利率市场化的加速推进，金融综合化经营是大势所趋，国家层面也将对《商业银行法》进行修订，其中对商业银行股权投资的相关规定或有松动，这对于开展投贷联动业务来说无疑具有重要意义。

通过一番分析，杨灿把任务交给王华和薛莹莹，叮嘱他们重视这次工作，按总行要求尽快提交报告。

三、汉口银行科技金融的发展格局

近年来,汉口银行通过深化科技金融服务,实实在在地支持了一批科技型中小企业,创新探索,取得了一定成效。在陈新民的认识中,之所以能够取得这些成效,主要是因为较好地契合了客户的需求。

1. 思维颠覆

陈新民一一细数:一是对客户选择标准的颠覆,传统银行选择客户,主要是"看过去",看已经形成的经营成果,汉口银行对科技企业客户的选择,更多的是"看未来",看可以预计的发展前景;二是对客户服务理念的颠覆,传统银行服务客户,往往只做"锦上添花"的事情,汉口银行开展科技金融服务,更多的则是"雪中送炭",解决科技型中小企业的燃眉之急;三是对服务内容的颠覆,传统银行提供的主要是"融资"服务,而汉口银行提供的是科技金融服务,还包括配套的"融智"服务,为企业经营出谋划策、提供帮助;四是对融资方式的颠覆,传统银行主要提供信贷融资,而汉口银行还要积极帮助企业通过私募渠道或在资本市场引入股权融资;五是对客户关系的颠覆,传统银行与客户主要是债权关系,是"一锤子买卖",而汉口银行科技金融更需要建立与客户的股权关系;六是对审贷模式的创新,传统银行是封闭式审贷,而汉口银行科技金融是开放式审贷,引入科技专家和风投专家一起参与审贷和投票;七是对风控机制的颠覆,传统银行控制风险主要靠"盯客户",而对科技金融业务风险的控制,更多地是通过外部机构强化对风险的识别和分担;八是对收益形式的颠覆,传统银行主要是利息收入,而汉口银行对科技企业更希望获得资本收益,从而更好地契合客户经营的周期性特点,也更大程度地规避风险。

经过不懈的努力,汉口银行科技金融创新在支持实体经济发展上取得了较好的经济效应和社会效应。六年内累计服务科技企业 1500 余家,其中 90% 以上为中小企业,信贷支持科技企业 800 余家,累计投放表内外信贷资金超过 800 亿元。

2. 四大创新

汉口银行开展科技金融创新实践探索,建立了主要包括"组织架构、体制机制、业务模式、产品服务"四大核心的创新体系(见图 5-4)。

(1)平台创新。

汉口银行在东湖开发区挂牌设立光谷支行,成为全国首批、省内第一家专业科技支行,又在专业支行的基础上设立科技金融服务中心,创设了全国首个

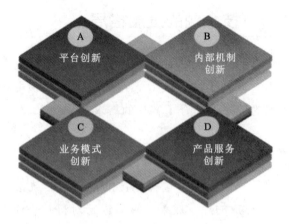

图 5-4 四大创新体系

"1+N"的一站式科技金融业务平台（见图5-5），开辟专门的工作区域，协调各类机构入驻该平台，通过联合政府有关部门、风投、券商、担保、保险、租赁、评估、小贷等各类金融服务资源，在服务模式、业务流程、金融产品上积极创新，为科技中小企业提供包括理财、财务顾问、信息咨询、经营诊断、上市辅导等全生命周期的综合金融服务。

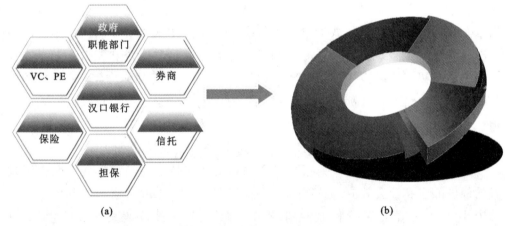

图 5-5 "一站式"服务

VC—风险投资；PE—私募股权

（2）内部机制创新。

为进一步完善科技金融服务体系，汉口银行出台一系列倾斜政策，并对相关业务流程进行改造，建立了行内科技金融的"十项单独"机制。包括单独的绩效考核机制、单独的企业准入机制、单独的信贷审批机制、单独的审贷投票机制、单独的风险容忍机制、单独的风险拨备机制、单独的风险定价机制、单独的激励约束机制、单独的人才培养机制、单独的先行先试机制。

(3) 业务模式创新。

通过"1+N"一站式平台与入驻机构联合创新,重点推出了五种创新业务模式。一是与政府部门合作创新风险分担模式。其中重点与东湖开发区管委会联合推出基于财政资金作为风险补偿基金的"萌芽贷"金融服务。二是与风投机构合作创新投贷联动模式。通过"先投后贷""先贷后投""投贷联动"的形式,银行与投资公司可以实现收益共享、风险共担。三是与证券公司合作创新"三板通"服务。在企业通过券商内部核准或已经挂牌的情况下,汉口银行认可券商对企业的审核情况,对企业提供条件宽松的自身股权质押贷款。四是与科技类担保公司开展"见保即贷"业务。五是开展"统借统还"业务。由政府的科技平台公司向银行申贷,同时由担保公司对总体授信提供担保,平台取得银行信贷资金后,再委托银行向具体用款企业发放贷款。

(4) 产品服务创新。

推出了以"投融通"为品牌的20多项系列金融产品。率先开展国家创新基金搭桥贷款创新,率先办理湖北首笔美术作品著作权质押贷款,率先研发推出"三板通""萌芽贷""投联贷"等渠道合作创新产品,在科技金融产品创新上创造了区域内多个第一;同时,汉口银行根据科技企业所处的不同发展阶段,建立"初创期""成长期""成熟期"等项目库,分别匹配相应的产品,对库内企业跟踪提供全生命周期金融服务。

场景三

破题思路

从行长办公室出来,王华和薛莹莹决定先讨论研究思路,以免闭门造车。他们一致认为行里想发展股权投资业务。虽然近年推出了"先投后贷""先贷后投""直接服务"的贷投联动服务,但是也只能"曲线试水",摆脱不了法规对银行业投资业务的限制。

商业银行权、责、利不对等。商业银行在选择科技型中小企业作为服务对象时,需要付出成倍的人力和物力来完成前期调查、方案设计、多方沟通协调工作,受制于《商业银行法》等政策,商业银行仅能赚取利息收入,价值更高的服务无法收取任何费用,而且由于无法进行股权投资,也不能分享企业发展成果。

如汉口银行扶持的某高科技企业,第一笔贷款是由光谷支行提供,该企业获得100万元知识产权质押贷款后才完成产品研发并投入市场,赢得发展时机,随后多方引荐联系风险投资、证券公司等,企业在光谷支行帮助下成功登陆新三板,并获得8000万元定向增发资金,目前企业市值6.75亿元,较成立之初的300万元注册资本增加了200余倍。但对汉口银行而言,能获取的收益也仅为贷款9%~10%的利息收入，完全无法分享企业高速发展带来的成果。

经过一番头脑风暴，他们都认为如果未来政策允许，股权投资业务前景还是非常可观的，所以打算从这个角度切入。

《商业银行法》限制了银行做股权性融资，股权和债权结合的融资模式也无法大规模推行，尤其涉及企业上市后股权增值部分的问题，在现行规定下，银行无法变现退出。那只有从两个角度出发：一个可能是，通过修法来破除这一限制；另一个可能是，在不修法的情况下，开展银行综合金融试点，或是设立专门的科技型银行来先行先试。目前看来，在银行综合金融框架下试点，投贷联动是最为现实的方式之一，可允许一个集团下属的银行及投资机构同时通过贷款和投资的方式来支持科技型企业，但在前期，股权投资的比例预计会受到一定的限制。因此，投贷联动试点是银行利润增长的契机。

四、"投贷联动"——新的利润增长点？

随着"大众创业、万众创新"成为中国经济的重点，我国进入了"微观时代"。这也意味着"大企业时代"将告一段落，小微企业特别是小微科创型企业将成为重点，对这些轻资产企业，商业银行亟待转变金融服务方式和思维。2015年3月，中共中央、国务院发布了《关于深化体制机制改革加快实施创新驱动发展战略的若干意见》（以下简称《意见》），提出了选择符合条件的银行业金融机构，探索试点投贷联动业务。

1. 投贷联动概述

投贷联动，就是通过股权和债权相结合的融资服务方式，以企业高成长所带来的投资收益有效覆盖企业现在与未来的投资风险，其同时满足成长型创新客户与商业银行双边激励相容的需求。

2. 投贷联动新机遇

《意见》第十二条指出："完善商业银行相关法律。选择符合条件的银行业金融机构，探索试点为企业创新活动提供股权和债权相结合的融资服务方式，与创业投资、股权投资机构实现投贷联动。"在投贷联动模式下，一方面，商业银行在与风险投资（VC）、私募股权投资（PE）等机构的合作中，可以有效识别和控制风险；另一方面，商业银行在支持企业发展的同时，能分享企业成长的收益，有利于平衡风险与收益，提升商业银行的积极性；此外，对于传统融资业务过于单一的商业银行来说，围绕资本市场直接融资渠道，升级相关业务显得尤为迫切，而投贷联动在一定程度上改善了商业银行投资渠道狭窄、投资品种单一的现状。

3. 中国投贷联动业务寻路

但囿于《中华人民共和国商业银行法》第四十三条商业银行"不得向非自用不动产投资或者向非银行金融机构和企业投资"的规定，我国银行开展投贷联动业务主要有以下两种模式：一是国开行的股权直投模式；二是"曲线试水"模式，主要包括两种，一种是借助海外全资控股直投子公司进行投资，另外一种是与外部VC/PE合作，按照"债权＋认购股权"的模式进行。

目前，"投贷联动"业务难推行。一方面是"风控"冲突，风投机构较为激进，投资10个企业，只要有一个成功也能获取超额收益，但银行不可能允许10笔贷款中出现9笔坏账。另一方面是收益与风险不匹配，银行跟进的是信贷业务，获取的是利息差等债权收益，无法获得企业成长后的股权性"红利"，但却要承担股权投资的风险；风投机构可以待企业孵化成熟后，通过IPO竞价式转让、出售或回购的契约式转让获得高额收益，覆盖成本和风险。目前期待以混业经营、综合金融的模式来解决"风控"冲突。

场景四

同行的看法

因薛莹莹出差，任务就落在王华肩上。王华对于"投贷联动是利润增长点的契机"这一观点并无把握。为保险起见，王华决定听取同行意见。王华的大学同学任凯毕业后进入交通银行工作，也是负责科技金融业务拓展业务，交通银行的科技金融的投贷联动在业内颇有口碑。他们约定在光谷一家西餐厅面谈。

见面一阵寒暄后，他们就直奔主题了。任凯针对王华提出的两点方案，特别是投贷联动试点给予了认同。银行应该未雨绸缪，继续发展投贷联动业务，这既是当前战略发展的需求，也是为即将可能开始的试点工作做好准备，提前抢占市场。任凯的理由有两个：第一，因为投贷联动在初创期即给企业提供贷款，银行因先期介入而获得金融合作的先发优势。等企业成长壮大后，企业有望成为银行的信贷大户，和客户建立的患难情使得银行和企业之间的黏性也更强。第二，商业银行在与VC/PE等机构的合作中，可以帮助有效识别和控制风险，大大减少了银行的风控成本。与任凯的这次交谈无疑给王华吃了颗定心丸。

五、新的起航：投贷联动

2016年4月21日，中国银监会、科技部、央行三部委联合发布《关于支持银行业金融机构加大创新力度开展科创企业投贷联动试点的指导意见》（下称《指导意见》），首批投贷联动试点选取5个地区的自主创新示范区和10家试点银行业金融机构，武汉东湖国家自主创新示范区、城市商业银行汉口银行位列其中。

根据《指导意见》，银行业金融机构可以通过"信贷投放"与本集团设立的具有投资功能的子公司"股权投资"相结合的方式来为科技创新企业提供融资。

1. 成立银行控股的投资管理公司或子银行

假设在监管部门和社会各界的推动下，《中华人民共和国商业银行法》对商业银行开展股权投资的限制进行了松绑，允许商业银行在控股或者参股风险投资公司的基础上，或者允许设立单独的科技金融子银行，在一定额度（根据银行相关监管指标和业务开展实际确定）和一定范围（如科技创新领域）内开展股权投资，银行就可以按照一级资本的一定比例，与其他合格投资者共同成立上述主体，同时，通过资金募集，设立该投资管理公司或子银行旗下的股权投资基金（见图5-6），对高新技术企业及模式创新型企业开展股权投资业务。

2. 成立基金管理公司

为了尽快深化投贷联动业务，在银行监管及证券监管机构的共同支持下，汉口银行可以自有资金全资或控股设立，成立一家专注于科技金融服务的有限牌照的基金管理公司，再由基金管理公司成立子公司，通过该子公司成立专项资产管理计划，通过银行自有资金参与或高净值客户参与资产管理计划的方式，以资产管理计划的名义，对科技型中小企业进行股权投资。在这种模式下，银行可以通过获得对科技企业的认股权，由基金管理子公司专项资产管理计划进行持有和行权。如果该认股权得以行权，即可获得相对较高的股权投资收益，这样就可能在服务科技企业时实现收益和风险的匹配，促进科技金融业务的持续发展（见图5-7）。

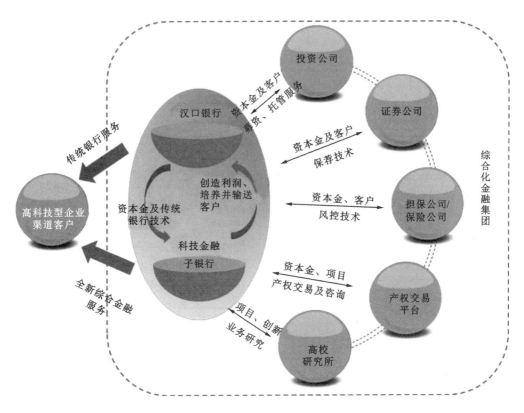

图 5-6　科技金融子银行及综合化金融集团

3. 做好风险控制

科技金融创新工作涉及的法规政策较多,合作主体较多,业务形态较多,与传统金融业务区别较大,需要对相关风险控制进行重塑,才能实现科技金融创新的可持续性。

(1) 投贷结合中的风险隔离。

股权投资业务是一项高风险业务,在业务理念、盈利模式、风控技术等方面与传统银行业务有较大不同,开展此项业务,必须要与传统的银行业务进行有效的风险隔离,避免相关业务风险的传导和扩大化。

(2) 外部合作中的风险分担。

风险分担是解决科技金融业务风险较大且相对集中的问题,应推动政府统筹相关财政资金对银行科技金融业务开展风险分担,或尝试建立开放式基金,吸纳更多社会主体参与科技金融业务风险补偿与分担。

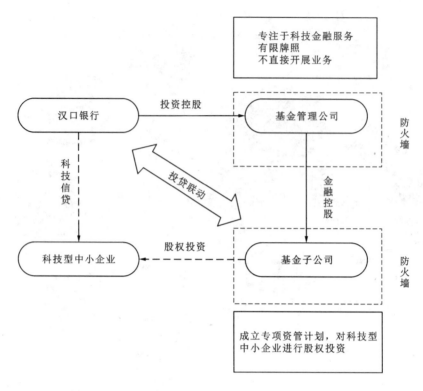

图 5-7　服务于科技金融的基金管理公司

场景五

王华交初稿

经过近半个月的打磨，王华已经将初稿写出来了。薛莹莹去外地出差了，王华决定先行向杨灿汇报。王华简单把这两周做的功课汇报了一下。主要观点：继续推动投贷联动，囿于法规，不可能直接开展股东要求的股权投资功能主体的业务，但是曲线的投贷联动还是有做下去的必要。一方面是集团发展趋势，也为后续投资政策放宽做准备；另一方面也是当前正在做的业务，继续深入研究更具可行性。在不能改变客观条件的情况下，银行业只能未雨绸缪，等待机遇。大家都知道股权投资业务的重要性，当前不能越线，做好一切能做的才是正确的。

王华坚信，股权＋债权是有前景的，一旦《中华人民共和国商业银行法》允许银行成立自己的投资公司，那么现在投贷联动业务就可以直接进入股权投资业务的轨道，真正分享企业的成果，还能先与其他科技金融机构抢占市场份额。

场景六

投贷联动试点是"及时雨"

在具体的科技金融创新实践中,主要是通过各种手段来消除或减弱这种不对等,从而更好地为科技型中小企业提供融资,以及其他相关的综合服务。投贷联动试点落户汉口银行,是为武汉市改革开放几十年科技金融的探索提供了一个名正言顺的舞台,汉口银行董事长陈新民坦言,对地方性银行而言,投贷联动试点是对银行金融机构体制机制的一次重大变革。

陈新民认为,这种模式属于银行与自己的投资子公司间建立了投贷联动平台,优点在于能充分发挥集团优势,缩短决策链条,降低沟通成本。同时,这种模式能够在集团内部对股权投资、信贷融资的不同风险偏好进行较好的协调,有利于整体把控项目风险。挑战在于银行能否顺利完成传统债权投资到投贷联动的思维转换,以及能否在投贷联动之间完成业务和风险隔离。

应总行要求,杨灿要求王华和薛莹莹重新提交了针对投贷联动试点的新报告,可借鉴硅谷银行的成功经验:硅谷银行率先打破了债权与股权投资的边界,开创了投贷联动业务的先河,在提高收益的同时降低了风险;同时,硅谷银行还模糊了直接投资和间接投资的界限,即硅谷银行不经过创投公司,直接为科技企业投入资金;以及硅谷银行不接触科技公司,直接投入资金。

杨灿对新报告提出几个要点:

① 含权贷产品所要求的认股比例一般不会太大,只会占比3%~5%,那么投贷联动认股选择权模式中,银行的认股比例会很小。

② 与此同时,银行的组织架构、风险偏好、创新能力以及业务布局的广泛程度都对投贷联动能否取得成功产生重要影响,并非所有的银行都适于开展投贷联动。

③ 我国目前处于经济下行周期,摸着石头过湍急的河流,第一批进入试点名单的银行更应注重"稳"字当头。尤其是投资功能子公司,一定要与银行母公司实行机构隔离、资金隔离。

六、尾声和展望

新的报告交上去了,王华和薛莹莹暂时松了一口气,但真正的战役才刚刚开始。2016年,全行高度重视投贷联动试点任务,后续一系列工作还需展开。

杨灿看得更远,他希望汉口银行能以投贷联动为新的起点,迎来利润增长点,呼吁更多的政策倾斜,解决商业银行开展股权投资的资格问题;政府应加大科技金融税收方面的优惠政策力度;提升以信用市场、全要素市场、新三板为代表的多层次资本市场的多种市场体系的金融服务能力。

第六章 公司战略理论与案例

公司战略与战略管理理论

一、企业战略管理概念

企业战略管理是从全局和长远的角度研究企业在竞争环境下,生存与发展的重大问题,是现代企业高层领导人最主要的职能,在现代企业管理中处于核心地位,是决定企业经营成败的关键。企业战略管理是一个层次化的体系,理论上认为公司战略分为三个层次:公司战略(corporate strategy)、经营战略、职能战略(function strategy),每个层次针对企业不同层次的战略制定、实施和评价、控制行为进行管理。

企业战略是对企业各种战略的统称,其中既包括竞争战略,也包括营销战略、发展战略、品牌战略、融资战略、技术开发战略、人才开发战略、资源开发战略等。企业战略是层出不穷的,例如信息化就是一个全新的战略。企业战略虽然有多种,但基本属性是相同的,都是对企业的谋略,对企业整体性、长期性、基本性问题的计谋。例如,企业竞争战略是对企业竞争的谋略;企业营销战略是对企业营销的谋略;企业技术开发战略是对企业技术开发的谋略;企业人才战略是对企业人才开发的谋略等。

各种企业战略有同也有异,相同的是基本属性,不同的是谋划问题的层次与角度。总之,无论是哪个方面的谋略,只要涉及企业整体性、长期性、基本性问题,就属于企业战略的范畴。当一个公司成功地制定和执行价值创造的战略时,就能够获得战略竞争力(strategic competitiveness)。

战略(strategy)就是设计用来开发核心竞争力、获取竞争优势的一系列综合的、协调的约定和行动。如果选择了一种战略,公司即在不同的竞争方式中做出了选择。从这个意义上来说,战略选择表明了这家公司的经营目标。当一家公司实施的战略，竞争对手不能复制或因成本太高而无法模仿时，它就获得了竞争优势（competitive advantage）。只有当竞争对手模仿其战略的努力停止或失败后，一个组织才能确信其战略产生了一个或多个有用的竞争优势。此外，公司也必须了解，没有任何竞争优势是永恒的。竞争对手获得用于复制该公司价值创造战略技能的速度，决定了该公司的竞争优势能够持续多久。

二、企业战略类型

企业的战略类型包括发展型战略、稳定型战略、收缩型战略、并购战略、成本领先战略、差异化战略和集中化战略。

（1）发展型战略包括一体化战略、多元化战略、密集型成长战略。

① 一体化战略包括纵向一体化战略和横向一体化战略。获得对经销商或者零售商的所有权或对其加强控制，称为前向一体化。获得对供应商的所有权或对其加强控制，称为后向一体化。获得与自身生产同类产品的企业的所有权或加强对他们的控制，称为横向一体化。横向一体化可以通过以下途径实现：购买、合并、联合。

② 多元化战略的类型有同心多元化和离心多元化。同心多元化也称为相关多元化，是以现有业务为基础进入相关产业的战略。当企业在产业内具有较强的竞争优势，而该产业的成长性或者吸引力逐渐下降时，比较适宜采取同心多元化战略。离心多元化也称为不相关多元化。采用离心多元化的目标是从财务上考虑平衡现金流或者获取新的利润增长点。

③ 密集型成长战略，也称为加强型成长战略，是指企业以快于过去的增长速度来增加某个组织现有产品或业务的销售额、利润额及市场占有率。包括三种类型：市场渗透战略（企业采取种种更积极的措施在现有市场上扩大现有产品的销售，教顾客使用产品是目前认为最好的市场渗透战略）、市场开发战略和产品开发战略。

（2）稳定型战略也称为防御型战略、维持型战略，包括四种类型：暂停战略、无变化战略、维持利润战略，谨慎前进战略。

（3）收缩型战略，也称为撤退型战略，包括三种类型：转变战略、放弃战略、清算战略。

（4）成本领先战略的优势包括：可以抵御竞争对手的进攻；对供应商有较强的议价能力；形成了进入壁垒。成本领先战略的适用条件：市场需求具有较大的价格弹性；所处行业的企业大多生产标准化产品，价格因素决定了企业的市场地位；实现产品差异化的途径很少；多数客户以相同的方式使用产品；用户向一个销售商购买改变为向另一个销售商购买时，转换成本很小，因而倾向购买价格最优惠的产品。

（5）采取差异化战略的风险包括：竞争者可能模仿，使得差异消失；保持产品的差异化往往以高成本为代价；产品和服务差异对消费者来说失去了意义；与竞争对手的成本差距过大；企业要想取得产品差异，有时要放弃获得较高市场占有率的目标。

（6）集中化战略可以分为集中成本领先战略和集中差异化战略两种。集中化战略的条件包括：企业资源和能力有限，难以在整个产业实现成本领先或者差异化，只能选定个别细分市场；目标市场具有较大的需求空间或增长潜力；目标市场的竞争对手尚未采用统一战略。实施集中化战略的风险包括：竞争者可能模仿；目标市场由于技术创新、替代品出现等原因而需求下降；由于目标细分市场与其他细分市场的差异过小，大量竞争者涌入细分市场；新进入者重新细分市场。

三、企业战略管理

企业战略管理包括战略分析、战略制订、战略执行、战略控制等过程。

1. 战略分析

战略分析在于总结影响企业发展的关键因素，并确定在战略选择步骤中的具体影响因素，它包括以下三个主要方面。

（1）确定企业的使命和目标。把使命和目标作为制定和评估企业战略的依据。

（2）对外部环境进行分析。外部环境包括宏观环境和微观环境。

（3）对内部条件进行分析。战略分析要了解企业自身所处的相对地位，具有哪些资源以及战略能力；了解企业有关的利益相关者的利益期望，在战略制定、评价和实施过程中，这些利益相关者会有哪些反应。

2. 战略制订

战略制订的依据包括外部环境分析和内部条件分析。

1）外部环境分析

深入细致分析企业的外部环境是正确制订战略的重要基础，为此，要及时收集和准确把握企业的各种各样的外部环境信息，譬如，国家经济发展战略，国民经济和社会发展的长远规划和年度计划，产业发展与调整政策，国家科技发展政策，宏观调控政策，本部门、本行业和该地区的经济发展战略，顾客（用户）的情况，竞争对手的情况，供应厂家的情况，协作单位的情况，潜在的竞争者的情况，等等。

2) 内部条件分析

分析该企业的人员素质、技术素质和管理素质，产、供、销、人、财、物的现状以及在同行业中的地位，明确该企业的优势和薄弱环节。

战略制订一般由以下程序组成：
① 明确战略思想；
② 分析外部环境和内部条件；
③ 发现机会和威胁（opportunity and threat）；
④ 识别优势和劣势（strength and weakness）；
⑤ 确定战略宗旨；
⑥ 制订战略目标；
⑦ 弄清战略重点；
⑧ 制订战略对策；
⑨ 进行综合平衡；
⑩ 方案比较及战略评价。

3. 战略执行

为了有效执行企业制订的战略，一方面要依靠各个层次的组织机构及工作人员的协同配合和积极工作；另一方面，要通过企业的生产经营综合计划、各种专业计划、预算、具体作业计划等，去具体实施战略目标。

4. 战略控制

战略控制是将战略执行过程中实际达到目标所取得的成果与预期的战略目标进行比较，评价达标程度，分析其原因；及时采取有力措施纠正偏差，以保证战略目标的实现。实践表明，推行目标管理是实施战略执行和战略控制的有效方法。根据市场变化，适时进行战略调整。建立跟踪监视市场变化的预警系统，对企业发展领域和方向、专业化和多元化选择、产品结构、资本结构和资金筹措方式、规模和效益的优先次序等进行不断的调研和战略重组，使企业的发展始终能够适应市场要求，达到驾驭市场的目的。

四、企业战略选择

战略选择阶段所要解决的问题是"企业向何处发展"。其步骤分为三步。

1. 制订战略选择方案

根据不同层次管理人员介入战略分析和战略选择工作的程度，将战略形成的方法分为三种形式。

（1）自上而下。先由企业最高管理层制定企业的总体战略，然后由下属各部门根据自身的实际情况将企业的总体战略具体化，形成系统的战略方案。

（2）自下而上。企业最高管理层对下属部门不做具体规定，但要求各部门积极提交战略方案。

（3）上下结合。企业最高管理层和下属各部门的管理人员共同参与，通过上下级管理人员的沟通和磋商，制订出适宜的战略。

三种形式的主要区别体现在战略制订中对集权与分权程度的把握上。

2. 评估战略备选方案

评估战略备选方案通常使用两个标准：一是考虑选择的战略是否发挥了企业的优势，克服了劣势，是否利用了机会，将威胁削弱到最低程度；二是考虑选择的战略能否被企业利益相关者接受。

3. 选择战略

选择战略是指最终的战略决策，即确定准备实施的战略。如果用多个指标对多个战略方案的评价产生不一致时，可以考虑借助以下几种方法确定最终的战略：

（1）把企业目标作为选择战略的依据。
（2）提交上级管理层审批。
（3）聘请外部机构。
（4）战略政策和计划。

五、规定企业任务

企业在规定任务时，应重点考虑以下因素：企业历史和文化、企业所有者和最高管理层的意图、企业外部环境及其变化、企业的资源条件、企业的核心能力和优势。

企业目标有企业盈利能力的目标、生产效率的目标、产品结构与产品形象的目标、市场竞争地位的目标等。为了使企业的目标切实可行，确定企业目标必须符合以下要求：企业目标应符合企业基本任务的要求，企业目标必须明确、具体，并尽可能量化，企业目标应有相应的策略和措施做保证。

六、企业战略组合

波士顿咨询集团是美国著名的管理咨询公司，该公司主张企业用"市场增长率-市场占有率矩阵"对企业现有的产品或业务进行评估，简称 BCG 法。

矩阵图把企业所有的业务单位（或产品）分为四种不同的类型：① 明星类（市场增长率高，相对市场占有率高）；② 金牛类（市场增长率低，相对市场占有率高）；③ 问题类（市场增长率高，相对市场占有率低）；④ 瘦狗类（市场增长率低，相对市场占有率低）。

波士顿矩阵图解见图 6-1。

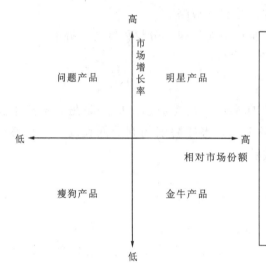

- 明星产品：处于产品生命周期的成长阶段。阶段。高增长、高相对份额。尽管现金流动性强，却可能难以满足市场迅速扩张的需要，如果扶持不好，可能转化为金牛产品、甚至瘦狗产品
- 金牛产品：处于产品生命周期的成熟阶段，能提供大量现金，可用于投资明星产品和问题产品
- 问题产品：处于产品生命周期的导入阶段，需相当数量的现金以维持份额。在问题产品上投资可增加相对份额，并转化为明星产品
- 瘦狗产品：处于产品生命周期的衰退阶段，不但市场增长率低，而且竞争地位差、现金流动慢，甚至出现负数，可果断舍弃

横坐标柚代表相对市场份额，本品市场份额为分子，该品类最大竞争对手的份额为分母；纵坐标轴代表企业内部增长率；坐标原点是(占最大竞争对手的平均份额，企业内部平均增长率)

图 6-1　波士顿矩阵图解

七、企业战略影响因素

第一因素是远景规划。使命、核心价值观和远景是远景规划的三个组成部分，也是一个企业存在时最核心的部分。在战略规划的过程中，使命和远景始终指引着战略制订的方向和要求，而核心价值观引导着战略的思考方式以及执行策略。

第二因素是外部环境，包括宏观环境和产业环境。宏观环境主要是看区域的经济状况以及经济周期的经济状况。而产业环境则可以借鉴波特的五力模型，包括供应商、客户、竞争者、替代者以及潜在的竞争者。

第三因素是企业内部环境。包括两个方面，一是哈默尔和普拉哈拉德指出的企业核心竞争力。二是企业文化。企业文化对公司战略的影响包括以下几点：

① 决策风格；
② 阻止战略的转变；
③ 克服对战略改变的阻碍；

④ 主导价值观；

⑤ 文化冲突等。

八、企业战略管理模式

1. 能力战略

公司能力是公司所积累的存在于公司成员或职能机构中完成某项工作的可能性，是一种主观的行为能力。公司之间的竞争本质在于公司能力的竞争，因而考察公司的竞争战略与竞争优势不能仅从公司外部的产业环境入手，而应该关注公司的内部，公司竞争优势来源于公司的能力，特别是公司的核心能力。

2. 国际市场中资源与能力的协调运用

跨国公司可以通过外国直接投资来降低不确定性，但公司在未来战略的实施方面增加了资产成本与机会成本，并降低了灵活性。因此，跨国公司在国际市场中的资源与能力在很大程度上依赖于之前战略所带来的影响，也就是说，一个成功的跨国公司往往先以在该国市场上的成功为基础。但是，不同市场的特质与环境是不同的，并不是所有资源与能力都适合跨国公司，尤其是在新环境中，有些资源与能力不适用。

3. 资源战略

基于资源的观点认为，公司内部环境同外部环境相比，具有更重要的意义，对企业创造市场优势具有决定性的作用。核心能力的形成需要企业不断地积累战略制订所需的各种资源，需要企业不断学习、超越和创新。企业内部所拥有的资源是决定一个企业能否取得竞争优势的关键，决定了一个企业在市场中的竞争地位。企业可以通过资源关联性增长，实现企业市场的扩展，最优的企业成长战略就是实现开发已有资源潜力与发展新资源间的平衡。随着跨国公司在国际市场的日趋成熟，往往倾向于采取在子公司建立专门的研发机构，实现研发本土化，这些都离不开对当地人才的引进。IBM、微软、Intel 等巨头就纷纷在全球设立了研发机构，这就是一种基于资源的战略模式。

九、企业战略形态

战略形态是指企业采取的战略方式及战略对策，按表现形式，可以分为拓展型、稳健型、收缩型三种形态。

1. 拓展型战略

拓展型战略是指采用积极进攻态度的战略形态，主要适合行业龙头企业、有发展后劲的企业及新兴行业中的企业选择。具体的战略形式包括市场渗透战略、多元化经营战略、联合经营战略等。

1) 市场渗透战略

市场渗透战略是指实现市场逐步扩张的拓展战略，该战略可以通过扩大生产规模、提高生产能力、增加产品功能、改进产品用途、拓宽销售渠道、开发新市场、降低产品成本、集中资源优势等单一策略或组合策略来开展，其战略核心体现在两个方面：利用现有产品开辟新市场，向现有市场提供新产品实现渗透。

2) 多元化经营战略

多元化经营战略是指一个企业同时经营两个或两个以上行业的拓展战略，又可称"多行业经营"，主要包括三种形式：同心多元化、水平多元化、综合多元化。同心多元化是利用原有技术及优势资源，面对新市场、新顾客增加新业务实现的多元化经营；水平多元化是针对现有市场和顾客，采用新技术增加新业务实现的多元化经营；综合多元化是直接利用新技术进入新市场实现的多元化经营。多元化经营战略适合大中型企业，能充分利用企业经营资源，提高资产利用率，扩大经营范围，降低经营成本，分散经营风险，增强综合竞争优势。

3) 联合经营战略

联合经营战略是指两个或两个以上独立的经营实体横向联合成立一个经营实体或企业集团的拓展战略，是社会经济发展到一定阶段的必然形式。实施该战略有利于实现企业资源的有效组合与合理调配，增加经营资本规模，实现优势互补，增强集体竞争力，加快拓展速度，促进规模化经济的发展。在工业发达的西方国家，联合经营主要是采取控股的形式组建成立企业集团，其特点是由控股公司（母公司）以资本为纽带建立对子公司的控制关系，集团成员之间采用环行持股（相互持股）和单向持股两种持股方式，且分为以大银行为核心对集团进行互控和以大生产企业为核心对子公司进行垂直控制两种控制方式。在中国，联合经营主要是采用兼并、合并、控股、参股等形式，通过横向联合组建成立企业联盟体，其联合经营战略主要可以分为一体化战略、企业集团战略、企业合并战略、企业兼并战略四种类型。

2. 稳健型战略

稳健型战略是采取稳定发展态度的战略形态，主要适合中等及以下规模的企业或经营不景气的大型企业，可分为无增长战略（维持产量、品牌、形象、地位等水平不变）、微增长战略（竞争水平在原基础上略有增长）两种战略形式。该战略强调保存实力，能有效控制经营风险，但发展速度缓慢，竞争力量弱小。

3. 收缩型战略

收缩型战略是采取保守经营态度的战略形态，主要适合处于市场疲软、通货膨胀、产品进入衰退期、管理失控、经营亏损、资金不足、资源匮乏、发展方向模糊的危机企业，可分为转移战略、撤退战略、清算战略三种战略形式。转移战略是通过改变经营计划、调整经营部署，转移市场区域（主要是从大市场转移到小市场）或行业领域（从高技术含量向低技术含量的领域转移）的战略；撤退战略是通过削减支出、降低产量，退出或放弃部分地域或市场渠道的战略；清算战略是通过出售或转让企业部分或全部资产以偿还债务或停止经营活动的战略。

十、企业战略特征

1. 指导性

企业战略界定了企业的经营方向、远景目标，明确了企业的经营方针和行动指南，并筹划了实现目标的发展轨迹及指导性的措施、对策，在企业经营管理活动中起着导向作用。

2. 全局性

企业战略立足于未来，通过对国际、国家的政治、经济、文化及行业等经营环境的深入分析，结合自身资源，站在系统管理高度，对企业的远景发展轨迹进行全面的规划。

3. 长远性

兼顾短期利益，企业战略着眼于长期生存和长远发展的思考，确立了远景目标，并谋划了实现远景目标的发展轨迹及宏观管理的措施、对策。此外，围绕远景目标，企业战略必须经历一个持续、长远的奋斗过程，除根据市场变化进行必要的调整外，制订的战略通常不能朝夕令改，具有长效的稳定性。

4. 竞争性

竞争是市场经济不可回避的现实，也正是因为有了竞争，才确立了"战略"

在经营管理中的主导地位。面对竞争，企业战略需要进行内外环境分析，明确自身的资源优势，通过设计适当的经营模式，形成特色经营，增强企业的对抗性和战斗力，推动企业长远、健康的发展。

5. 系统性

立足长远发展，企业战略确立了远景目标，并需围绕远景目标设立阶段目标及实现各阶段目标的经营策略，以构成一个环环相扣的战略目标体系。同时，根据组织关系，企业战略须由决策层战略、事业单位战略、职能部门战略三个层级构成一体。决策层战略是企业总体的指导性战略，决定企业经营方针、投资规模、经营方向和远景目标等战略要素，是战略的核心；事业单位战略是企业独立核算经营单位，通过竞争环境分析，对自身生存和发展进行的长远谋划；职能部门战略是企业各职能部门对长远目标、资源等支持保障体系进行的总体性谋划。

6. 风险性

企业做出任何一项决策都存在风险，战略决策也不例外。市场研究深入，行业发展趋势预测准确，设立的远景目标客观，各战略阶段人、财、物等资源调配得当，战略形态选择科学，制订的战略就能引导企业健康、快速地发展。反之，仅凭个人主观判断市场，设立的目标过于理想或对行业的发展趋势有预测偏差，制订的战略就会产生管理误导，甚至给企业带来破产的风险。

十一、企业战略研究的内容

企业战略的研究必须对区域整体发展战略有准确的把握。区域功能定位主要根据规划区所做的相关规划进行深入分析、研究，确定区域功能定位、区域功能布局等，作为制订产业规划方案最直接的依据。

规划实施方案是实现产业发展规划的计划和路径，主要是推动产业按照产业目标向前发展的一系列对策、措施的集合，不但能落实到各个产业部门，而且能落实到各个空间地块。主要涉及战略阶段的划分、发展模式的确立、推进措施的建议等内容。

十二、企业战略执行体系

战略执行体系由战略（方向）、策略（组织）、战术、战力四个层次构成，这四个层次缺一不可。所谓策略，就是如何组织资源来落实战略。把策略落实下去，就需要形成计划。小企业一般可以合二为一，但是集团化战略规划一定要分两步来做，一定要先形成策略。在策略层级中，最为关键的是组织。战略决定组织，组织传承战略，决定因素在组织上，落实在组织上。这里的组织不仅是通常所说的组织结构，更多地是指组织状态与布局，组织结构只是组织状态与布局中的一个载体、一个框架。

十三、企业战略的作用

正规战略规划企业较非正规战略规划企业能较好地预见未来的发展，并大大降低并购、重组活动所带来的不确定性。

战略管理对于提高公司整体绩效起到了很大的作用。战略管理作为当代企业管理最重要的一个环节，其思想方法已得到广泛运用。在竞争越是激烈的行业，运用战略管理的企业也越多；企业规模越大，也越重视战略管理；当企业处于外部环境急速变动或面临重大转折之际，企业就非常需要从战略角度来进行重组。

十四、企业战略环境分析

外部环境是指国家的方针政策和市场，分为宏观环境、行业环境和微观环境。

（1）宏观环境是指对公司战略有直接或间接影响但企业自身不可控制的各种因素的总称。主要包括政治法律、经济、人口、社会文化、科学技术、企业社会责任等环境因素。

（2）行业环境是指按公司生产的产品（或劳务）的性质、特点以及它们在国民经济中的不同作用而形成的工业类别。

（3）微观环境是指对公司战略的制订和实施有直接或间接影响而公司可以控制的各种因素的总称，也是公司的内部环境。主要包括公司员工、公司文化、利益相关者、公众、社会中介组织等。

分析战略环境的意义在于，任何公司都要与外部环境发生紧密的联系，外部环境提供了劳动力、原材料、资金、信息等资源，而这些方面是公司难以控制的。如果公司所处的内、外部环境相对稳定，在度过适应期以后，公司就会与顾客、供应商、竞争对手、分销渠道以及投资者建立一种相对稳定的关系。然而，顾客的需求经常会发生变化，新的竞争对手也会出现，市场上会出现性能更加优越的产品，销售额开始下降，股东不再满意，某些资源逐渐枯竭，与重要的零售商和制造商关系恶化等，这些变化都是因为环境发生了变化。因此，应掌握环境现状及将来的变化趋势，充分利用有利于公司的机会，避开环境威胁，这是生存和发展的首要问题，所以分析公司战略环境具有极其重要的意义。

十五、企业战略的社会意义

名优企业成功的主要原因,就是这些企业的决策者能够为企业制订科学、正确的发展战略;一些企业失败的原因也是源于这些企业决策者的战略决策失误。美国兰德公司一针见血地指出:"世界上每破产1000家大企业,其中85%都是因为企业管理者决策不慎造成的。"可见,企业实施战略管理是必要的、十分紧迫的。归纳起来,其意义主要有以下几点。

① 实行战略管理是西方发达国家管理实践和理论发展的必然趋势;
② 实行战略管理是社会主义市场经济的必然要求;
③ 实行战略管理是中国企业参与国际经济竞争的迫切需要;
④ 实行战略管理是企业前进方向的指针;
⑤ 实行战略管理是企业职工动力的源泉;
⑥ 抓好战略管理是企业家的首要任务。

十六、企业战略的层次

企业战略可分为三个层次:公司战略(corporate strategy)、业务战略或竞争战略(business strategy)和职能战略(functional strategy)。三个层次是企业战略的重要组成部分,但侧重点和影响范围有所不同。

公司战略,又称总体战略,是企业最高层次的战略。它需要根据企业的目标,选择可以竞争的经营领域,合理配置经营所必需的资源,使各项经营业务相互支持、相互协调,如在海外建厂、在劳动成本低的国家建立海外制造业务等决策。

公司的二级战略常常被称作业务战略或竞争战略。业务战略涉及各业务单位的主管及辅助人员。这些经理人员的主要任务是将公司战略所包括的企业目标、发展方向和措施具体化,形成本业务单位具体的竞争与经营战略,如推出新产品或服务、建立研究与开发设施等。

职能战略,又称职能层战略,主要涉及企业内各职能部门,如营销、财务和生产等,如何更好地为各级战略服务,从而提高组织效率,如生产过程自动化。

案例九

农夫山泉竞争战略与发展之路

摘要: 本案例探讨农夫山泉公司近20年来差异化的品牌经营,通过优质天然水创造我国饮用水龙头企业,并最终赴港上市的国际化历程。运用差异化竞争战略和多元化高品质战略，农夫山泉公司极大地扩充了市场份额，并取得行业领先地位和优势。引导学生思考和分析：在新冠肺炎疫情影响趋缓，饮用水行业竞争加剧的情况下，如何通过赴港上市，使公司走向国际化，并通过上市进程，加快公司内部运营和管理机制的改革、创新，使公司获得更快更大的进步与发展。

一、引言

对我而言，好的管理者真正的艺术在其将新事、新思维与传统中和更新的能力。天行健、君子以自强不息。自强不息才能保持企业生生不息，管理者要赋予企业生命。

——农夫山泉董事长钟睒睒

2020年的春夏之交，饮用水龙头企业——农夫山泉在中国香港招股并上市。对于遭遇新冠肺炎疫情冲击的香港资本市场，这无疑是一缕春风、一抹亮色，为内地的行业龙头企业提供了一条在国际金融市场便捷的融资渠道和一个明亮的"展示窗口"，为国内外投资者所期待和关注。

"这是一场硬仗，不仅要打，而且要打好，务必初战必胜。"农夫山泉董事长钟睒睒在董事局会议上对董事局成员郑重强调。在布置完公司上市运作的各项进程和安排后，钟睒睒回到宽大的办公室，稍事休息。多日来，上市筹备工作的忙碌使他略感疲惫。闭目养神的间隙，他的思绪回到了公司初创时的打拼时光。二十多年的奋斗历程，有荣光，也有苦涩。筚路蓝缕，以启山林。在即将赴港上市，走向更大市场的时刻，如何能让农夫山泉更加行稳致远、继续飞驰呢？

二、风生"水"起（1996—2000年）

1. 捕风口三度转身

早年间的钟睒睒，似乎就是一个"被命运扼住喉咙"的年轻人。但不服命运的他，经过三度艰难创业，终于突出重围，打下了农夫山泉的一片天地。

钟睒睒童年时家境不好，被迫辍学。为了糊口，父母将他送到一个泥瓦匠家做小工，后来转做木匠。恢复高考后，他屡试不中，只好先参加工作。到了而立之年，钟睒睒终于依靠出色的文笔进入《浙江日报》，成为一名记者。5年的报社从业经历让他积累了大量人脉和资源，有理想的钟睒睒决定告别报社，加入海南省的"淘金"大潮中。但积蓄花光，钟睒睒满怀热情创办的《太平洋邮报》还是未能走向世界。此后，他在海口种过蘑菇，在府城卖过窗帘，在万泉河养过对虾。频繁的创业并未掘出"第一桶金"，反而赔尽本钱，二度转身陷入失败境地。

就在钟睒睒心灰意冷之际，他遇到了生命中的"贵人"——娃哈哈的创始人宗庆后。在朋友的引荐下，钟睒睒成了"娃哈哈口服液"在海南和广西两地的代理商，扛起了"两省（区）营销总监"的重任。得益于努力经营与奋斗，钟睒睒不仅磨砺了自己，而且为以后创办农夫山泉积累了"第一桶金"。钟睒睒从泥瓦匠—记者—商人三度艰难转身，为成为成功的商人乃至商界领袖奠定了坚实的基础。也许连他自己也没有想到，这一切都只是个开始，等待他的，将是云谲波诡的商战和随之而来的"水战"。

2. 风生"水"起——"有点甜"响彻大地

怀揣人生第一桶金和在娃哈哈销售保健品经历的钟睒睒，开始琢磨起自己的"养生"生意。他要创办自己的事业。回到浙江老家的钟睒睒本来想收购千岛湖边的一家酒厂，进军白酒产业。但在尝了一口甘洌清纯的千岛湖水后，他立刻决定转行卖水。于是，千岛湖的湖水被开采装瓶后，以"农夫山泉"的名字卖到了全国。

1996年9月，千岛湖养生堂饮用水有限公司在浙江省建德市成立，位于国家一级水资源保护区千岛湖畔。其中主要的子公司杭州养生堂饮用水公司总投资3.5亿元，占地面积10万平方米，厂房4.6万平方米，有亚洲最大的饮用水单体生产车间，并拥有我国唯一饮用水生产铁路生产线。

3. 独到的品牌创设

公司成立后，随着1997年4月第一个饮用水生产工厂的量产，进行品牌创设提到了钟睒睒紧迫的议事日程中来。

品牌是头部企业管理体系的重要组成部分。不可否认，钟睒睒创立的农夫山泉及其品牌价值，在龙头企业中有其独创的洞见设计和领导群雄的强大力量。钟睒睒在总结自己创立企业的经商经验时，曾指出："一个小企业要发展壮大，它所经营的种类必须具有唯一性，而且必须是暴利的，因为没有规模效应来供你慢慢地积累。"这句话也代表着钟睒睒一直以来的品牌设计和创业理念。农夫山泉初创时切入点的独创和独到，能让用户和消费者耳目一新，进而迅速地在消费市场上打开局面。

在品牌切入点上，钟睒睒在所有市场上都是从最容易受影响、对新事物最敏感的消费群体着手，通过广告这一载体，对口感（"有点甜"）、水质（"我们只是大自然的搬运工"）进行差异化细分，有明确的市场切入点。

通过电视画面对千岛湖的全景扫描，突出画外音"农夫山泉有点甜"，体现农夫山泉是"天然水"的概念。在饮用水行业，消费者口感是水质最有力、最直接的感官证明。通过水的广告诉诸人的口感，这在国内还是第一家。事实上，水的甜味是一种综合味觉，包括真实味觉和心理味觉。良好的口感味觉可说明，农夫山泉饮用水中没有有机质及腐殖酸；水中异味金属含量极低；矿物质和微量元素含量适中，搭配合理。"有点甜"的饮用水就是水质优良的证明。水质和品位都随着这一优秀广告语而凸显出来。"有点甜"的潜在形象极大地树立和提升了农夫山泉在广大消费者心目中的品牌形象，取得了很大的成功。二十多年来的市场消费实践表明，"有点甜"已被消费者广泛熟知和喜爱，成为农夫山泉的标志形象和代名词。

三、差异化战略突出重围（2000—2007年）

2000年，钟睒睒策划了一场"水战"。4月24日，农夫山泉公司公布了一项长期饮用纯净水有害健康的实验报告并宣布全面停产纯净水，转产天然水，原因是"纯净水对健康无益"。实验报告的提出，顿时震惊了国内的饮料业，由此引发了一场旷日持久的天然水与纯净水阵营在媒体上的宣传大战。提出报告的农夫山泉公司似乎成了行业"公敌"，数家国内饮料企业甚至一度联手对"有点甜"品牌形象以及农夫山泉进行封杀，这一事件成为当年轰动整个中国饮用水行业的一件大事。钟睒睒也因此得罪了几乎所有的业界同行。很多人指责他不遵循商业惯例，以炒作来牟利。对此，钟睒睒认为：世界上没有一个人能说广告做得好就可以把东西卖出去，而产品本身的品质才是决定市场成败的唯一"撒手锏"。此举虽然招致同行们的敌视，但却树立了农夫山泉倡导健康饮品的专业品牌形象，拉开了与竞争对手在品牌上的距离。就在当年，"农夫山泉有点甜"入选中国跨世纪十大策划经典；这一市场形象建立之后，农夫山泉登上了瓶装饮用水市场前三名的宝座，并稳居至今。当年底，农夫山泉市场占有率为19.63%，跃居行业排名第一。

这场"水战"看似冒险，实则是钟睒睒未雨绸缪、深思熟虑的结果。当年，钟睒睒旗下的产业中，赖以起家的养生堂保健品增长放缓，而以饮料业为主的农夫山泉则后来居上，成为集团销售收入的主要来源。然而，当年的农夫山泉纯净水市场份额并不是很高，要想在激烈竞争的饮用水行业立足，产品就必须具有差异化特征，即品牌独到。因此，农夫山泉公司果断地率先抢占了浙江千岛湖相关水源地20年的独家开发权，并在积累了一定的市场经验、渠道、品牌口碑和配套投资之后，发动了对行业内纯净水企业的进攻。

有报告和策划先行，企业的线下实质行动也必须快步跟上。由于天然水生产对水源地的要求很高，它必须具有符合相当标准的地表水、泉水或者矿泉水等水源资源,因此水源地的寻找和储备对农夫山泉公司来说就至关重要。除了抢先一步在家乡著名的千岛湖储备水源地之外,钟睒睒又先后在南水北调中线水源地湖北省丹江口、珠江三角洲的万绿湖、吉林省的长白山等水源地开发建立了生产基地。

这次事件之后,钟睒睒还多方努力,通过国家有关部门和业内饮料企业,期望建立天然水的全新国家标准。在这场天然水与纯净水的争斗中,钟睒睒和公司非常清楚,农夫山泉的"纯天然"概念已经深入人心,这是花多少广告费和营销手段也无法买来的市场效果。在此之后,农夫山泉公司稳扎稳打,步步为营,一步步走向行业的领先和龙头,创造饮用水品牌和辉煌的业绩。

2001年1月至7月,农夫山泉支持北京申办2008年奥运会,"一分钱一个心愿,一分钱一份力量"代表消费者支持北京申奥事业,品牌美誉度迅速提高,成为中国奥委会的长期合作伙伴和荣誉赞助商。

2003年9月,农夫山泉天然水被国家质检总局评为名牌产品。10月,农夫山泉赞助支持中国航天事业,成为与中国载人航天合作的唯一饮用水品牌,将品牌内涵与载人航天科技紧密结合。2004年,公司获得国家食品质量安全市场认证和QS标志;同年,入选影响中国营销进程的十大企业。2005年,公司设立重奖征集广告创意,推动消费者和用户参与创意和品牌营销,吸引消费者的关注。

2006年,饮料总产量、销售收入、利税增幅在饮料企业十强中均名列第一。同时,公司开展"一分钱"饮水思源活动,帮助水源地的贫困孩子就学和解决家庭困难,加强公司的社会责任和大众美誉度,将品牌价值提高到新的高度。

四、指数型成长(2007—2019年)

品质和营销是农夫山泉发展的两大支柱。如同推动公司快速腾飞的双翼和"引擎",融入公司发展血脉。这也是集团一直坚持可持续发展的重要双线战略。

在2000年那次著名的"水战"营销后,2007年,钟睒睒又如法炮制,向行业巨头康师傅发起了挑战。当时康师傅的矿物质水年销售额几十亿元,市场份额领先,成为行业领袖企业。

这次钟睒睒选择的攻击点是"水的酸碱性",他推广的理念是人体应该摄入弱碱性水,以保持体内弱碱性环境,这样才会更有利于健康。

为了演示他的理论,钟睒睒在推介会上经常手脚麻利地在十几瓶各种品牌的水里插入试纸,然后指着变黄的水说:这是酸性水,对人体不好;那些变绿的,是好水,是碱性水,对身体好,等等。

密集的宣传引起媒体讨论,有人甚至对国内饮用水环境产生了恐慌,相关领域的专家也被钟睒睒请来做科普宣传。当过记者的钟睒睒非常了解国内的消费者和舆论环境。公司广告部挂出的标语就是："好的广告，不仅是引起用户关注，更重要的是让用户讨论"。

钟睒睒的营销策略和手法让他的竞争对手们都很头疼，业内同行们都明白无论农夫山泉打什么概念，发起什么话题，都不能正面接招，否则会被钟睒睒和他的团队利用，但面对这种新式策略和手法，他们也无可奈何。一家饮用水企业的负责人甚至说，钟睒睒就是在一旁窥伺的独狼，要多留几个心眼，才不会掉进他设好的圈套中。

间隔7年的两场水战打下来，农夫山泉打破两家行业巨头即娃哈哈和康师傅对瓶装水市场的垄断。4年后，农夫山泉占据了行业市场龙头地位，2012年，农夫山泉系列产品销售额第一次突破了百亿元。从2012年至2019年，农夫山泉连续八年保持中国包装饮用水市场占有率第一。

在营销策略大获成功之后，农夫山泉趁热打铁，连续推出有创意的健康饮品，实施多元化品种战略，丰富集团公司的产品线。2007年，开始卖天然水没几年，就推出了混合果汁饮料"农夫果园"，通过"喝前，摇一摇"创意广告，让果汁流行全国。2008年，推出的功能饮料"尖叫"，新口感和独特的瓶盖设计在学生中深受欢迎。2010年，钟睒睒去日本考察，发现日本的无糖茶饮料销售不错。于是2011年推出了自己的无糖茶饮料"东方树叶"，几年后便占据了无糖茶品市场第一的位置。2016年，公司推出了新产品"茶π"，炫酷的包装吸引了很多年轻消费者，仅8个月销售额就突破10亿元。

很多人认为农夫山泉之所以卖得好，就是因为广告做得好，会炒作。在钟睒睒看来，这都是竞争对手没看清楚他的经营理念，多出于误解，才让他抢占市场先机。他认为，决定产品能不能卖、好不好卖的是产品本身，即产品品质。而广告只是外在的一种表现手段和形式。

决定瓶装水品质的，有两个关键因素。一个是工艺标准，另一个是水源地。

而在产品品质之上，则是决定公司发展方向的使命和战略。钟睒睒给公司制定的使命是为生命的健康提供产品和服务。这是创始人钟睒睒对公司战略进行运作的一条经营主线。他认为，农夫山泉卖的不只是水、饮料、食品，而且是推广对于生命有益处的健康理念和知识。这一点，业内人士大多没有看清楚。

农夫山泉天然水的生产工艺是这样的，直接将水源地的地表水进行取水检查、过滤、杀菌后罐装，然后喷码贴标签、打包、仓储，再运输到销售地。天然水生产对水源要求极为苛刻，它必须是符合一定标准的地表水、泉水或者矿泉水。

为了将品质打造过硬，钟睒睒将水源地的储备和布局当作头等大事，用了20多年时间在全国部署了十大水源地。从长白山到万绿湖，从千岛湖到丹江口，围绕十大优质水源地，他建立了11个生产基地，建起了145条饮料及包装饮用水生产线。其中，有13条生产线能够达到每小时82000瓶的灌装速度，一天就能生产约2500万瓶天然水。

农夫山泉公司的这种做法，不仅可以在优质水资源的获取上占据垄断性优势，保持水产品的品质，还可以带来明显的成本优势。

瓶装水行业流行一个"500公里半径"的理论，若运输半径超过500公里，运输成本可能将蚕食公司盈利空间。钟睒睒寻找和储备的十大水源地分布在不同区域，可以覆盖全国市场。产地离销售区域更近，可以有效减小运输半径，缩短公司产品从生产线运达货架的时间，有利于控制运输成本，保障企业盈利水平，同时也有利于销售渠道下沉。

此外，在节约成本方面，公司还有笔账，钟睒睒也计算得很细。农夫山泉的十大水源地（其中莫涯泉见图6-2），大部分在山区、林地，当地政府会对支农产业和健康饮品产业给予一定的税收优惠和相关的财政补助，这可以在很大程度上冲抵水源开采所缴纳的水资源税。这样可以分摊在每瓶水上最关键的原料采购成本。

图6-2　农夫山泉莫涯泉

除水源地成本外，瓶装水最主要的成本则是来自生产瓶子的PET以及纸箱、标签、收缩膜等原材料。公司五大原材料供应商中，有4家是PET公司，而且是直供。业界调侃，农夫山泉真像卖塑料瓶的，怪不得瓶子设计得那么好。广告和外包装越做越好看，换瓶不换水。钟睒睒把卖水做成了一笔厚利生意。消费者可能不知道，每卖掉一瓶农夫山泉瓶装水，每一元收入就可以为公司带来六角钱的毛利。体现在公司财务数据上，便是瓶装水的毛利率基本维持在60%左右。这个"大自然的搬运工"，搬运的不是水，而是丰厚的盈利。2019年公司光卖水就净赚约50亿元，2017—2019年净赚约120亿元，市场份额达20.9%，稳居第一。

业界很多人认为农夫山泉发展较快，源于钟睒睒想法太多，变化太快，创意超前。因此，同行企业也依葫芦画瓢，变化多样，战略方向多元，什么火就卖什么。

但从公司这些年经历过的事情来看,除了创意和思路超前以外,钟睒睒反倒更像是一个坚守主义者,从农夫山泉到农夫果园,再到东方树叶、朵儿胶囊、成长快乐,乃至新上市的万泰生物,钟睒睒所做的业务都没有偏离"健康"这条公司主轴和主线。

他不像同行其他企业那样,什么火就去卖什么,而是按照自己认定的"健康"这条主线去孵化一个个产品,养到赚钱。

相应地,凡是不符合他"健康"理念的事情,他都不做。比如低浓度果汁,虽然口感好,但是不利于消费者健康,他就不做。他一直坚持生产高浓度果汁,拒绝在果汁中添加任何防腐剂,所以农夫果园系列产品看上去不如其他品牌的果汁颜色亮丽;有人劝他不要到处费劲找水源地了,直接用自来水罐装卖就行了,他说这种砸牌子的事情他绝不会干。

但这并不妨碍他手里具备极高品牌辨识度的产品一个接一个火起来。他似乎总能把握住市场节奏和行业机会,提前做好相应部署。

钟睒睒把这归因于在产品创新上的持续投入。公司在产品创新和研发资金布局上算是舍得投入。2019年,研发的开支达到1.15亿元,占总收入的4.8%,这个比例与公司每年大笔广告营销费用比起来,占比不算太高。但在饮用水行业同类公司中,这个研发投入比例已经算是很高了。

钟睒睒还投入数百万元与国内大型科研机构合作,通过动物试验来检验天然水对生命的健康价值。2011年,当思普爱(SAP)推出了数据库平台SAP HANA的时候,农夫山泉就是亚洲第一家采用了这套系统的企业集团,这为公司的持续研发投入提供了重要的支持系统。

五、转战高端

几年前,农夫山泉就酝酿和谋划集团战略转型,由以前的"跑马圈地"到"转战高端"。这里的"高端"指的是两个高端,一是品种多元化的高端,二是金融高端,即谋划在资本市场上市融资,而且一步跨向境外。

1. 多元化战略中的品类高端

在品种和产业链上,近五年期间,公司在产品推新、业务扩展方面,一直动作频频,不断增强公司的产业链和市场影响。作为瓶装水行业龙头,公司近年来的扩张步伐一直在加快,投入力度不断在加大。

2015年5月,农夫山泉投资3亿元与建德市签约兴建农夫山泉工厂项目并签订了10年规划,在建德打造15亿元的固定资产产业链。同年8月,投资10亿元建立峨眉山工厂,随后投资5亿元与江口县政府达成协议,在梵净山麓建矿泉水厂。

2016年4月，长白山工厂全面投用，正式进入高端水市场，推出玻璃瓶矿泉水、适合婴幼儿的天然饮用水、适合学生的天然矿泉水。

2017年8月，建德市四期项目开工，总投资超过10亿元。同年10月，投资12亿元建设位于浙江的第七个工厂。2016年底，公司赣南脐橙工厂落成投产，总投资6.8亿元。

2019年初，为开拓新的业绩增长点，公司加速向细分市场扩张，接连推出了即饮咖啡品牌"炭仌"、中老年饮品"锂水"、低温果汁"NFC果汁"等。

到了2019年年中，公司生产和经营的饮用水、果蔬汁饮料、功能饮料、茶饮料共四大系列50多个品种，除了消费者熟悉的品牌农夫山泉之外，农夫果园、尖叫、水溶C100、东方树叶等市场上的知名品牌也都归于集团公司旗下。由于公司近年来走高端产品路线而使其高端饮用产品琳琅满目，用户和消费者的选择也因此更加丰富多样。几年间，公司推出的农夫山泉玻璃瓶高端水、儿童天然饮用水、学生天然矿泉水等系列高端饮用水新品深受市场青睐。其中，高端水的瓶身上印有8种长白山动植物，这是5位国际设计大师历时5年的杰作。

不难想象，随着农夫山泉的高速扩张，资金的需求必然会逐渐加大。尽管公司一向有很好的现金流，但要想在新投资项目的开拓、扩张中更加游刃有余，开辟新的资金来源渠道也就被提上了议事日程。

2. 谋划IPO上市——金融高端

对农夫山泉而言，产品走向高端，必然带来公司融资手段迈向高端，也即IPO上市。

农夫山泉上市的故事，没有其他公司的上市故事那么多，但年代也足够久远。实际上，自2000年农夫山泉"水战"开始，其上市的消息在资本市场上时有传出。早在2003年，农夫山泉就已经是浙江省内拟上市公司中的一员了。

2017年11月，农夫山泉借壳乔治白上市的消息传出。投资者都以为好事近了。可是情况有变，随后浙江证监局的一纸公告，宣布公司上市计划暂时搁置。"公司没有上市计划，且不需要借助资本市场的力量，因此终止上市辅导。"当时，董事会对外宣传是这样的。

"资本市场讲究需求与被需求，但农夫山泉现在没需求，因此不需要上市。"钟睒睒在公开场合表示。

钟睒睒（见图6-3）把农夫山泉做得这么大，却一直不上市，游走在上市和不上市的边缘，这一点很令相关人士费解。十多年来，农夫山泉的上市进程可谓一波三折。这个一波三折并不是说公司本身有什么问题，而是钟睒睒和公司管理团队，他们的金融战略以及管理思维发生了变化。正如金融市场投资者传言的那样,农夫山泉不上市最直接的原因可能是钟睒睒和公司不差钱。这源于农夫山泉惯常的营销战略,即公司一直实行的是先款后货模式,导致农夫山泉的现金流很充裕,也就是不缺钱。这从公司近几年的主要财务指标可见端倪。2017—2019年,公司的净利润分别为33.86亿元、36.12亿元和49.54亿元,净利润率分别为19.4%、17.6%和20.6%,是国内饮料行业最赚钱的企业之一。2017—2019年,农夫山泉3年派息总金额超过103亿元。在这期间,农夫山泉也一直没引入外部投资者,表明公司还没有急切的外部融资需求,也就不需要上市"圈钱"。从2003年的意向上市,到2019年初的终止上市辅导,十几年间,兜兜转转,农夫山泉在产品市场风生水起,红红火火,高端饮品步步为营,不断推进,但在金融高端即上市路径上,总是与资本市场若即若离,游走在上市和不上市的边缘。这也成为我国饮用水行业和资本市场多年来的一个"谜题"。

图6-3 农夫山泉董事长钟睒睒

六、赴港上市:危与机

1. 赴港上市带来的机遇

2020年4月,农夫山泉公司在港交所披露了招股说明书。长达466页的招股说明书显示,拟发行3.88亿股,每股H股最高发行价21.50港元,至多可筹资83.5亿港元。在终止上市辅导仅仅一年多后,钟睒睒"近期暂不上市"的表示言犹在耳,农夫山泉又重回上市轨道,重新并快速地拥抱了资本市场。

在港交所上市,给农夫山泉带来的机遇和保持行业优势是显而易见的。首先,农夫山泉IPO一直是市场关注的重点。随着中国整个饮料行业进入一个高度同质化以及品类创新升级迭代速度放慢的状态,农夫山泉正在寻求多品牌、多品类、多渠道、多场景、多消费层次的大布局跨越式战略,即饮用水行业的新零售战略。这种"五多"跨越式战略的落地和实施,使农夫山泉对资金的需求量直线上升,这也加快了公司 IPO 的进程。在这种大布局下,农夫山泉的 IPO 使公司的渠道、品牌建设加速融入国际化产业链的进程之中。

其次,通过上市,增加公司的市值,扩大公司的市场份额,是大食品消费类行业每一家有愿景公司的终极期望和念想,农夫山泉也不能置身事外。在食品消费行业的上市浪潮中,迎潮而上,谋划上市,通过资本市场做大做强,无疑是农夫山泉公司的重要选项。

最后,国际化拓展加快了农夫山泉上市的步伐。在港交所的招股说明书中,公司表示:探索将生产制造能力、供应链管理能力和销售渠道拓展应用于海外市场。公司将有计划在海外设立生产基地,增加产能包括对新西兰瓶装水品牌 Otakiri Springs 的收购以及亚洲、大洋洲等区域市场的拓展。港股 IPO 有利于农夫山泉将营销和研发国际化,加速海外布局和引入境外资本入场。

农夫山泉的上市,在公司资金链、企业商誉、企业多品类、多渠道生产,以及公司价值、产业链布局和海外生产拓展和影响方面,都是很大的利好。在港交所上市构成了公司战略管理和规划中的重要一环,带来公司更大的发展空间。

2. 赴港上市带来的挑战

"上市后的农夫山泉也存在着一定的变数。例如成功上市后,按照上市规则,农夫山泉的监管和财务将透明化,发展初衷、发展计划等或将可能被资本市场裹挟改变。"钟睒睒在董事局的一席话,让发行小组与董事局成员清醒地意识到赴港上市也面临一些新的挑战,不光只有机遇和愿景。挑战包括以下两个方面。

1)大股东绝对控股产生的"一股独大"问题

截至招股日,公司实控人兼董事长钟睒睒持有公司 87.4472% 的权益,包括约 17.8634% 的直接权益及通过养生堂持有的约 69.5838% 的间接权益(见图 6-4)。

其中钟睒睒的关联方股东 6.44%,其他个人股东 5.56%。如图 6-4 所示,钟睒睒为公司的大股东,他和他的重要关系人已绝对控股公司,基本上形成了"一股独大"局面。

一股独大是我国资本市场早已有之的现象,但在民营企业,这一问题会招致更多的指责,企业的控制人更容易受到道德上的拷问。投资者一般认为,私人资本控股使得企业经营有着明显的个人色彩,并且缺乏有效的约束,所以在决策中更容易集中、垄断,从而损害其他股东的利益。公司治理结构相对较弱,存在道德风险。

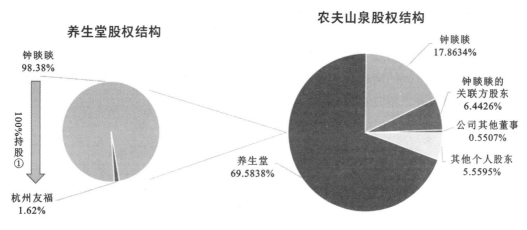

图 6-4 农夫山泉股权结构示意图

2）农夫山泉的"供给侧"之忧

除此之外，农夫山泉还面临着"供给侧"之忧——水源地增长瓶颈以及水源污染的问题。由于农夫山泉在业内引入"天然水"概念，业界各大饮用水企业纷纷开疆拓土，将"抢占"国内优质的水源地，作为自己的战略资源予以保护，农夫山泉开发新水源地将变得越发困难。正如钟睒睒给各位股东的告诫："如果供给侧即水源地不能保证，我们上市和业务拓展将会受到不利影响，赴港上市将面临新的挑战。"

七、未来何去何从

农夫山泉赴港上市后，也隐藏着许多不确定因素，成型的战略管理路径面临着诸多挑战。

经过二十年的快速发展，农夫山泉的差异化战略和多元化竞争战略，不仅为集团内部所遵循，也为业界和同行企业所共知。但打江山不易，坐江山则更难。在国内饮料市场，难有长期王者。曾经的传奇品牌"旭日升""健力宝"，故步自封，早已落伍。饮用水老大娃哈哈、康师傅，被农夫山泉后来居上而赶超。正如业界所说：江山代有才人出，各领风骚十数年。行业老大的地位不会一成不变，农夫山泉一定要居安思危。饮用水名企娃哈哈、康师傅，实力仍很强劲，虎视眈眈。中生代的怡宝、百岁山、冰露等在磨练内功，正迎头赶上。近千家二线、三线饮用水企业也快速发展。在竞争日益激烈的饮用水市场，前有来者，后有追兵，不进则退。农夫山泉二十年来通过优势性的战略管理，突出重围，领先业内。但如果满足于这些优势，故步自封，迷失于"领先"的光环中，必潜藏"危机"，不能进步，被竞争对手赶超。如何在战略管理实践中，为差异化战略和多元竞争战略注入新的内涵，引入新的竞争理念，适应上市后新的市场环境，迎接竞争对手的挑战，是公司管理层的当务之急。同时，拓展海外市场只是公司上市后的一个起点。如何尽快地融入国际金融市场、拓展市场空间？需要投入多少资源研发多品种的新一代产品以保住自己的市场份额？上市后一系列重大的问题和难题没有让钟睒睒有丝毫的轻松，他感觉愈发踌躇，农夫山泉的未来之路究竟如何走？

第七章 商业模式理论与案例

商业模式管理理论

一、商业模式概念

商业模式（business model）是管理学的重要研究领域，商学院主流商业管理课程均对"商业模式"给予重点关注。企业与企业之间、企业的部门之间，乃至与顾客之间、与渠道之间都存在各种各样的交易关系和联结方式。在分析商业模式过程中，主要关注企业在市场中与用户、供应商、合作伙伴（即营销的任务环境的各主体）的关系，尤其是彼此间的物流、信息流和资金流。

商业模式是创业者创意，商业创意来自机会的丰富和逻辑化，并最终演变为商业模式。其形成的逻辑是：机会是经由创造性资源组合传递更明确的市场需求的可能性，是未明确的市场需求或者未被利用的资源和能力。尽管它第一次出现是在20世纪30年代，但直到20世纪90年代才开始被广泛使用和传播，现在已经成为创业者和风险投资者的常用名词。有一个好的商业模式，成功就有了一半的保证。商业模式就是公司通过什么途径或方式来赚钱。只要有赚钱的途径，就有商业模式存在。

随着市场需求日益清晰以及资源日益得到准确界定，机会将超脱其基本形式，逐渐演变成为创意（商业概念），包括如何满足市场需求或者如何配置资源等核心计划。随着商业概念的自身提升，它变得更加复杂，包括产品/服务概念、市场概念、供应链/营销/运作概念，进而这个准确并差异化的创意逐渐成熟最终演变为完善的商业模式，从而形成一个将市场需求与资源结合起来的系统。

商业模式是包含了一系列要素及其关系的概念性工具，用以阐明某个特定实体的商业逻辑。它描述了公司所能为客户提供的价值以及公司的内部结构、合作伙伴网络和关系资本（relationship capital）等用以实现（创造、推销和交付）这一价值并产生可持续盈利收入的要素。在文献中使用商业模式这一名词的时候，一类作者用它来指代公司如何从事商业活动的具体方法和途径，另一类作者则更强调模型方面的意义。这两者实质上是有所不同的：前者泛指一个公司从事商业活动的方式，而后者是指这种方式的概念化，提出了一些由要素及其之间关系构成的参考模型（reference model），用以描述公司的商业模式。

商业模式是一个企业满足消费者需求的系统，这个系统组织管理企业的各种资源（资金、原材料、人力资源、作业方式、销售方式、信息、品牌和知识产权、企业所处的环境、创新力，又称输入变量），形成能够提供消费者无法自力而必须购买的产品和服务（输出变量），因而具有自己能复制且别人不能复制，或者自己在复制中占据市场优势地位的特性。

二、商业模式参考模型

在综合了各种概念共性的基础上，提出了一个包含10个要素的参考模型。这些要素包括以下方面。

① 价值主张（value proposition）：公司通过其产品和服务所能向消费者提供的价值。价值主张确认了公司对消费者的实用意义。

② 消费者目标群体（target customer segments）：公司所瞄准的消费者群体。这些群体具有某些共性，从而使公司能够（针对这些共性）创造价值。定义消费者群体的过程也被称为市场划分（market segmentation）。

③ 分销渠道（distribution channels）：公司用来接触消费者的各种途径。这里阐述了公司如何开拓市场，它涉及公司的市场和分销策略。

④ 客户关系（customer relationships）：公司同其消费者群体之间所建立的联系。我们所说的客户关系管理（customer relationship management）即与此相关。

⑤ 价值配置（value configurations）：资源和活动的配置。

⑥ 核心能力（core capabilities）：公司执行其商业模式所需的能力和资格。

⑦ 价值链（value chain）：为了向客户提供产品和服务的价值，相互之间具有关联性的支持性活动。

⑧ 成本结构（cost structure）：所使用的工具和方法的货币描述。

⑨ 收入模型（revenue model）：公司通过各种收入流（revenue flow）来创造财富的途径。

⑩ 裂变模式（business name consumer）：也称BNC模式，即公司商业模式转变的方式、转变的方向。

三、商业模式成功的基本要素

创业公司在商业模式上常见的失误有：做出来的解决方案没有市场需求，产品缺乏特定的市场，产品总是免费赠送。一个好的商业模式至少要包含以上10个要素中的前7个。

1. 价值定位

创业公司所要填补的需求是什么或者说要解决什么样的问题？价值定位必须清楚地定义目标客户、客户的问题和痛点、独特的解决方案，以及从客户的角度来看，这种解决方案的净效益。

2. 目标市场

目标市场是创业公司打算通过营销来吸引的客户群，并向他们出售产品或服务。这个细分市场应该有具体的人数统计以及购买产品的方式。

3. 销售和营销

如何接触客户？口头演讲和病毒式营销是目前最流行的方式，但是用来启动一项新业务还是不够的。创业公司在销售渠道和营销提案上要做得具体一些。

4. 生产

创业公司是如何做产品或服务的？常规的做法包括家庭制作、外包或直接买现成的部件。这里的关键问题是进入市场的时间和成本。

5. 分销

创业公司如何销售产品或服务？有些产品和服务可以在网上销售，有些产品需要多层次的分销商、合作伙伴或增值零售商。创业公司要规划好自己的产品是只在某地、某国销售还是在全球范围内销售。

6. 收入模式

你如何赚钱？关键要向你自己和投资人解释清楚你如何定价，收入现金流是否能覆盖所有的花费，包括日常开支和售后支持费用，然后还有很好的回报。

7. 成本结构

创业公司的成本有哪些？新手创业者只关注直接成本，低估了营销和销售成本、日常开支和售后成本。在计算成本时，可以把预估的成本与同类公司发布的报告进行对比。

8. 竞争

创业公司面临多少竞争者？没有竞争者，很可能意味着没有市场。有10个以上的竞争者表明市场已经饱和。要扩展开来想一想，就像飞机和火车，客户总有选择的机会。

9. 市场大小、增长情况和份额

创业公司产品的市场有多大？是在增长还是在缩小？能获得多少份额？风险投资寻找项目所在的市场每年要有两位数的增长率，市场容量尽可能大，创业公司要有10%以上市场占有率的计划。投资者希望能很好、很早地理解创业公司的商业模式，他们不想听创业者向客户推销式的演讲。这样的演讲通常都自然地回避了创业者打算赚多少钱的问题，以及创业者期望确认多少客户的问题。一个可行、有投资价值的商业模式是创业者需要在商业计划书中强调的首要内容之一。事实上，没有商业模式，创业就只是一个梦想。

四、商业模式成功的特征

任何一个商业模式都是一个由客户价值、企业资源和能力、盈利方式构成的三维立体模式。

由哈佛大学教授约翰逊（Mark Johnson）、克里斯坦森（Clayton Christensen）和思爱普SAP公司的CEO孔翰宁（Henning Kagermann）共同撰写的《商业模式创新白皮书》把这三个要素概括为："客户价值主张"，指在一个既定价格上企业向其客户或消费者提供服务或产品时所需要完成的任务；"资源和生产过程"，即支持客户价值主张和盈利模式的具体经营模式；"盈利公式"，即企业用来为股东实现经济价值的过程。

成功的商业模式具有如下三个特征。

第一，成功的商业模式要能提供独特的价值。有时候，这个独特的价值可能是新的思想；而更多的时候，它是产品和服务独特性的组合。这种组合要么可以向客户提供额外的价值，要么使得客户能用更低的价格获得同样的利益，或者用同样的价格获得更多的利益。

第二，商业模式难以模仿。企业通过确立自己的与众不同，如对客户的悉心照顾、无与伦比的实施能力等，来提高行业的进入门槛，从而保证利润来源不受侵犯。比如，直销模式，大家都知道其如何运作，也都知道戴尔公司是直销的标杆，但很难复制戴尔的模式，原因在于，"直销"的背后是一整套完整的、极难复制的资源和生产流程。

第三，成功的商业模式是脚踏实地的。企业要做到量入为出、收支平衡。这个看似不言而喻的道理，要想年复一年、日复一日地做到，却并不容易。现实中的很多企业，不管是传统企业还是新型企业，对于自己的钱从何处赚来，为什么客户看中自己企业的产品和服务，乃至有多少客户实际上不能为企业带来利润、反而在侵蚀企业的收入等关键问题，都不甚了解。

五、商业模式的发展历史

1. 店铺模式

一般地说，服务业的商业模式要比制造业和零售业的商业模式更复杂。最古老也是最基本的商业模式就是"店铺模式"（shopkeeper model），具体来说，就是在具有潜在消费者群体的地方开设店铺并展示其产品或服务。

一个商业模式，是对一个组织如何行使其功能的描述，是对其主要活动的提纲挈领的概括。它定义了公司的客户、产品和服务，还提供了有关公司如何组织以及创收和盈利的信息。商业模式与战略一起，主导了公司的主要决策。商业模式还描述了公司的产品、服务、客户市场以及业务流程。

大多数商业模式都要依赖技术。互联网上的创业者们发明了许多全新的商业模式，完全依赖现有的和新兴的技术。利用技术，企业可以以最小的代价，接触更多的消费者。

2. "饵与钩"模式

随着时代的进步，商业模式也变得越来越精巧。"饵与钩"（bait and hook）模式——也称为"剃刀与刀片"（razor and blades）模式，或是"搭售"（tied products）模式——出现在20世纪早期。在这种模式里，基本产品的出售价格极低，通常处于亏损状态；而与之相关的消耗品或服务的价格则十分昂贵。比如说，剃须刀（饵）和刀片（钩），手机（饵）和通话时间（钩），打印机（饵）和墨盒（钩），相机（饵）和照片（钩），等等。这个模式还有一个新的变形：软件开发者们免费发放文本阅读器，但是其文本编辑器的定价很高。

3. 硬件+软件模式

苹果公司以其独到的 iPod＋iTunes 商业模式创新，将硬件制造和软件开发进行结合，以软件使用增加用户对硬件使用的黏性，并以独到的 iOS 系统在手机端承载这些软件，此时消费者在硬件升级时不得不考虑软件使用习惯的因素。

4. 其他模式

20 世纪 50 年代，新的商业模式是由麦当劳和丰田汽车创造的；20 世纪 60 年代的创新者则是沃尔玛和混合式超市（hypermarket）；到了 20 世纪 70 年代，新的商业模式则出现在联邦快递（FedEx）和玩具反斗城（Toys R US）商店的经营里；20 世纪 80 年代的创新者是家得宝（Home Depot）、英特尔（Intel）和戴尔（Dell）；20 世纪 90 年代的创新者则是西南航空、网飞（Netflix）、易贝（eBay）、亚马逊（Amazon）和星巴克咖啡。随着科学技术的不断发展，商业模式也有了多样化趋势，互联网的免费模式就是其中典型的代表，由于新兴商业模式太多，故不逐一列举。

每一次商业模式的革新都能给公司带来一定的竞争优势。但是随着时间的推移，公司必须不断地重新思考它的商业设计。随着消费者价值取向的转移，公司必须不断改变它们的商业模式。一个公司的成败最终取决于它的商业设计是否符合了消费者的优先需求。

六、商业模式新的发展特征

（1）网购诚信度越来越高。以个人姓名信用注册、真实身份认证的独立网站，没有授权不能上架，第三方保险为双方信誉赔付担保，能有效扼杀恶意差评等。

（2）电子商务大量"烧钱"。所有网站都大量"烧钱"，那是因为公司都是在为自己做推广，都是为了抢夺用户，最终羊毛出在羊身上。

（3）几家独大的现象。智能商城是推广自己的商城，平台短期内不做会员注册和产品交易，只推广销售量大、流量高的产品和网站，并免费为所有企业和产品做全球推广。

（4）维护成本不断增高。现有电子商务都有一定门槛，任何一个企业和平台都需要有专业的技术人员管理和维护。

（5）出现偷税和漏税现象。

（6）平台互联网缺乏核心技术。我国互联网发展看似快速，但大多数平台和商户缺乏核心技术做基础。

七、商业模式——O2O

1. 模式定义

O2O 即 Online to Offline，也即将线下商务与互联网结合在一起，让互联网成为线下交易的前台。这样线下服务就可以在线上揽客，消费者可以在线上筛选服务，成交可以在线结算，很快就能达到规模。该模式最重要的特点是推广效果可查，每笔交易可跟踪。国内首家社区电子商务开创者"九社区"是鼻祖。

2. 线上线下对接

O2O 绕不开的，或者说首先要解决的问题是，线上订购的商品或者服务，如何到线下领取？专业的话语是线上和线下如何对接？这是 O2O 实现的一个核心问题。用得比较多的方式是电子凭证，即线上订购后，购买者可以收到一条包含二维码的信息，购买者可以凭借这条信息到服务网点经专业设备验证通过后，即可享受对应的服务。这一模式很好地解决了线上到线下的验证问题，安全可靠，且可以在后台统计服务的使用情况，在方便了消费者的同时，也方便了商家。

3. 模式网站

采用 O2O 模式经营的网站已经有很多，团购网就是其中一类，另外还有一种为消费者提供信息和服务的网站。值得一提的是，在业内受到争议，且已在全国建立 20 余家实体店铺的青岛某品牌所推行的 ITM 网购与 O2O 模式有本质的不同，无论是经营理念、经营构架，还是经营方式，都截然不同于 O2O 模式。例如，O2O 更注重线上交易，而 ITM 模式则更偏重于线上预订、线下交易；O2O 模式的实际经营可适用于办公室等任何实体经营场所，而 ITM 模式则是店铺式经营。

如某网站是一种全新的 O2O 社区化消费综合平台，与团购的线上订单支付、线下实体店体验消费的模式有所不同，多拿网创造了全新的线上查看商家或活动，线下体验消费再买单的新型 O2O 消费模式。有效规避了网购所存在的不确定性，线上订单与线下实际消费不对应的情况。并依托二维码识别技术应用于所有地面联盟商家，锁定消费终端，打通消费通路。最大化地实现信息和实物之间、线上和线下之间、实体店与实体店之间的无缝衔接，创建一个全新的、共赢的商业模式。网站涵盖了休闲娱乐、美容美发、时尚购物、生活服务、餐饮美食等多种品类。旨在打造一个绿色、便捷、低价的 O2O 购物平台，为用户提供诚信、安全、实惠的网购新体验。

4. 市场分析

O2O 模式的核心很简单,就是把线上的消费者带到现实的商店中去——在线上支付购买线下的商品和服务,再到线下去享受服务。

八、商业模式——B2C、C2C

B2C、C2C 是在线支付,购买的商品会塞到箱子里通过物流公司送到消费者手中;O2O 是在线支付,购买线下的商品、服务,再到线下去享受服务。

O2O 是网上商城,团购是低折扣的临时性促销。O2O 与团购的区别见图 7-1。

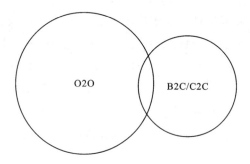

图 7-1 O2O 与团购的区别

无论你是不是第一次听到 O2O,这个市场正在被激活。

九、商业模式——BNC 模式

BNC(Business Name Consumer)商业模式具有 B2C、C2C、O2O 等模式的优势,同时解决了以上模式解决不了的问题,做到了快速免费地推广企业和产品,每个人拥有自己姓名的商城,从而最大限度地挖掘每个人的资源和潜力。智能商城是一个集高端云技术和独特裂变技术为一体的网络平台;这是一个超越所有传统商业模式和电子商务模式的新型商务模式;这是一个真正符合广大消费者零起步创业的舞台。它终将走遍中国,走向世界,引领世界经济潮流。

BNC 模式悄然兴起,它是由商家、消费者和个人姓名组成的独立消费平台,让每个人都拥有自己姓名的产权式独立网站。它的特点是快速裂变,抑制同行模仿,这将是互联网及电子商务的一大创举,同时也让电子商务快速进入后电子商务时代,从而结束"诸侯混战"的时代。

十、商业模式创新应注意的问题

① 产品和服务是商业机构生存的基础条件。

② 目标市场是商业机构运作空间的价值表现。

③ 将产品和服务准确交给目标消费者的过程,是商业机构运营系统价值创造的环节。

④ 与利益相关者的关系,包括商业性利益者,如供应商、客户、竞争对手等,也包括社会性利益者,如国家、社会、文化等。

案例十

新能源汽车提供中国动力:宁德时代的崛起之路

摘要:宁德时代是近年来我国创业板市场的一家著名上市公司。公司主营新能源汽车的动力电池。这家成立于 2011 年的锂电池公司,甫一上市,市值就超千亿,成为动力电池行业龙头企业和创业板第一股,引起资本市场投资者和社会各界的广泛关注。公司快速成长和崛起的背后,反映了我国新兴产业的发展规律和成长轨迹。笔者以宁德时代为案例背景,通过探讨公司快速成长中的创新、技术、商业模式、产品成本、企业文化等崛起路径,揭示其发展壮大的成功经验,为广大创新创业的新兴企业以及高校工商管理学院提供一个快速成长的典型范例,丰富我国资本市场的管理理论和创新创业实践。

一、引言

2018 年 6 月,一家成立仅 7 年的动力锂电池企业宁德时代(CATL,300750)登陆我国创业板。按公司 2017 年营业收入 200 亿元测算,市场专业人士与投资者给出了高达 1600 亿元的估值,不仅一举超过创业板开市以来市值最大的温氏集团的市值,更超过了主板市场汽车龙头企业比亚迪的市值。比亚迪 2017 年的营收过千亿,却仅给出 1500 亿元市场估值。宁德时代是我国资本市场继药明康德后的第二家"独角兽"公司,也是 2009 年创业板成立以来的首家"独角兽"IPO 上市公司。资本市场和投资者对宁德时代的高估值,不仅反映了对创业板首家"独角兽"公司的殷切期待和充分信心,更表现了他们对这家通过技术创新快速地跃升为我国动力电池行业龙头的欣赏和追捧。实际上,政府监管层在宁德时代上市过程中也是一路绿灯，顺利发行。其中，证监会审核过会仅用24天，超越富士康的36天，创我国股市过会速度第一股，表明政府部门对这家全球新能源电池销量排名第一的上市公司的呵护和重视，以其快速过会，推向市场，满足广大投资者对优质新能源公司的期待和投资需求。宁德时代董事长曾毓群在公司上市发布会上坦言，在大家的期待中，"宁德"快速上市了。但上市不是终点，而是集团发展的新起点。未来，宁德时代将坚持创新为主，建立供应链上下游协同的创新体系，应用行业先进的设计理念，研究开发高能量密度、高可靠性、高安全性、长寿命的电池产品和解决方案，以产品在技术上领先同侪、实现卓越制造和精益管理的核心理念应对市场竞争。

宁德时代上市以来，公司保持了既有的稳定、快速发展的步伐，2017—2018年连续两年动力电池出货量居全球第一，超越国内外原龙头企业松下、比亚迪等，成为当今动力电池行业的新龙头公司和领先者。这家创立于2011年，成立约10年的后起上市公司，如何通过公司的积累与创新，以"细胞裂变"式的快速发展，将初创时一家"事业部"式的小型公司，做大做强，历经"独角兽"—"超级独角兽"—行业龙头和产业领先者的快速路径的？公司的成长历程虽然短暂，但一步步走来的蜕变、壮大、扩张之路，必将引人入胜，背后的故事和经验，不仅为广大市场投资者和社会各界所关注，也为我国新兴的创新创业公司提供借鉴和学习的成功路径。为探讨这一路径，揭开谜底，本案例梳理了宁德时代（CATL）成长的关键节点，分别从企业、市场、技术路线、战略等多个角度，分析并探讨我国先进制造业中"独角兽"企业的核心竞争能力和发展规律，以点带面，促进我国创新创业公司和相关产业的快速发展。

二、"龙头"的诞生和崛起之路

宁德，曾经是地图上默默无闻的闽东小城，许多人或曾没有听说过这个地名。而如今，这座小城因为一家企业而知名度渐长，那就是动力电池行业的"超级独角兽"——宁德时代。在当下中国正欲借新能源汽车实现汽车强国梦之时，这座小城、这家企业已然迸发出巨大的能量。放眼全球动力电池行业，任何一名与动力电池行业相关的业内人士的目光，已然无法避开2017年出货量全球第一的宁德时代（CATL），而这一切只用了7年。各路新闻媒体都集中关注了从成立到行业龙头的辉煌和高光时刻，但一手创立CATL并把它带大的公司董事长曾毓群表示，高光时刻虽然是公司成立的这七年，但创立公司前的准备、构建、技术储备是一个长期的运作和培育过程。近几年的快速发展只是在前期积累的基础上厚积薄发的即时体现。在这一过程中，创立的艰辛和技术选择、定型的困难已不足以为外人道，只有在现在公司快速成长的喜悦面前将其冲淡。实际上，宁德时代创立七年和公司成立前的十几年准备过程，典型地体现和代表了我国动力电池行业的成长路径和缩影。梳理这一进程，我们不禁发现，宁德时代的缔造者曾毓群，在电池创业路上故事的精彩程度堪比苹果公司创始人乔布斯和比亚迪 CEO 王传福。

1. 惊险创业：买到残次专利，硬抗出产品（1999—2002 年）

出身宁德农村的曾毓群是个不太安分的人。从上海交通大学毕业后，曾毓群在学校分配工作的国企仅仅干了三个月，就南下东莞，进入了新科电子，一家为电脑硬盘生产磁头、年营收达 10 亿美元的公司。

但曾毓群又是安分的，他在新科电子一待就是十年，凭借自己的努力，在 31 岁时成为新科的研发总监，这也是公司第一位中国大陆籍的总监。在公司中，曾毓群接触到美籍华人高管陈棠华、梁少康，这两位伯乐后来带曾毓群进入了电池行业，成就了宁德时代故事的开端。

其实曾毓群差一点和电池行业错过。1999 年，新科的执行总裁梁少康找到曾毓群，想拉他入伙做电池的时候，曾毓群正在考虑离职前往深圳淘金，猎头介绍的下家为他提供了总经理的职位。当时，便携式的消费电子产品的增长势头正在席卷全球，就在 1997 年，世界上第一台 MP3 诞生。但它小巧的身躯很难装下传统的圆柱形电池或者方形电池，明显容量不够。为这些新型电子产品打造新电池，是一门走在历史行程上的生意。

梁少康又请来曾毓群的直接上司陈棠华，劝说曾毓群入伙。陈棠华曾经在新科电子的队伍中发现了曾毓群这个勤奋又聪明的年轻人，选拔其出国留学，在工作上予以指导，对曾毓群可以说有知遇之恩。

动之以情，晓之以理，曾毓群被说服。1999 年，三人主导的电池公司在香港成立，名字叫作 ATL（Amperex Technology Limited）新能源科技有限公司。这就是后来宁德时代（CATL）的前身。

世纪之交的电池市场强敌环伺，市面上主流的圆形/方形电池市场已经被索尼、松下等日企牢牢统治，这些日本电池生产厂自动化程度高，品质稳定出众，中国企业很难与之竞争。要想生存下来，ATL 必须开辟一条新的道路。

ATL 一开始的目标选得很明确，制造聚合物软包锂电池。一则在圆柱、方形等形态电池上，日系巨头已站稳脚跟，拿下大部分市场，而没有固定形态的软包电池可以避开和巨头们的正面竞争；二则不同的消费电子产品对电池的规格有千差万别的要求，软包电池最大的优势则在此——形态相对自由。

确定了产品的技术方向后，曾毓群飞往美国，从贝尔实验室购买聚合物锂电池的专利。曾毓群去得不算早，当时，已经有 20 多家机构从贝尔实验室拿到了授权。然而，当曾毓群按照贝尔实验室的专利配方试制电池时，发现产品存在一个致命问题——使用一段时间就会因为内部材料分解释放气体而膨胀，导致电池存在爆炸风险，不可使用。250 万美元创业资金已经花去大半，电池却变成了"雷池"。

在创业资金即将耗尽，创业项目面临失败的重要关头，当时参与研发的曾毓群和创始团队正苦苦寻找其中的原因。曾毓群后来说，他们当时猜想，问题出在电解液的成分上，因为锂电池的温度上限是85℃，但实验室的配方中，有些成分沸点已接近93℃，这可能是导致电池变形的关键，即电池电解液配方反应活性温度太低，容易分解产生气体。曾毓群带领技术研发团队进行了艰苦探索，在经历奇迹般的两周技术攻关，尝试了数十种电解液配方之后，ATL研发团队终于找到了入门的钥匙，解决了电池膨胀难题，新产品顺利投产。接着，ATL整个创业团队干劲十足，重新研发了大部分的生产过程，最终实现了软包电池生产的量产化与自动化。就这样，在全球20余家获得贝尔实验室授权的企业中，ATL成为当时唯一解决了这个技术难题的团队并能够成功量产的公司。此后，专注技术成了ATL公司的不二法门。

成功解决电池膨胀的难题，让ATL在全球电池厂商中一炮而红。

2000年，国内开始普及手机，但国内手机企业高度依赖韩国方案，买来套件组装一下就成了手机，除了电池，能改动的东西很少。而ATL报价是韩国电池的一半，容量却增加一倍，还能量身定制不同尺寸的产品，没有哪家厂商能拒绝这个诱惑。在DVD、蓝牙耳机、手机等消费电池市场，ATL的产品迅速铺开。2002年6月，ATL单月开始盈利，当年实现整年盈利，并获台湾汉鼎的A轮风投。2003年，美国凯雷投资和英国3i集团B轮投了2500万美元。

2002年底，ATL在东莞白马的厂区落成，当年出货量就达到了100万枚电芯，主要为蓝牙耳机等产品供货。技术突破的价值功不可没，不过那时曾毓群和他的创业团队伙伴们还没有认识到，这项突破未来会带来多大的发展前景。

2. 稳扎稳打：苹果订单成背书，成就聚合物电池龙头（2003—2005年）

2003年，正为iPod续航发愁的苹果公司找到了ATL，希望后者为其定制一款能用于新一代iPod的高性能电池——既要满足特殊的形态以安置在小巧的iPod中，又要有大容量提升续航，还得保证安全。这些需求，统统正中ATL公司技术的"下怀"。据悉，苹果公司当时也找过其他的锂电池公司，但要么没有灵活性，要么解决不了电池膨胀的难题。而ATL为他们解决了当时锂电池循环寿命过短的问题，成功为iPod开发出异形聚合物锂电池后，ATL获得了苹果公司发来的订单——为1800万台iPod供应电池。而随着苹果公司进军智能手机行业，ATL也顺利成为iPhone电池供应商。

经此一役，ATL顺利打入苹果公司的供应链。这层关系，也成了ATL日后撬动更多资源与订单的有力背书。

在智能手机全面兴起并普及后，ATL产品发展势头更盛，相继成为vivo、华为、三星等手机的电池供应商。在稳定供应、增加产量的同时，ATL生产聚合物锂电池的安全性能也逐步提升。在一次三星集团自己生产的SDI电池发生爆炸时，为其单独供货的ATL公司生产的电池安然无恙。事实证明，ATL生产的电池，比相关其他品牌电池产品更加安全，更加稳定。

ATL业绩在群狼环伺的电池行业中稳步上升，逐渐成为聚合物锂电池的主要供应商和龙头。不过松下、索尼、三星、LG把持的其他品类电池，ATL暂时也攻不进去，锂电池的格局相对稳固下来，各自划分市场。

然而，ATL公司的成长并不是一帆风顺的，也历经波折。在2002—2003年快速发展、大规模急需资金时，ATL公司过多地引入了风投资金，导致创始团队持股比例较小。后来电池市场激烈竞争过后，汉鼎、凯雷、3i这三家持股最高的风投机构股东悉数选择退出。在股权出售过程中，ATL创始团队的老东家，也就是新科电子的母公司——日本TDK集团在2005年6月以1亿美元的金额收购了ATL新能源科技有限公司100%的股权，ATL成为TDK的全资子公司。从此，ATL就成了一家由中国人创办、中国人实际控制，却由日资控股的公司。

3. 提前布局：孕育宁德时代（2005—2008年）

进入21世纪，新兴产业的发展和进程注定了电池产业要再度被推上风口浪尖。而在风口真正到来之前，曾毓群已经嗅到了新的产业机会。

2008年，ATL管理层决定在公司内部正式成立动力电池团队。

推动这个重要决策的除了曾毓群，还有一个关键人物——黄世霖。黄世霖也是ATL元老之一，在ATL任研发副总。除了开发消费电子电池，黄世霖在ATL内部的主要工作，是开发车载动力电池及动力电池管理系统。

2004年，黄世霖就参与了粤港招标项目"汽车用动力型锂离子电池系统的研发和产业化"。但在消费电子电池迅猛发展，而全球新能源车和动力电池领域尚未起步的年代，这项工作的性质就更像是科研和提前布局。这一提前布局的储备为后续的成功和快速发展打下了良好的基础。

改变发生在2008年，这年是北京奥运之年。我国政府借奥运会之机，从2008年开始用政策支持＋财政补贴的方式推广新能源车，试图在汽车产业中弯道超车。而新能源车无论是插电混动还是纯电动车，都需要用到大量的动力电池。

2008—2011年，受惠于国家产业政策的支持和促进，我国新能源车的市场规模已经初现端倪。但由于国家法规限制，外商独资企业无法生产动力电池。曾毓群与黄世霖所在的ATL公司，虽然是由中国人创办，由中国人主导，但却是由日资控股。ATL开发和生产动力电池不符合国家产业政策。因此，他们决定，再进一步，将ATL公司的动力电池团队完全独立出去，成立一家以动力电池研发和生产为主的新型公司，以打开一片新的产业天地。

4. 破茧而出：宁德时代应时而生（2011年）

2011年12月16日，宁德时代新能源科技有限公司（简称宁德时代）在曾毓群的家乡宁德成立。这也是曾毓群回乡的二次创业。最早的注册资本仅100万元，专注于电动汽车、储能锂离子电池系统的研发与生产。虽然在当年就有来自金龙客车的订单（金龙客车现在是宁德时代的主要客户），但创立之初的宁德时代仍是以技术研发、积蓄力量为主，因为新能源车市场真正迎来爆发，是在几年之后的事儿了。

宁德时代从ATL脱胎而来，大部分的创业股东曾经是ATL高管。一开始，在宁德时代的股权结构里，中资占85%，外资占15%。经过反复的股权整合，目前宁德时代已成为纯中资的中国企业。

5. 厚积薄发：宁德时代一飞冲天（2012年至今）

宁德时代的迅猛发展验证了创业团队创立时的眼光和前瞻性。如何把外势转化为内势，把逆势转化为顺势，把弱势转化为强势，如何蓄势待发，如何借势发力，如何乘势而上——这是重大的战略问题。在处理这些重大战略问题时，创业团队体现出很强的综合判断能力和驾驭能力。

创业之初，当然要先解决生存问题。仔细思考了可能的产业化路径后，创业团队决定三管齐下，先进攻国际顶尖车厂，其次是电动客车和基站备用电源市场。

正如预期的那样，宁德时代果真先是打入了欧洲顶尖车企的供应链。2012年，为特斯拉提供电池的日本松下已经被认为是动力电池界的龙头，而初生的宁德时代仍籍籍无名。著名的德国宝马公司给了宁德时代一个走上舞台中央的机会。这件事对宁德时代的未来成长起到了重大的作用。

2012年，宝马公司正在推进纯电动汽车之诺1E，他们希望可以采用国产动力电池，但市场上可供选择的品种并不多。一位专家透露，宝马最初选择的是北方一家国企，但其效率偏低，于是就把橄榄枝递向了宁德时代。

对于宁德时代而言，这是一次千载难逢的良机。宝马汽车一位高层接受媒体采访时回忆，当时宝马公司提供了一份约800页的全德文的动力电池生产标准，这让宁德时代当时"有些犹豫"，担心太过复杂。为了帮助宁德时代生产出宝马公司想要的电池，宝马公司一位高级别工程师在宁德待了两年多。

德国车企的细致而严格的要求，对新生的宁德时代而言，如同"浴火"的历练。百分之百理解这些厚重技术文件，就需要大量的人力物力，更不用说研发和制造出百分之百符合要求的产品了。凭着宁德人的一腔热血，公司上下全体员工拧成一股绳，以刻苦实干的奋斗精神，研发出优质产品，硬是赢得了国际顶尖车企的首肯、认可以至后期的青睐。凭借技术底蕴和品牌精神，宁德时代拿下宝马公司这一单。

这次努力和奋斗给了宁德时代快速成长的机会，并且能够进入宝马的供应链对于品牌本身就是很好的背书。同行业人士经常羡慕地对曾毓群说，你们创业之初，宝马公司订单的"神助攻"促使你们快步地走向了前台。2013年底，与宝马公司的合作公布后，国内的车企则纷至沓来。

业内人士表示，创立时期，宁德时代开放的心态也对他们的发展大有裨益。彼时，面对国内车企的合作需求，经过宝马公司历练的宁德时代也愿意分享对于设计、工艺等方面的理解，使车企少走了弯路，车企也就更加愿意合作。

三管齐下的第二管即是电动客车。在国际车企即第一管这里练了兵，在国内电动客车上顺势也结了果。2013年，宁德时代与宇通客车结成战略合作伙伴，把从顶尖车企学来的设计、研发、制造流程思想用于服务中国的电动客车行业，避免了同期其他客车企业频繁出现的熄火、电池衰减、无法涉水等质量问题。良好的用户体验为宇通客车解决了后顾之忧，也为宁德时代赢得了市场口碑。在这之后，宁德时代在动力电池领域站稳了脚跟。国际、国内汽车厂商良好的示范效应，让业内众多厂商对宁德时代青眼有加。随后，不仅客车企业的新能源订单增多，北汽集团、吉利汽车、长安汽车、金龙客车等乘用车企业也相继将宁德时代作为其供应商。

虽然作为第三管的基站备用电源市场并未达到当初的预期，但宁德时代已经顺利度过了创业时的危险期，进入了稳步、快速发展的成长期。

2012年，国务院正式发布《节能与新能源汽车产业发展规划》，将推进电动汽车和插电混合动力汽车产业化作为重点工作。2016年9月，李克强总理明确提出"发展电动汽车是国家战略"。国家政策的大力支持和引导，使得新能源汽车的销售迎来了快速发展的春天。2012年，国内新能源汽车销量猛增，到2015年以后，国内新能源车市场呈现爆发式增长。宁德时代成立时的2011年，全国新能源汽车销量只有8000多辆，而到2014年上涨至7.5万辆，到2017年增加至77.7万辆。

良好的市场环境，让宁德时代的生产和制造潜力被完全打开和释放。宁德时代在国内新能源车供应商名单上开始频频"霸榜"，2018年，在工信部公布的新能源汽车目录中，3200款车型中有1300款是由宁德时代提供动力电池；2020年，宁德时代的动力电池装机量约占国内市场总装机量的31%，比第二名比亚迪的市场占有率整整多出一倍。

资本市场也对这家快速成长的明星企业青眼有加。公司在创业板上市之前，证监会就一路绿灯，仅用时24天就快速审批、过会，创造了快速过会的新纪录。公司上市后，一路维持市场高价，市场价值稳定在1500～1700亿元，完成了从"独角兽"到"超级独角兽"乃至行业龙头的华丽蜕变。

在国际市场上，宁德时代在动力电池细分市场上连续两年出货量居全球第一，而它的前身和孵化器宁德新能源公司（ATL）则连续六年居聚合物锂离子电池细分市场全球第一。如此骄人的公司业绩，让电池行业人士纷纷惊羡，宁德时代这个行业龙头要一飞冲天了。

动力电池的赛道充满了竞争者，宁德时代如何后发制人？

"我们处于一个千载难逢的历史阶段，全球汽车电动化浪潮不可逆转。宁德时代顺势而为，抓住了新能源汽车的发展机遇，凭借持续的研发投入和高素质的管理、研究团队，为公司赢得了行业领先的技术优势。"对于宁德时代蝉联全球动力电池出货量冠军，曾毓群并没有显得特别激动，他认为这是一场马拉松比赛，宁德时代仅仅是暂时领先。

"要成为马拉松冠军，唯有我们自己坚持不懈地奋斗、创新。"面对取得的成功，曾毓群说。

作为行业巨头和领先者，宁德时代早已放眼全球。"下一步，公司将结合业务发展的地域需要，布局全球业务，进一步深化与欧美日系整车企业的合作。"曾毓群说，技术出海是宁德时代将来的核心战略之一。

仅仅 10 年时间，一家普通的电池企业，经历裂变式的快速发展，成为锂电池巨头和"超级独角兽"，市值超千亿，宁德时代为我国创业板公司和创新创业企业树立了一个典范和成长的"标杆"。宁德时代快速发展的背后，必有其过人的创新路径和独到的管理法则、经验。深入分析、探讨其崛起和辉煌之路，总结其成功经验，为我所用，将为当前新经济形势下的我国创新创业企业探索一条走向成功的全新路径。

深入分析宁德时代创立以来成长和辉煌的路径，我们提出动力电池行业促进企业快速发展的六大因素，即 TTPCCS 模型：技术（technology）、时机（timing）、产品（product）、文化（culture）、成本（cost）、战略（strategy），用以回顾、分析并总结宁德时代的成功因素和要诀。其中，最为关键的是技术（T）、成本（C）和战略（S），这也是锂电池行业公认的三大重要因素。对这些影响因素的分析和规律总结，其成果不仅适用于一般的动力电池行业，也能广泛应用于我国技术驱动类型的各类高新技术企业。

三、锂电池巨头的创新崛起路径之一：公司战略＋商业模式 2.0

在现代企业管理中，公司战略通过具体的企业商业模式来实施和运作。实际上，高新技术企业在开放性市场的角逐，最终都是公司战略即商业模式之争。

1. 动力电池行业主流商业模式分析

我们梳理国内动力电池企业的商业模式发现，主要存在四大类商业模式，包括动力电池企业与整车厂合作、与上市公司的资本合作、与产业链企业的结盟合作和以比亚迪为代表的全产业链布局模式。模式不同，优劣各异，层级也不一样，具体分析如下。

一是沃特玛联盟模式。在上下游企业实力比较弱小的前提下，电池企业采取连横产业链其他企业，以抱团形式与客户、政府等主体谈判，能够在短时间内迅速开展业务，并且得到供应商的支持，在市场竞争中开拓一片新天地。模式以沃特玛公司最为典型。沃特玛以自身动力电池业务为核心，联合产业链上下游企业组成联盟。截至目前，沃特玛联盟内共计超过1000家成员单位企业。通过企业抱团，沃特玛凭借联盟身份跟政府、客户进行谈判，以此来博弈，获取自身的升值空间。2019年上半年，背靠抱团联盟模式，沃特玛与荣成华泰汽车、湖北世纪中远、唐骏欧铃、成都大运、东风特汽、上海申龙客车、安徽星凯龙客车等整车厂签署订单总金额超过143亿元的合同。同时，为充分保障产品供应，沃特玛在国内已有深圳、渭南、临汾、十堰、郴州等七个动力电池生产基地投产，到2019年底，沃特玛动力电池产能达到了24GW·h。

二是全产业链布局模式。以自身为基点，纵向布局上下游全产业链，这是大型动力电池企业发展自身的一种重要商业模式。以比亚迪为典型代表。产业链从前端上游的矿产资源，一直到整车的制造和运营，最后到电池的回收，形成了一个"上游锂矿资源—锂电原材料—动力电池—新能源整车—电池回收"的全产业链闭环。这种全产业链布局模式有利于企业形成产业闭环，发挥整体优势，降低成本。但是对于企业的资金、技术、规模以及前瞻性布局策略等要求极高。以比亚迪为例，他们布局了整个汽车产业链，动力电池主要是比亚迪汽车自己使用，也可以卖出一点，电池只是比亚迪多元化业务中的一块。这种模式的优势是当企业强大时，全产业链上各个环节的利润都能通吃，但劣势是面临汽车厂、其他动力电池厂的强力竞争，多面受敌。目前除比亚迪外，包括兴能集团、中信国安集团、猛狮科技等企业也在积极往全产业链延伸布局。

三是动力电池企业与上市公司的资本合作商业模式。动力电池企业面临产能提升、技术升级、降成本等管理目标，资金压力巨大。其中寻求与上市公司合作，不管是资金参股，还是直接被收购，都已成为不少电池企业快速融资的捷径。这种合作模式又细分为两种：成为上市公司全资子公司模式和上市公司控股电池企业模式。其中，我们可以称第二种为"银隆新能源＋董小姐"模式，是董明珠以个人之力引入王健林、刘强东等人入股银隆新能源的独特案例。

我们盘点部分动力电池企业与资本合作案例，如表7-1所示。上市公司增资参股案例较多，其中尤以银隆新能源与董明珠及其背后的格力电器合作最为引人关注。

表 7-1 动力电池企业与上市公司的资本合作商业模式

电池企业	上市公司	合作类型
银隆新能源	董小姐	个人入股
比克动力	长信科技	控股大股东
慧通天下	贤丰控股	控股大股东
妙盛动力	贤丰控股	控股大股东
盟固利动力	中信国安	控股大股东
德朗能	美都能源	控股大股东
实联长宜	圣阳股份	控股大股东
迪比科	新海宜	控股大股东
沃特玛	坚瑞沃能	全资子公司
远东福特斯	智慧能源	全资子公司
卓能股份	凯恩股份	全资子公司

四是动力电池企业与整车厂的"联姻"模式。当前新能源汽车产业面临补贴退坡、账期加长、原材料涨价、续航里程提升等多重压力。动力电池企业急需与整车厂达成深度绑定合作,以寻求技术提升、降低成本及锁定市场份额的突破口。典型的如宁德时代与上汽"联姻"模式。此外,还有国轩高科与北汽、波士顿电池与陆地方舟、一汽客车与春兰新能源、唐骏汽车与骆驼股份等企业采用此模式。

这种动力电池企业与整车厂合作的商业模式可以细分为普通供货关系、战略合作关系、绑定协助卖车的商务协议、投资电池厂家或与电池厂家合资建厂等类型(见表 7-2)。

表 7-2 动力电池企业与整车厂的"联姻"模式

商业模式	优势	潜在风险
普通供货关系	车企对供应商选择灵活	车企议价能力较弱
战略合作关系	联合研发,通过排他协议,形成技术和市场壁垒;供应商体系较为稳定;议价能力强	供应商单一,风险较大;对供应商的把控能力较弱
绑定卖车的商务协议	车企以车抵电池款,电池企业负责消化部分订单,终端进行售车,双方形成互惠	容易形成终端闲置,补贴获取周期较长

续表

商业模式	优势	潜在风险
投资入股	供应商稳定，三电匹配程度高	产能供应不足
合资设厂	产能供应稳定，减少被其他电池厂制约；降低制造成本；锁定更大的市场份额	相互猜忌，技术交流与深度协作不够充分

如表 7-2 所示，这些商业合作的几种模式，优势与潜在风险并存，关键在于合作即"联姻"的深度。有深度，则优势毕现；没有深度，则可能流于形式。

2. 宁德时代战略模式选择——打造锂电池商业模式 2.0

如上文分析所示，当前动力电池行业的四种主流商业模式各有优势，也隐含着潜在的风险。关键在于公司战略的构建和商业模式的深化。曾毓群等宁德时代董事会成员对四种主要商业模式一一做了深入的比较、分析。

第一种即沃特玛联盟模式，虽然可以吸纳众多联盟客户成员，但总体比较松散，联盟凝聚力不够。第二种即全产业链布局模式，对企业的资金、技术、规模以及前瞻性布局策略要求极高，一般适合大型的有产业规模优势的整车厂，这对于专业化生产动力电池的宁德时代明显不适合。第三种即动力电池企业与上市公司的资本合作模式。这种模式主要是借用上市公司的融资渠道。宁德时代专业能力突出，在上市前后，融资渠道都较为通畅，故此种模式不是宁德时代选择公司战略的必备方向。此外，上市公司投资锂电池项目，只是他们多元化产业发展方向上的一个路径选择之一。将来他们很有可能"朝三暮四"，在产业链上做出其他选择。作为专业化的企业，不能完全寄希望于这种模式。第四种是与整车厂的"联姻"模式。如前文所分析的那样，这种模式优势与风险并存。虽然可以为宁德时代所采用，如果不能精心设计，全盘规划，也会流于形式，招致失败。

曾毓群等宁德管理层认为，以上的各种模式，都只能算是动力电池行业商业模式的 1.0 版本。主要体现在以我为主，单打独斗，浅层次融合。以公司自身的战略考量设计合作对方的盈利空间。往往"形合"实"不合"，没有深度合作的基础。因此，要着力打造动力电池行业的 2.0 版本，探索新的商业模式。

曾毓群表示，2.0 新商业模式的核心就是四个字——"深度融合"。这也是宁德时代发挥优势的空间之所在，实施起来并无困难。在业内，流传着一句口头禅——"宁德时代是低调的巨人"，其含义是指，在行业外，宁德时代几乎无人知晓，而在行业内，却如雷贯耳。这种现象的形成，实际上源于以董事长曾毓群为首的"宁德时代人"多年来专注于锂电池技术的研发，技术过硬，实力超群，但不刻意宣传，不做粉饰。他们高调做事，低调做人，为业界所公认和好评。接触曾毓群的记者评价其"低调、踏实、诚恳、有亲和力",不会因此而产生疏离感。另外,由于与宝马深度合作后,将宝马的产业标准和技术在汽车业内的普及和推广,加上宁德时代的开放、合作精神,宁德时代无论是在锂电池行业还是整车行业,都拥有一大批良好的合作伙伴。这些有利因素和条件,为宁德时代建立"深度融合"模式打下了良好、坚实的基础。

"深度融合"模式的标志就是"联姻+捆绑",曾毓群表示,这个词表面上不是很好,像是旧式婚姻,强人所难。实际上,这只是一个形象上的说法,我们要体会它的精神实质,即"深度融合"。这要建立在优质的技术+良好的合作态度的基础上。这种"深度融合"模式不是普通的供货关系,它是"合资设厂+投资入股+绑定卖车"的合作体。宁德时代与整车厂在技术标准、研发进程、供应链流程、产品利润和风险共担方式等方面签订"捆绑"合同,实现利益共享的深度合作。

公司在实施"深度融合"模式时,曾毓群经常告诫大家,我们要换位思考,多从对方、多从客户的角度看问题,并依此进行模式设计、合同制定,我们才会成功,避免失败。他说,客户的产品可能需要你的电池,你要不断努力才能够适应他们的需求。我们希望通过我们的技术跟产品,让跟我们合作的车厂的汽车在市场上卖得好。只有为客户创造了价值,最终我们才能发展。这在国外也一样。我们通过一个个项目在不断奋斗,就像马拉松赛跑,你不能歇着,要一直有目标,一直努力,才能到达终点。

"深度融合"即"绑定"整车厂商的战略模式很快见到了效果。2014年,宁德时代与北汽集团合资建立普莱德,锁定北汽新能源,其中,宁德时代持股24%。2017年,在全球乘用车销量方面,北汽新能源超过特斯拉,占据全球第二的位置,背后核心部件即动力能源的供应商是宁德时代。在汽车业内,整车厂商的表现,将直接决定动力电池厂商的竞争地位。他们是"鱼"和"水"的关系,体现了共享共存的紧密联系,是天然的"捆绑"合作的关联方。宁德时代与北汽集团"捆绑"合作成功,为后续推广这种商业模式奠定了良好的基础。

当前,在新能源汽车市场快速发展的形势下,动力电池企业和整车厂都渴望深度合作。2017年,宁德时代绑定上海汽车(国内第一、世界第七整车巨头),市场普遍给予好评和肯定。2017年5月,与上汽集团联合新设两家合营企业——时代上汽与上汽时代,前者,上汽持股49%(宁德时代持股51%),负责电芯生产;后者,上汽持股51%(宁德时代持股49%),负责Pack生产。上汽集团与宁德时代这两家行业龙头的合作,使得动力电池产业链研发的效率和电动汽车产品的质量都有了很大的提升。同时,电动汽车的成本也下降了不少。对宁德时代而言,与上汽集团股权合作,可以与大客户建立更为深入的合作关系(因为此前宁德时代已经是上汽新能源的电芯供应商),市场也被迅速打开。在合资建厂的基础上,宁德时代还引入了宇通客车、国能汽车等整车厂商参股。

2017年10月，长安汽车、东风汽车几乎同时入股宁德时代。这意味着在资本层面上，宁德时代与中国六大汽车集团中的三家已达成深度合作协议。目前，与宁德时代合作的车企既有宇通、吉利、金龙、江铃、长安、北汽新能源、东风、广汽、上汽等国内重量级车企，也有本田、大众、戴姆勒奔驰、宝马等国际汽车巨头。

"捆绑"式的深度融合模式提供了合作双方即动力电池企业和整车厂更大的施展舞台和更广阔的赢利空间，实践证明，这是一种成功的合作"双赢"模式。无论是产品质量、研发技术，还是市场占有率和盈利能力，合作双方都取得了很好的效益，获得了应有的回报，体现了这种战略模式强大的生命力。这种盈利模式将来可普遍运用于其他动力电池企业。这种 2.0 版商业模式刻画了宁德时代这个锂电池巨头快速成长乃至辉煌的清晰路径和成功秘诀，可以学习、借鉴。

四、锂电池巨头的创新崛起路径之二：技术创新

从宁德新能源到宁德时代，行业内对这个团队的普遍评价是："它的创始人以及团队很靠谱。"宁德时代之所以快速崛起，不可否认是因为其强大的技术实力。

常言道：罗马不是一天建成的。业内对公司技术实力良好口碑的评价，源于宁德时代技术创新征途中的两次里程碑事件和两次"弯道超车"式的技术领先，体现了公司上下十几年来在技术创新方面艰辛的探索和积累。

1. 苹果订单成背书，成就公司技术领先的第一个里程碑

俗话说，机会都是留给有准备的人。如前所述，2003 年，苹果公司的一次偶然举动，成就了宁德时代前身 ATL 的技术奠基之礼。在当年，ATL 公司成功解决了苹果公司锂电池循环寿命过短的问题，并为苹果 iPod 开发出异形聚合物锂电池。为此，ATL 拿到了苹果公司发来的大额订单——为 1800 万台 iPod 供应电池。而随着苹果进军智能手机行业，ATL 也顺利成为 iPhone 电池供应商。经此一役，ATL 顺利打入苹果公司的供应链。这层关系，也成了 ATL 日后撬动更多资源与订单的有力背书。为苹果公司代工的闪亮光环，成为宁德时代在锂电池行业技术领先的第一个里程碑。

2. 宝马订单的"神助攻"，成就公司技术领先的第二个里程碑

在宁德时代刚创立半年左右的 2012 年年中，公司遇到了发展历程中的第二个"贵人"，即德国宝马公司。当年，宝马公司正在推进纯电动汽车之诺 1E，他

们希望可以采用中国生产的动力电池，但市场上可供选择的品种屈指可数。一番选择下来，宝马把橄榄枝递向了宁德时代。

对于宁德时代而言，这是一次千载难逢的良机。但宝马抛过来的"橄榄枝"并不好接。一份厚达 800 多页的全德文动力电池生产标准，像"拦路虎"一样横亘在所有宁德时代人的面前。当时，曾毓群在公司内部下了"死"命令，就是刀山也要爬过去。德国车企细致而严格的要求，对新生的宁德时代而言，如同"浴火"式的淬炼。凭着宁德人的一腔热血，公司上下全体员工拧成一条绳，以刻苦＋实干的奋斗精神，研发出来优质产品，赢得了国际顶尖车企的首肯、认可以至后期的青睐。凭借技术底蕴＋品牌精神，宁德时代拿下宝马这一单，并成为宝马在大中华地区唯一的电池供应商。宝马订单的"神助攻"，成就了公司技术领先的第二个里程碑。

有了苹果、宝马加盟商名头的宁德时代，如同头顶两道"光环"，在业内声名鹊起。2013 年后，国内的车企则纷至沓来，寻求合作。

但宁德时代并没有躺在"功劳簿"上，不思进取。他们认为，技术创新如同逆水行舟，不进则退。只有不断进取，才能永立创新的"潮头"。为此，在锂电池行业发展的重要节点上，公司在技术创新领域实施了两次"弯道超车"。

3. 三元锂电池研发，第一次"弯道超车"

动力电池行业是一个以技术驱动为核心、资本密集、以规模取胜的行业。我国的第一代动力电池是镍氢电池和锰酸锂电池，第二代是磷酸铁锂电池，并且通过这个产品实现了新能源汽车产销量世界第一，"十三五"期间的研发方向是三元锂离子电池，即第三代动力电池。目前动力电池行业以磷酸铁锂电池为主，主要应用在公交系统领域，同时，三元材料正快速崛起，主要应用在乘用车方面。当前市场主要是这两种技术路径，它们此消彼长，彼此竞争。2016 年，宁德时代敏锐地发现锂电池市场正由第二代磷酸铁锂向第三代三元锂电池转移，因此，公司布局大量地研发、生产三元锂电池。三元电池主要用于慢充，它的负极是石墨，正极是三元材料，核心优势是能量密度更高。它的能量密度能达到 180～300 W·h/kg。就在当年，宁德时代的主要竞争对手比亚迪正在着力发展整车的全领域产业链，没有发现锂电池领域的这种悄然变化。他们固守第二代磷酸铁锂电池不放，没有进行锂电池技术的深化和研发，因此落后于市场的需求和技术的升级。数据显示，磷酸铁锂电池 2016 年总搭载量有 20GW·h，市场份额比例为 73%，三元材料电池出货量 6.3GW·h，占比 22%。到了 2017 年 9 月，三元动力电池装机量为 14.75GW·h，市场份额提升为 52.45%，在不到一年的时间里，三元电池市场占比提升很快，说明三元电池是市场认可的主要技术模式。就在 2017 年，宁德时代动力电池的出货量一举超越竞争对手、原来的龙头比亚迪，成为全球第一，占据榜首。宁德时代在关键时间点上的技术选择使他们实现了完美的"弯道超车",占据锂电池行业技术创新的领先位置。

4. 铜箔厚度突破 8 微米,攻克技术难关

电动汽车的电池包由几十到几百个电芯组成。电芯中的导电金属层会影响安全性,而活性材料层则决定蓄电能力。两层材料可以说是"厚此薄彼",围绕它们的电池设计和制造工艺,是目前全球新能源竞争的核心领域。要想让电池性能提升,除了改善活性材料性能,还需致力于提升空间利用率。而宁德时代正是坚持"两条腿走路"。

导电铜箔厚度如果从 8 微米减少到 6 微米,就可在电芯体积不变的情况下,增大活性材料镍钴锰的用量,使电芯的能量密度大幅提高,从而加大续航里程。宁德时代用了 3 年时间解决了这一世界难题,他们研发出全球第一台 6 微米涂布生产设备。这台设备使用 200 根大小不一的辊轴,用来控制铜箔的张力和平行度。其难度在于,所有的辊轴必须要保持绝对水平,任何一根有偏差,都会造成铜箔断裂。这些辊轴的圆度和圆柱度公差要求在 3 微米范围内,堪比火箭核心部件。接下来的第二难关是将涂满活性材料的 6 微米铜箔与绝缘膜卷绕在一起,同样由宁德时代自主研发、制造了世界首台自适应 6 微米铜箔高速卷绕机,解决了此难题。此外,宁德时代的锂电池还要历经国际最高标准的 590℃高温火烧、浸水、喷淋、高空冲击的检验。甚至国际上都认为太过严苛、不做硬性规定,宁德时代都能一一检测、完成,达到最优标准。

比较业内其他通过购买技术、与外资合作的企业,宁德时代走的是一条自主研发、二次创新的路径,它的成功代表了中国锂电池制造转型升级的广阔空间。21 世纪以来的实践表明,宁德时代,无论是创立前的 ATL 还是成立后的 CATL,它们一直是我国动力电池行业的技术领先者和排头兵。只有在行业内技术领先,才能永立潮头。他们抓住每一个技术转型机遇,努力拼搏、奋斗,实现技术升级与跨越。他们代表了我国动力电池先进技术的发展方向,提供了一条先进制造技术进入全球竞争格局的有效方法和路径。雄厚的技术实力和创新是宁德时代快速崛起和发展的第二路径和成功法门。

五、锂电池巨头的创新崛起路径之三:专业化生产的成本优势

宁德时代动力电池的优势是质优价廉,所以在业内往往供不应求,需要批量等货。这主要源于公司的专业化、集约化生产的成本优势。相比较而言,原行业老大比亚迪公司采用的是"大而全"的垂直化产业整合的思路,比亚迪的电机、电池、电控都由自己生产,甚至制造电池的设备、材料也由自己生产。难得的是,国内仅此一家,能够将电池和整车都能做得非常不错的公司。与比

亚迪的发展思路不同，宁德时代专注于电池领域，非核心业务采取合作或者外包，例如，CATL早期和先导智能合作开发制造设备，和璞泰来、科达利等企业合作开发隔膜、负极等关键材料及制造设备。这种专注核心优势、与产业广泛协同的思路，吸收了苹果全球产业链外包的思想。宁德时代快速成长背后，带动了一大批上市和非上市公司的快速成长，"宁德产业链"促进了中国动力电池行业整体的良性发展。

两家龙头公司当前电池产品成本直接比较的结果，比亚迪约165美元/kWh，宁德时代约150美元/kWh，宁德时代约低10%左右，这体现了专业化、集约化的生产优势。

宁德时代的专业化生产成本控制战略是：上控资源，中控供应链，下游绑定海内外龙头车企，内部加强研发和品控，打造世界级动力电池企业。

1. 中下游成本控制

宁德时代中游材料隔膜、正极、负极、电解液都建立招标采购体系，并培育特定供应商集中低成本大批量供应，极大地降低了产品成本。下游客户方面，如前所述，公司很早就和北汽、宇通绑定，而后迅速开发吉利、上汽、广汽等，通过合资模式深度联姻并绑定；最早跟宝马合作开发，率先进入宝马、大众、戴姆勒、日产等全球知名车企供应链。这些合资、合作和绑定方式，不仅稳定住了公司的客户源和销售渠道，也反向促进了宁德时代降低与节约成本。

2. 收购、控制上游原材料，大幅降低成本

第三代动力电池即三元锂电池的核心材料是钴。对于这种重要的原材料资源，宁德时代早有布局和筹划。2015年，宁德时代收购一家废旧电池回收公司——邦普，当时或许令人费解，而到2017年，业内不少人才恍然大悟。这主要是因为邦普的钴资源。2017年，钴价开始暴涨，均价达到40多万，超出了很多人的预料。而宁德时代的提前收购，使得三元锂电池的材料成本大幅低于市场价格，为公司节约了大量成本。

由此可见宁德时代对锂电池产业的深刻理解：能够抓住产业红利机会，坐享市场增长红利。随着钴价暴涨，邦普的估值也倍增，这也增加了公司的市场价值。宁德时代对原材料掌控的成功主要有两方面原因：① 宁德时代前身ATL是国内最早一批做锂电池的企业，对钴的需求量一直很大，经历2007年钴价暴涨，已经深刻认识到了钴的重要性；② 宁德时代重视市场研究，建立了强大的市场研究团队，对市场变化有深刻理解，能够快速了解市场情况。公司对市场研究和把控的程度，远远超过了同行对市场规律的认识，这是宁德时代数次能够在市场调整前抢占先机降低成本的重要原因。

除了通过收购邦普，对冲原材料涨价风险之外，宁德时代还积极地与国外钴矿巨头合作，锁定钴矿价格，通过委外加工，极大地降低了原材料的采购成本。

3. 新开工项目精心选址，以降低成本

宁德时代在工厂新开工项目选址时，精心比较，优选厂址，降低企业物流、运输和人工成本。如福建宁德是曾毓群的老家，用工成本大大低于一线城市。青海宁德地处西部，电力、用工成本大幅低于东部，等等。这些精心的选址战略，保证了宁德时代的成本优势，有利于降低企业各项成本。相比之下，其他选址一线城市的电池企业，人工昂贵，地价高企，如比亚迪、比克、沃特玛等，虽然产业配套较好，但各项用工成本高昂，影响了企业产品的价格，没有成本优势，一定程度上得不偿失。

4. ATL 和 CATL 良好的合作关系，大幅降低运作成本

ATL 和 CATL 现在是两家完全独立的公司。但历史上的渊源及产业趋同，使两家紧邻的兄弟公司保持了良好的合作关系和亲近感，甚至是共进退。两家公司虽然都生产锂离子电池，但两家公司在业务上并不存在竞争关系，而是良好的互补关系。ATL 主要从事消费电子领域锂离子电池（CE）生产，而 CATL 主要专注于新能源汽车动力电池系统（EV）。ATL 和 CATL 之间共生共赢的良好合作关系，为公司节约了大量的运作成本。

（1）研发费用摊薄，避免重复研究，降低成本，缩短研发周期。

消费电池业务和动力电池业务在电芯、材料和应用技术研究方面具有一定的相通性。为提高研发效率、降低研发成本，ATL 和 CATL 在各自研发的基础上，对部分项目进行共同研发。研发工作由 CATL 执行，ATL 支付相应的研发费用。2017 年 9 月，CATL 和 ATL 签署了《技术许可协议》。这种合作方式可以有效地避免重复研发，提高研发资源的利用率，摊薄研发成本和风险，同时一项研发成功的技术可以共同使用，可明显缩短研发周期，加快设计流程，将产品快速推向市场。

（2）生产资源的互补，提高产能和生产利用率。

如两家公司之间签订了房产租赁、设备租赁、原材料共享等相关合作协议，极大地提高了两家公司的资源利用率，大幅度降低了企业运作成本。

（3）产业工人的互补，降低人力成本。

消费类电子领域有一定的季节性，一般是下半年好于上半年，这种季节性对企业用工带来了不确定性影响。但动力电池行业的季节性不是很强，可以和对方公司互补。因此，在淡季和旺季，可以大量减少招聘和解聘工人的数量，

稳定一线生产工人队伍，较大地降低公司的用工成本。

从以上四点看出，宁德时代公司为了降低企业成本，提高运作效率，确实是动了不少脑筋，花费了不少心思，做出了全盘的规划和考量。因此，宁德时代公司的产品成本和公司运作成本都大幅低于同行业的相关企业，也低于行业原龙头企业比亚迪公司。宁德时代公司表示，他们还将挖潜和改革，争取近几年每年都降低6%~8%的产品成本，不断加强公司产品的市场竞争力。专业化生产的成本优势是宁德时代快速崛起和发展的第三路径和成功法门。

六、锂电池巨头的创新崛起路径之四：把握正确的入市时机，减少消耗

在汽车产业链中能做到千亿估值，如丰田、上汽，常需要经历10年、20年的漫长时间。为何宁德时代能在短短7年时间做到千亿市值？我们认为，这与宁德时代很好地把握了"产业红利"的机会密切相关。

1. 力神和比克过早投入锂电池产业的教训

一个新兴产业，在爆发性增长到来前，往往要经历一个导入、酝酿时期，这个时期或长或短，无法事先预计和确定。在整体产业没有爆发之前，创业企业过早或者过晚进入这一市场都是"死"，或者是失败。进入过早，投入消耗太大，存在企业现金流断裂风险；进入过晚，市场格局已定，较难突破。如图7-2所示，我们以力神和比克公司为例，力神公司2005年开始研究动力电池，属于国内较早研究动力电池的企业，早在2008年就推出了混合动力客车动力电池，初步验证产品可行。随后几年一直处于验证阶段，市场并未爆发，自然就没有大规模销售动力电池，虽然建立了大规模动力电池生产线，却基本没有产品销售，导致企业长期处于亏损状态。直到2014年，力神公司动力电池业务才随市场爆发逐步改善，随后开始扩建动力电池工厂。

比克公司与力神具有同样过早进入市场的经历，2008年开始加大动力电池研发，并积极开展与各大汽车厂商的合作，由于产品成熟度不够，一直处于技术合作阶段，动力电池业务也一直处于亏损状态。直到2014年，订单大幅增长，动力电池出现供不应求的情况，动力电池业务才开始盈利。比克公司也开始了自己的扩张路线，在郑州扩建动力电池工厂。其实国内几家早期开发动力电池的企业，都经历过2007—2013年艰苦的探索期。

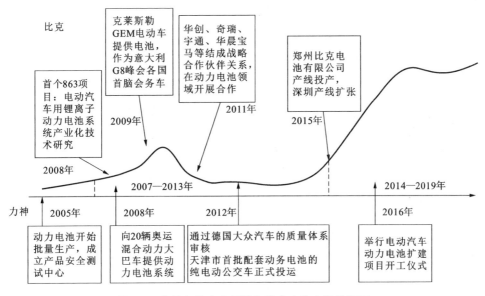

图 7-2　力神与比克公司进入动力电池市场进程图

2. 宁德时代抓住时机，阔步迈进

相比之下，宁德时代走的是另外一条道路。宁德时代的前身 ATL 早期在动力电池方面的研发投入较少，一直专注于 3C 消费数码电池研发，把 3C 消费数码电池做到了全球领先的位置。如图 7-3 所示，直到 2011 年开始，董事长曾毓群（也是 ATL 创始人）才意识到动力电池发展机会到来，开始大刀阔斧地研究动力电池，成立了 CATL，即宁德时代。借助 ATL 原有研发人员和研发体系，广泛开展外部合作，加速了动力电池材料、电池制造设备技术的升级，逐步建立起完善的技术储备。到 2014 年，CATL 就已经为动力电池市场放量做好了充分准备。2016 年 9 月，李克强总理明确提出"发展电动汽车是国家战略"。国家政策的大力支持和引导，使得新能源汽车的销售迎来了快速发展的春天。2015 年以后，国内新能源车市场产生了爆发式增长。全国新能源汽车销量 2014 年为 7.5 万辆，到 2017 年增加至 77.7 万辆。为了与新能源汽车大好的市场相配合，宁德时代凭借前期的技术储备、研发实力和先进制造水平，使公司的业务规模在 3 年时期内扩张了近 10 倍，一跃成为行业龙头。

常言道，"来得早不如来得巧"。以上事例充分说明，力神和比克公司在动力电池行业赶了个"早市"，来得太早，时机不好，使公司陷入暂时性的困境或者说失败。而曾毓群和宁德时代管理层敏锐地感觉到了动力电池大发展的机会即将到来，进行了精心的前期准备，等机会到来之时，则顺势而上，大步迈进，实现跳跃式发展，傲立时代潮头。

"我们处于一个千载难逢的历史阶段，全球汽车电动化浪潮不可逆转。宁德时代顺势而为，抓住了新能源汽车的发展机遇，为公司赢得了行业领先的技术

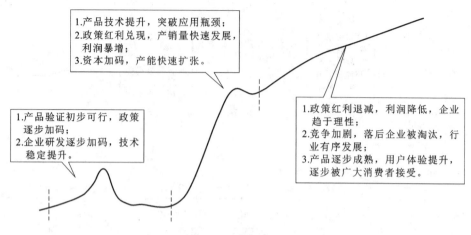

图 7-3 中国动力电池产业发展阶段图

优势。"曾毓群表示。

通过分析，我们充分感受到了宁德时代管理层对我国新能源汽车和动力电池市场的前瞻性和洞察力，以及市场机会的准确把握能力。这也就是宁德时代快速崛起和发展的第四路径和成功法门。

七、锂电池巨头的创新崛起路径之五：企业文化锻造

一家好企业的创业、进阶历程，往往是企业文化的培育过程。企业文化应该是一个自然形成的东西，而非刻意写上去的。企业要生存，要发展，必须要有凝聚力，就必须重视企业文化。

那么，宁德时代的企业文化是什么？一句话："每一个CATL人，都渴望成为一个奋斗者。"创新是"独角兽"企业的灵魂，是一种打破常规、发挥想象力的奋斗。

曾毓群常说一句话："假如我们不是世界第一，我们就没有存在的价值。"宁德时代之所以迅速成长并取得成功，与董事长曾毓群对企业文化价值的培养息息相关，密不可分。宁德时代的企业文化可以总结为：专注＋团队精神＋追求卓越。

首先是"专注"。无论是领导者个人还是企业本身，宁德时代都强调做事要"专注"。作为新能源科技企业创始人和领导者，曾毓群最重要的一点特质是他一直专注锂电池市场的创新和研发，十几年如一日，在这一领域摸爬滚打，锚定目标不放松，干一行、爱一行、懂一行、精一行。在他的率先垂范下，企业各个部门和上下员工在专业领域都特别"专注"，扎进去，沉下来，静心工作。他常告诫员工：没有专注，没有持之以恒的坚持，是不会有成功的。

其次是"团队精神"。ATL和CATL是两家紧邻的兄弟公司，在产品和项目研发过程中，多有合作，包括两家公司内部。单打独斗，没有团队的合作精

神，无论如何是做不好工作和事情的。尤其是一些重要的产品试制和科研项目集体攻关，没有团队精神是完全不行的。据统计资料，公司2017年拥有博士119名、硕士850名，目前拥有这种规模的研究团队在国内电池行业来说，还是较为罕见的。这些高级人才进了公司，就要把他们拧成一股绳，劲向一处使。因此，公司上下必须要始终贯彻、学习"团队精神"。

最后是"追求卓越"。实际上，追求卓越已经成为宁德时代的创新之魂，也已成为公司上下的一个固有传统。主要是2003年苹果公司的代工事例和2012年宝马公司的大额订单，在困难和挑战面前，宁德时代人敢于承担，用最高标准完成了最苛刻的工作，努力实现了公司和员工个人的共同超越。宁德时代两次与"巨人"握手对公司精神的塑造无疑是具有决定性意义的。这种努力奋斗的精神，作为一个形象和符号，已传承于公司上下，激励着众多后来人。在公司内部，追求卓越不仅是悬挂在墙上的一句口号，更是公司管理层和普通员工心中的"精神图腾"。

公司创立近10年来，通过企业文化"专注＋团队精神＋追求卓越"的不断磨砺和锤炼，公司已经锻炼成了一个执行创新任务和股东价值的坚强团队。在公司管理层的带领下，宁德时代已经实现了跨越式的飞速发展，市值已过千亿。企业文化的培育和打造是宁德时代快速崛起和发展的第五路径和成功法门。

八、今日王者：明天是否依然辉煌？

宁德时代从超越比亚迪、松下，2017—2018年连续两年动力电池出货量居全球榜首，登上"王位"以后，一时间风光无两，尽显业界风流。现实的场景是，各大厂家排队要货，公司赚得盆满钵盈。甚至有媒体报道称："现在去宁德时代提货，有钱是不行的，还要看谁给的钱更多。"

究其公司得以"封神"的原因，有业内人士认为，得益于当年大"贵人"、汽车巨头宝马的青睐和认可，自此之后，宁德时代便开启了暴卖模式，接连拿下了多个国内主机厂的订单。这种说法只看到了宁德时代风光一时的表面现象，而没有看到实质。如前所述，我们从技术、战略、成本、时机和文化等几方面，深度地分析了这家千亿市值的王者快速发展与崛起的路径。

现在大家普遍关心的问题：今日王者，明天是否依然辉煌？"王位"周围是否暗藏危机？或者说，宁德时代在"王位"上能待多久？

我们认为，宁德时代确实应该居安思危，未雨绸缪，防患于未然。风光的背后，确实隐含着很多风险，不能高枕无忧。这些风险主要包括以下方面的内容。

1. 国家补贴退坡风险

受益于国家新能源汽车产业政策的推动,2009 年以来,我国新能源汽车产业整体发展较快,动力电池作为新能源汽车的核心部件,其市场亦发展迅速。但是,依靠政策的补贴,单一的主营业务很难做到因为补贴政策额度的收紧而不受影响。从 2009 年国家开始新能源汽车推广试点以来,我国一直推行新能源汽车补贴政策,随着新能源汽车市场的发展,国家对补贴政策也有所调整。总体来看,补贴政策呈现额度收紧、技术标准要求逐渐提高的趋势。

在呵护中成长的新能源汽车及动力电池企业,受益于补贴的同时,也受累于补贴。动力电池是新能源汽车的核心部件,成本占整车的 30%～50%,补贴退坡意味着动力电池企业要承担相应的降价压力。

如图 7-4 所示,2017 年宁德时代的主营业务动力电池系统受政策影响,售价降幅较大,导致公司毛利率下降。国家补贴减少直至完全取消是大势所趋。如到 2020 年,国家对行业的补贴清零,对于主营业务单一的宁德时代,如何随着国家政策补贴的调整、变化而保持当前的盈利能力,这对公司而言是一个迫切值得考虑的重要问题。

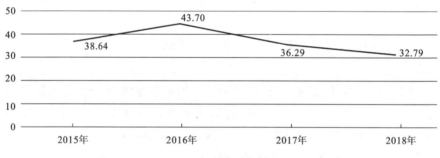

图 7-4　2015—2018 年宁德时代销售毛利率(%)

2. 上下游夹击风险

电池企业是一个"夹心层",一方面受制于上游原材料,另一方面又受制于下游车企。在上游,各种原材料价格一直在上涨。近几年,上游钴能源价格高企,使得钴能源企业利润高歌猛进,而电池企业则叫苦不迭。而在下游,政府对于整车企业的补贴在逐渐退坡,对行业影响很大。车企要求大幅度降低成本,最后都落在中间层电池企业身上。国家加上打击"骗补",要求汽车运营 3 万公里后才能申领补贴,车厂回款周期加长,造成电池行业的应收款增多。上下游两方面的挤压加在中间层电池企业身上,他们产品的利润率就将趋薄,甚至赚得的仅是加工费。宁德时代虽然对上下游企业有一定话语权,但也不能逃脱这种规律的制约和影响。对这一层面的风险问题,宁德时代需重点研究。

3. 外资锂电，兵临城下

2020年，新能源汽车补贴标准退坡，同时，国家放开对电池市场的保护并对外资锂电池企业予以开放。三星、松下、LG等外资列强早已摩拳擦掌、跃跃欲试，纷纷高调启动新一轮在华投资项目。如LG与华友钴业，SKI与北汽，特斯拉在华新项目计划，等等。强大的外资电池厂商有备而来，对国内电池厂商发起挑战。面对兵临城下，拥有更强大技术优势和成本优势的外资电池对手，包括宁德时代在内的国内电池企业是否扛得住猛烈的冲击？

4. 产能过剩风险

动力电池行业如今不仅处于出货量集中、竞争格局分化的趋势，还面临产能过剩的压力和风险。2018年，我国动力电池产能为260GW·h，但只卖了57GW·h，近4/5的产能没释放，产能利用率仅达到22%。新能源汽车在我国的目标是，2020年，国内要达到200万辆新能源汽车的产销量目标。以一辆新能源汽车平均带电50度（50kW·h）来计算，2020年的电池装机量也仅为100GW·h。大量的电池将面临生产出来却卖不掉的压力。

产能过剩意味着，身为新能源汽车行业的上游，电池行业将始终处于弱势地位，对产品售价无法进行强势把控。随着新能源汽车市场竞争加剧，动力电池占据整车成本的比例为四成，作为动力电池的下游车企，可能会对电池采购价格进行压制。身为行业龙头的宁德时代，面对行业在产业链中的弱势地位和行业内的激烈竞争，也无法依靠自身规模影响行业内部价格的形成。公司面临着将来一部分产能得不到释放即卖不掉的风险。因此，要有风险预案。

5. 竞争对手强力反击的风险

昔日新能源巨头比亚迪以及其他竞争对手的入局也让宁德时代感到风险倍增。相比宁德时代，比亚迪是典型的重资产企业，其生产的动力电池自产自用，这曾让轻资产的宁德时代抓住契机，赶超了比亚迪成为行业龙头。然而，比亚迪终于意识到了自己之前战略性的错误。

为了夺回电池龙头宝座，比亚迪董事长王传福在发展战略上做出两项重要调整。一是调整电池技术路线。从2017年开始，比亚迪就在其乘用车业务上开始使用三元锂电池，2018年及以后生产的纯电动车型也都使用三元锂电池。二是将动力电池业务分拆独立运营，向其他新能源车企供货。曾经，比亚迪封闭的全垂直发展战略使其失去大量整车客户，然而如今，动力电池业务拆分之后，其乘用车市场上潜在客户是原来的数倍。王传福还计划，让比亚迪动力电池公司在2021—2023年间上市。

竞争对手的强力反击使得宁德时代绝不能掉以轻心或安枕无忧。对于其中的风险，要评估、分析并预先防范。

6. 2019年的春天，仍然风光独好

2019年第一季度季报显示，在第一季度报告期内，宁德时代实现营业收入同比增长168.93%；实现净利润同比增长153.35%；1—3月，宁德时代在动力电池市场占有率约为45.2%。而在2017年和2018年，宁德时代的市场占有率分别为18.59%和41%。2019年第一季度的数据表明，宁德时代的经济效益和成长性依然较好。全国的动力电池市场有向宁德时代集中的态势。由此可见，宁德时代在行业内的龙头地位依然稳固，王者风范无恙。

但我们前述的风险，无论是对宁德时代，还是对动力电池行业，仍然存在。居安思危，进行风险评估和风险预防还是有必要和及时的。只有在辉煌中，不骄傲自满，看到问题和风险，做好预防和应对，才能使公司更加健康、快速发展，永葆长青。

九、尾声

> **场景一**
>
> 一抹夕阳映照在福建宁德时代公司办公大楼巨大的连体建筑上，留下春日中一片温暖的阳光。在办公楼一面临街的窗台边，董事长曾毓群眺望着群山掩映中的宁德时代公司和新能源公司，这是两家兄弟公司。透过树丛，可以看见厂房中人头攒动，一派繁忙、热闹的景象。目光回收，是集团办公楼，自己呕心沥血掌舵16年，像亲生孩子般带大的CATL啊！一草一木、一砖一瓦，都亲切得如同会说话、会呼吸一般，春风拂过，一片绿草茵茵的生机盎然景象，每一位职工的笑脸都历历在目，都那么可亲，那么温馨！夕阳照在曾毓群健硕的身体上，身后留下一个长长的阴影。

"宁德时代现象"是近年来我国创业板市场产生的一个独特现象。成立约10年的创新公司，市值就超千亿，成为行业龙头和创业板第一股。引起资本市场投资者和社会各界的广泛关注，其快速成长和崛起的背后，反映了我国新兴产业的发展规律和成长轨迹。宁德时代的故事丰富多彩，经历辉煌。有风风雨雨，也遇坎坷历程，但都如过眼烟云，终究迎来灿烂的阳光。一个成功的企业固然拥有让行业刮目相看的荣耀，也必然拥有永葆青春、再续辉煌的念想和期望。不断前行、不断进步、永不停歇，宁德时代追求卓越的创新精神已经深

深融入宁德时代人的团队基因中，他们会更加努力，未来也将更加丰富而精彩！

案例十一

黑芝麻并购电商平台与商业模式转型

摘要：南方黑芝麻集团（以下简称"黑芝麻"）是我国著名的食品消费类上市公司，其主打产品"南方食品"为家喻户晓的国民消费老品牌。近年来，在电商竞争和产业升级换代的冲击下，黑芝麻业绩增长遇上"天花板"，主营业务已经后劲不足。在压力和经营困难面前，集团公司锐意进取，收购新三板电商礼多多，进行商业模式的转型，是为我国传统食品消费类上市公司收购网上电商平台、实行产业战略转型的首例。此次并购有利于整合集团公司线上线下双线销售渠道，极大地拓展了公司的盈利空间，为产业升级与商业模式转换提供了一个典型示例。这一特殊案例的并购现象受到我国证券投资与财务金融界的极大关注。本案例通过对黑芝麻集团并购礼多多典型事例的分析、讨论，促进学生理解和掌握并购理论，商业模式原理及我国传统企业通过并购电商摆脱困境，实行产业升级、商业模式转型，重铸企业辉煌的必由路径。

场景一

辉煌过后的"阵痛"引发资本市场的悬念与期待

2017年4月18日，黑芝麻（000716）发布2016年公司年度报告。作为我国著名食品消费类上市公司的黑芝麻（原南方食品），交出的是一份并不算亮眼、低于市场预期的年度成绩单，令业内人士与中小股民感到失望。黑芝麻2016年度营业收入23.14亿元，同比增长22.61%，但净利润却同比下滑近九成，由2015年的1.49亿元下滑为2016年的1631.6万元。实际上，公司股票也于2017年1月3日停牌。对此次年报业绩的下滑和年初公司股票的突然停牌，市场和广大股民猜测颇多，议论纷纷。是行业战略转型，还是大股东集团公司谋划新的并购？抑或其他？但总体而言，这些猜测和议论都饱含业内人士和广大黑芝麻股东对公司的殷切期待；停牌表明公司在下滑的业绩面前没有沉沦，他们正在谋划重大资产重组，以期不断努力，卧薪尝胆，在市场困难面前不退缩，追求新的利润增长点，继续

"南方黑芝麻"这一我国食品行业龙头品牌的业绩辉煌。因此，2017年初，黑芝麻公司业绩公告前的突然停牌带给市场和业内人士的不仅是些许不安、失望，更多的是期待和盼望，希望公司就此在"阵痛"后转型。这一业绩公告前因重大资产重组而长久停牌事件成为2017年上半年我国资本市场尤其是食品消费类上市公司的一大悬念。

事实上，在市场和广大股民殷殷期许的同时，公司管理层确是在酝酿、谋划着公司的重大转型与变革。在激烈竞争的市场压力和公司发展遭遇的"瓶颈"面前，如何转型、发展并寻求新的利润增长点，是摆在"南方"人面前的一项艰难抉择和严峻考题。

2017年1月3日，南方黑芝麻公司公告停牌的晚上8点，广西南宁双拥路南方食品集团八楼会议室。窗外夜色阑珊，但室内灯火通明，在这里，南方食品集团正召开临时的董事局会议，出席会议的有董事局各位成员，还有集团各分公司负责人、各营业部经理等。会议室内气氛紧张，空气里弥漫着一种压抑、不安的氛围。会议的议题仅为一项，当集团控股的黑芝麻公司经营发展遇到"瓶颈"和"天花板"时，如何进行战略转型与商业模式的升级？

面对酝酿已久的重大资产重组方案即公司拟全面收购新三板电商平台——上海礼多多公司事件，参加会议的各部门负责人及执行董事们议论纷纷，形成了不同的意见和观点。招商部经理李汉朝认为，黑芝麻公司作为传统的食品企业，在多年的快速发展之后，遭遇行业发展的"瓶颈"时期和经营上的"天花板"，利润下滑严重，业绩不尽如人意，应及时进行战略转型，收购新型电商平台，以期实现线上线下两条营销渠道，极大地拓展公司的战略市场空间。并购的意义在于，首先，电商这一新的网络销售平台，将大幅增加公司现金流量，改善公司财务状况；其次，改变黑芝麻公司虽经营多年，但只能经营线下产品的固有模式，公司借此突破产业经营"瓶颈"，提升市场形象。最后，并购及由此开启的战略转型可发挥集团公司内部的规模效应和协同效应，公司的优质资源可得到更好的配置，降低企业营运成本，提高企业内在价值，实现公司股东财富的最大化。

而公司执行董事、财务部经理黄静则不同意这些观点。她说，集团公司当前遇到的困难是暂时的，大多是由于市场竞争激烈造成的。通过深耕原有销售渠道，丰富产品的营销方式，完全可以克服当前暂时的困难，渡过难关，重铸公司辉煌，但如果实施战略转型，收购网上电商平台，会带来两个可预见的弊端：一是集团可能进入了陌生的经营领域，在发现机遇的同时，可能会面临着更大的挑战，一有闪失，更大的风险会冲击公司原有的产业链和营销渠道，因此而得不偿失；二是对新收购的目标公司，即新三板挂牌公司礼多多，在并购前和并购中，如净值调整不够，会使这个公司的商誉和无形资产估值过大，如并购几年后商誉和无形资产大幅减值，无疑会给公司的经营造成一定障碍，影响公司的发展。

不同观点的激烈交锋和碰撞在公司发布业绩预告并决定停牌的当天晚上，在集团总部会议室持续着。门口巨大的落地时钟，指针已迈过数字12，在"滴答"声中逐渐走向破晓中的黎明。新的一天已经到来，但会议还没有结束，公司的高层决策者们在集团公司即将转型的重大关头，正夜以继日、殚精竭虑地思考、规划着未来。何去何从？须从企业全局上进行战略分析与考量、谨慎决策与精准抉择。

思考题：

1. 如果你是黑芝麻公司的一名普通股股东，将如何看待当前公司困难情势下的转型？
2. 如果你是黑芝麻集团的一名高层管理人员，是同意招商部李经理的意见，还是财务部黄经理的意见？请分析并说明理由。
3. 何为商业模式？在资本市场上如何通过并购实现商业模式的转型？

一、引言

2017年5月9日，著名食品上市公司黑芝麻（000716）在即将迎来上市20周年之际，在公司主营业务面临"低潮""颈"之时，华丽转身，其控股大股东即母公司南方食品集团通过控股的上市公司黑芝麻以100%股权收购的方式并购上海礼多多电子商务股份有限公司。公司的并购公告称，将以现金和股权两种并购形式收购礼多多公司的全部股权。收购完成后，黑芝麻公司作为存继公司，将承继礼多多公司的全部资产、负债、业务、人员等一切权利和义务，礼多多公司将在新三板挂牌两年后予以摘牌。这是2017年以来又一起主板上市公司收购新三板创新层公司事件，同时创造了我国资本市场上食品消费类上市公司通过并购进入大型电商和互联网平台的首例。

至此，停牌四个月，酝酿八个多月，为广大投资者与业内人士猜测、期待的我国首例食品消费类上市公司进入大型电商和互联网平台的并购案例，终于得以兑现，并尘埃落定。黑芝麻在困境中的及时决策与商业模式转型，符合业内人士与市场预期，体现了公司重大并购重组的投资价值。

对我国资本市场上这次引人瞩目的资产重组与并购事件，证券市场和金融界业内人士都给予了极大的兴趣和广泛的关注。

有关人士对《证券日报》记者表示："从某种角度来讲，黑芝麻收购礼多多公司进入互联网电商平台的事件，是证监会《上市公司重大资产重组管理办法》颁布以来，由主板上市公司跨市场收购新三板公司而实现商业模式转换的首例，不仅有重大的实践创新价值，还具有全新的理论探索意义。"

广发证券分析师如是说："南方食品集团业务涵盖食品、城市公用、物流、绿色消费等几大领域，并购互联网公司的举措有助于这些优质资产的产业链资源整合，提升协同效应，做强主业的同时提高线上线下营销水平，增强企业核心竞争力。因此，南方食品集团的转型受多方期待。"

景顺基金投行部负责人表示："可以说，将互联网电商平台收并购入主业遭遇瓶颈、经营不顺的上市公司，为我国传统行业的上市公司走出困境、开拓新兴市场和领域提供了一条路径和范例。符合国务院关于加快传统产业通过互联网＋进行改造升级的原则精神。并购后发展顺利，必将使公司经营的稳定性与增长的持续性得到极大的增强。"

《第一财经日报》某记者认为："以黑芝麻公司现有的市场总值和产业规模来看，购买礼多多公司的全部股权从而大举进入互联网电商平台实在是很值得的投资。"

国泰君安研究所认为："作为企业，学会用市场手段进入资本市场管理企业，驾驭经济，表明我国各类经济主体尤其是沿海、开放前沿地带民营资本企业的成熟与壮大。"

在这场引起金融界与证券界人士广泛关注的新三板电商平台并购事件中，留下来几个重要的并购问题与悬念，值得资本市场及金融理论界分析、探讨和研究。

思考题：

4. 探讨与解读主板上市公司收购新三板挂牌公司的模式，分析如何实现跨市场收购？如何定价与进行信息披露？

5. 如何解读新型电商商业模式？进行传统商业模式和新型电商商业模式的分析、比较与运用探讨。

6. 并购后，如何整合集团公司内的产业链和业务集群的协同效应，以提高管理绩效，使公司保持优质、稳定并持续增长？

二、上市公司黑芝麻与新三板电商礼多多

1. 上市公司黑芝麻

黑芝麻（000716）（南方食品）是由广西桂宁经济开发公司等六家公司共同

发起，于 1997 年 3 月 28 日通过定向募资方式成立。1997 年 4 月，公司以 3.75 元/股的发行价向社会公开发行 A 股 3000 万股，发行后总股本为 9928 万股，并于同年 4 月 18 日在深圳交易所上市。公司主要经营食品业、航空业、城市公用事业、物流业、房地产业等，现有总股本 6.37 亿，总资产达 32.1 亿元。2010 年，广西黑五类集团成为公司第一大股东，公司进入稳定、健康、快速发展的新阶段。公司现在主要有二大支柱产业，一是以南宁建筑材料装饰市场为依托的专业物流业。该物流市场是广西最大的建筑装饰材料集散地，物流辐射全国近 30 个省、市、区。二是以南方黑芝麻为核心的食品业。公司现拥有"南方"品牌这一中国驰名商标，"一脉浓香、一缕深情"这句出自"南方"品牌的经典广告在中央电视台黄金时段的反复播放，已响遍大江南北，走进千家万户，反响巨大，给成长中的一代人留下深刻的品牌印记和美好回忆，成为中国食品行业的主体形象标志，备受业内赞誉。经过二十多年公司上下的努力奋斗和品牌经营，南方食品集团已拥有五大系列 100 多个品种，其中黑芝麻糊占我国糊类产品市场份额的 78%，为国内同类产品的"龙头老大"，牢牢占据国内市场领先地位。

2013 年以来，为适应青年学生和年轻一代"快节奏"的消费热潮，公司研发推出了新产品——南方黑芝麻乳，这是一种罐装的快消饮料（食品），一经推出，便受到市场的热烈欢迎，市场规模迅速打开，受到打工一族、青年学生和公司白领、蓝领阶层的热捧和好评。2013 年第四季度营销收入比刚推出市场时的第三季度快速增长 330%。2016 年，黑芝麻乳饮料单品销售已达 15.6 亿元。全年公司主营业务收入达 23.14 亿元，近年来多次被评为中国资本市场最受投资者尊敬的上市公司前五十名，并被评为中国食品安全企业，是我国食品消费类上市公司的主要代表和领先者之一。

黑芝麻公司 2010—2016 年基本财务状况如表 7-3 所示。黑芝麻并购礼多多公司前集团公司的股权结构和控制链条见图 7-5。

表 7-3 黑芝麻公司 2010—2016 年基本财务数据

指标	2016 年	2015 年	2014 年	2013 年	2012 年	2011 年	2010 年
每股收益（元/股）	0.30	0.10	0.24	0.19	0.10	0.07	0.91
行业平均值（元）	0.32	0.21	0.18	0.20	0.41	0.32	0.54
净资产收益率（%）	2.72	5.45	6.14	5.36	5.83	4.11	79.24
行业平均值（%）	14.05	13.12	12.22	10.24	9.69	6.96	10.03

续表

指标	2016年	2015年	2014年	2013年	2012年	2011年	2010年
每股净资产（元）	6.80	6.11	5.80	3.39	1.93	1.72	1.65
行业平均值（元）	4.90	4.68	4.44	4.01	3.46	1.52	1.26
息税前利润（万元）	−2113.3	1525.95	8090.94	7958.62	3774.52	2521.56	19480.4
行业平均值（万元）	5203.71	4895.68	4625.34	5560.03	5346.33	4663.03	3865.63
总资产（亿元）	31.15	28.24	23.29	14.59	12.03	10.93	8.35

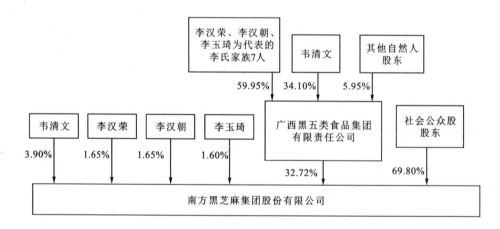

图 7-5 黑芝麻集团股权控制链条

2. 被并购方——电商平台礼多多

上海礼多多电子商务有限公司（833690）是一家新锐的电商公司，于 2012 年 3 月 27 日成立，是当时国内较大的纯互联网渠道运营商，也是电商领域的引领者之一。2015 年 10 月 20 日在全国中小企业股份转让系统（新三板）挂牌。公司业务涵盖 B2B、B2C、O2O、跨境业务、自主品牌五大类，致力于为合作商提供一站式的电子商务解决方案，已经形成电商渠道经销和电商开放平台运营两大业务模块，经营范围包括电子商务、食用农产品、预包装食品、乳制品、大众食品等的销售和经营，经营模式为电商经销商模式。利用有别于传统渠道的方法为多家知名品牌商管理、运营电商项目，已取得多个大中型食品品牌的国内网络经销代理权，向京东、1 号店（2020 年更名为 1 号会员店）、天猫超市、苏宁易购等各大电商平台进行供货,以服务国内大量的一、二线城市的网络消费者。公司主要的业务收入来自对知名食品品牌的线上经销收入,其销售品牌包括可口可乐、蒙牛、南方黑芝麻糊等。礼多多已形成一定的线上营销规模和良好的盈利能力,同时,公司拓展了微信无线端及二、三线城市的O2O业务,并逐渐扩张。自2014年以来,公司每年的销售收入和净利润增长都超过100%,经营稳健,业绩优良。2016年,礼多多实现营业收入5.97亿元、净利润3333.89万元,在垂直电商中名列前茅。

图7-6所示为礼多多公司并购前的股权控制链条。

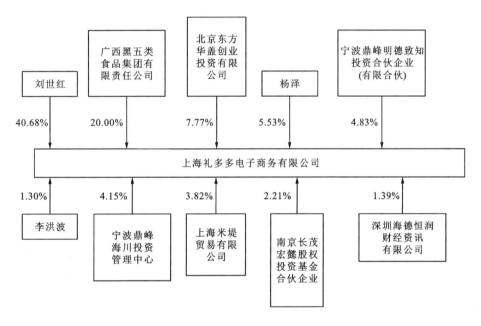

图7-6 礼多多公司并购前的股权控制链条

从图7-6中可以看出,该公司是由个人投资者刘世红作为控股股东,广西黑五类集团、北京东方华盖公司作为大股东的民营挂牌股份有限公司。

3. 并购事件与并购后的公司股权结构

根据2017年5月并购双方发布的《收购报告书》,黑芝麻拟以发行股份及支付现金相结合的方式收购礼多多100%股权,其中股份对价和现金对价分别占比80.17%和19.83%。发行股份购买标的资产的发行价格经交易双方协商确定为6.88元/股。并购完成后,礼多多为黑芝麻公司的全资子公司,并在全国中小企业股份转让系统(新三板)摘牌。并购礼多多后的黑芝麻集团股权结构如图7-7所示。

股东姓名/名称	本次交易前		本次交易后	
			不含配套资金	
	持股数量（股）	持股比例	持股数量（股）	持股比例
黑五类集团	208421812	32.94%	228061770	31.92%
韦清文	24823400	3.92%	24823400	3.47%
李汉朝	10500000	1.66%	10500000	1.47%
李汉荣	10500000	1.66%	10500000	1.47%
李玉琦	10000000	1.58%	10000000	1.40%
李玉珺	—	—	—	—
黑五类集团及其一致行动人合计	264245212	41.76%	283885170	39.74%
刘世红	—	—	29645107	4.15%
除刘世红、黑五类外的礼多多交易	—	—	32285782.00	4.52%
配套募集资金对象	—	—	—	—

图 7-7 并购礼多多后的黑芝麻集团股权结构

三、黑芝麻并购礼多多事件的前因后果与决策过程

1. 事件前黑芝麻公司产品的市场状况和困局

作为"黑芝麻糊"产品类的开创者，南方食品的黑芝麻糊飘香二十余年，堪称经典，但是作为一家上市公司，产品单一，增速缓慢，其发展显然不尽如人意。

2015 年之前的几年间，南方食品一直试图打破这种局面，他们以"糊"为定位，选择在冲调食品领域中左冲右突，相继开发出豆奶粉、核桃粉、玉米糊等产品，在竞争激烈的食品消费市场中希望打造第二个、第三个黑芝麻产品，但结果并不理想，这些新产品销售总额加起来不到原有糊类产品的 5%。

南方食品集团 2015 年产品类型及市场份额见表 7-4。

表 7-4　南方食品集团 2015 年产品类型及市场份额

产品类型		营业收入（万元）	收入比例	营业成本（万元）	成本比例	利润比例	毛利率
按行业	食品	62561.44	99.14%	36729.36	99.41%	98.76%	41.29%
	其他	540.42	0.86%	216.43	0.59%	1.24%	59.95%
按产品	糊类	58999.76	93.50%	33815.22	91.53%	96.29%	2.69%
	芝麻露	2374.9	3.76%	2009.14	5.44%	1.40%	15.40%
	豆浆系列	1186.78	1.88%	9.05	2.45%	1.08%	23.74%
	其他	540.42	0.86%	216.43	0.59%	1.24%	59.95%

问题到底出在哪里？公司管理层也感觉到相对于现代生活的快节奏，传统冲调类食品不够方便、快捷。症结在于产品营销方式，而不在产品本身。

南方黑芝麻糊的成功带来了南方食品的成长，但这是"糊"的成功，还是"黑芝麻"的贡献？哪个是公司成长的决定性因素？原来公司一直执行的"糊类第一品牌"的战略定位对不对？

公司管理层经过调研后发现：在消费者的认知中，黑芝麻有补肾、乌发、润肠、益智等功效。一提起黑芝麻，消费者认为"南方黑芝麻"最正宗，最地道，因此，南方食品的核心价值不是"糊"，而是黑芝麻。

"黑芝麻"三个字实际上是一座金矿，由于多年的积累，已经在广大消费者心中建立了相当高的品牌价值。2010—2016 年公司所遇到的困难，是产品转型中的困难和阵痛，表现为产品类型少、消费人群少、消费情景单一。公司因此必须认识到市场的严峻性，而不能故步自封，抱残守缺，还在"黑芝麻"巨大的品牌价值中陷入迷茫，自我陶醉。公司应该及时进行产品转型和观念转变，总体上也就是公司战略的重新构建和定位。公司整体战略不确定，不清晰，产品市场就没有发展依托。

2. 公司战略——在阵痛后的战略转变：从慢消到快消，从线下到线上

公司管理层调研发现，除奶粉、米粉外，传统冲调食品以黑芝麻为主，包括燕麦片、豆奶粉、核桃粉等，目标消费人群明显老化，销售整体走弱，货架逐渐萎缩。南方食品在糊类市场表现最好，但是也撑不住全国糊类产品销量疲软的窘境。从这一点上看，这不是黑芝麻糊的问题，也不是南方食品一家企业的问题，而是整体"糊"品类这一消费方式的问题。

究其原因，在于生活越来越好，消费者越变越"懒"，也即希望能够快速消

费。而传统冲调食品需要餐具、热水等，食用起来不方便，吃完还需要冲洗餐具，不符合便利、轻松的主流消费趋势。也即都是属于"慢消"，南方食品近年来相继开发推出的玉米粉、豆奶粉、核桃粉等产品销售均不理想。

与此相对应，从市场的销售现状看，黑芝麻在并购事件前的2010—2016年，传统的线下营销模式逐渐撞上了发展中的"天花板"，遭遇"瓶颈"。食品业是国家支持的朝阳产业，尤其是绿色食品行业，更是国家产业支持的重点。但食品业准入门槛低，薄利，技术壁垒不如高新技术产业那么明晰、高垒，是典型的大众消费品。同时，食品行业内的企业为了抢占市场份额，不断竞争，市场环境和竞争手段空前激烈，由此也加剧了传统食品企业的经营成本。南方食品虽拥有"黑芝麻"这一著名金字招牌，但囿于公司传统的"实体店＋企业＋央视广告"这种经销商业模式，公司营销成本不断攀升。伴随着广告、宣传力度的加大，在市场销路得到一定扩张的同时，公司的营销费用开支越来越大，已成为公司近年来三项费用中沉重的财务负担。尤其是为了吸引年轻人和中老年客户群，南方食品高薪邀请了影视明星王力宏、蒋雯丽等加盟公司在央视黄金时段的广告宣传，虽然产生了一定的广告效果，但明星代言价位太高，开支太大，极大地侵蚀了公司的营业利润和经营效益（见表7-5和图7-8）。

表7-5　2012—2016年黑芝麻公司营业收入和三项费用表（万元）

项目	2012年	2013年	2014年	2015年	2016年
营业收入	34095.80	42170.20	58152.20	64146.60	130553.00
销售费用	7229.26.	8724.28.	13730.90	20906.30	25620.10
管理费用	3759.49	5315.31	3724.43	5739.74	6600.89
财务费用	1857.25	1758.71	1926.27	1650.42	3354.58
费用总计	12846.00	15798.30	19381.60	28296.46	35575.57
销售费用占比	56.28%	55.22%	70.85%	73.88%	72.02%

2016年是互联网和电商快速发展的一年，而传统的实体店线下营销模式备受冲击。黑芝麻公司在2016年主营业务遭受发展的瓶颈和"天花板"面前，深刻认识到了在公司的长远发展上，依靠传统营销模式面临极大的潜在风险和问题。在食品消费领域，谁能快速突出重围，改变商业模式，引进新的营销理念和渠道，必将引领产业新潮流和行业新方向，极大地扩张企业的发展空间。而不改革、不改变，只会使公司故步自封、遭遇更多的瓶颈和发展桎梏，落后于时代潮流。

3. 转型中公司新战略的形成

公司董事会在困难面前痛定思痛，经过集体讨论、行业分析、慎重决策，公司管理层最终形成了主导企业未来发展的"公司新战略"，即一个中心、一条主线、三大管理创新、一个最终目标。

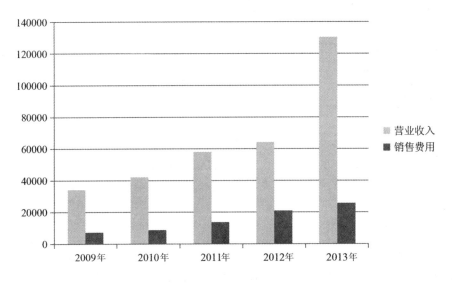

图 7-8　2009—2013 年黑芝麻公司主要财务费用

（1）一个中心。

聚焦"南方黑芝麻"，用五年时间占据国内快速消费食品的龙头地位。据市场调查，南方食品的核心价值即品牌资产是"南方黑芝麻糊"，这六个字密不可分，就如"云南白药""雀巢咖啡"一样，是企业发展壮大的核心 DNA 和最重要的无形资产，也是奠定百年"南方"品牌价值的基石。

（2）一条主线。

从慢消到快消，从线下到线上，打造互联网＋新的商业模式，并形成产业规模。

（3）三大公司管理创新。

一是快速研发、推出罐装的快消产品——南方黑芝麻乳，并迅速占领国内市场。二是改变原有的、僵化的股利分配模式和政策，以新的股利政策去迎合广大公司中小投资者，尊重投资者意愿，建立起良好的、互动的投资者关系，改善公司的市场形象。三是内部管理机制的重大改变和调整，实施全面的公司高管股权激励制度。加强内部活力和凝聚力，挖掘企业潜力，使公司经营迈向新的发展阶段。

（4）一个最终目标。

以企业价值最大化和股东财富最大化为公司最终目标，改善公司固有的利润最大化模式和短期逐利行为，为公司建立起良好的长远目标和经营方向，促进企业健康、稳定、快速发展。

4. 黑芝麻并购礼多多公司的具体方案

以 2016 年底公司董事会制定的"公司新战略"为指针，打造互联网＋新的商业模式并形成产业规模，公司于2017年初实施了重大资产重组，即收购新三板著名电商平台上海礼多多电子商务股份有限公司。2017年5月9日，并购双方黑芝麻和礼多多公司分别在中国证监会指定媒体公布了收购报告书。其收购方案的主要内容和条款如下。

1) 收购份额

收购人即黑芝麻公司将通过发行股份及支付现金方式购买礼多多100%的股份，本次交易完成后，收购人即黑芝麻将直接持有礼多多100%的股权，礼多多成为黑芝麻全资子公司，并在全国中小企业股份转让系统即新三板终止挂牌。

2) 交易价格

本次交易的评估基准日为2016年12月31日，根据对拟购买资产的经营业绩和价值所做的估算，拟购买资产的预估值为7.1亿元。经交易各方协商，礼多多100%股权的交易价格为7亿元。

3) 支付方式

黑芝麻拟以发行股份及支付现金相结合的方式收购礼多多100%的股权，其中股份对价为561207584元，占比80.17%；现金对价为138792416元，占比19.83%。发行股份购买标的资产的发行价格为不低于定价基准日前上市公司黑芝麻120个交易日公司股票交易均价的90%。经交易双方协商，确定为6.88元/股。

4) 利润承诺

收购人即黑芝麻与转让方即礼多多中的大股东刘世红、杨泽、米堤贸易等以及其他13名股东（业绩承诺方）签署了附生效条件的《盈利预测补偿框架协议》，就标的资产2017年、2018年、2019年全部年度的盈利预测及相关补偿作出了明确约定。礼多多大股东刘世红、杨泽、米堤贸易等承诺目标公司的盈利承诺期限为3年，礼多多2017年、2018年、2019年度净利润分别不低于6000万元、7500万元、9000万元。其他13名股东承诺目标公司的盈利承诺期限为1年，礼多多2017年度扣除非经常性损益后净利润不低于6000万元。

5) 盈利预测补偿

经上市公司聘请的具有证券从业资格的会计师事务所审计后，若礼多多2017—2019年度实际扣除非经常性损益后归属于母公司所有者的净利润未达到当年业绩承诺时，刘世红、杨泽、米堤贸易等大股东和其他13名股东作为补偿主体应对利润承诺进行补偿。在承诺期内，获取了股份对价的承诺方先以股份方式补偿，若所持上市公司股份数不足以补偿的，则由业绩承诺方以现金方式进行补偿。

6) 减值测试及其补偿

在利润承诺期届满时，收购方即黑芝麻将聘请具有证券从业资格的会计师事务所对标的资产进行减值测试并出具减值测试报告，如果标的资产期末减值额大于已补偿金额（已补偿股份总数×本次发行股份价格＋已补偿现金），则业绩补偿主体即礼多多大股东刘世红、杨泽、米堤贸易等需另行对黑芝麻进行补偿。

5. 并购方案的实际运作和决策过程

实际上，黑芝麻公司包括母公司南方食品集团，酝酿这一具体方案达八个月之久。公司管理层包括集团董事会在市场调查的基础上，反复讨论，谨慎决策，最终形成了这一公告方案。

（1）并购方向和并购目标的选择。

首先，在并购方向和并购目标上，如何选择？在主板上即深沪两个交易所的上市公司中寻找并购目标，显然是不太现实的。同行业的食品公司如黑牛食品、煌上煌、双塔食品、安记食品等，不仅公司规模体量大，也涉及同业竞争，不可能成为黑芝麻的并购目标和方向。创业板上市公司主要都是高新技术领域和从事风险投资的公司，基本没有既涉及电商又从事食品消费类业务的公司。而发展很快的新三板市场，到2017年初，规模已突破1万家，公司数量众多。其中，涌现出了一大批电商企业，不仅有多元化的水平电商，也有主业突出的垂直电商。在这些电商企业中进行比较、筛选，精选目标公司，符合黑芝麻公司制定的"公司新战略"中"一条主线"的并购目标和并购方向。因此，黑芝麻在并购目标上首选新三板上的主业突出且较为单一的垂直电商。经过筛选，有68家经营良好且在业内领先的垂直电商进入黑芝麻的初选范围（见表7-6）。

表7-6 黑芝麻初选垂直电商名称及类别

类别	数目	企业名称
保险	1	盛世大联
电气设备/工程机械	2	国变电器、千里马
房地产	1	华燕房盟
服饰箱包、眼镜	4	明通四季、时光一百、美居客、金东方
钢铁	6	钢银电商、中钢网、信用行、钢宝股份、钢之家、钢钢网
烘焙	2	手乐电商、印克电商
家电	1	家电网

续表

类别	数目	企业名称
酒类	9	酒仙网、壹玖壹玖、酒便利、名品世家、品尚汇、网酒网、大隆汇、红酒世界、链酒科技
跨境	2	傲基电商、百事泰
旅游	5	景域文化、马上游、票管家、道旅旅游、中智云游
美妆	2	知我科技、天天美尚
母婴	4	母婴之家、贝恩施、宝贝格子、妈妈网
农村电商	2	农商通、优森股份
情趣	3	海豹信息、桃花坞、春水堂
生鲜农产品	3	圣盈汇、环球渔场、虎凤蝶
食品	4	猫诚电商、清怡股份、万众凯旋、礼多多
塑料	2	中晨电商、中塑在线
通信	2	齐顺科技、易销科技
图片	1	全晨网络
物流	1	乐舱网
鲜花	1	爱尚鲜花
信息整合类	3	悉知科技、搜了网络、报春电商
医药	2	戚门药业、泉源堂
营销类	2	企汇网、美骑网络
综合	3	酷买网、淘礼网、商会网络

如何在这些经营良好且业内领先的垂直电商中发现、比较和找出目标公司呢？经过对电商业内人士的调查、问卷分析，黑芝麻管理层认为，当前互联网＋行业和领域实际上是一个比较"烧钱"的行业，电商更甚。"烧钱"的目的就是为了创造企业需要的流量，吸引用户群。这68家垂直电商中，有34家在挂牌之后融过资，占比为50.75%。从经营活动现金流来看，68家中有47家为负值，占比超过70%。同时，68家垂直电商中，有33家亏损，接近目标范围的一半。因此，选择好的电商公司还确实比较难。我们认为，能够跟黑芝麻公司相契合的好的电商公司或平台应该符合两条标准：一是能够"烧钱"做平台、抢占市场份额；另一个是要能赚钱，即有自身的盈利模式，有清晰的市场盈利空间。但我们发现，不管是从综合到细分，还是从平台到垂直，成功突围且符合黑芝麻拟定范围标准的电商或者平台少之又少，多数电商烧了钱却不盈利或者没有发现公司自身清晰的盈利模式。

我们将目标聚焦在食品消费领域，发现猫诚电商（834500）和挂牌不久的上海礼多多（833690）在垂直电商领域各有特色，不分伯仲。需要进行深度的分析和比较，并最终做出决策。

（2）并购标的公司之一——猫诚电商（834500）。

猫诚电商是一家有一定实力的老牌电商，截至2016年，该公司已在垂直电商领域耕耘了7年。该公司成立于2009年11月，成立之初便创建了自有独立网站，也是当时猫诚电商唯一的销售渠道。2011年下半年，猫诚电商进驻天猫商城，并在其他电商平台开店。2015年3月获得主板上市公司海欣食品（002702）的4400万元战略投资。2015年全年实现营业收入1.66亿元，同比增长120.65%。近年来，猫诚电商弱化自有网站平台和线下销售，同时在天猫商城、京东、1号店的基础上增加天猫超市、苏宁易购、聚美优品等销售渠道。2013—2015年，猫诚电商自有官网平台销售额占比从2.93%降至0.37%，线下销售比例也从18.89%降至1.73%，而第三方商务平台的销售占比则从78.18%上升至98.27%。但该公司突出的问题和隐患是亏损，公司经营多年，依旧没能走出亏损的困境。根据年报资料，2013—2015年，猫诚电商亏损额从168.98万元增加到681.69万元。猫诚电商在各大平台的销售收入及占比见表7-7。

表7-7　猫诚电商在各大平台的销售收入及占比（万元）

销售渠道	2016年1—5月		2014年度		2013年度	
	收入	占比	收入	占比	收入	占比
线上销售	4995.67	98.27%	7094.03	94.44%	4436.39	81.11%
天猫商城	4281.09	84.21%	5532.33	73.65%	3641.03	66.57%
天猫超市	158.7	3.12%	45.77	0.61%	—	—
1号店	241.98	4.76%	640.52	8.53%	365.47	6.68%
京东商城	204.36	4.02%	475.93	6.34%	162.77	2.98%
当当网	66.46	1.31%	173.32	2.31%	39.03	0.71%
苏宁易购	13.18	0.26%	25.64	0.34%	—	—
聚美优品	6.04	0.12%	68.35	0.91%	—	—
淘宝网	5.10	0.10%	73.52	0.98%	68.12	1.25%
自有官网平台	18.77	0.37%	58.75	0.78%	159.99	2.93%
线下销售	87.89	1.73%	417.94	5.56%	1033.13	18.98%
合计	5083.56	100%	7511.97	100%	5469.53	100%

（3）并购标的公司之二——礼多多（833690）。

2015年10月挂牌的上海礼多多电子商务股份公司是近年来电商行业的后起之秀，但成长迅速，发展良好。该公司成立于2012年3月，总部位于上海，是目前国内最大的纯互联网渠道运营商，也是电商领域的领跑者之一。公司业务跨越 B2B、B2C、O2O、跨境业务、自主品牌五大类，致力于为合作商提供一站式的电子商务解决方案。礼多多通过提前布局渠道和独特运营服务，打造了多起成功案例，为客户和消费者创造良好的市场价值。近年来，公司开始打造自主品牌，包括天然粉品牌超能战队、精品咖啡品牌米娅、生鲜品牌时时惠等。在主营的食品消费领域，平台涵盖零食、牛奶、进口食品、冲饮、水、碳酸饮料、果汁饮料、保健品、生鲜水果、冷冻食品等商品，与可口可乐、蒙牛、费列罗、贝因美、麦斯威尔、通用磨坊等多家国内外知名品牌合作。合作的平台包括1号店、京东商城、天猫超市、当当网、苏宁云商、亚马逊等自采经销类电商平台，以及1号店、京东POP平台、天猫商城、淘宝网、苏宁易购等开放类平台；同时，公司拓展了微信无线端及二三线城市的O2O业务，并逐渐扩张。自2014年以来，公司每年的销售收入和净利润增长都超过100%（见表7-8）。

表 7-8 礼多多公司 2014—2016 年主营财务会计指标

	2014 年	2015 年	2016 年
营业收入（万元）	9575.9	19065.4	59659.4
归属于股东的净利润（万元）	9575.9	1078.6	3255.4
净资产收益率	13.68%	14.63%	18.77%
总资产增长率	94.3%	375.1%	195.6%
营业收入增长率	134.8%	99.1%	212.9%
净利润增长率	125.2%	46.77%	209.1%

（4）并购事件最终标的公司的确定和决策。

黑芝麻董事会认为，在层层筛选并认真分析后，留下的两家新三板挂牌公司都属于食品消费领域，与黑芝麻传统经营范围高度契合，但意向标的的两公司各有千秋，还须谨慎决策。

猫诚电商的优势是主业突出且专一，其第三方商务平台即线上销售的占比已从78.18%上升至98.27%。但该公司的问题是经营亏损，且营销规模没有做大。

相比而言，礼多多公司则出类拔萃，在四个方面都胜于猫诚电商，且领先较多。首先，礼多多是在线销售以食品消费类为主的专业垂直电商。由于高度精细化，礼多多当前可以归类于精准的垂直电商一类。高端、专业和精准，使公司的市场价值凸显。其次，礼多多已覆盖多个开放类电商平台，且合作紧密、良好。再次，公司当前有完备而成熟的供应链系统，服务于世界500强公司和国内上市公司。最后，公司业绩优良，没有亏损，发展前景可观。

综合比较并全面分析、评价后，由黑芝麻董事会表决一致同意，董事长韦清文签署决议，将礼多多作为黑芝麻公司的并购标的公司，实施公司重大资产重组即股权并购。

6. 并购方案实施要件的决定和确认

在选定礼多多公司作为黑芝麻集团公司的目标公司后,就应与礼多多公司进行谈判和协商,确定并购执行中的各项细节,完成并购方案的组织与实施。在这一过程中,关键要点就是并购的双方要谈判、协商确定并购的份额、交易价格、支付方式、利润承诺、盈利预测、减值测试及其补偿等几项主要并购内容和条款。

在并购份额方面,近年来主板上市公司收购新三板挂牌企业,收购的份额都是100%股权即全面收购。这主要是因为主板上市公司总体上处于优势地位,市值和资产规模都较大;同时,并购双方也希望将并购后的新三板公司直接摘牌,避免后续问题。因此,此次并购方案依据通例和规则,实施的是100%全部股权收购。收购完成后,礼多多成为黑芝麻的全资子公司,并由股份有限公司改变为有限责任公司。原公司在新三板摘牌。

在交易价格方面,以市场法和收益法两种方法对礼多多公司的市场价值予以评估,并以40:60的权重予以加权平均。设定评估基准日为2016年12月31日,礼多多公司被评估资产的预估值为7.1亿元。经交易双方协商确定,转让公司100%股权的交易价格为7亿元。

在支付方式方面,黑芝麻拟以发行股份及支付现金相结合的方式收购礼多多100%的股权,约为8:2的比例标准,经过微调,最终执行的是股权现金比为80.2%:19.8%。按照证监会《上市公司收购管理办法》的规定,发行股份购买标的资产的发行价格不低于定价基准日前上市公司120个交易日公司股票交易均价的90%,经交易双方协商确定为6.88元/股。而2017年初,黑芝麻的停牌价为8.06元/股,礼多多的原有股东购买黑芝麻股票有17%的折扣优惠。

在利润承诺方面,利润承诺实际上是一种有期权价值的对赌协议(Valuation Adjustment Mechanism,VAM)。由于标的资产定价的适当溢价和购买定增股票上的较大折扣优惠,礼多多公司股东出于对等考量,在并购合同中签署了利润承诺即对赌协议(VAM)。礼多多中的大股东刘世红、杨泽、米堤贸易等以及其他13名股东(业绩承诺方)在协议中承诺,目标公司礼多多2017年、2018年、2019年度扣除非经常性损益后净利润额分别不低于6000万元、7500万元、9000万元。

在盈利预测补偿方面,并购双方协商确定,经上市公司黑芝麻聘请的具有证券从业资格的会计师事务所审计后,若礼多多2017—2019年度实际扣除非经常性损益后归属于母公司所有者的净利润未达到当年业绩承诺时,刘世红、杨泽、米堤贸易等大股东和其他13名股东作为补偿主体应对利润承诺进行补偿。在承诺期的三年内,获取了股份对价的承诺方先以股份方式补偿,若所持上市公司股份数不足以补偿的,则由业绩承诺方以现金方式进行补偿。

在减值测试及其补偿方面，由于礼多多公司的价值评估中有一定的商誉价值和无形资产价值，需要做这两项价值的减值测试。并购双方协商确定，在利润承诺期届满时，收购方即黑芝麻将聘请具有证券从业资格的会计师事务所对标的资产进行减值测试并出具减值测试报告，如果标的资产期末减值额大于已补偿金额（已补偿股份总数×本次发行股份价格＋已补偿现金），则业绩补偿主体即即礼多多大股东刘世红、杨泽、米堤贸易等需另行对黑芝麻进行补偿。

在并购方案的实施要件协商确认后，就是执行相关法律程序，签署合同，报股东大会批准同意，并报中国证监会审核批准。

7. 并购方案的实际决策人——韦清文

2016 年，黑芝麻集团公司的一系列改革举措即收购电商平台礼多多和集团公司的商业模式转型，都源自一个人——董事长韦清文。由他主持发展战略，构建并购方案，并在集团公司贯彻实施。

场景二

韦清文

2013 年 8 月 28 日，在新浪财经的一次访谈节目中，主持人向嘉宾提问："30 年间所取得的宝贵经验，如果用一句话概括的话，是什么？"嘉宾沉思了片刻，给出了"坚持"这两个字的答案。

这位朴实而睿智的企业家就是广西黑五类食品集团董事长韦清文，一个从大山里走出来的农民企业家、高级经济师，把企业从一个只有 13 名员工的小食品厂发展为年销售收入 19 亿元的国家农业产业化重点龙头企业。他用 20 多年的峥嵘岁月完成了这一系列转变。

韦清文 14 岁读完初中，就开始闯荡社会。20 出头的时候丢掉"铁饭碗"，"下海"办实业。先后办了三家工厂，这期间，他十分关爱员工，比如请母亲为工友准备一日三餐等。1984 年，他和李汉朝、李汉荣三位"黑五类"事业创始人以 3 万元资金、100 平方米场地、13 名工人，办起了广西黑五类食品集团的前身——广西南方儿童食品厂。建厂初期，在生活上，他不畏艰苦，和员工全天同吃、同住、同在工厂劳动；在质量上，他精益求精，和员工及请来的工程师经三次试机成功，生产出合格品；但韦清文还不满意，一定要产出一等品才能投放市场；在营销上，他亲力亲为，"南方"系列产品刚投放市场时，韦清文一连几天蹲守在梧州、南宁等地的门市部前叫卖，最终和销售部门签订了 25 箱产品的产销合同。

不仅在办企业的过程中身先士卒，不畏艰苦，在自身素质的提高上，他也是公司员工的好榜样。工作之余，他把时间几乎全放在了学习和求知上。他一天连续工作10多个小时，却毫无倦意，中午从不休息，总是一边吃饭，一边看书报。先后在中国人民大学、郑州大学、海南大学攻读学位。20世纪90年代，他成为学有所成的高级经济师。在兴办企业的30多年里，韦清文出台不少鼓励员工求学上进的政策，仅选送到全国各地攻读本科、研究生学位的员工就不下100人，耗资近千万元。企业开办的短训班、讲座更是层出不穷，手法时时变新，并耗资百万聘请咨询公司进行企业文化整合，提升管理水平。

此外，韦清文（见图7-9）尤为重视发挥优势，用人所长。他是无党派人士，却很重视党团活动组织建设，如他提名的党委书记被推举为集团监事会主席，进入集团核心领导层，他把两名党支部书记推荐为集团计财部长和公司副总经理，一名有成就的技术员也逐步被提升为公司主管科研的副总经理。而他没有任何一名亲属出任集团甚至二层机构领导。

企业发展了，韦清文首先考虑的是回报社会。他协助社会办厂，建原料基地，扶持农民奔小康，多次为赈灾慷慨解囊，累计捐助金额不低于2000万元；他设立了黑五类奖学基金，兴办南方希望小学，而当地方相关

图7-9　韦清文照片
（图片来自网络）

部门要用他的名字作为校名时，韦清文一口拒绝了。他说："我不愿显山露水，因为我是农民的儿子！"

2016年是韦清文人生历程中重要的一个年份，由他经手，首创了全国第一起主板上市公司收购电商平台实现公司战略和商业模式转型的案例，产生了较大的市场反应和良好的社会效应。2016年底，由他主持，集团公司终于通过了南方食品《未来五年公司发展战略（2017—2021年）》和《未来三年股东分红规划（2017—2019年）》，不仅建构了公司未来五年发展的全新战略，同时，也形成了公司稳定、有序的股利政策。韦清文说，这下基本上可以跟公司股东和投资者交代了，也了却了他多年的一个心愿。公司有了新的发展蓝图、新的章程，形成了新的商业模式和盈利方向，公司的发展将前景光明、充满希望。这是他2016年最大的收获和成就。

> "德不孤，必有邻。"传承是必经的过程，韦清文多次表示，人到半百已是退休好时机，要尽快把担子交给青年人。但为了"黑五类"事业，韦清文旺盛的激情之火始终燃烧着，不知疲倦。

四、并购后商业模式的转型

转型与创新是当今时代的呼唤。2000年后，随着计算机和互联网在商业世界的普及应用，商业模式创新是大势所趋，成为业内共识。我们认为，转型和创新本无不同，转型是主动求新求变的过程，实际上是一种创新的过程和创新的活动。因此，在后续的阐述中，笔者将商业模式创新包含进本文涉及的商业模式转型中，不做具体的明显区分。

商业模式转型（创新）是指企业价值创造提供基本逻辑的变化，即把新的商业模式引入企业的生产体系，并为客户和自身创造价值，一般来说，商业模式转型（创新）就是指企业以新的有效方式赚钱。新引入的商业模式，既可能在构成要素方面不同于已有的商业模式，也可能在要素间关系或者动力机制方面不同于已有的商业模式。商业模式转型，或者说构成商业模式创新的必要条件，有几个共同特征：一是提供全新的产品或服务、开创新的产业领域，或以前所未有的方式提供已有的产品或服务；二是其商业模式至少有几个要素明显不同于其他企业，而非少量的差异；三是有良好的业绩表现，体现在成本、赢利能力、独特的竞争优势等方面。

1. 并购前黑芝麻公司传统的商业（经营）模式

自1997年黑芝麻集团（原南方食品公司）上市以来，20多年时间里，黑芝麻公司努力经营，锐意进取，已成为我国资本市场上食品消费类上市公司的典型代表和行业龙头，并历经产业的辉煌。但囿于公司传统的"实体店＋企业＋央视广告"这种经销商业模式，公司营销成本不断攀升。伴随着广告、宣传力度的加大，在市场销路得到一定扩张的同时，公司的营销费用开支越来越大，已成为公司近年来三项费用中沉重的财务负担。尤其是为了吸引年轻人和中老年客户群，南方食品高薪邀请了影视明星王力宏、蒋雯丽等加盟公司在央视黄金时段的广告宣传，虽然产生了一定的广告效果，但明星代言价位太高，开支太大，极大地侵蚀了公司的营业利润和经营效益（见表7-9）。

表 7-9　黑芝麻公司主营销售收入与营业成本表（亿元）

	2012 年	2013 年	2014 年	2015 年	2016 年
主营销售收入	9.2	13.1	15.5	18.9	23.1
营业成本	6.3	9.2	10.7	12.7	17.7
营业成本占比	68.77%	69.71%	68.53%	67.41%	76.67%

由表 7-9 可知，营业成本占销售收入的比重一直居高不下，达 60%～80%，还有逐年增长的趋势，反映了这种传统的商业模式已经形成桎梏和瓶颈，极大地影响甚至阻碍了黑芝麻公司的快速发展。这种传统的商业模式的优缺点分析见表 7-10。

表 7-10　并购前黑芝麻公司传统的商业（经营）模式的比较分析

	优点	缺点
实体店	体验性强、进货渠道稳定，生产和销售环节衔接性好	铺货成本高，经营的时间成本大
企业团购推销	批量大、销售便利、流畅、体验性强	折扣成本大、销售渠道的稳定性和重复性不足
央视广告	影响大、受众面广	成本高

2. 并购前礼多多公司的互联网平台销售模式

并购前，礼多多公司的商业模式为电商经销商模式，业务涵盖 B2B、B2C、O2O、跨境业务、自主品牌五大平台类，致力于为合作商提供一站式的电子商务解决方案。公司取得了多个大中型国内外食品品牌的国内网络经销代理权，向各大电商平台（京东、1 号店、天猫超市、苏宁易购等）进行供货，以服务国内大量的一、二线城市的网络消费者。公司业务范围已覆盖天猫商城，1 号店、京东商城、苏宁易购等国内主要销售食品的网络平台，在这些平台上开设了专营店铺进行知名食品品牌的直销以及自有品牌产品的销售（见表 7-11）。

表 7-11　礼多多公司 2014—2016 年主营业务平台份额（%）

平台份额	2014 年	2015 年	2016 年
B2B	62.3	65.4	78.5
B2C	11.4	10.7	7.5
O2O	10.3	9.5	6.2
跨境业务	8.2	7.8	4.8
自主品牌	7.8	6.6	3.0
合计	100	100	100

由表 7-11 可知，礼多多公司业务平台的主体是 B2B，构成了公司近 3/4 的营业份额。公司 2016 年的年报称，公司主营业务收入主要来源于电商经销收入、店铺自营收入以及委托代销收入。电商经销主要对 1 号店、京东、天猫等大型电商自营平台经销产品实现销售收入。店铺自营系公司在电商平台开设店铺的形式进行产品销售。委托代销系公司委托电商自营平台进行销售，同时向电商自营平台支付一定的销售佣金。2015 年和 2016 年，礼多多主营业务收入分别为 17225.01 万元和 56830.63 万元。2016 年，随着电商行业的快速发展，公司主营业务收入大幅增加。

在 B2B 模式中，礼多多公司也主要是面向上下游大中型销售商、供货商，客源优质（见表 7-12）。

表 7-12 2016 年 B2B 模式下公司的主要平台客户

主要客户	销售金额（万元）	年度销售占比（%）
北京京东世纪贸易有限公司	19830.15	33.24
归钮海信息技术有限公司	13537.90	22.69
上海天翌电子商务有限公司	4814.65	8.07
上海熠彩实业有限公司	3523.66	5.91
苏宁云商集团股份有限公司	2937.57	4.49
合计	44385.83	74.40

2016 年，在 B2B 模式下，公司的主要供应商情况见表 7-13。

表 7-13 2016 年 B2B 模式下公司的主要供应商情况

主要供应商	采购金额（万元）	年度采购占比（%）
光明乳业股份有限公司	20590.61	42.59
臻饮贸易（上海）有限公司	6012.77	12.44
南方黑芝麻电子商务有限公司	4380.65	9.06
日本京畢株式会社	3376.96	6.98
爱氏晨曦乳制品进出口有限公司	2937.57	6.08
合计	37298.56	77.15

由表 7-12 和表 7-13 可见，礼多多公司互联网平台建设和运营情况良好。不仅公司年度销售收入和净利润大幅增加，而且平台渠道精准、垂直，主业突出。各项平台业务分工明确、定位准确，稳定的大客户资源和供应商渠道构成了公司商业模式的主要利润来源点，是一个运行规范、业绩良好、前景广阔的互联网电商平台公司。

3. 并购后黑芝麻公司商业模式的转型

看好并欣赏电商平台礼多多公司，对其进行并购，引进其商业模式，改造黑芝麻公司传统的商业模式和业务流程图，以此进入大型电商平台领域，是黑芝麻公司 2016 年制定的公司战略和 2017 年管理层并购的目的。其商业模式转型的整体架构和思路见图 7-10。

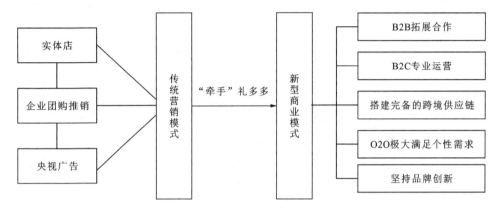

图 7-10 黑芝麻集团公司并购后商业模式转型架构和思路

并购礼多多公司后，黑芝麻公司需进行资源和人事的整合，并由此形成黑芝麻公司新的商业模式，以完成商业模式的完全转型。

新的商业模式总体架构是：构建集团公司线上和线下两个营销系统，双线出击，互为补充，相互协调，扩张公司的市场规模，提高公司的市场价值。

线上和线下两个营销系统市场规模的规划方案见表 7-14。

表 7-14 黑芝麻公司两个营销系统的市场规模规划份额表（%）

营销系统	2017 年	2018 年	2019 年	2020 年
线上销售收入	30	45	60	75
线下销售收入	70	55	40	25

线上营销系统将基本采用礼多多公司的原有销售平台和网络架构。将黑芝麻公司的两项主营产品，即黑芝麻糊和黑芝麻乳，引入礼多多线上销售系统，并稳步推进，加大宣传，扩张市场规模。

线上新型商业模式（营销系统）的转型方案和规划如下。

（1）B2B 平台。

通过平台，整合黑芝麻和礼多多公司的现有上下游客户资源，扩大礼多多现有的主要客户资源的交易规模和交易水平。简化集团企业内部资讯流通的成本，促进平台上客户和客户、企业与企业之间的交流的便利性和流程的快捷程度，减少平台运营成本的耗损。

（2）B2C 平台。

在礼多多现有平台基础上，进行专业平台建设，打造专业、便捷、高效的网上销售系统。主要有如下三个管理系统。

① 高效便捷的前台管理系统：商品展示、站内搜索、用户管理、在线订购、批量采购、招商加盟、网站公告、帮助中心、友情链接等。

② 高效便捷的后台管理系统：客户管理、订单管理、商品管理、销售管理、客服管理、采购管理、库存管理、出库管理、退货管理、财务管理、统计报表、权限管理等。

③ 高效便捷的资讯管理系统：集成 CRM 管理、采购管理、进销存管理、会员管理等。

（3）O2O 平台。

在礼多多现有平台基础上，进行专业平台建设，主要打造专业、便捷、高效的三个平台管理系统，即全面规范的网络信息发布系统、及时快速的在线支付系统和质量上乘的线下体验系统。三个平台系统三位一体，互为协调和补充，以此完善礼多多 O2O 平台领域，扩张市场规模。

（4）跨境供应链平台。

礼多多公司有一定规模的跨境电商业务，黑芝麻公司有较为完备的国内物流系统，两相组合，将能发挥集团公司最大的集群效应和整合效果。这也是黑芝麻公司并购后进入电商平台的主要考量目标之一。

（5）自有品牌创新。

礼多多公司自有品牌主要有天然粉品牌超能战队、精品咖啡品牌米娅、生鲜品牌时时惠等，黑芝麻的主打品牌主要有南方品牌系列的黑芝麻糊和黑芝麻乳。并购礼多多后，应着力加强品牌的优势互补，去粗取精，打造骨干标杆品牌，极力扩大市场规模和市场影响力，再次创造"南方食品"这一著名老字号的辉煌。

4. 对黑芝麻并购后商业模式转型的风险分析与评价

一般公司转型，必然面临着一定时期的阵痛和风险。在引进先进理念的同时，也要割舍、抛弃旧有的传统观念和机制。黑芝麻公司的并购与转型，也同样如此。因此，须对此次并购和商业模式转型进行风险分析和市场评价。

风险和不确定性主要来源于以下几个方面，我们逐一分析和判断。

第一是行业属性问题。这里，存在行业差异性和同业竞争两个方面的风险问题。在行业差异性方面，并购双方的两家公司都属于食品行业类的典型企业，他们对食品行业的相关业务都烂熟于心，不存在所谓的行业差异性问题。

在同业竞争方面，食品行业的市场规模很大，我国的每一家食品企业和上市公司都处于完全竞争领域，所占的市场份额都异常小，基本上不存在同业竞争问题。

第二是行业适应性问题。也即黑芝麻公司从传统的食品行业走向电商，完全进入陌生领域，会产生行业适应性问题。其实，这是一个表面现象和浅层次的问题。此次并购属于完全即100%并购，并购后的礼多多成为黑芝麻的全资子公司，人员、资产和设备都归于黑芝麻名下，用原来的礼多多人员、技术从事同样的网站、平台业务，他们轻车熟路，没有什么行业适应性问题。

第三是人员和组织架构匹配和适应性问题。如前所示，黑芝麻公司确认，礼多多并购后的原有架构基本不变，只是公司性质由股份公司改变为有限责任公司。所以，基本上也不存在组织架构匹配和适应性问题。当网络电商平台规模扩大以后，再安排黑芝麻公司原有人员进入礼多多公司，逐步学习，不断适应，这一过程应该是很快可以完成的。

第四是产品链条问题。两个公司虽同属食品行业，但产品链条还是差异很大的。黑芝麻的主打产品是黑芝麻糊和黑芝麻乳两个产品系列，而礼多多是电商平台。

虽然两个公司的产品链条差异很大，但作为合作伙伴，此前，两个公司就进行了产品的销售合作，由黑芝麻作为供应商，礼多多作为采购方，进行了黑芝麻系列产品的网上平台销售，见表7-15。

表 7-15　黑芝麻系列产品网络销售情况（万元）

年份	2014 年	2015 年	2016 年
线上销售收入	962.41	1852.59	3867.43

从表7-15中可以看出，经过双方的精诚合作，黑芝麻系列产品的网络销售情况是非常好的，每年都有将近100%的增幅。如果不发生并购，预计2017年黑芝麻的网上销售收入可达5500万元以上。有这三年的销售业绩作为基础和保证，黑芝麻收购礼多多以后，销售情况必然增长很快，会是非常理想的。实际上，这种销售合作，相当于先期对两个公司的合作和并购做了可行性分析和判断，得出了非常肯定的结论。

总体而言，黑芝麻公司收购礼多多公司是合情合理、顺理成章的，不仅没有较大的隐患和风险，将来的业绩预期也是非常良好和可观的。

五、黑芝麻并购电商平台带来的全新探索与实践

2017年初发生在我国资本市场上，主板上市公司黑芝麻收购新三板挂牌公司礼多多而进入互联网电商平台的事件，为我们提供了难得的并购市场理论创

新的真切实践与典型案例，推动并引领我们对资本市场新的并购方法与理论的探索与思考。

1. 主板企业收购新三板公司

这是一起典型的主板企业收购新三板公司的案例。近年来，主板上市公司由于经营多年，市场经营会遭遇发展中的瓶颈和"天花板"，品牌价值也可能逐渐老化。而新三板公司数量众多，近年来发展迅速。其中不乏优良的挂牌企业，他们既有强大的创新实力，又有良好的商业记录和市场价值。如何把这两类公司链接起来，用新三板公司的创新冲劲去引领主板上市公司改善经营现状，焕发企业的活力，重铸辉煌，这是摆在我国企业管理界和资本市场面前的一个重要课题。实际上，用政府的行政手段去干预、处理这种市场行为，效果并不好。俗话说，市场的就归市场。应该由市场中的力量即上市公司和挂牌企业自己去运作、去选择。黑芝麻公司和礼多多公司就是这两类企业的典型代表。它们没有依靠政府的行政手段"拉郎配"去组合，而是在食品行业的同业经营和同业竞争中发现了彼此，走到了一起。双方优势互补、拾遗补阙、互相促进，最终成为一个统一的命运共同体，通过并购实现双方的共同价值。

新三板挂牌企业数量较多，已突破一万家。一般认为，只有好的、优秀的挂牌企业才能被主板上市公司所相中、所看上，而发生并购。这也考验着主板上市公司的估值水平和对公司未来价值的判断能力。我们要相信市场的选择。黑芝麻并购礼多多，给我国资本市场做了一个很好的实验。两家公司合并后的良好业绩，将能证明当初正确的并购选择。黑芝麻公司将由此进入互联网电商平台，打开了一片新的经营领域。老品牌"南方黑芝麻"也将由此焕发青春活力，走向食品事业的又一个辉煌。这样典型的事件和案例，将引领和启发我们对资本市场并购方法与理论展开深刻探索与思考。

在并购的具体组织实施也即并购方案的选择上，双方的运作既合法合规，又考虑了并购双方彼此的关切。他们友好协商、互相协调，最终敲定了方案，完成了并购。在并购方案的具体细节条款制定上，如并购份额、交易价格、支付方式、利润承诺、盈利预测、减值测试及其补偿等，都有许多可圈可点、值得借鉴之处。我们可以此为样本，学习和探讨未来可能发生的同类型主板上市公司收购新三板挂牌公司事件，以比较其优劣得失，探讨其经验教训。

2. 横向并购、同业竞争和垂直电商并购

这也是一起典型的同业竞争公司和垂直电商并购。按公司并购原理，两个同行业公司之间的并购是横向并购也即水平并购，而并购标的公司礼多多则是一家垂直电商，而且是精准的垂直电商。因此，这里的两个概念和并购原理纠缠在一起，非常容易混淆。也正因为如此，此案例在管理学原理和公司并购上，也是一次并购方法和并购实践意义上的创新。

在这种横向、纵向（垂直）纠缠在一起的实践场合，我们在并购实践中该如何选择和判断呢？我们认为，主要还是应该以标的即目标公司为主。公司的属性是精准的垂直电商，我们应探讨这样类型的公司，研究其行业特征、公司特色、管理方式、技术创新能力和公司经营理念等，挖掘其内涵，评估其并购的市场价值。在这里，横向并购即水平并购，作为并购方式而言，只是一种从属和补充，而不应做并购实践的主体或主要方面。

3. 商业模式转型

本案例最典型的创新意义和重要管理实践价值，就是通过并购，完成了传统的食品消费类企业向电商企业的过渡和转型。这是国务院即中央政府倡导的互联网＋理论在资本市场中的真切实践和典型案例。

黑芝麻公司的传统营销理念已落后于企业现实，如果不对其进行引领、估值和创新，黑芝麻公司必在原来的经营和发展道路上沉沦，甚至会陷入困境而衰败。公司董事会即管理层面对困境，没有沉沦，勇于思考和探索，找出公司陷入经营窘境的根本原因之所在。通过并购，改变公司固有的传统商业模式，而步入新型电商企业，使老牌传统企业获得了新生。

从本案例中，我们清楚地认识到商业模式转型和创新对传统、老化企业进行改造的重要性。本案例的探索和实践，将带给企业管理者和证券投资者对我国传统企业的经营现状、并购和商业模式转型等更多、更深入的思考。

六、尾声

黑芝麻收购礼多多是新三板建立以来，我国资本市场上同业传统企业并购垂直电商，而迈入互联网＋市场的首例。该案例给人们带来了对传统民营企业与上市公司如何经营管理、公司并购与商业模式创新等命题的关注和思考。

在全流通时代，并购与创新的概念与活动将会更加频繁地出现在中国资本市场上，成为一种常态。诺贝尔经济学奖获得者乔治·斯蒂格勒曾指出："没有一个美国大公司不是通过某种程度、某种方式的兼并而成长起来的。"对于并购，我们本性存在排斥，但在现代资本市场的发展过程中，并购是一家公司成长或扩张过程中一种很常用的资本运作手段。通过并购与管理创新，目标公司的价值将会被市场重估，资源配置效率得到提高，这是一种合理的市场行为。

面对层出不穷的并购，我们要深入研究其客观规律、相关手段或操作，并结合中国的资本市场结构与法律环境，借鉴西方国家很多已经很成熟的收购方法，制定自身的并购与管理创新的策略。

场景三

2017年3月10日，一抹夕阳余晖映照在广西南方黑芝麻食品集团股份有限公司办公大楼巨大的连体建筑上，留下春日中一片温暖的阳光。在办公楼一面临街的窗台边，一位老者正远眺沸腾的南国中心城市南宁，不远的将来，整个南宁市将连为一体，地铁相通，来往便利，真是一篇辉煌、壮丽的前景啊！目光回收，近处是老者奋斗大半生、呕心沥血掌舵28年，像亲生孩子般带大的南方食品公司啊！一草一木、一砖一瓦，都亲切得如同会说话、会呼吸一般，春风拂过，一片绿草茵茵的生机盎然景象，每一位职工的笑脸都历历在目，都那么可亲，那么温馨！这位老者就是南方食品董事长、掌舵人韦清文。他想，都60多岁了，是否该退下来让年轻人上呢？但是退下来之后，谁来坚守我对股民的那个承诺呢？夕阳照在韦清文魁梧的身体上，身后留下一个长长的阴影。

思考题：
7. 如果你是韦清文，该如何分析当前影响企业收购方案实施的因素？

硝烟落尽是春天。2017年，我国主板和新三板市场上波澜起伏，广受关注的首起同业传统企业并购垂直电商，而迈入互联网＋市场的案例硝烟渐散，告一段落。但国企改革和公司资产重组在我国资本市场上仍将继续，并购与商业模式的创新也将不断推进。我们相信，收购与商业模式的创新必将带来的是公司机制的转换和资本市场的繁荣、发展。我们期待黑芝麻公司迎来美好的春天。

第八章　企业社会责任理论与案例

企业社会责任管理理论

一、企业社会责任的概念

企业社会责任（corporate social responsibility，简称CSR）是指企业在创造利润、对股东和员工承担法律责任的同时，还要承担对消费者、社会和环境的责任。企业社会责任要求企业必须超越把利润作为唯一目标的传统理念，强调要在生产过程中对人的价值的关注，强调对环境、消费者、社会的贡献。

二、企业社会责任的思想渊源

早在18世纪中后期，英国完成第一次工业革命后，现代意义上的企业就有了充分的发展，但企业社会责任的观念还未出现。实践中的社会责任局限于业主个人的道德行为之内。企业社会责任思想的起源是亚当·斯密（Adam Smith）的"看不见的手"。古典经济学理论认为，一个社会通过市场能够最好地确定其需要，如果企业尽可能高效率地使用资源以提供社会需要的产品和服务，并以消费者愿意支付的价格销售它们，企业就尽到了自己的社会责任。

到了18世纪末期，西方企业的社会责任观开始发生微妙的变化，表现为小企业的业主们经常捐助学校、教堂和穷人。进入19世纪以后，两次工业革命的成果带来了社会生产力的飞跃，企业在数量和规模上有较大程度的发展。这个时期，受"社会达尔文主义"思潮的影响，人们对企业的社会责任观是持消极态度的，许多企业不是主动承担社会责任，而是对与企业有密切关系的供应商和员工等极尽盘剥，以求尽快变成社会竞争的强者，这种理念随着工业的发展产生了许多负面的影响。

与此同时，19世纪中后期，企业制度逐渐完善，劳动阶层维护自身权益的要求不断高涨，加之美国政府接连出台《反托拉斯法》和《消费者保护法》以抑制企业的不良行为，客观上对企业履行社会责任提出了新的要求，企业社会责任观念的出现成为历史必然。

三、企业社会责任的发展历程

随着经济和社会的进步，企业不仅要对盈利负责，而且要对环境负责，并承担相应的社会责任。

（1）赢利至上：20世纪50—70年代。

1970年9月，诺贝尔奖得主、经济学家米尔顿·弗里德曼在《纽约时报》发表文章《商业的社会责任是增加利润》，指出："极少趋势，比公司主管人员除了为股东尽量赚钱之外，应承担社会责任"，"企业的一项、也是唯一的社会责任是在比赛规则范围内增加利润"。社会经济观认为，利润最大化是企业的第二目标，企业的第一目标是保证自己的生存。"为了实现这一点，他们必须承担社会义务以及由此产生的社会成本。他们必须以不污染、不歧视、不从事欺骗性的广告宣传等方式来保护社会福利，他们必须融入自己所在的社区及资助慈善组织，从而在改善社会中扮演积极角色。"

1976年，经济合作与发展组织（OECD）制定了《跨国公司行为准则》，这是迄今为止唯一由政府签署并承诺执行的多边、综合性跨国公司行为准则。这些准则虽然对任何国家或公司没有约束力，但要求更加保护利害相关人士和股东的权利，提高透明度，并加强问责制。2000年，该准则重新修订，更加强调了签署国政府在促进和执行准则方面的责任。

（2）关注环境：20世纪80—90年代。

20世纪80年代，企业社会责任运动开始在欧美发达国家逐渐兴起，它包括环保、劳工和人权等方面的内容，由此导致消费者的关注点由单一关心产品质量，转向关心产品质量、环境、职业健康和劳动保障等多个方面。一些涉及绿色和平、环保、社会责任和人权等的非政府组织以及舆论也不断呼吁，要求将社会责任与贸易挂钩。迫于日益增大的压力和自身的发展需要，很多欧美跨国公司纷纷制定对社会作出必要承诺的责任守则（包括社会责任），或通过环境、职业健康、社会责任认证应对不同利益团体的需要。

（3）社会责任运动：20世纪90年代至今。

20世纪90年代初期，美国劳工及人权组织针对成衣业和制鞋业发动了"反血汗工厂运动"。因利用"血汗工厂"制度生产产品的美国服装制造商Levi Strauss被新闻媒体曝光后，为挽救其公众形象，制定了第一份公司生产守则。在劳工和人权组织等NGO和消费者的压力下，许多知名品牌公司也都相继建立了自己的生产守则，后演变为"企业生产守则运动"，又称"企业行动规范运动"或"工厂守则运动"，企业生产守则运动的直接目的是促使企业履行自己的社会责任。

但这种跨国公司自己制定的生产守则有着明显的商业目的，而且其实施状况也无法得到社会的监督。在劳工组织、人权组织等NGO组织的推动下，生产守则运动由跨国公司"自我约束"（self-regulation）的"内部生产守则"逐步转变为"社会约束"（social regulation）的"外部生产守则"。

到2000年，全球共有246个生产守则，其中除118个是由跨国公司自己制定的以外，其余皆是由商贸协会、多边组织或国际机构制定的"社会约束"生产守则。这些生产守则主要分布于美国、英国、澳大利亚、加拿大、德国等国。

2000年7月，《全球契约》论坛第一次高级别会议召开，参加会议的50多家著名跨国公司的代表承诺，在建立全球化市场的同时，要以《全球契约》为框架，改善工人工作环境，提高环保水平。

2001年2月，全球工人社会联盟公布了一份长达106页的由耐克公司资助完成的报告。报告的内容是关于印尼9家耐克合约工厂的劳工调查。这份报告的新意在于它是由耐克出钱完成并公布的，而耐克又不能拒绝公布。耐克对这些问题的反应将会为服装公司设立新的基准。

2002年2月，在纽约召开的世界经济峰会上，36位首席执行官呼吁公司履行其社会责任，其理论根据是，公司社会责任"并非多此一举"，而是核心业务运作至关重要的一部分。

2002年，联合国推出《联合国全球协约》（UN Global Compact）。协约共有九条原则，联合国恳请公司对待其员工和供货商时都要尊重其规定的九条原则。

四、中国企业的社会责任

企业社会责任建设工作在中国有近十几年的发展过程，大致经历了以下三个阶段。

1. 第一个阶段

20世纪90年代中期到21世纪初，在国际销售商、品牌商的推动下，我国逐步重视社会责任问题，建立了在国际采购中实施社会责任方面的准则、标准或体系。中国企业开始接受跨国公司实施的社会责任方面的工厂审核。

2. 第二个阶段

从21世纪初到2006年，企业社会责任开始得到广泛关注。中国的学术机构、非政府组织以及在华国际组织开始对社会责任进行系统的介绍和广泛的研究、讨论。政府部门也开始关注企业社会责任建设工作。劳动部、商务部调查中国企业社会责任建设情况。

3. 第三个阶段

企业落实社会责任，实现企业经济责任、社会责任和环境责任的动态平衡，反而会提升企业的竞争力与社会责任，为企业树立良好的声誉和形象，从而提高公司的品牌形象，获得利益相关者对企业的良好印象，增强投资者信心，更加容易地吸引到企业所需要的优秀人才，并且留住人才。

我国《公司法》规定，公司从事经营活动，必须遵守法律法规，遵守社会公德、商业道德，诚实守信，接受政府和社会公众的监督，承担社会责任。国家相关部门举办企业社会责任案例评选活动，获奖案例均来自在社会公益、公益传播和环境保护方面作出突出贡献的企业。

五、企业社会责任十大原则

① 企业应在其所能影响的范围内支持对国际社会做出维护人权的宣言。
② 不袒护侵犯人权的行为、劳动。
③ 有效保证组建工会的自由与团体交涉的权利。
④ 消除任何形式的强制劳动。
⑤ 切实有效地禁止使用童工。
⑥ 杜绝在用工与职业方面的差别歧视。
⑦ 企业应对环保问题未雨绸缪。
⑧ 主动承担环境保护责任。
⑨ 推进环保技术的开发与普及。
⑩ 积极采取措施，反对强取和贿赂等任何形式的腐败行为。

六、企业社会责任标准（SA8000）

SA8000（Social Accountability 8000）即社会责任标准，依据国际劳工组织条例所建立的国际性社会责任标准。

企业履行社会责任有助于解决就业问题。除通过增加投资、新增项目、扩大就业外，最重要的是提倡各企业科学安排劳动力，扩大就业门路，创造不减员而能增效的经验，尽量减少把人员推向社会而加大就业压力。过去只有ISO 9000和ISO 140000国际认证，这一标准明确规定了企业需保证工人工作的环境干净卫生，消除工作安全隐患，不得使用童工等。切实保障了工人的切身利益，不仅可以吸引劳动力资源，激励他们创造更多的价值，更重要的是，通过这种管理可以树立良好的企业形象，获得美誉度和信任度，从而实现企业长远的经营目标。从这个意义上说，企业履行社会责任，有助于解决就业问题。

企业履行社会责任有助于保护资源和环境，实现可持续发展。企业作为社会公民，对资源和环境的可持续发展负有不可推卸的责任，而企业履行社会责任，通过技术革新，可首先减少生产活动各个环节对环境可能造成的污染，同时也可以降低能耗，节约资源，降低企业生产成本，从而使产品价格更具竞争力。企业还可通过公益事业与社区共同建设环保设施，以净化环境，保护社区及其他公民的利益。这将有助于缓解城市尤其是工业企业集中的城市经济发展与环境污染严重、人居环境恶化等问题。

企业履行社会责任有助于缓解贫富差距，消除使社会不安定的隐患问题。一方面，大中型企业可集中资本优势、管理优势和人力资源优势对贫困地区资源进行开发，既可扩展自己的生产和经营范围，获得新的增长点，又可弥补贫困地区资金的不足，解决当地劳动力和资源闲置问题，帮助当地脱贫致富。另一方面，企业也可通过慈善公益行为帮助落后地区的人民发展教育、社会保障和医疗卫生事业，既解决当地政府因资金困难而无力投资的问题，帮助落后地区逐步发展社会事业，又通过公益事业产生广告效应，提升企业形象和消费者认可程度，提高市场占有率。

七、企业承担社会责的做法

首先，企业应该承担并履行好经济责任，为丰富人民的物质和精神生活、促进国民经济的快速稳定发展发挥自己应有的作用。最直接地说就是盈利，尽可能扩大销售，降低成本，正确决策，保证利益。

其次，企业须在遵纪守法方面作出表率，遵守所有的法律、法规，包括环境保护法、消费者权益保护法和劳动法。完成所有的合同义务，带头诚信经营，合法经营，承兑保修允诺。带动企业的雇员、所在的社区等共同遵纪守法，共建法治社会，保护相关者的合法权益。

再次，伦理责任是社会对企业的期望，企业应努力使社会不遭受自己的运营活动、产品及服务的消极影响。加速产业技术升级和产业结构的优化，大力发展绿色企业，增大企业吸纳就业的能力，为环境保护和社会安定尽职尽责。

最后，是企业的慈善责任。现阶段，构建和谐社会的一个重要任务是要大力发展社会事业。教育、医疗卫生、社会保障等事业的发展直接关系到人民最直接的利益，也直接决定着社会安定与和谐的程度。很多地方在发展社会事业上投资不足或无力投资，这就需要调动相关企业资本，充分发挥企业优势，为发展社会事业、成为一个好的企业公民而努力。包括支援社区教育，关注健康、人文关怀、文化与艺术、城市建设等项目的发展,帮助社区改善公共环境,促进社区工作。

八、企业社会责任的七项内容

从以下七个方面来确立我国企业的社会责任标准。

1. 明礼诚信

明礼诚信即确保产品货真价实的责任。由于种种原因造成的诚信缺失正在影响社会主义市场经济的正常运营,企业不诚信造成假冒伪劣商品的产生,消费者因此利益受损。另一方面,因商品造假的干扰和打假维权难度较大,一些企业难以为继,经营不顺。为了维护市场秩序,保障人民群众的利益,企业必须承担起明礼诚信、确保产品货真价实的社会责任。

2. 科学发展

企业的任务是发展和赢利,并担负着增加税收的使命。企业必须承担起发展的责任,搞好企业经营。要以发展为中心,以发展为前提,扩大企业规模和纳税份额,完成纳税任务,为国家发展做出贡献。必须建立起科学发展观,任何企业都不能只顾眼前,不顾长远;只顾局部,不顾全局;只顾自身,不顾社会。所有企业都要高度重视在"五个统筹"科学发展观指导下的全面发展。高度重视引进技术的消化吸收和科技研发,加大资金与人员投入,做到创新先行。

3. 可持续发展

我国是人均资源较为紧缺的国家,企业的发展一定要节约资源。不能顾此失彼,不顾全局。作为企业家,一定要站在全局立场上,坚持可持续发展,注重节约资源。要下决心改变经济增长方式,发展循环经济,调整产业结构。尤其要响应中央号召,实施"走出去"战略,用好"两种资源"和"两个市场",以保证经济的运行安全。这样,企业的发展才能持续,宏观经济目标才能实现。

4. 保护环境

随着经济全球化的发展,环境状况有恶化的趋向,包括大气、水、海洋的污染等。野生动植物的生存面临危机,森林与矿产被过度开采,给人类的生存和发展带来了很大的威胁,环境问题成了经济发展的瓶颈。为了人类的生存和经济持续发展,企业一定要担当起保护环境、维护自然和谐的重任。

5. 文化建设

医疗卫生、公共教育与文化建设，对一个国家的发展极为重要。特别是公共教育，对国家脱贫攻坚、走向富强具有不可低估的重要作用。医疗卫生不仅影响全民族的身体健康，也影响社会劳动力资源的供应保障。文化建设可以通过休闲娱乐陶冶人的情操，提高人的素质。企业应当在完成经济责任的同时，分出相当财力和精力担当起发展医疗卫生、教育和文化建设事业的责任。

6. 发展慈善事业

虽然我国在消除绝对贫困方面取得了举世瞩目的巨大成就，但国家整体迈向共同富裕之路，仍然需要我国广大企业勠力同心，继续奋斗，为国分忧，参与社会的扶贫济困工作。为了社会的和谐发展，也为了企业自身的进步，我国广大企业应该更好地承担起扶贫济困的责任。

7. 保护职工健康

人力资源是社会的宝贵财富，也是企业发展的支撑力量。保障企业职工的生命健康、确保职工的工作与收入待遇，不仅关系到企业的持续健康发展，也关系到社会的发展与稳定。为了应对国际上对企业社会责任标准的要求，也为了使中央关于"以人为本"构建和谐社会的目标落到实处，企业必须承担起保护职工生命健康和确保职工待遇的责任。企业要坚决遵纪守法，爱护企业员工，做好劳动保护工作，不断提高工人工资水平和福利待遇。

九、国外经验和借鉴

世界上一些著名国际组织对推进企业社会责任非常重视，并成立了相关管理机构，推动企业社会责任工作自21世纪以来在全球的迅速发展。如联合国2000年实施的"全球契约"计划，提倡包括人权、劳工、环境和反腐败四个方面的十项原则，已有几千家世界著名企业加入全球契约。经济合作与发展组织、国际劳工组织、国际标准化组织、国际雇主组织等，也都积极推行企业社会责任，就如何进一步推动企业社会责任形成广泛共识。

十、企业社会责任的范围

（1）企业对政府的责任。

在现代社会，政府越来越演变为社会的服务机构，扮演着为公民和各类社会组织服务和实现社会公正的角色。在这种制度框架下,要求企业扮演好社会公民的角色,自觉按照政府有关法律、法规的规定,合法经营,照章纳税,承担政府规定的其他责任和义务,并接受政府的监督和依法干预。

(2) 企业对股东的责任。

现代社会,股东队伍越来越庞大,遍及社会生活的各个领域,企业与股东的关系逐渐具有了企业与社会关系的性质,企业对股东的责任也具有了社会性。首先,企业应严格遵守有关法律规定,对股东的资金安全和收益负责,力争给股东以丰厚的投资回报。其次,企业有责任向股东提供真实、可靠的经营和投资方面的信息,不得欺骗投资者。

(3) 企业对消费者的责任。

企业与消费者是一对矛盾统一体。企业利润的最大化最终要借助于消费者的购买行为来实现。作为通过为消费者提供产品和服务来获取利润的组织,提供物美价廉、安全、舒适、耐用的商品和服务,满足消费者的物质和精神需求,是企业职责,也是对消费者的社会责任。这些责任要求企业对提供的产品质量和服务质量承担责任,履行对消费者在产品质量和服务质量方面的承诺,不得欺诈消费者和谋取暴利,在产品和服务质量方面自觉接受政府和公众的监督。

(4) 企业对员工的责任。

企业对员工的责任属于内部利益相关者问题。企业必须以相当大的注意力来考虑员工的地位、待遇和满足感。在全球化背景下,劳动者的权利问题得到了世界各国政府及各社会团体的普遍重视。20世纪90年代,美国著名的牛仔裤制造商Levi Strauss在类似监狱的工作条件下使用年轻女工的事实被曝光后,为了挽救其形象,推出了第一份公司社会责任守则,随后,一些跨国公司为了应对激烈的全球化竞争,也纷纷效仿。1997年,长期从事社会与环境保护工作的非政府组织经济优先权委员会(CEP)成立认可委员会(CE2PA),2001年更名为社会责任国际(SAI),根据《国际劳工组织公约》《世界人权宣言》《联合国儿童权利公约》等国际公约制定了全球第一个企业社会责任的国际标准,即SA8000标准及其认证体系(2001年修订)。

(5) 企业对资源环境和可持续发展的责任。

实践证明,工业文明在给人类社会带来前所未有繁荣的同时,也给我们赖以生存的自然环境造成了灾害性的影响。企业对自然环境的污染和消耗起了主要的作用。近半个世纪以来的环境革命改变了企业对待环境的态度——从矢口否认对环境的破坏转为承担起不再危害环境的责任,进而希望对环境施加积极的影响。然而,环境日渐好转的情况仅仅发生在少数发达国家,整个人类并未走上可持续发展的道路。其根源,在于新兴国家人口和经济的飞速增长带来的影响。虽然这些政治和社会问题超出了企业管辖和能力范围,但是集资源、技术、全球影响以及可持续发展动机于一身的组织只有企业,所以企业应当承担起促进全球经济可持续发展这一重任，进而利用这一历史性转型，实现自身的发展。

（6）企业对社区的责任。

企业是社会的组成部分，更是所在社区的组成部分，与所在社区建立和谐融洽的关系是企业的一项重要的社会责任。企业对社区的责任就是回馈社区，比如为社区提供就业机会，为社区的公益事业提供慈善捐助，向社区公开企业经营的有关信息等。有社会责任的企业意识到通过适当的方式把利润中的一部分回报给所在社区是其应尽的义务。著名管理大师孔茨和韦里克认为，企业必须同其所在的社会环境进行联系，及时对社会环境的变化做出反应，成为社区活动的积极参加者。

十一、企业社会责任的体现

① 办好企业，把企业做强、做大、做久；
② 企业一切经营管理行为应符合道德规范；
③ 社区福利投资；
④ 社会慈善事业；
⑤ 自觉保护自然环境。

十二、企业社会责任的构建办法

第一，企业应该建立明确的流程，确保社会问题以及新兴社会力量在最高级别得到充分探讨，并纳入公司战略规划；从公司总体发展战略出发，将企业的社会责任贯穿到公司整体经营活动中。

第二，企业应该设置专门的机构来负责社会责任的推行，并设置相应的社会责任考核指标。

第三，培养企业员工的社会责任意识，使企业的每个员工在实际的日常行为中处处履行社会责任。

第四，持续定期发布企业社会责任报告，全面真实地展现企业公民形象。

案例十二
富安娜的社会责任发展之路

摘要：富安娜是 2009 年底在深市中小板挂牌的家纺业上市公司。多年来，富安娜公司持续不断地进行慈善捐赠，引起社会各界的广泛关注，被称为"富安娜慈善现象"。本案例通过深入剖析这一现象，分析公司的成长现状，揭示该公司慈善事业及社会责任的内在动因，以及慈善事业与公司价值之间的相互关系，重点探讨富安娜公司战略性慈善事业的进展和战略性慈善这一模式对我国慈善事业的影响，探索一条上市公司持续进行慈善事业的可行路径。

一、引言

2010 年，以巴菲特、比尔·盖茨为代表的美国企业家倡议世界富豪们踊跃捐款用于慈善，以缓解金融危机条件下日益拉大的全球贫富差距，体现企业家们的社会责任。为此，当年 9 月底，两位世界级富豪来到中国，与 50 位中国富豪共赴一场"慈善晚宴"，以推动其在中国乃至世界的"募捐慈善"计划。

受其影响，著名家纺企业家、富安娜董事长林国芳做出郑重承诺，他们夫妇二人名下的富安娜股份，未来每年的分红将全部捐给慈善事业。同时，林国芳夫妇拿出首批捐款 7000 万元，建立富安娜慈善基金。并在此后的 2010—2012 年，公司不断扩大慈善规模以回报社会。他们不仅身先士卒，还号召全国各地经销商加入慈善行列中来，几年来，公司累计捐款达两亿元人民币。在"2012 年中国上市公司口碑榜"评选活动中，众多机构投资者、中小投资者和参与评选的群众将"最具社会责任上市公司"的荣誉投给了富安娜，使其成为近年来我国最具社会责任感上市公司的代表之一。

通过富安娜这一民营上市公司积极投身慈善事业，勇于承担社会责任的典型案例，我们探讨、分析该公司加强社会责任意识的经历、过程以及该公司在资本市场的表现，梳理其积极奉献、投身慈善事业的内在原因和驱动源泉，为我国企业尤其是上市公司寻找并提供承担社会责任的正确路径。

二、富安娜的背景

1. 公司的设立与发展

深圳市富安娜家居用品股份有限公司（002327，以下简称富安娜）成立于 1994 年 8 月，是一家集研发、设计、生产、营销和物流于一体的综合性家纺企业。2006 年 12 月，经富安娜有限公司股东会决议，公司整体变更为股份有限公司。2009 年 12 月 18 日，公司以 30 元/股的发行价向社会发行 A 股 2600 万股，发行总市值 7.8 亿，并于 2009 年 12 月 30 日在深圳证券交易所中小板上市。公司主要经营范围包括新型纺织品材料及其制品、床上用品、家居用品、进出口贸易等。

公司成立十几年来,始终致力于为消费者提供艺术家纺产品与艺术家居生活方式。上市多年来,主营业务突出且每年有稳定增长,年增长率为10%~28%。已设立直营渠道管理中心,在北京、上海、广州、武汉等大中城市建立了23个子公司和1200多家直营专卖店和加盟专卖店,营业收入在国内市场独占鳌头。近年来,富安娜全面进驻北京王府井、东北大商、上海百联、深圳茂业集团等中国著名商业系统,建立起战略合作伙伴关系。国内市场的稳健发展为富安娜的国际化战略奠定了坚实的基础,产品出口数十个国家和地区,在美洲、欧洲、大洋洲及亚洲建立起广泛的国际销售网络。在不断开拓产品市场的同时,富安娜在企业管理、制造工艺、面料款式、新品种自主创新方面创造了中国家纺行业的多项第一,是目前国内同行业中自主知识产权最多的企业,为中国家纺行业的发展及大众生活做出了具有开创性意义的贡献。

2. 慈善与社会活动

2009年12月,富安娜成功在A股上市。"企业上市后,我们更要注重承担社会责任,这不仅是一种非常有效和必要的声誉管理,同时也是对社会应负的责任,"董事长林国芳在接受媒体采访时如此表示,"我个人有三个追求,第一是持续的财务增长,第二是良好的劳工关系,第三,也是最重要的,是企业必须承担必要的社会责任。"

在2011年秋冬公司产品订货会上,林国芳扶贫助孤、积极资助教育和医疗事业的事迹使大家深受感染,受董事长的影响,订货会上82名孤儿被各品牌商、经销商作为认养人"一抢而光",重获家庭和社会的温暖。

富安娜不仅创造着产品"美",也奉献着爱心。一直以来,富安娜在发展过程中始终不忘回报社会,以"取之于民,用之于民"的高度社会责任感,积极投身于公益事业,为社会的进步贡献出自己的力量。多年来,其主要的慈善活动包括以下内容。

2003年,富安娜把100万元奖金全额捐献给"希望工程",同年,向广东省陆丰市檀溪镇捐款180万元,用于道路及学校教学楼建设。

2004年,富安娜独家赞助由中国医师协会主办的"健康中国万里行"大型公益活动。

2005年,富安娜员工自发捐款30余万元,资助贵州省江口县双江镇兴隆小学100余名贫困学生全年的学费。

2008年,富安娜向四川汶川地震灾区捐赠价值230余万元人民币的生活物资和76万元人民币的善款,用于救灾与重建。

2010年,富安娜向青海玉树地震灾区捐赠棉被6180床,价值100多万元。

2010年,富安娜董事长林国芳先生与夫人陈国红女士捐款7000万元人民币,定向用于陆丰市文化中心和陆丰市潭西镇卫生院建设。

2010年,董事长林国芳被广东省慈善总会特聘为名誉会长。

2011年,富安娜在公司与集团内部,再次推行"扶穷救孤慈善捐赠"活动,广大员工积极参与、响应,在公司内形成一股热潮。

2011年,富安娜董事长林国芳和陈国红夫妇在"广东省扶贫济困日"活动中再次捐款1000万,受到深圳市委市政府的高度评价。

2001—2012年间,富安娜每年向深圳市敬老院捐赠床上用品和慰问金,为老人们安享晚年尽到一份来自社会的心意。这些都产生了积极的社会影响,赢得社会各界的尊敬和广泛赞誉。

对于企业社会责任的理解,林国芳认为这就像企业的精神信仰,任何一个企业从创立到发展都应拥有扎根社会、回报社会的责任心,把增加的财富用来做更多对社会有益的事情,才能延伸企业的价值,才能在激烈的品牌竞争中赢得消费者和公众对品牌的信赖和忠诚。企业发展依赖良好的社会秩序,而构建更美好的社会同样依赖企业稳定而快速的发展。

3. 公司治理结构与股东构成

富安娜前五大股东情况见表8-1。

表8-1 富安娜前五大股东情况(2013年3月31日)

股东名称	持股数(万股)	占总股本比例	股份类型
林国芳	6529.34	40.64%	受限A股
陈国红	3523.88	21.93%	受限A股
施建平	655.20	4.08%	普通A股
建行泰达宏利基金	512.27	3.19%	普通A股
易方达成长基金	195.00	1.21%	普通A股
总股本	16068.00	100%	

从表8-1中可以看出,富安娜第一、二大股东非常集中,已达到总股本的62.57%。其他股东则相对比较分散,除自然人施建平持股比例达4.08%外,其他前十名的股东(主要是各类投资基金)持股比例仅占0.77%~3.19%。

富安娜公司控股大股东持股非常集中,其他中小股东持股相对分散,这种相对简单的股权结构为公司的治理与公司各项目标(如慈善捐赠、承担社会责任等)的完成奠定了一个良好的股本结构基础。也即公司的价值和信用声誉都寄托在控股的第一、第二大股东林国芳和陈国红的身上。这里留给我们一个待破解之谜——董事长林国芳夫妇长期、广泛的慈善之举是否增加了公司的价值和信用?该公司承担的社会责任是否具有长远性和战略性?

三、富安娜广结善缘的决策者——董事长林国芳

2010年6月30日,在广东省首个"扶贫济困日"上,有一对中年夫妇以个人名义捐款7000万元(见图8-1),这是广东省当年个人捐款额最高的一笔善款。随后,他们宣布,在广东慈善总会成立"富安娜慈善基金",未来会将夫妇两人在富安娜62.57%的股权分红也全部捐赠出去,持续用于开展慈善事业。这个举动让业界一片哗然,而此时,富安娜仅仅上市半年。这对夫妇正是富安娜的创始人林国芳夫妇。低调的林国芳虽然是国内家纺行业的领军人物,却并不为外界所熟知。他到底是怎样一个人?有着怎样的背景?何以如此慷慨解囊用于社会捐赠?对于各界人士的惊奇,他只有一个解释:回报社会。

在他的董事长办公室,偌大的空间里仅仅摆放着四件物品:办公桌、书柜、沙发、鱼缸。在这里,没有豪华的装修,没有华丽的摆设,但显得朴素、大方。最特别之处还是门口那扇巨幅的落地玻璃窗,直面员工办公大厅,从外面的办公大厅可以清晰地看到董事长的一举一动。董事长的办公室没有半点隐私。"这代表着公司治理的文化:公开、透明。"林国芳解释。

图8-1　林国芳先生与夫人陈国红女士捐款7000万元

1. 社会责任与企业使命

在企业刚上市半年急需资金进行公司建设时就将大额捐款用于慈善事业,并因此受到外界铺天盖地的赞誉时,林国芳冷静地表示:"当企业进入资本市场后,财富出现爆炸性的增长,我认为这是社会给予我们的财富,我只是将这些回馈给社会。"

"企业上市后，我们更要注重承担社会责任。"林国芳说，"社会将财富资源托付给企业，如果企业不能或者没有将这些资源转化为实在的成果并回馈给社会，那么就是在浪费社会资源，这样做不仅对不起社会，甚至是对社会的一种伤害。我希望我们的企业是一个有着使命感的企业。"

林国芳夫妇7000万元的捐款主要用于建造家乡陆丰市的一座文化中心和卫生院。其中，投资6000万的陆丰市文化中心集图书馆、博物馆、文化馆为一体，建成后将成为广东省地级市最好的文化中心。而陆丰潭西镇卫生院投资1000万，这在广东省镇级卫生院中的投入也算大手笔了。同时，富安娜还给陆丰市内33所小学捐赠图书室，主要为这些贫困小学配置图书及配套书架，此举可以改善贫困地区小学无图书室的落后面貌。

"此次捐助家乡，主要还是家乡太穷了，我从家乡出来31年了，到现在回去，发现家乡的学校还是没有什么变化，学校条件太差，许多教室还都是危房。"林国芳回忆道，有一次他带公司高管回到自己的家乡，大家都对如此贫困的景象发出感叹。

"贫穷是源自教育的缺乏。我非常认同卡内基的一个观点：我们今天富裕的生活几乎无一例外地要归功于我们所接受的教育。因此，我们更有理由相信，我们应该把这种财富传给孩子们，让他们通过教育掌控自己的命运。"林国芳认同卡内基的观点：拥巨富而死者耻辱。然而，行一善不难，难在恒久行善。

为了使慈善公益事业能够涓流不息，林国芳专门在广东慈善总会成立了富安娜慈善基金，主要用于运作善款，落实捐赠项目。"7000万只是富安娜慈善基金的首笔款项，今后，我们夫妇二人在富安娜的股权分红也会全部捐赠出去，注入富安娜慈善基金，继续用于支持慈善事业。"林国芳表示，以后无论是富安娜企业还是员工个人，还有他的朋友，大家都可以向富安娜慈善基金持续注入资金，通过这个平台去帮助更多的人。

事实上，以林国芳夫妇二人占富安娜的股份超过60%以上计算，他们每年的分红数额可达上千万元。这样积累下去，将会是庞大的数字。

上市仅仅半年，就把自己每年的股权分红全部捐赠出去，让人觉得不可思议。公司一位高管在参加深圳市证监局的会议时，证监局的领导还惊奇地问："你们董事长要将股权分红全部捐出去，是确定的吗？"证监会领导的询问使我们认识到林国芳夫妇的不同凡响。经我们查证，林国芳夫妇是国内沪深两地上市公司捐出所持有的股份分红的首例。在我国，为了逐利，上市公司高管违规套现的现象屡禁不止，而林国芳夫妇此举无疑是资本市场的一个"另类"，为资本市场吹来一阵徐徐的清风。

2. 不发霉的事业

持续不断的慈善事业背后是公司强大的业绩支撑。如果没有企业的良好经营与管理,慈善事业也将是无源之水、无本之木,不能持续下去,董事长林国芳深知这一点。

林国芳的家纺事业源于他对自身的透彻认识。20世纪80年代中期,沐浴着改革开放的春风,林国芳来到深圳打拼,先后做过水果批发和月饼生产,并且一做就风生水起,生意红火。但当周围的人纷纷效仿的时候,林国芳心里清楚,这些可能并不是他的追求所在。因为水果容易变质,月饼也存在保鲜问题,林国芳当时就在想:要找一个不会发霉的行业来做。有着艺术和审美情结的林国芳对国际上日渐红火的家纺业深为着迷。经过细致的市场调研,林国芳发现国内的家纺业落后于国外,如果引进新的生产技术,家纺业应该有很好的前景。

"我一直追求美的事业,我希望更多人能拥有美的事物。我对完美有不懈的追求。正是由于我对艺术和审美的喜爱,才萌生了创造有艺术价值和有意义的家居产品的想法。"林国芳说,他做了一生中最为重要的决定,将所有的资金和心血都投入家纺行业,至此再也没有动摇。

3. "慢火煲品牌"

"品牌需积累,慢火煲靓汤。"林国芳认为这是他所带领的富安娜能够取得成功的关键。对公司经营而言有两层意义。一方面是始终坚持方向,没有动摇。另一方面是不急于求成,平稳向前。

20世纪90年代的深圳是一个充满着机会和诱惑的地方。当时土地价格十分便宜,房地产行业已经开始旺盛。林国芳创业的合伙人劝他做房地产开发赚"快"钱。林国芳经受住了诱惑,在合伙人撤出资金进行房地产开发后,他自己坚守着家纺这条路。

"做企业最忌讳就是浮躁,不能只追求眼前短暂的利益。我做事都有长期的规划,然后按照目标平稳向前,所以公司没有走错路,没有出现大起大落。"林国芳打比方:当麦子熟了,都是低头的。

而当企业经营时机适当时,林国芳也会快速出击。近年来,富安娜经历了两个最重要的发展阶段,一个是在2007年引进了德国SAP企业管理系统。这是国内家纺行业中首个引进的先进管理控制系统。虽然该系统价格不菲,但林国芳果断拍板引进,为公司快速决策和市场扩张提供有力的信息保障。另一个重要阶段就是2009年底公司上市。不仅使富安娜直接进入资本市场,而且对于一个民营公司来说,是一次质的突破,是全面的更新。资本市场的强力监督会令公司的治理更加规范、有序,同时,上市募集到的充沛资金为公司的未来发展提供了更多的资金支持。

也正是林国芳这种执着与平稳的心态,成就了富安娜的现在。经过20多年市场的风雨锤炼,富安娜已经有了自己的强烈个性。不仅业绩稳定,增长迅速,而且在做慈善事业、承担社会责任方面绝不含糊，身先士卒。一位长期研究家纺业的业内人士由衷地评价："拿掉商标，仍然知道是富安娜的产品。"

四、与慈善事业相得益彰的公司业绩

不少企业尤其是上市公司不愿做慈善，除了他们对慈善这样一类社会公益事业缺乏崇敬和敬畏之外，更多还是公司的主要决策者如董事长们认为，慈善会影响公司业绩，并因此而远离慈善。

上市公司做慈善是否会影响公司业绩，分散主业经营？这实际上是一个见仁见智的问题。合适的"度"应该是量力而行。企业履行社会责任一定要在不损害股东利益的基础上进行，履行社会责任和公司利益并不矛盾。

1. 富安娜近年来的公司业绩分析

富安娜2008—2012年的每股财务指标、成长能力指标、盈利能力指标分别见表8-2～表8-4。

表8-2　富安娜2008—2012年每股财务指标

每股财务指标	2008年	2009年	2010年	2011年	2012年
基本每股收益（元）	0.8500	1.1200	0.9500	1.5500	1.6200
扣非每股收益（元）	0.8700	1.0300	0.9600	1.5000	1.6054
稀释每股收益（元）	0.8500	1.1200	0.9500	1.5400	1.6100
每股净资产（元）	2.8726	10.1200	8.3500	9.2500	9.4112
每股公积金（元）	0.3018	7.1088	5.2375	5.2837	4.3235
每股未分配利润（元）	1.3641	1.7812	1.8768	2.6033	3.6657
每股经营现金流（元）	0.8710	1.2500	−0.4700	1.5800	2.8010

表8-3　富安娜2008—2012年成长能力指标

成长能力指标	2008年	2009年	2010年	2011年	2012年
营业收入（元）	6.81亿	7.92亿	10.7亿	14.5亿	17.8亿
增长率（%）	—	16.30	35.44	35.51	22.76
息税前利润（元）	3.05亿	3.37亿	4.88亿	6.71亿	8.41亿
增长率（%）	—	10.49	44.81	37.50	25.33
净利润（元）	6575万	8611万	1.28亿	2.07亿	2.60亿
增长率（%）	—	30.97	48.64	61.72	25.60

表 8-4 富安娜 2008—2012 年盈利能力指标

盈利能力指标	2008 年	2009 年	2010 年	2011 年	2012 年
营业净利润率（％）	9.66	10.87	11.97	14.24	14.65
总资产周转率（％）	146.5	89.7	78.5	92.5	94.3
权益乘数	2.25	1.22	1.30	1.37	1.37
净资产收益率（％）	29.73	8.26	11.42	16.72	17.21

从表 8-2 至表 8-4 中可以看出，公司的主要财务指标不仅稳定增长，而且非常健康。稳定增长是指不仅最重要的财务指标——每股收益（EPS），仅仅五年就增长了约一倍，从 2008 年的 0.85 元/股增长到 2012 年的 1.62 元/股，而且其他财务指标也相当优异（营业收入五年翻了两倍，净利润五年翻了三倍等）。这些财务指标都可表明，公司的盈利能力和增长潜力都相当巨大。

而公司财务状况非常健康是指公司的主业非常突出，而非经营性损益则相当少。近年来，主营业务收入占公司每股收益（EPS）、净利润的比例维持在 97％～100％，这表明，公司近年来是"咬定青山不放松"，持续以做大做强家纺业这一公司主业为终极目标，不像一部分上市公司不认真经营主业，公布财务报表时，"业绩不好报表凑"，"主营不行副业凑"，主业以外的大量副业（非经营性损益）将主业弄零散，扰乱企业员工人心，经营业绩变差。

富安娜业绩优良，健康的财务报表为公司股东以及受惠于公司慈善事业的广大受众提供了看好公司未来前景与持续增长的坚定信心。

2. 同业分析与比较

经过 20 多年的发展，富安娜公司已经成为家纺行业的领头羊之一。虽然企业规模与行业排名前五的企业仍有一定差距，但是其成长性与当前的财务数据已经展现出不容忽视的实力，其与同行业的对比情况见图 8-2～图 8-5。

从图 8-5 中我们清楚地看到，富安娜公司净资产收益率（ROE）指标在行业整体下降的情况下仍保持稳定的增长，说明持续的慈善行为并没有给企业的盈利能力带来负面影响，公司保持着良好的竞争力。销售利润率、净资产收益率和每股收益在行业中均处于领先水平，说明富安娜公司的获利能力十分突出。各大证券机构对富安娜未来的发展持乐观态度。

3. 没有持续盈利，就没有社会责任

企业应该是一个营利组织，在盈利的基础上能够兼顾其他方面的利益。一个优秀的具有社会责任感的企业应该是盈利能力很好的企业。

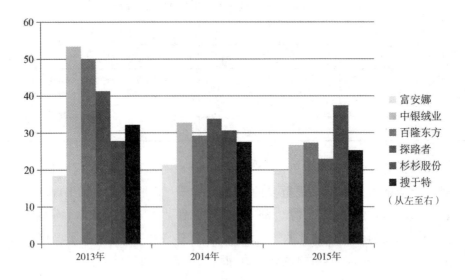

图 8-2 成长性比较（2013—2015 年）

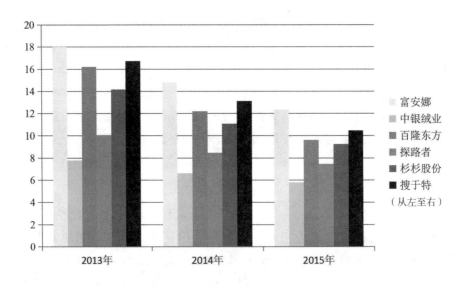

图 8-3 估值比较（2013—2015 年）

换言之，盈利是企业最首要的责任，如果出现亏损并且是连续多年的亏损，连盈利都做不到，这样的企业就谈不上可持续发展。企业连基本的社会责任都无法尽到，就更难谈及诸如慈善等方面的社会责任。只有实现可持续的盈利，才是履行社会责任的根本，才能更多地承担社会责任。

同时，一个优秀的企业必然是对社会负责的企业，在创造经济效益的同时，也能创造社会价值。正因为如此，很多企业在承担社会责任的投入时，已经开始将社会责任提升到企业经营的战略高度。如富安娜公司一样，现在越来越多的企业关注并践行着慈善行为，这应该是企业社会责任感进步的一种表现。企业开始关注运营和盈利之外的事情，不仅是从社会中获取，而且要用实际行动

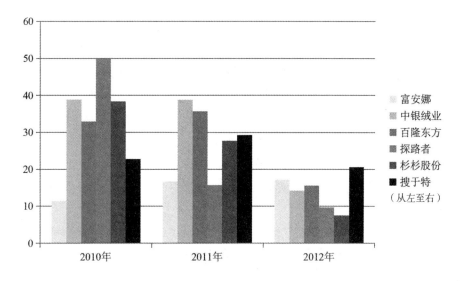

图 8-4 净资产收益率比较（2010—2012 年）

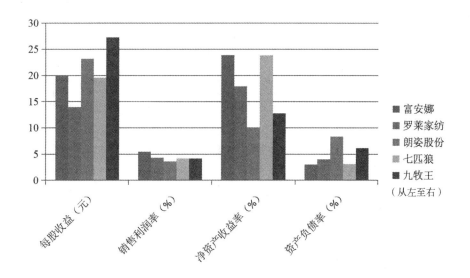

图 8-5 财务指标对比

来回报社会，履行作为社会公民的义务和责任，这是值得弘扬的事情。当然，这其中也要根据企业的实际情况量力而行，平衡股东利益与慈善，更不能为了一时虚名，沽名钓誉去做慈善，违背慈善的本意。

所以，企业履行社会责任一定是要在不损害股东利益的基础上进行，这是一个重要前提。

对于本案例的主体富安娜公司，我们几年来进行跟踪研究发现，公司不仅没有损害股东利益去做慈善，而是在持续进行慈善事业后获取良好的社会声誉，并因此促进了公司业绩蓬勃发展，股东财富也因此而稳定、持续增长。一方面，公司这么多年来的慈善捐赠主要不是公司的利润开支，而是来自董事长林国芳夫妇个人名下的富安娜慈善基金，这项基金来自他们夫妇二人应得的股份分红，他们本可无条件获得，但他们把这些分红捐了，全部用作慈善事业，这占公司慈善事业的大头，而且并未占用公司的利润开支即资源。另一方面，富安娜为了鼓励全体职工参与慈善事业的积极性，每年均动员员工自由捐款，公司也拿出一部分资金参与其中，进行较为广泛的社会慈善事业。虽然这部分只占公司每年慈善捐款的小头，但也因此使公司上下全体员工不仅有较强的企业归属感，更激发了他们奉献社会的强大社会责任意识。同时，公司也建立了良好的劳工关系，尽到了对员工的责任。可以说，董事长林国芳所定下的持续的财务增长、良好的劳工关系和必要的社会责任这三大企业目标，正在公司中一步一步地实现。

五、富安娜的社会责任——战略性慈善

据慈善组织调查，我国有捐赠记录的企业约为20万家，只占当前注册登记企业总数的较小部分。在企业运作过程中，捐赠和慈善大多还没有进入经营者的视野和范畴。除非是遇到2008年汶川大地震那样特大的自然灾害，在政府的号召和动员下，企业参与慈善与捐赠。很少有企业尤其是上市公司能将慈善事业做到长久，贯彻到企业经营的思维中去，十几年甚至几十年持之以恒。富安娜公司坚持多年做慈善的案例为我们提供了一个较为难得的上市公司战略性慈善的样本。

事实上，企业的慈善责任不是简单的几次捐赠，也不是捐多捐少的数字游戏，而应该是一种持续的责任。在我国，以阿里巴巴、富安娜为代表的企业所展现的公益理念，显现的不仅是企业开展慈善公益活动的能力，更是长期关注、持续支持所体现出来的"耐心"。

1. 一般性慈善与战略性慈善

一直以来，在我国，企业都是慈善事业的最大主体，但多数企业的捐赠支出具有随意性和盲目性。当自然灾害发生后，虽然有一些著名企业高调做慈善，但并没有体现这种慈善行为的长久性和持续性，一些慈善行为可能是企业一时兴起而做出的决策。这也就是一般性慈善而非战略性慈善的含义。

管理大师迈克尔·波特将企业的慈善行为划分为三个阶段：公共义务、博取好感、战略性捐赠。目前中国大多数企业的慈善行为仍停留在前两阶段即一般性慈善，还远没有达到"名利双收"的效果。个别企业在灾害面前，操作不当甚至落得一个伪善之名。

前两个阶段的慈善缺乏明确的目标和系统性。不少民营企业往往认为慈善是协调企业和政府的关系，做企业和社会群体间的润滑剂，与企业经营无关。

战略性捐赠便成为企业需要思考和借鉴的一条路径：利用慈善活动来改善自身的竞争环境，将慈善行为进行战略化升级。企业如果能有效地将社会目标和经济目标统一起来，将使公司的竞争环境和长远业务得到改善。

对企业战略性慈善的探索开始于20世纪80年代，利益相关者理论认可企业公民学派的义务，但不赞同企业广泛参与社会、政治和人道主义活动。迈克尔·波特等首次明确提出战略性慈善（Strategic Philanthropy）概念。战略性慈善的支持者认为，虽然企业没有获取有形的、清晰的或个别的交换价值，但是公司慈善和企业社会责任行为将创造诸多无形战略资产，例如商誉、员工承诺、信任、关键规制机构或立法主体的积极行为、企业商业环境的改善和发展。战略性慈善行为被定义为"一种增效使用组织核心能力和核心资源的方式，通过慈善行为引起关键利益相关者的关注，实现组织利润和社会福利的同向改进"。其中具有代表性的慈善运行机制模型是迈克尔·波特（2002）提出的竞争优势模型。波特通过四个环境要素的钻石体系来解释战略性慈善如何赢得竞争优势，为客户创造价值以提升业绩。

战略性慈善自理论诞生之日起就成为慈善事业所关注的焦点。其重点在于企业慈善与财务绩效的关系。这种关系可以分为三种。第一种是企业慈善降低财务绩效，以著名经济学家、诺贝尔经济学奖得主弗里德曼为代表。他认为，企业仅有的社会责任就是通过合法途径去增加利润。而像慈善捐助这样用企业的资源投资于大众福利事业的行为，会减少利润或增加产品成本，对企业发展不利，使得慈善捐赠不被认可。第二种是企业慈善和财务绩效无关，认为捐赠是一种管理层的随意性支出，缺少预算，受限于企业闲置资源，不会对企业利润产生影响。第三种是企业慈善捐赠会提高企业财务绩效，这是战略性慈善观。虽然大多数企业界人士持第二种观点，认为慈善和财务绩效无关。但也有不少学者支持并验证了第三种观点。伯曼发现企业社会责任的主要因素与财务绩效指标之间存在正相关关系。塞弗特应用结构方程模型，分析《财富》社会名誉调查中的前1000位公司的慈善捐赠行为与财务绩效指标之间的关系，结果发现两者相关。

2. 富安娜的战略性慈善

总体上，富安娜慈善工程分为两个阶段，即企业上市前和上市后。在上市以前，公司也经常做一些慈善，如慰问敬老院老人、资助贫困学生、救助孤残儿童等，但正如董事长林国芳所言："这些都是零敲碎打，不成系统，不像某些企业那样做慈善率性而为，我们是有心为之，但毕竟公司没有上市，企业规模小，心有余而力不足。"

2009年底公司上市后，林国芳在全力经营企业的同时，思考着如何将公司的慈善事业系统化、规范化和长期化。经过半年左右的思考，林国芳已形成了一整套对公司慈善事业的战略性思维。他认为并非任何慈善事业都会提升企业竞争力，那些与企业经营毫无关系的企业慈善行为只会产生社会效益。只有当企业支出同时具有良好的社会效益和经济效益时，企业慈善行为才能与股东利益相一致。即只有当企业的慈善行为对企业的竞争环境产生重要和积极的影响时，企业慈善事业和社会责任才能与经济财务目标兼容。

因此，林国芳在公司慈善工程方面做出三项战略性布局：一是在公司上市半年后的2010年6月底，并没有动用企业资金，而由林国芳夫妇个人捐资7000万元，建立"富安娜慈善基金"，使富安娜的慈善事业有一个扎实稳定的基石和保证。二是将林国芳、陈国红二人占富安娜62.57%的股份，其每年的现金分红全数捐出，以保持"富安娜慈善基金"有稳定、持续的资金来源，并发展壮大。三是由公司和广东省慈善总会签署协议，各出专人，共同运作和管理"富安娜慈善基金"，使基金的慈善目标和运作方式规范、持续、有序。

3. 富安娜慈善的社会评价和公司价值

1）社会评价

富安娜作为中国最早成立的家纺龙头企业之一，创造了行业的数十项"第一"。而现在，成为业内慈善事业的"领头羊"，是让林国芳和陈国红夫妇最感欣慰和幸福的事。他们坚持不懈的慈善义举，也获得了社会各界和公司广大股东的广泛赞誉。

2011年6月30日，广东省"扶贫济困日"活动在广州隆重举行，林国芳和陈国红夫妇，继2010年捐资7000万元之后，再次捐助1000万元用于新农村建设，他们也由此成为当年广东扶贫济困活动中捐赠金额最多的个人。当天，中央政治局委员、广东省委书记汪洋，省长黄华华等领导亲切接见了林国芳夫妇，高度赞扬他们为我国慈善事业做出的杰出贡献。广东省人民政府同时为林国芳和陈国红颁发广东扶贫济困红棉杯金杯奖。

经过十几年持续不断的慈善历程，林国芳及其带领的富安娜的慈善捐赠总额已超过人民币1.8亿元，大到数千万元建医院，小到为家乡捐资购路灯及缴纳电费，每月为老人发放生活费，为贫困学生捐资助学等，涉及慈善事业的方方面面。富安娜慈善事业的感人事迹，不仅在广东省慈善界内广为传颂，中央及全国各地新闻媒体近年来也纷纷采访报道林国芳夫妇的事迹。中央电视台、中央人民广播电台、《人民日报》、新华社等主流媒体辟专版或专栏采访、报道林国芳夫妇与富安娜慈善基金，全国总工会授予林国芳和陈国红夫妇"全国劳动模范"光荣称号，并做出高度评价：以深圳富安娜为代表的一批先进企业，在激烈的市场竞争中，不断发展壮大，积极投身慈善等社会公益事业，为社会的和谐进步贡献着自己的力量，体现了企业主要带头人的崇高理想信念和高度的社会责任感。

业内人士也分析了富安娜慈善现象，一位资深媒体记者评价：市场经济条件下，企业知名度问题可以用"人民币"来解决，在央视"砸"一个亿的广告费，很快就有了知名度。但企业美誉度方面，只能用占据"人心"来实现。不仅要赢得顾客即消费者的心，更要赢得广大人民群众对企业的"口碑"，这是更大的社会责任工程。如一次收养82个孤儿，不仅在家纺业，而且在广东省也没有企业能做到，而富安娜做到了，而且是发动"同盟军"来一起参与，这是林国芳更高明的战略。以他近年来的大额慈善投入，这些孤儿本可以一个人"全包"，但他没有这样做，他着眼的是更有"引擎"意义的示范效应，其品牌占位的手法再次引领行业的风向。富安娜一次次以贴近民众的方式，塑造着企业的口碑和社会责任感。

2）公司价值

企业慈善与公司价值是否具有关联性，是从20世纪90年代至今理论界不断探讨的问题。就富安娜公司而言，我们认为，企业慈善实际上促进了公司价值的增长，两者是一种正相关关系。主要原因有四：第一，公司经营规模扩大，经营状况良好；第二，上市多年来稳定健康的财务指标；第三，公司长期、持久的慈善事业形成的市场美誉度在提升，品牌价值在扩大；第四，公司上市后，在资本市场上维持了良好的市场形象，没有负面新闻，财务公开透明，产品质量良好，被中国证监会评选为"最受尊敬上市公司"前五十名。

因此，根据2009—2011年的公司财务数据，以及公司2013—2015年三年公司业务成长预测，我们对富安娜公司价值进行了评估，见表8-5～表8-7。

表8-5 2013—2015年富安娜公司估值（1）

公司	市盈率				市销率			
	TTM（近12月）	2013年	2014年	2015年	TTM（近12月）	2013年	2014年	2015年
富安娜	20.49	18.02	14.84	12.37	2.98	2.68	2.23	1.89
行业平均	27.00	23.63	19.68	19.68	1.96	2.64	2.28	2.44

注：市销率＝总市值/主营业务收入＝市价/每股销售额。

表8-6 2013—2015年富安娜公司估值（2）

公司	市净率	市现率Ⅰ	市现率Ⅱ
富安娜	3.51	69.13	12.82
行业平均	2.05	73.17	13.53

注：市现率Ⅰ＝总市值/现金及等价物净增加额；市现率Ⅱ＝总市值/经营活动产生的现金流量净额。

表 8-7 2013—2015 年富安娜公司估值（3）

公司	PEG	EV/EBITDA	总市值（元）		
			2013 年	2014 年	2015 年
富安娜	1.03	17.38	55.6 亿	63.12 亿	78.25 亿
行业平均	2.51	23.58	37.9 亿	37.9 亿	37.9 亿

注：PEG=市盈率/盈利增长率；EV/EBITDA=企业价值/息税折旧盈利，即企业价值倍数。

由表 8-5～表 8-7，我们对富安娜公司 2012 年以及随后三年进行了稳健且均衡性的公司估值，预估 2013—2015 年公司总市值为 55.6 亿元、63.12 亿元、78.25 亿元，呈稳定增长态势。这不仅说明富安娜公司的主营业务收入成长性较高，也表明与慈善事业持续投入导致公司美誉度增强所产生的无形资产提升，公司总价值稳步快速增长。

我们对富安娜公司的估值评价也符合资本市场业界人士对该公司的乐观预测和判断。正如一位中小股东投书财经媒体所言：说真的，作为富安娜这种一心做慈善的企业，买着它的股票觉得放心、觉得荣幸。在这里，股价涨跌已不那么重要了。富安娜，投资者会一直持有你，和公司一起做善事、做慈善。

六、尾声

> **场景一**
>
> 2013 年 3 月 10 日，一抹夕阳余晖映照在深圳市南山区南光路富安娜大厦上，富安娜董事长林国芳站在他那简洁朴素的办公室里，透过落地窗凝视着企业辛勤工作着的员工们，凝视着富安娜这个历经十九载终于在家纺行业成长为领头羊的坚强企业。他脚踏着的土地，不仅是他奋斗半生、呕心沥血、挥洒汗水的地方，更是他无私付出、回馈家乡、实现社会价值的地方。林国芳知道，企业壮大的步伐不会停止，而富安娜战略性慈善的步子也不会落后。未来的某一天，他们夫妇二人终会老去，但是富安娜永远不会老，富安娜人会将他的战略性慈善坚持下去，让企业与社会各界力量一起创造辉煌、壮丽的未来！

"富安娜慈善现象"提供了一个难得的在我国资本市场持续进行慈善事业、勇于承担社会责任的样本，同时也是股市中尊重投资者、寻求价值投资的典范。与某些企业家的"做慈善会影响公司的成长甚至公司价值"这一理念不同的是，富安娜公司长期坚持做慈善事业，不仅没有影响公司的成长性，而且由于公司美誉度的增强而导致公司价值不断稳固、持续增长，市场形象也非常健康、正面，传递着一股社会正能量。

富安娜长期坚持做慈善事业实际上源于公司掌舵人——董事长林国芳夫妇内心的善良和对公众投资者的庄严承诺。有人担心进入21世纪第二个10年以后，随着掌门人林国芳夫妇年岁渐长，不断老去，某一天从公司领导岗位退下之后，富安娜的慈善事业是否还能持续下去？根据我们多年来追踪了解的公司发展历程，我们坚信，有林国芳夫妇缜密布局的公司战略性慈善规划，富安娜公司的慈善事业一定会在我国资本市场中不断发扬光大，结出累累硕果。

参考文献

[1] 奥利弗·E. 威廉姆森, 西德尼·G. 温特. 企业的性质：起源、演变和发展[M]. 姚海鑫, 邢源源, 译. 北京：商务印书馆, 2007.

[2] 陈汉文, 陈向民. 证券价格的事件性反应——方法、背景和基于中国证券市场的应用[J]. 经济研究, 2002 (1)：40-47.

[3] 陈宏民, 李泉, 李魁征. 我国上市公司非关联资产重组绩效的实证研究[J]. 系统工程理论与实践, 2004 (10)：1-7.

[4] 陈科, 董新春. 中国股市SEO后股票收益及公司业绩的双重长期弱势表现[J]. 商业研究, 2006 (5)：160-164.

[5] 陈美华, 辛磊. 李嘉诚全传[M]. 北京：中国戏剧出版社, 2005.

[6] 刘彦奎, 王曙明. 模糊随机优化理论[M]. 北京：中国农业大学出版社, 2006.

[7] 陈信元, 江峰. 事件模拟与非正常收益模型的检验力——基于中国A股市场的经验检验[J]. 会计研究, 2005 (7)：25-31.

[8] 陈毅恒. 时间序列与金融数据分析[M]. 黄长全, 译. 北京：中国统计出版, 2004.

[9] 冯根福, 吴林江. 我国上市公司并购绩效的实证研究[J]. 经济研究, 2001 (1)：54-61, 68.

[10] 干春晖, 刘祥生. 企业并购：理论·实务·案例[M]. 上海：立信会计出版社, 2002.

[11] 干春晖. 大并购：30个世界著名企业并购经典案例[M]. 上海：上海人民出版社, 2006.

[12] 郭多祚. 数理金融：资产定价的原理与模型[M]. 北京：清华大学出版社, 2006.

[13] 郭家虎, 崔文娟. EVA对企业价值的解释度：比较研究[J]. 当代财经, 2004 (5)：123-126.

[14] 韩东平, 袁知柱. 不对称信息条件下企业生产成本契约的设计 [J]. 哈尔滨工业大学学报, 2004 (6): 808-811.

[15] 胡丽, 李松, 王友群. 企业并购决策和目标企业定价研究 [J]. 金融与经济, 2005 (4): 62-63.

[16] 黄登仕, 周应峰. EVA 的理论和实证研究: 综述及展望 [J]. 管理科学学报, 2004 (1): 80-87.

[17] 黄世忠. 上市公司会计信息质量面临的挑战与思考 [J]. 重庆财会, 2001 (11): 5-7.

[18] 蒋尧明. 上市公司会计信息披露的真实性与虚假陈述研究 [J]. 会计研究, 2004 (1): 39-43.

[19] 瞿绍发, 王建伟. 经济附加值 (EVA) 指标在中国股市的应用价值分析 [J]. 系统工程, 2003 (6): 50-54.

[20] 卡尔·波普尔. 二十世纪的教训: 卡尔·波普尔访谈演讲录 [M]. 王凌霄, 译. 桂林: 广西师范大学出版社, 2004.

[21] 科斯, 诺思, 威廉姆森, 等. 制度、契约与组织——从新制度经济学角度的透视 [M]. 刘刚, 冯健, 杨其静, 等译. 北京: 经济科学出版社, 2003.

[22] 兰永, 李仕明, 唐小我. 基于会计利润与经济利润的绩效指标的一致性 [J]. 系统工程理论方法应用, 2004 (5): 437-442.

[23] 雷辉, 陈收. 基于长期超额收益率的不同资产重组方式绩效实证研究 [J]. 财经理论与实践, 2006 (5): 45-49.

[24] 李洪伟, 杨印生, 周德群. 多输入多输出问题效率的影响因素分析方法 [J]. 系统工程理论与实践, 2007 (3): 161-165.

[25] 李麟, 李骥. 企业价值评估与价值增长 [M]. 北京: 民主与建设出版社, 2001.

[26] 李善民, 朱滔. 中国上市公司并购的长期绩效——基于证券市场的研究 [J]. 中山大学学报 (社会科学版), 2005 (5): 80-86, 127.

[27] 梁冰, 顾海英. 中国股票市场过度反应行为: 完整牛市和熊市周期中的实证 [J]. 东北林业大学学报, 2004 (3): 80-82.

[28] 梁循. 数据挖掘算法与应用 [M]. 北京: 北京大学出版社, 2006.

[29] 林伟, 邵少敏. 现代资本结构理论 [J]. 中央财经大学学报, 2004 (4): 47-52.

[30] 刘次华. 随机过程 [M]. 2 版. 武汉: 华中科技大学出版社, 2001.

[31] 刘顺忠. 管理运筹学和 MATLAB 软件应用 [M]. 武汉: 武汉大学出版社, 2007.

[32] 柳剑平, 郑绪涛, 喻美辞. 税收、补贴与 R&D 溢出效应分析 [J]. 数量经济技术经济研究, 2005 (12): 81-90.

[33] 海格士多姆. 沃伦·巴菲特之路 [M]. 朱武祥, 樊勇, 译. 北京: 清华大学出版社, 1998.

[34] 吉姆·罗根斯. 战略、价值与风险——不动产期权理论 [M]. 宋清秋, 译. 北京: 经济管理出版社, 2003.

[35] Steven Roman. 金融数学引论——从风险管理到期权定价 [M]. 邓欣雨, 译. 北京: 科学出版社, 2008.

[36] 裴龙青. 跨国企业并购业务税收征纳规则分析 [J]. 税务与经济, 2006 (5): 104-108.

[37] 乔中, 王光远. 模糊随机规划理论 [M]. 北京: 科学出版社, 1996.

[38] 邵宇. 微观金融学及其数学基础 [M]. 北京: 清华大学出版社, 2003.

[39] 孙铮, 吴茜. 经济增加值: 盛誉下的思索 [J]. 会计研究, 2003 (3): 8-14.

[40] 索寒生, 金以慧. 非对称信息下供需链中供应商的回购决策分析 [J]. 控制与决策, 2004 (3): 335-338.

[41] 汪远根. 资本结构、公司治理结构与代理成本的关系与思考 [J]. 上海海运学院学报, 2002 (4): 57-61.

[42] 王国华, 梁樑. 决策理论与方法 [M]. 合肥: 中国科学技术大学出版社, 2006.

[43] 王惠, 吴冲锋, 王意冈. 期权定价理论在敏捷企业战略分析中的应用 [J]. 系统工程与电子技术, 1999 (11): 5-6, 10.

[44] 王健, 庄新田. 基于行为金融的资本市场委托代理关系研究 [J]. 东北大学学报 (自然科学版), 2007 (12): 1791-1794.

[45] 王丽娜. 委托代理结构中外部性问题研究 [J]. 东北大学学报 (自然科学版), 2007 (1): 133-136.

[46] 王喜刚, 赵丽萍, 欧阳令南. 在项目评估中应用经济增加值指标 [J]. 哈尔滨工业大学学报, 2003 (9): 1144-1146.

[47] 王雪标, 王莉. 随机增长模型下的税收效应 [J]. 南开经济研究, 2006 (6): 27-40.

[48] 徐兆铭. 企业并购: 理论研究与实证分析 [D]. 大连: 东北财经大学, 2003.

[49] 杨春鹏, 伍海华. 实物期权在专利权价值评估中的应用 [J]. 系统工程理论与实践, 2002 (6): 101-104.

[50] 余力, 刘英. 中国上市公司并购绩效的实证分析 [J]. 当代经济科学, 2004, 26 (4): 68-74.